John F. Ashton

Die Akte Genesis

Warum es 50 Wissenschaftler vorziehen, an die Schöpfung in 6 Tagen zu glauben

Schwengeler

Originaltitel:
Ashton, John F.
In Six Days: Why 50 scientists choose to believe in Creation
ISBN 1 86436 443 2
@ John F. Ashton, 1999
New Holland Publishers (Australia) Pty Ltd., Sydney, Auckland, London, Cape Town
Erstmals gedruckt 1999, 2. und 3. Auflage 1999, 4. Auflage 2000, 5. Auflage 2001

Deutsche Ausgabe:
Herausgeber: John F. Ashton: Die Akte Genesis. Warum es 50
Wissenschaftler voerziehen, an die Schöpfung in 6 Tagen zu glauben.

Übersetzer: Hansruedi Stutz, Carole Huber, Lorenz Keller, Rolf Höneisen

Schwengeler Verlag, CH-9442 Berneck, 2001
ISBN 3-85666-452-1
Bestell-Nr. 452

Umschlaggestaltung und Gesamtherstellung:
Cicero-Studio, Hinterburgstrasse 8, CH-9442 Berneck

Inhalt

Vorwort

Vor einigen Jahren wurde an der Macquire-Universität in Sydney eine öffentliche Vorlesung über die Belege der biblischen Version zum Ursprung allen Seins gehalten. Aus den Zuschauerreihen erhob sich anschliessend ein Wissenschaftler und wetterte, er könne nicht glauben, dass es auch nur einen Wissenschaftler mit Doktorgrad geben könne, der eine wörtliche Interpretation der 6-Tage-Schöpfung vertrete. Der Leiter der Diskussion entgegnete mit zwei Namen von wohlbekannten Forschern, die, so sagte er, einen solchen Glauben unterstützen würden. Dieser Zwischenfall führte mich zum Entschluss, Nachforschungen für ein Buch anzustellen.

Wie ist es möglich, dass ausgebildete Wissenschaftler an den Schöpfungsbericht glauben können? Wieso bevorzugen sie nicht einen Glauben an die darwinistische Evolution oder an die theistische Evolution, bei der die Entwicklung durch eine allwissende Intelligenz gelenkt wird? Können Wissenschaftler überhaupt daran glauben, dass die Welt möglicherweise weniger als 10 000 Jahre alt ist? Wie gehen sie mit den Erkenntnissen aus den fossilen Aufzeichnungen und mit den radiometrischen Altersangaben von Gesteinen in der Grössenordnung von Jahrmillionen und Jahrmilliarden um? Die Essays in diesem Buch werden von Wissenschaftlern und Lehrern heiss debattiert. Sie offerieren eine andere Perspektive zur Annäherung an die wissenschaftliche Lehre.

In den vergangenen zwei Jahrhunderten wurde der biblischen Schöpfungslehre Schritt für Schritt der Stempel des religiösen Mythos aufgedrückt. Heute herrscht die Meinung vor, nur noch wissenschaftlich Ungebildete oder zumindest mit wissenschaftlichen Methoden nicht vertraute Menschen würden an den biblischen Schöpfungsbericht glauben.

Bei der Zusammenstellung dieses Buches machte ich die Erfahrung, dass eine wachsende Zahl von hochgebildeten, kritisch denkenden Wissenschaftlern an der darwinistischen Evolution zweifelt und sich für den Glauben an die biblische Version der Genesis entschieden hat.

In diesem Buch erklären 50 Wissenschaftler ihre Gründe für diese Entscheidung. Alle Autoren tragen einen Doktortitel von einer staatlichen Universität in den USA, Grossbritannien, Australien, Kanada, Südafrika oder Deutschland. In der Auswahl enthalten sind Universitätsprofessoren, Forscher, Geologen, Zoologen, Biologen, Botaniker, Physiker, Chemiker, Mathematiker, medizinische Forscher und Ingenieure.

Die Berichte in diesem Buch sind leicht zu lesen. Der beschränkte Platz sowie zeitliche Engpässe ermöglichten es mir nicht, alle eingetroffenen Reaktionen im Buch aufzunehmen. Die 50 berücksichtigten Wissenschaftler äussern sich persönlich zur Frage: «Warum glauben Sie an eine wörtliche Schöpfung in sechs Tagen, wie sie in der Bibel beschrieben wird?» An die Autoren wurden keine anderen Bedingungen gestellt. Keiner wurde angefragt, über ein spezielles Thema oder eine spezifische Perspektive zu schreiben. Ich habe mir jedoch erlaubt, das Buch in zwei Teile zu gliedern. Dadurch wird eine konstruktive Diskussion zum Thema erleichtert. Der erste Teil bis und mit Seite 195 enthält eine Auswahl der Texte mit wissenschaftlicher Kritik an der Evolutionstheorie oder mit wissenschaftlichen Argumenten für eine Schöpfung. Im zweiten Abschnitt werden mehr philosophische Annäherungen an die Frage «Schöpfung oder Evolution?» wiedergegeben.

Bei der Durchsicht der Meinungen der Wissenschaftler wurde ich in meiner Überzeugung gestärkt, dass das biblisch-wörtliche Verständnis der Schöpfung die vernünftigste Erklärung jenseits aller aktuellen Theorien ist, um die Frage nach dem «Wie kam ich hierher?» zu klären. Dies trotz – oder gerade wegen – meiner eigenen Bildung und wissenschaftlichen Erfahrung.

John F. Ashton, PhD
Sydney, Australien

▮ Jeremy L. Walter, Maschinenbau

Dr. Walter ist Vorsteher des Engineering Analysis and Design Departments innerhalb der Energy Science and Power Systems Divison am Applied Research Laboratory (ARL) der Pennsylvania State University. Er hat an der gleichen Universität eine Ausbildung als Maschineningenieur mit höchster Auszeichnung abgeschlossen, sowie den Doktor in mechanischer Ingenieurwissenschaft erworben. 1975 erhielt er von der angesehenen National Science Foundation Fellowship ein Stipendium für höhere Studien an einer Institution seiner Wahl. Am ARL war Dr. Walter der Leiter von verschiedenen Projekten von Unterwasser-Antriebssystemen für die US-Marine. Seine Forschungen betreffen multidisziplinäre Entwicklungen und Prüfung von fortgeschrittenen Luft-unabhängigen Antrieben und thermischen Kraftsystemen für verschiedene autonome Unterwasserfahrzeuge.

Sie können sich nicht irren, oder doch?

1961 hatte Präsident John Kennedy für die Vereinigten Staaten ein nationales Ziel gesteckt, nämlich vor dem abgelaufenen Jahrzehnt einen Mann auf dem Mond landen zu lassen. Im Sommer 1969 hat Neil Armstrong seinen berühmten «grossen Schritt für die Menschheit» auf der Mondoberfläche getan. Inmitten sozialer Unrast schienen Wissenschaft und Technologie eine Insel der Stabilität zu bilden, und das in einer Nation, die in internen Spannungen, dem unpopulären Krieg in Vietnam und vom Eis des kalten Krieges gefangen war.

«Neu und verbessert» wurde zum Schlagwort für das, was man nun von der Technologie erwartete. Die Anwendung der Geheimnisse der Natur zum Wohl der Menschheit war der Motor, der uns in eine hoffnungsvolle Zukunft hinein führen sollte.

Dieses Umfeld war der Inkubator für manche Wissenschaftler- und Ingenieurs-Karriere, auch für mich selbst. In den öffentlichen Schulen wurde die Raumfahrts-Wissenschaft eingeführt. Ebenso proklamierte man als Tatsache, dass die Erde 4,5 Milliarden Jahre alt sei und dass sich das Leben im Lauf von Millionen Jahren aus einem einzelligen Organismus entwickelt habe, der angeblich per Zufall in einem Urozean entstanden sei. Die Studenten wurden gezwungen, das Evolutionsmodell der Erdgeschichte zu akzeptieren, so wie das für die meisten Leute gilt, die in diesem Jahrhundert ausgebildet wurden. Die alten Schriften der Genesis wurden als überholt und allegorisch bezeichnet. Die meisten Christen unter den Studenten versöhnten ihren unreifen Glauben an Gott und die Bibel mit dem zurechtgelegten Behelf, dass die Schöpfungstage grosse Zeitabschnitte bedeuteten. Die Tage der Genesis stellten die Zeitalter oder Abschnitte der kosmischen Entwicklung dar, welche die Wissenschaftler nun zu verstehen begannen und sie in unserer modernen Welt genauer beschreiben konnten.

Für unzählige Menschen wiederholt sich diese Geschichte bis heute. Die selbstverständliche Autorität der Klassenzimmer, kombiniert mit modernen technischen Errungenschaften, wird als Beweis für das «wissenschaftliche» Modell des Ursprungs und das hohe Alter des Universums angesehen. Die Genesis ist ein Mythos, wenn nicht sogar ein Märchen, und unser Konzept der Wahrheit wird auf das Erfahrbare und subjektiv Verstandene reduziert. Daher ist es nötig, dass wir die fundamentale Frage stellen, die schon Pilatus ausgesprochen hat: «Was ist Wahrheit?» Wir müssen die Rolle, welche die Wissenschaft bei der allgemeinen Wahrheitsfindung spielt, genauer betrachten. In den folgenden Abschnitten werfen wir einen Blick auf die Naturwissenschaften, und werden sehen, dass wahre Wissenschaft der Inschrift Gottes auf den Steintafeln, nämlich «... in sechs Tagen machte Gott Himmel und Erde, das Meer und alles, was in ihm ist»[1] nicht widerspricht.

Was ist Wissenschaft?

Viele intelligente Leute sind davon überzeugt, die Wissenschaft habe bewiesen, dass die Erde Milliarden Jahre alt sei. Das muss doch stimmen... Dieses Missverständnis entsteht infolge Nichtbeachtung der grundlegenden Natur von «Wissenschaft» und einem natürlichen Bedürfnis nach moralischer Autonomie. In Wirklichkeit kann das Alter der Erde durch die Wissenschaft weder bewiesen, noch widerlegt werden. Die Wissenschaft kann zwar Material sammeln, um ein bestimmtes Modell der Erdgeschichte mit einem andern zu vergleichen, aber so etwas ist nur eine Studie von Möglichkeiten, kein Beweis.

Wissenschaft ist eine menschliche Tätigkeit, die durch Beobachtungen, Hypothesen und Experimente versucht, die Natur und die Prozesse in unserem Universum genau und quantitativ zu beschreiben. Damit diese Methode funktioniert, müssen einige grundsätzliche Prinzipien durch Glauben akzeptiert werden. Das erste ist, dass wir im Universum Ordnung erwarten. Eine spezielle

Folge des Ordnungsprinzips ist das Gesetz der Kausalität, das Verhältnis von Ursache und Wirkung. Dieses Gesetz sagt, dass eine Ursache viele Wirkungen haben kann, aber keine der Wirkungen ist quantitativ grösser oder qualitativ besser als ihre Ursache[2].

Wird ein Effekt beobachtet, nimmt man an, dass er auf Grund dieses Gesetzes eine Ursache hat und nicht rein zufällig aufgetreten ist. Der fragende Verstand wird über den Grund des beobachteten Effektes spekulieren und dann versuchen, diesen experimentell zu überprüfen. Das ist das Wesentliche der sogenannt wissenschaftlichen Methode.

Man muss dabei beachten, dass die Beobachtung immer eine Sache in der Gegenwart ist, nie in der Vergangenheit. Hinzu kommt, dass der Beobachter mehr oder weniger indirekt arbeitet. Er benützt Instrumente oder irgendwelche Einrichtungen, die seine Wahrnehmungen verfälschen können. Zum Beispiel sind unsere Augen optische Instrumente, die das einfallende Licht empfangen, optisch auf die Netzhaut fokussieren, welche das Bild wiederum in ein komplexes System von elektrischen Impulsen umwandelt und diese mittels Nerven ins Gehirn leitet. Wenn die Übertragung des Bildes vom Objekt zu unserem Gehirn an irgend einer Stelle auf seinem Weg verfälscht wird, ist unsere Beobachtung nicht richtig. Es gibt optische Illusionen, welche durch eine falsche Interpretation im Gehirn entstehen, ohne dass irgend eine optische Verfälschung vorliegt. Alle Beobachtungen müssen auf die gleiche Art analysiert und überprüft werden, um zu einer genauen Wahrnehmung zu kommen. Je weiter entfernt die Zeit oder die Distanz der indirekten Beobachtung ist, desto grösser ist die Möglichkeit einer verzerrten Wahrnehmung.

Wenn wir diese Überlegungen auf das Alter der Erde anwenden, stellen wir fest, dass es keine menschlichen Aufzeichnungen von beobachteten Ereignissen gibt, die Milliarden Jahre zurückliegen. Wir haben nur Interpretationen von jüngeren Beobachtungen der gegenwärtigen Realität. Oft kommt man durch Beobachtungen aus sehr grosser Distanz zu den hohen Altersangaben oder auf Grund weitschweifiger gedanklicher Entwicklungen. Tatsachen, die der Hypothese widersprechen, werden wegen vorgefassten Meinungen entweder unterdrückt oder ausser acht gelassen. Das Licht, das von entfernten Sternen kommt, ist eine gegenwärtige Realität, nicht eine direkte Beobachtung der Vergangenheit. Diese Beobachtungen machen wir auf Grund von Effekten, für die verschiedene hypothetische Ursachen vorgeschlagen worden sind. Solche Ursachen sind manchmal gleichförmige Prozesse, die sehr grosse Zeiträume erfordern, um zu den gegenwärtigen Beobachtungen zu führen.

Um dies zu illustrieren, betrachten wir die geologischen Formationen im westlichen Becken der USA. Es wird gesagt, dass die riesigen horizontalen Schichten der unter Wasser abgelagerten Sedimentgesteine lange Zeiträume zu ihrer Entstehung brauchten. Dies basiert auf der Annahme, dass die Ablagerungsgeschwindigkeit immer gleich gross war, so wie sie in einem typischen Flussdelta heute ist. Dieses Konzept des Uniformismus (= der Schlüssel zur Vergangenheit ist die Gegenwart) scheint ein vernünftiger Ansatz zu sein, wenn man abstrakt denkt. Aber kein gleichförmiger Flusslauf kann jemals grosse Flächen überschwemmen. Ebenso kann er keine gewaltsam eingebetteten und verstümmelten Körper produzieren, die wir als Fossilien in vielen Gesteinen finden. Wenn wir die gegenwärtig beobachteten Erosionsbedingungen auf die Vergangenheit anwenden, können diese die ungewöhnlichen Formationen des Grand Canyons, der Tafelberge, der Ödlandgebiete und anderer Schluchten nicht hervorbringen. Im Gegensatz dazu produzierten die katastrophischen Prozesse während und nach dem Ausbruch des Vulkans Mt. St. Helens in den Kaskaden des Staates Washington ein verkleinertes Modell des Grand Canyons in sehr kurzer Zeit. Sedimente wurden schnell abgelagert und dann plötzlich wieder durch heissen Dampf, Wasser und Schlammströme nordwestlich des Gipfels abgetragen. Nun gleichen die Abhänge der Schluchten anderen, von denen man glaubt, sie seien in grossen Zeiträumen entstanden. In Wirklichkeit weiss man jetzt, dass sie weniger als 20 Jahre alt sind.[3,4]

Der Punkt, auf den es ankommt, ist der, dass die Wissenschaft mit Beobachtungen von gegenwärtigen Zuständen und Prozessen operiert, und daher die prähistorische Vergangenheit nur diskutieren kann. In Bezug auf die geologischen Formationen des grossen Beckens können die Annahmen des Uniformismus mit einem Modell verglichen werden, das katastrophische Tektonik, Vulkanismus und hydraulische Aktivität annimmt, welche eine globale Katastrophe begleiteten, wie es die grosse Flut der Genesis war. Der beobachtete Ausbruch des Mt. St. Helens demonstrierte, dass schnelle Prozesse Strukturen erzeugen können, von denen man bisher meinte, dass sie nur in langen Zeiträumen entstehen können. Das Konzept, dass die Geologie der Erde keine langen Zeiträume zu ihrer Entstehung benötigte, ist glaubwürdiger, wenn nicht sogar zu bevorzugen. Viele verwirrende Formationen kann man nur mit der Wirkung gewaltiger Kräfte erklären. Ausserdem macht man bei anderen Methoden der Altersbestimmung von der Erde oder dem Universum Annahmen über Prozesse und Verhältnisse, die in die ferne Vergangenheit hinein reichen. Unabhängig davon, wie überzeugend diese Datierungsmethoden auch sind, bleibt die Tatsache, dass sie auf Annahmen beruhen, welche kritisch beurteilt und überprüft werden müssen.

Alle Vorgänge in der Vergangenheit (sogar der jüngsten Vergangenheit) können am besten auf Grund von Zeugenaussagen und der Ansammlung von unterstützenden Tatsachen rekonstruiert werden. Das ist das System, das in der Rechtsprechung angewendet wird. Die Wissenschaft kann ihren Beitrag leisten, indem sie ermittelt, was möglich ist, aber sie kann die Vergangenheit nicht unfehlbar rekonstruieren. Die Zusammenhänge bei hohen Altersangaben kann man nach bekannten Prinzipien von den Naturgesetzen ableiten. Wir wollen nun einige der Tatsachen betrachten, die auf einen Schöpfer hinweisen.

Thermodynamik, Dämonen und Evolution

Das Gesetz der Kausalität führt uns zum Schluss, dass die Existenz des Menschen (ein Phänomen, das die Qualität von Leben, Intellekt, Emotion und Wille besitzt) eine Ursache haben muss, die quantitativ grösser ist und qualitativ höheres Leben, Intelligenz, Emotionen und Willen besitzt. Trotz solcher grundlegender Argumente behauptet die naturalistische Evolution, dass die natürlichen Kräfte und die ablaufende Zeit ausreiche, um die Ordnung und Komplexität des Lebens ohne zusätzliche Gründe hervorzubringen. Kann man mit den bekannten Naturgesetzen diese Behauptung bestätigen? Was wissen wir über die Auswirkungen von ablaufender Zeit? Die Zusammenhänge der Wissenschaft von der Thermodynamik waren massgebend, um mich davon zu überzeugen, dass grosse Zeitperioden nicht nur unnötig sind, sondern für eine gradualistische und natürliche Entwicklung von intelligenter Schöpfung sogar tödlich sind.

Die Anwendung der Gesetze der Thermodynamik, speziell in Bezug auf bewegte Flüssigkeiten und die Umwandlung von Energie in brauchbare Arbeit in den Wärmemaschinen, bildet einen wichtigen Teil der Arbeit mechanischer Ingenieure. Doch die thermodynamischen Gesetze (normalerweise numeriert von null bis drei) haben eine breite und mehr philosophische Wirkung. Sie beeinflussen das Studium des Ursprungs und die Entwicklung von Ordnung und Komplexität. Die vier klassischen Gesetze können logisch von generellen Prinzipien abgeleitet werden[5]. Wir wollen die Diskussion in diesem Zusammenhang auf das klassische erste und zweite Gesetz beschränken.

Das erste Gesetz ist das der Erhaltung. Es sagt aus, dass die Substanz des Universums (Materie und Energie) konstant bleibt. Das zweite Gesetz beschränkt die möglichen Zustände, die ein bestimmtes System durch einen definierten Prozess annehmen kann. Es verunmöglicht das Perpetum Mobile und die spontane Entstehung der Verfügbarkeit von Energie. Alle echten Prozesse sind auf Grund des zweiten Gesetzes nicht umkehrbar. Das führt zu einer Reduktion von verfügbarer Energie für weitere Prozesse. Anders ausgedrückt: echte Prozesse führen zu einer Erhöhung der «Entropie» im Universum. Das ist eine Grösse, welche in der Thermodynamik so definiert wird, dass sie alles zu einem letzten Gleichgewicht bringen wird, in dem alle Prozesse aufhören.

Die Folgen dieser zwei Gesetze sind schwerwiegend. Das erste Gesetz sagt klar, dass gegenwärtig weder Materie noch Energie in unserem Universum entstehen. Das zweite Gesetz sagt, dass nach unendlich langer Zeit das Universum in ein endgültiges Gleichgewicht gerät, in dem keine Prozesse mehr stattfinden können. Dieser Endzustand wird als der Wärmetod des Universums bezeichnet. Weil dieser Zustand noch nicht erreicht worden ist, muss das Universum einen Anfang haben. Diese Folgerung ist in perfekter Übereinstimmung mit der biblischen Aussage, dass alle Dinge in sechs Tagen geschaffen wurden, und dann hörte Gott mit der Arbeit der materiellen Schöpfung auf (erstes Gesetz)[6].

Der Fall Satans und des Menschen brachte den Fluch, welcher der Grund ist für das «zerfallen wie ein Gewand»[7]. Darunter seufzt die ganze Schöpfung[8] (zweites Gesetz). Das zweite Gesetz der Thermodynamik verhindert im wesentlichen eine spontane Entstehung des irdischen Ökosystems und des Lebens selbst. Die Ingenieure wissen, dass sich Wärmemaschinen nicht von selbst entwickeln. Ohne eine Wärmemaschine wird durch den Fluss von Wärme keine nützliche Arbeit getan. Hinzu kommt, dass ohne eine Arbeitsquelle und eine Kühlmaschine keine Wärme von einem kalten Ort zu einem warmen Ort fliesst. Ebenso gibt es ohne die Maschine der Reproduktion (den genetischen Bauplan und das Wunder im Mutterschoss) durch rohe Energie nicht einmal den materiellen Teil des Menschen.

Das Problem ist noch schlimmer für das Nicht-materielle, denn das Bewusstsein des Menschen und seine geistlichen Aspekte widersetzen sich jeder wissenschaftlichen Definition und erst recht einem natürlichen Entwicklungsprozess.

Die benötigten Pläne und Reproduktions-Einrichtungen können nicht spontan entstehen, und der Ablauf von langen Zeitperioden kann keine unabhängige Ursache hervorbringen oder ermöglichen. Diese wären zur Entwicklung des menschlichen Körpers, seiner Begabungen und Fähigkeiten aber nötig. Die Geschichte lehrt uns keine kontinuierliche Neuschöpfung, sondern immer wieder Aussterben. Bestimmte Lebewesen können im zerfallenden Ökosystem der Erde nicht mehr überleben und verschwinden für immer vom Planeten.

Trotz den Konsequenzen des klassischen zweiten Gesetzes glauben viele Evolutionisten, dass die Lösung gegenüber der Bedrohung des zweiten Gesetzes in der statistischen Thermodynamik liege. Man glaubt, dass die Evolution sich statistische Variationen auf der molekularen und genetischen Ebene zunutze mache und selektiv nur diejenigen bevorzuge, welche die Entwicklung einer höheren Ordnung versprechen. Hier tritt Maxwells Dämon in Erscheinung. Es handelt sich zwar nicht um einen tatsächlichen Dämon wie in der Bibel beschrieben. Dieser unruhige Charakter wurde ungefähr 1891 von Clerk Maxwell erfunden. In seinem klassischen Geistesexperiment ist der Dämon theoretisch fähig, das zweite Gesetz zu besiegen. Er kontrolliert dazu den Durchgang von einzelnen Gas-Molekülen durch eine Scheidewand, die einen abgeschlossenen und isolierten Raum in zwei Teile teilt. Indem er strategisch ein kleines Tor in der Scheidewand öffnet und schliesst, lässt er die Hoch-Energie-Moleküle nur in der einen Richtung durchgehen, während er die Niedrig-Energie-Moleküle nur in der andern Richtung passieren lässt. Der Dämon kann dadurch einen Endzustand hervorrufen, in dem sich im einen Raum nur Hoch-Energie-Moleküle befinden und im andern Raum nur Niedrig-Energie-Moleküle, ohne dass er irgendwelche Energie zum System hinzugefügt hat. Man hat also eine Möglichkeit geschaffen, wie nützliche Arbeit geleistet werden kann, wobei die Entropie herabgesetzt wird, lediglich durch Kanalisierung der einzelnen Moleküle.

Der scheinbare Widerspruch zum zweiten Gesetz wurde 1929 von Szilard gelöst. Er konnte zeigen, dass der Prozess zur Messung des Energiezustandes und das Öffnen und Schliessen des Tores mindestens so viel Energie brauchen, wie man beim Durchgang der Moleküle gewinnt.[9] Die statistische Verteilung der Energie unter den Molekülen kann nicht ausgenützt werden, auch nicht von einem intelligenten Dämon, um Ordnung und potentielle Energie zu schaffen. Das zweite Gesetz steht, Maxwells Dämon fällt.

In der naturalistischen Evolution glaubt man, dass das Leben durch hohen Durchsatz von Energie durch eine chemische Suppe mit zufälliger Zusammensetzung entstanden sei. Das Problem dabei ist jedoch sehr viel schwieriger, als das von Mawells Dämon, denn das Leben erfordert Strukturen von unglaublich hoher Komplexität, nicht nur ein höheres Energieniveau. Die grundlegenden Prozesse der Lebewesen werden von molekularen Maschinen geleistet, die so kompliziert sind, wie die kompliziertesten menschlichen Erfindungen. Die Synthese von Eiweiss und das Kopieren der DNS sind einzigartige Beispiele vom Funktionieren des inneren Lebens. Und jemand, der viel fähiger ist als Maxwells Dämon, ist nötig, um die richtigen Einzelteile zusammenzufügen und die Funktionen in der ersten Zelle zu starten. Der vorgeschlagene Hoch-Energie-Fluss liefert weder Struktur noch Intelligenz, ebensowenig wie die sprichwörtliche Explosion in einer Druckerei eine Novelle produziert.

An dieser Stelle ist es instruktiv zu erfahren, dass sich der Nobelpreisträger Francis Crick dieser Schwierigkeit bewusst war, dann aber sich selbst widerspricht, wenn er über das «Leben an sich» spricht[10]. Er sagte nämlich, dass die Komplexität des Lebens nicht auf Grund «reinen Zufalls» entstanden sein konnte, sondern ein Kopiermechanismus vorhanden war, der vorteilhafte Mutationen speichert, sobald sie auftreten. Er hat jedoch die Entstehung eines solchen Mechanismus nie etwas anderem zugeschrieben als dem Zufall. Die Kombination von Kopieren und Speichern von Mutationen wird bei Crick zum eigentlichen Dämon, der die «wunderbare Eigenschaft eines Systems hat, das sich selbst verbessert». Im Bewusstsein der nahezu unendlich grossen Vielfalt des modernen Lebens folgert Crick, dass die Erde mit 4,5 Milliarden Jahren nicht alt genug war, um das Leben auf diesem Planeten vollständig hervorzubringen. Anstatt sich in dieser Frage an die Bibel zu wenden, bevorzugt er ein «gerichtetes Panspermia-Konzept», durch welches das erste Leben vor langer, langer Zeit und ganz weit weg irgendwo in unserer Galaxie entstanden sein soll.

Interessanterweise ist in dieser Geschichte intelligentes Leben an diesem fernen Ort irgendwie entstanden, obwohl es auf unserem Planeten unmöglich war. Die ferne Zivilisation hat dann Lebenskeime in Form von DNS-Kopiermaschinen mit Hilfe von raffinierten Raketen ins Universum hinaus geschickt. Diese suchten einen günstigen Ort, um die Evolution nochmals von vorne beginnen zu lassen. Eine dieser Raketen kam offensichtlich zur Erde – darum sind wir hier! So weit Crick.

Man beachte die Entwicklung in Cricks Argumenten: Er beginnt mit dem Unmöglichen und Unwahrscheinlichen und endet mit einer wunderbaren Phantasiewelt, die weit zurück liegt und weit weg war. Genügend Zeit und Distanz sollen möglich machen, was sonst unmöglich ist. Ironischerweise sind lange Zeiträume wegen des zweiten Gesetzes der Thermodynamik weder günstig, noch ein Mechanismus für Schöpfung, sondern viel mehr ein Monstrum der Zerstörung und des Todes. Im Zähen Festhalten am Atheismus klammert sich die naturalistische Evolution an das Paar der falschen Götter, die Mutter Erde und Vater Zeit heissen. Das ist nichts anderes als ein minderwertiger Ersatz für den grossen und Ehrfurcht gebietenden Schöpfer der Bibel. Wir täten gut daran, diese grundlegenden Zusammenhänge von langen Zeiträumen für das Universum sorgfältig zu überprüfen. Wir sollten uns bewusster werden, welch grossen Einfluss unsere Glaubensposition auf die Entwicklung der wissenschaftlichen Konzepte hat. Die Autoren eines Textes über Thermodynamik geben ein klares Zeugnis ihrer Schlussfolgerungen zu diesem Thema:

«Es ist offensichtlich unmöglich, allein auf Grund des zweiten Gesetzes der Thermodynamik endgültige Antworten zu diesen Fragen zu geben. Die Autoren betrachten aber das zweite Gesetz der Thermodynamik als eine menschliche Beschreibung dessen, was ein Schöpfer in der Vergangenheit und anschliessend ständig getan hat. Dieser kennt auch die Antworten für die Zukunft des Menschen und des Universums.»[11]

Die Wahrheit treibt irgendwo auf dem Meer der Postmoderne

Bis jetzt hat unsere Diskussion gezeigt, dass infolge grundlegender Prinzipien die Wissenschaft nicht imstande ist, ein hohes Alter für das Universum zu beweisen. Es wurde gezeigt, dass ein sehr hohes Alter für die Entwicklung von Komplexität und Ordnung nicht nützlich, sondern schädlich ist. In den aktuellen Zeitschriften und Büchern existieren viele ausführliche und tiefgehende Diskussionen über gemessene Daten für beide Seiten der Altersfrage. Einige versuchen, die hohen Alter zu beweisen, wieder andere vertreten den Standpunkt, dass die Erde, die Kometen und der Mond weniger als 10 000 Jahre alt sind. Die Interpretation der beobachteten Daten ist stark mit der Weltanschauung des Untersuchenden verbunden, weniger mit den Fakten selbst. Die Glaubenshaltung gegenüber menschlichen Argumenten oder biblischer Offenbarung ist für die Wahl der Hypothese massgebend und bestimmt die Daten, welche akzeptiert oder verworfen werden. Ich bin der Meinung, dass die Tatsachen, die für eine junge Erde sprechen, überwältigend überzeugender sind. Doch viele haben ebenso grossen Glauben an bestimmte Argumente für hohe Alter und betrachten die Tatsachen für eine junge Erde als Irrtum.

Unsere Welt leidet an der falschen Vorstellung, die in der modernen Zeit aufgekommen ist, nämlich dass Realität und Wahrheit auf Erfahrungen allein beruhen, und dass das menschliche Wissen und Urteilen unser höchstes Führungsinstrument sei. Das Konzept einer lebenden, wollenden, persönlichen und liebenden höchsten Instanz wird willentlich abgelehnt, obwohl sie vollständig mit beiden, der Wissenschaft und der Bibel, übereinstimmt. Die Notwendigkeit eines übernatürlichen Anfangs des Universums liegt in den thermodynamischen Gesetzen und wird in der Schrift deutlich beschrieben. Natürlich sagt die Bibel ebenso: «Durch Glauben erkennen wir, dass die Welt durch Gottes Wort ins Dasein gerufen worden ist; es sollte eben das jetzt Sichtbare nicht aus dem sinnlich Wahrnehmbaren entstanden sein.»[12] Biblischer Glaube ist keine Sache von formellen Beweisen, aber er bedeutet auch kein Leben in Blindheit. Biblischer Glaube vertraut mit Überzeugung dem Zeugnis des Einen, der beides ist, Schöpfer und Erlöser. Als seine Geschöpfe brauchen wir unsere Fähigkeiten in demütiger Unterordnung unter seine Offenbarung, und wir sehen ihn als gültigen Massstab für die Wahrheit.

Der gültige Massstab für die Wahrheit, der in der Mitte des 20. Jahrhunderts zur Vorherrschaft gelangte, war auf dem naturalistischen Objektivismus aufgebaut, der den Theismus ersetzte. Die akademischen Institutionen machten sich die Idee zu eigen, dass offene objektive Debatten in angesehenen Publikationen das Verständnis für die Wahrheit verfeinere und aufbaue. Offene Debatten funktionieren gut, solange die Konzepte beobachtbar und überprüfbar sind und solange die «Referenten» offen bleiben. Wenn aber die Mehrheit der akademischen Gesellschaft unbewiesene Konzepte als Tatsachen betrachtet und alternatives Denken per Dekret ausschliesst, dann wird das Potential, das Irrtümer systematisch bewahrt und fördert, institutionalisiert. Ich bin der Meinung, dass sich solche unglücklichen Irrtümer in den populären Entstehungsberichten der Geologie, Astronomie und Biologie fest eingenistet haben. Das wird auch deutlich in unserer Diskussion über die Natur der Wissenschaft und die Gesetze der Thermodynamik.

Während der letzten Dekade des 20. Jahrhunderts ist die moderne Sicht der Wahrheit, die in der Wissenschaft auf dem objektiven Empirismus basiert, in einen Strudel des Subjektivismus hinein geraten. Der Atheismus der naturalistischen Weltanschauung erlaubte die Existenz eines übergeordneten, allwissenden Wesens nicht mehr. Er führte logischerweise zur Schlussfolgerung, dass kein Mensch die absolute Wahrheit kennen könne. Der einzige verbleibende Absolutismus ist, dass es nichts Absolutes gebe. Wir werden ermahnt, alle Ansichten als gültige Wahrheiten anzunehmen. Die neue Perspektive ist die sogenannte postmoderne Weltanschauung und der Vorfahre des populären Pluralismus und der heute verfochtenen Toleranz. Die zynische Frage des Pilatus «Was ist Wahrheit?» geht nun um die Welt, denn die Leute haben keinen Anker mehr, der ihnen sagt, was Wahrheit ist.

Wenn ein allmächtiger Schöpfer existiert, so ist seine Schöpfung wertvoll und sinnvoll, sie basiert allein auf seinen Gedanken und seinem Willen. Seine Geschöpfe müssten für ihn von besonderem Interesse und Wert sein. Seine Allwissenheit garantiert perfekte Planung und Kenntnis, und er könnte den Massstab für alle Wahrheiten liefern. Als liebendes und persönliches Wesen ist es vernünftig, dass er Gemeinschaft mit uns haben will und entschieden hat, uns seine Absichten zu offenbaren. Die Bibel behauptet, seine spezielle Offenbarung zu sein und lehrt uns genau diese Wahrheiten über Gott. Viele haben die Bibel als das grossartige Werk des Einen erfunden, der uns die Zukunft vorhersagen und unsere Herzen verändern kann, und der uns liebevoll seine beiden grossen Werke offenbart, nämlich die Schöpfung und die Erlösung. Die Erlösung, welche uns der Eine gibt, der alle Dinge kennt, wird folgerichtig in Wahrheit und klar übermittelt.

Hier stehen wir an der Wasserscheide. Was sagt die Schrift? Wenn wir die offensichtliche Meinung gemäss der Sprache der Bibel ernst nehmen, sagt sie uns in der Genesis, dass unser Universum in voller Funktion innerhalb von sechs 24-Stunden-Tagen geschaffen wurde. Im Glauben darf man annehmen, dass dies das Zeugnis des Schöpfers selbst ist, der gemäss seiner eigenen Entscheidung alle Dinge perfekt gemacht hat. Die Prinzipien und Beobachtungen wahrer Wissenschaft widersprechen einer buchstäblichen Auslegung von Genesis 1 nicht, im Gegenteil, sie bilden eine Bestätigung für die Erschaffung aller Dinge in sechs Tagen.

Referenzen:

1 2. Mose 20,11

2 Henry M. Morris, The biblical Basis for modern Science, Baker Book House, Grand Rapids, MI, 1984, pp 36–37

3 Steven Austin, Mount St. Helens and Catastrophism, Impact, Article No. 157, Institute for Creation Research, El Cajon, CA, July 1986

4 Steven Austin, Mount St. Helens, Explosive Evidence for Catastrophe, Document Video, Institute for Creation Research, El Cajon, CA, 1989

5 George N. Hatsopoulos and Joseph H. Keenan, Principles of General Thermodynamics, John Wiley and Sons, Inc., New York, NY, 1965, p. 368.

6 1. Mose 2, 1–2

7 Psalm 102, 26

8 Römer 8, 22

9 George N. Hatsopoulos and Joseph H. Keenan, op. Cit, p XXXVIII

10 Francis Crick, Life Itself, Ist Origin and Nature, Simon and Schuster, New York, NY, 1981, pp 52–55

11 Gordon J. Van Wylen and Richard E. Sonntag, Fundamentals of Classical Thermodynamics, 2nd Ed. SI Version, John Wiley and Sons, Inc. New York, NY, 1978, p. 243

12 Hebräer 11,3

▌Jerry R. Bergman, Biologie

Dr. Bergman ist wissenschaftlicher Lehrer am Northwest State College, Archbold (Ohio). Er studierte Psychologie an der Wayne State University, wo ihm auch der Doktor für Forschungsmethoden verliehen wurde; an der Bowling Green State University schloss er eine Ausbildung in Soziologie ab und einen zweiten Doktor erwarb er sich an der Columbia Pacific University für Humanbiologie. Am Northwest State College hat Dr. Bergman als Vorsitzender des Komitees für akademische Angelegenheiten und als Berater für Ausbildungsprogramme gedient. Er hat als Berater bei mehr als 20 wissenschaftlichen Schulbüchern mitgearbeitet.

Fast jedermann stellt sich früher oder später die Frage: «Woher kam das Leben?» Mit der Antwort ist sogleich eine neue Frage verbunden: «Was ist eigentlich der Zweck des Lebens auf der Erde?» Zwei Standpunkte drängen sich dann in den Vordergrund: (1) die atheistische Position, die glaubt, dass das Leben durch Veränderungen, Zeit und eine lange Kette von zufälligen Ereignissen entstanden sei; (2) Oder die kreationistische Position, die lehrt, dass jede Art von Lebewesen durch einen Schöpfer, den die meisten Leute Gott nennen, geschaffen wurde. Die Christenheit hat von Anfang an gelehrt, dass das Leben von Gott für einen bestimmten Zweck geschaffen wurde... «Du (Gott) hast alle Dinge geschaffen, und durch deinen Willen waren sie da und sind sie geschaffen worden» (Offb. 4,11). Auch das Judentum und der Islam haben die Schöpfungsdoktrin gelehrt (1. Mose 1).

Der evolutionistische Naturalismus, man meint damit oft auch den Atheismus, lehrt, dass das Leben durch zufälliges Zusammenfinden von genügend vielen Atomen entstanden sei, so dass komplexe Moleküle gebildet wurden, die Kopien von sich selbst erzeugten. Diese hypothetischen Moleküle entwickelten sich schliesslich zu Zellen, und in Milliarden Jahren entstand dann alles Leben, das es heute gibt. Der Schlüssel zu dieser Evolution vom Molekül zum Menschen sind Mutationen (genetische Kopierfehler) und die natürliche Selektion (Selektion von vorteilhaften Mutationen, die das Lebewesen so verändern, dass es zum Überleben besser geeignet ist).

Die Anforderungen an das Leben

In diesem Abschnitt soll gezeigt werden, dass das Leben am Anfang nicht durch einen allmählichen Prozess entstehen konnte, sondern plötzlich aufgetreten ist. Der Grund dafür ist einfach. Jede Maschine muss eine Mindestzahl von Teilen haben, damit sie funktionieren kann. Wenn eines der Teile entfernt wird, funktioniert die Maschine nicht mehr. Das Beispiel, das der Mikrobiologe Behe braucht, ist eine gewöhnliche Mausefalle, die aus mindestens 10 Teilen zusammengesetzt ist. Wenn man nur einen dieser Teile wegnimmt, funktioniert die Falle nicht mehr. Niemand konnte bisher zeigen, dass dieses Konzept nicht stimmt. Bei bestimmten Maschinen könnte es vielleicht sein, dass sie unter bestimmten Bedingungen trotz eines fehlenden Teiles noch funktionieren.

Viele von den «einen-Teil-weniger-Beispielen» können irreführend sein. Ruse (1993, S. 28) meint zum Beispiel, dass man eine Mausefalle auf dem Boden befestigen könne und dann kein Grundbrettchen mehr brauche. In Wirklichkeit braucht er dann den Boden als Basis, denn eine Basis ist immer nötig. Die Einzelteile einer Mausefalle sind ausserdem wertlos, wenn sie nicht von einer intelligenten Person zusammengesetzt werden. Die Falle ist auch wertlos ohne den Köder, die Kenntnis und die Fähigkeit, sie zu stellen, der Existenz einer Maus, die genügend Intelligenz hat, um den Köder zu finden, aber zu wenig, um die Falle zu meiden. Das zusammengesetzte System einer einfachen Mausefalle ist viel komplizierter, als es zunächst den Anschein macht.

Das Argument mit den zusammengesetzten Systemen kann auch auf den Schöpfungsprozess des Lebens angewendet werden. Sowohl ein Organismus als auch seine Bestandteile, inbegriffen Organe, Organellen, Zellen und sogar seine Proteine, können nicht unterhalb einer minimal nötigen Zahl von Einzelteilen funktionieren. Bei den biologischen Organismen ist die kleinste funktionierende Einheit des Lebens die Zelle. Die Anzahl der Einzelteile in der Zelle auf der subatomaren Ebene liegt in der Regel oberhalb einer Milliarde (10^{12}). Hickmann schreibt dazu:

«Zellen sind der Stoff des Lebens. Sogar die einfachsten Zellen, welche die grundlegenden Einheiten allen Lebens bilden, sind überaus komplizierte zusammengesetzte Strukturen. Alle Gewebe und Organe bestehen aus Zellen. Im Menschen arbeiten schätzungsweise 60 Milliarden Zellen zusammen, wobei jede in dieser organisierten Gemeinschaft ihre besondere Aufgabe hat. In den Einzellern laufen alle Lebensfunktionen innerhalb der Umhüllung eines mikroskopisch kleinen Paketes ab. Es gibt kein Leben ohne Zellen (Hickman 1997, S. 43).»

Um die nötigen Lebensfunktionen ausüben zu können, brauchen die meisten Bakterien 500 bis einige tausend Gene. Die Erbsubstanz der Coli-Bakterie hat

4'639'221 Nukleotid-Paare, welche 4'288 Gene beschreiben. Jedes einzelne Gen stellt eine überaus komplizierte Maschine dar, die ein Protein herstellt. Die einfachsten Bakterien, *Chlamydia* und *Rickettsia,* sind die kleinsten Lebewesen, die man kennt. Ihr Durchmesser beträgt nur einige hundert Atome. Sie sind kleiner als der grösste Virus und haben etwa halb so viel DNS, wie andere Bakterienarten. Trotzdem sie so klein sind wie überhaupt möglich, benötigen diese beiden Lebewesen immer noch mehrere Millionen Atome (Trefil 1992, S. 28). Viele andere Bakterien, wie z.B. *M. Genitalum,* welches 256 Gene hat, sind den Parasiten ähnlich, denn sie können nur mit Hilfe eines anderen, komplizierteren Organismus leben. Aus diesem Grund ist die Coli-Bakterie als Beispiel für die minimal nötigen Bauteile für ein Lebewesen besser geeignet als M. Genitalum.

Wenn die einfachste Lebensform auf der atomaren Ebene Millionen von Einzelteilen braucht, benötigen höhere Lebewesen Milliarden. Alle der vielen Makromoleküle, die zum Aufbau des Lebens nötig sind, bestehen aus Atomen. Atome sind wiederum aus noch kleineren Teilen zusammengesetzt. Dass es für das Leben eine minimale Anzahl von Teilen braucht, ist gut dokumentiert. Die offene Frage ist lediglich, wie viele Millionen von funktionell zusammenarbeitenden Teilen nötig sind – nicht die Tatsache, dass es eine minimal nötige Zahl sein muss, damit Leben existieren kann. Alle Viren haben weniger als die minimal nötige Zahl von Einzelteilen zum Leben, sie müssen daher als Parasiten leben. Sie schlüpfen in komplizierte Zellen hinein, um sich vermehren zu können. Trefil stellt fest, dass die Frage, woher die Viren kommen, ein «andauerndes Rätsel» für die Evolutionisten ist. Sie bestehen primär nur aus einem DNS-Molekül und einer Proteinhülle und «... können sich nicht normal vermehren. Daher ist es schwer zu begreifen, wie sie zu leben begonnen haben.»

Eine der Theorien sagt, dass sie Parasiten seien, die nach langer Zeit die Fähigkeit zur unabhängigen Vermehrung verloren hätten. ... Viren gehören zu den kleinsten Dingen des Lebens. Ein typischer Virus, wie derjenige, der die gewöhnliche Grippe hervorruft, ist im Durchmesser nicht grösser als tausend Atome. Vergleicht man sie mit den Zellen, so sind diese hundert – oder sogar tausendmal grösser. Die geringe Grösse der Viren ist ein Grund für die Leichtigkeit, mit der sie von einem Wirt zum andern gelangen können. Es ist auch schwierig, solch kleine Dinge mit einem Filter zurückzuhalten.» (Trefil 1992, S.9)

Stark vereinfacht besteht das Leben aus drei komplizierten Klassen von Molekülen: DNS, welche den Bauplan speichern; RNA, welche eine Kopie der benötigten Informationen von der DNS zu jener Station bringt, welche die Proteine herstellt; und Proteine, welche alles herstellen, von den Ribosomen bis zu den Enzymen. Es sind zudem spezielle Hilfs-Proteine und andere Werkzeuge nötig, damit sichergestellt wird, dass die Proteine richtig gefaltet und zusammengesetzt werden. Alle diese Teile müssen nach einem bestimmten Plan zu einer Einheit zusammengefügt werden. Die DNS ist ohne RNA und die Proteine nutzlos. Es gibt zwar einige Bakterientypen, welche gewisse Basis-Funktionen kombinieren können.

Für die Evolution sind die enorm komplizierten Systeme, die zum Aufbau von Leben nötig sind, ein Problem. Dieses wird zwar sehr ernst genommen, aber keiner der Vorschläge, um dies Schwierigkeit zu lösen, ist auch nur annähernd befriedigend (Spetner 1997). Eine dieser Theorien ist die der ausserirdischen Entstehung von Leben, wie sie vom Nobelpreisträger Francis Crick vertreten wird. Er ist der Ansicht, dass von anderen Planeten Lebenskeime auf die Erde gekommen seien und sie besäten (Crick 1981). Diese Lösung verschiebt jedoch das Problem einfach anderswohin. Der Naturalismus müsste beides hergeben: die Entstehung der Einzelteile für das Leben und ihre richtige Zusammensetzung. Damit das Leben erhalten bleibt, müssen lebende Kreaturen etwas besitzen, mit dem sie Nahrung aufnehmen und biochemisch verarbeiten können. Das Leben benötigt auch Sauerstoff, der in allen Geweben verteilt werden muss. Für Einzeller muss Sauerstoff effektiv und sicher innerhalb der Zellmembranen ohne Schaden für die Zelle dorthin transportiert werden, wo er nötig ist. Das Leben kann nicht ohne einen komplizierten Mechanismus existieren, der diese Aufgaben erfüllt. Die einzelnen Teile können sich nicht selbstständig entwickeln, sie können auch nicht während längerer Zeit allein existieren, denn ohne eine Schutzhülle werden sie durch die Umgebung zerstört (Overman 1997).

Auch wenn die einzelnen Teile schon existieren würden, können sie nicht passiv zuwarten, bis sich die fehlenden Teile entwickelt haben, denn die bereits vorhandenen Teile werden normalerweise sehr schnell zerfallen. Effekte wie Dehydrierung, Oxidation und die Arbeit von Bakterien oder andern Krankheitsverursachern sorgen für Zerstörungen. Aus diesem Grund kann nur eine plötzliche Schöpfung aller notwendigen Teile, die zu einer funktionierenden Einheit zusammengesetzt sind, das Leben hervorbringen. Bisher wurde kein überzeugender Beweis vorgelegt, der diese Erkenntnis widerlegen könnte. Hingegen existieren viele Beweise für die Erfordernis einer plötzlichen Schöpfung, etwa die Entdeckung, dass die meisten Nukleotide bei den Temperaturen, die auf der Oberfläche der frühen Erde von den Wissenschaftlern angenommen werden, sehr schnell zerfallen (Irion 1998).

Das Problem ist die kurze Halbwertzeit von vielen grundlegenden Bausteingruppen des Lebens. «Sie erlaubt keine ausreichende Ansammlung von solchen Komponenten... es sei denn, die Entstehung des Lebens sei extrem schnell vor sich gegangen (in weniger als 100 Jahren)... eine Entstehung des Lebens bei hohen Temperaturen... kann kein Adenin, Uracil, Guanin oder Cytosin enthalten»

(Levy and Miller 1998 S. 7933). Diese Entdeckung ist ein grosser Rückschlag für die Abiogenese (Entstehung des Lebens aus unbelebter Materie), denn die Entstehung des Lebens bei hoher Temperatur (80–1000 C) ist das einzige mögliche Modell, das geblieben ist (Levy and Miller 1998). Die Kreationisten haben eben erst begonnen, diesen gewaltigen Stolperstein des Darwinismus auszunützen.

Die einfachste Eukariotische Lebensform (Zelle mit Zellkern) ist die Hefe. Die meisten Eukarioten sind wesentlich komplizierter als die Hefe. Ein befruchtetes Ei nennt man Zygote, es ist die einfachste mögliche Form der mehrzelligen Lebensformen. Mit der Entwicklung von der Zygote zum Organismus kann Evolution nicht bewiesen werden. Denn eine Zygote kann als unabhängige Einheit nicht existieren. Sie ist von einem komplizierten Unterhaltssystem abhängig, zum Beispiel von einer Gebärmutter oder einem Ei. Es gibt ein kompliziertes Lebenssystem, das zuerst die Geschlechtszellen produziert. Die Zygote ist nur ein vorübergehender Wachstumsabschnitt in einer Serie von Entwicklungsstufen, die dazu dienen, ein bestimmtes Lebewesen aufzubauen.

Ein Organ oder Organismus kann nicht leben oder selektiert werden, bevor er nicht eine minimale Funktionalität hat. Bereits auf dieser Stufe ist er enorm kompliziert und ist von anderen Teilen des Systems abhängig (Behe 1996). Eine Geschlechtszelle enthält bereits alle Informationen, die nötig sind, um den ganzen Organismus zu entwickeln. Zu Beginn der Entwicklung sind alle Zellen Stammzellen. Jede Stammzelle kann sich zu irgend einer der 200 verschiedenen Zellarten entwickeln, die für den erwachsenen Menschen nötig sind, inbegriffen Haut, Muskeln, Blut oder andere Zelltypen.

Die Evolutionisten glaubten ursprünglich, dass alles Leben von einer einzigen hypothetischen ersten Zelle abstamme, denn alle Lebewesen entwickeln sich auch heute noch aus einer einzigen Zelle. Wir wissen jetzt, dass sich eine Zelle nur deswegen zu einem komplexen Organismus entwickeln kann, weil sich der ganze Bauplan schon in der ersten Zelle befindet, die bei der Empfängnis entstanden ist. Die menschliche Mutter vermittelt ihrem Nachkommen nicht nur 23 Chromosomen, sondern auch noch eine vollständige Zelle. Das schliesst alle Organellen (Zellbestandteile) mit ein, die für das Leben nötig sind. Eine Zelle kann nur aus einer funktionierenden Zelle entstehen und kann nicht durch Hinzufügen einzelner Teile aufgebaut werden. Alle wichtigen Organellen müssen gleichzeitig geschaffen und zusammengesetzt werden, damit die Zelle lebt (Overman 1997).

Zellen brauchen die vielen Millionen Teile, damit sie lebendig bleiben, gerade so, wie ein Säugetier eine Lunge, eine Leber, ein Herz und andere Organe hat, damit es leben kann. Alle die Millionen von Zellteilen müssen das komplizierte biochemische Geschäft ausüben, welches für das Leben nötig ist. Dieses

Geschäft verlangt die Herstellung und Verarbeitung von Eiweissen und die Speicherung von genetischen Informationen, die der nächsten Generation übermittelt werden müssen. Trefil nannte die Evolution von Prokarioten (Zellen ohne Organellen) in Eukarioten (Zellen mit Organellen und anderen Strukturen, welche in den Prokarioten fehlen) ein «dauerndes Mysterium der Evolution». Denn für die Entstehung von Organellen gibt es keine Beweise, und ebenso fehlen plausible Übergangsformen zwischen Eukarioten und Prokarioten.

«Der Unterschied zwischen prokariotischen und eukariotischen Zellen ist mindestens eindrucksvoll, um nicht mehr zu sagen. Aber warum gibt es keine Zwischenformen zwischen den beiden, wenn der Nachfolgende vom Vorhergehenden abstammen soll? Warum zum Beispiel gibt es keine Zellen mit freier DNS und freien Organellen? Wenn die Evolutionslinie wirklich von den Prokarioten zu den Eukarioten verlaufen ist, und von diesen beiden haben wir viele lebende Beispiele, warum überlebte keine der Zwischenstufen?» (Trefil 1992, S. 104).

Diese Sicht spiegelt sich auch in der Beobachtung wieder, dass das Universum offensichtlich speziell geschaffen wurde, um menschliches Leben enthalten zu können. Es funktioniert als eine Einheit, die Leben ermöglicht und unterstützt (Overman 1997).

Die Erschaffung von Menschen

Die Probleme einer plötzlichen Schöpfung lassen sich am besten anhand des ersten Menschen, an Adam, illustrieren. Wenn er als reifer Erwachsener geschaffen wurde, so schien er, sagen wir, 30 Jahre alt zu sein, war aber in Wirklichkeit erst einen Tag alt. Wenn man Adam medizinisch untersucht hätte, wären viele wissenschaftliche Beweise für ein Alter von 30 Jahren festgestellt worden. Die meisten medizinischen Tests, die an diesem Mann gemacht würden, kämen zum Schluss, dass er in der Blütezeit seines Lebens steht, obwohl er nur einen Tag alt war.

Das bedeutet nicht, dass Gott uns dadurch etwas vortäuscht. Damit der Mensch als Organismus leben konnte, musste er mit einem vollständig ausgebildeten Körper geschaffen werden. Wenn das Blut nicht schon zirkulierte, als Adam geschaffen wurde, wäre in jenen Minuten, in denen das Herz erst allmählich zu pumpen begonnen hätte, zu wenig Blut ins Hirn gekommen. Das hätte bereits schwere Schäden an den Hirnzellen hervorgerufen. Alle Organe von Adam, inbegriffen das Herz, die Lunge, die Nieren und das Gehirn mussten von der Sekunde an, in der sie geschaffen waren, gleichzeitig als Einheit funktionieren. Mit anderen Worten: Gott schuf Adam als erwachsenen Menschen.

Wenn der Arzt, der den Gesundheitszustand von Adam einen Tag nach seiner Erschaffung untersuchte, aus dem Knochen-zu-Knorpel-Verhältnis festgestellt hätte, dass Adam schon 30 Jahre alt war, so hätte er doch einige Dinge für sein wahres Alter finden können. Im einen Tag alten Adam wären wahrscheinlich keine Anzeichen von Alterung feststellbar gewesen, wie zum Beispiel Gehirnzellenveränderungen, die bei einem durchschnittlich 30-Jährigen sonst vorhanden sind. Zeichen von Alterung könnten aber auch gefehlt haben, weil er vollkommen war, aber das schliesst nicht aus, dass man durch Untersuchung der Zellfunktionen hätte sehen können, dass er in Wirklichkeit erst eine Woche alt war.

Ebenso ist es mit dem Universum, das aus Systemen besteht, die viele Beziehungen zueinander haben. Der Schöpfer konnte nicht nur allein die Erde machen, er musste dazu die Sonne und den ganzen Himmel als funktionierendes System schaffen. Und genau so, wie Gott das Universum aus einem bestimmten Grund gemacht hat (als Versorgungssystem für die Erde), und Adam mit warmem Blut in seinen Adern schuf, ist es gleichermassen logisch, dass er die Sterne in ihren Bahnen und mit ihrem Licht unterwegs geschaffen hat. Auch wenn diese Sicht nicht bewiesen werden kann, so ist sie doch die vernünftigste von allen, die wir heute kennen.

Diese Sicht ist lebensnaher, als es auf den ersten Blick erscheint. Sogar der Nobelpreisträger George Wald sagte, er glaube, dass das Universum geschaffen wurde, um Leben zu erhalten. In einem kürzlichen Interview sagte er, dass die Tatsachen klar für einen Zweck sprechen, denn die Elemente Kohle, Wasserstoff, Sauerstoff und Stickstoff haben einzigartige Eigenschaften, die sie für ihre Aufgabe besonders geeignet machen, so dass sie nicht von andern Elementen im periodischen System ersetzt werden können (Interview in Levy 1998 p. 12).

Ein Aufbau des Universums in Teilstücken wäre etwas Ähnliches, wie wenn Gott beim Menschen zuerst die Leber geschaffen hätte und nach einigen Tagen das Gehirn, dann nach einigen Wochen die Oberschenkelknochen – bis schliesslich der Körper vollständig war. Eine solche Methode ist undenkbar. Um ein Lebewesen zu schaffen, ist es logisch, dass es von Anfang an voll funktionsfähig gemacht wurde. Dies schliesst nicht aus, dass sich die Lebewesen seit der Zeit der Schöpfung verändern konnten. Ein hoher Grad an Komplexität musste bei den Organismen und dem Universum jedoch schon von Anfang an vorhanden sein.

Genetische Veränderungen, Mutationen und Vermischung von Genen können in den Lebewesen nur geringere Veränderungen zur Folge haben. Diese Veränderungen bezeichnen die Kreationisten mit «Variationen innerhalb der geschaffenen Art» (Mikroevolution). Einige Kreationisten glauben, dass diese Veränderungen in der Vergangenheit relativ gewichtig waren, so dass sich aus einem Urkatzenpaar durch genetische Rekombinationen alle heutigen Katzenarten entwickelten, inbegriffen Löwen und Tiger. Anatomische Vergleiche bestätigen dies, indem die Unterschiede, verglichen mit andern Tierarten, relativ gering sind (zum Beispiel zwischen Tiger und Löwe). Es sind auch schon Hybriden gezüchtet worden (wie Tigwe und Löger), womit man ihre Verwandtschaft bewiesen hat.

Der Vergleich der Erschaffung des menschlichen Körpers mit der Erschaffung des Universums wird durch neuere Entdeckungen gestützt. Die Forschung hat gezeigt, dass das Universum ausserordentlich hoch organisiert ist: Unsere Erde ist Teil des Sonnensystems, welches Teil einer hoch organisierten Galaxie (Spiralnebel) ist, welche wiederum zu einem Haufen von Galaxien gehört, der seinerseits Teil eines Superhaufens ist.

Leben und Information

Einer der stärksten Beweise für plötzliche Schöpfung ist die tägliche Beobachtung, dass Informationen nicht zufällig auftreten. Wir stellen auch fest, dass Informationen sich selbst überlassen in der Regel an Unordnung zunehmen. Wenn Archäologen einen Gegenstand finden, sind sie im allgemeinen leicht imstande zu entscheiden, ob dieser von Menschen hergestellt worden ist oder ob er sich durch natürliche Ereignisse, wie Wind oder Regen gebildet hat. Das Unterscheidungsmerkmal, das sie benützen, ist der Grad an Informationen, die der Gegenstand enthält (Yockey 1992).

Komplexität und Informationen sind ein überzeugender Beweise für die Existenz einer höheren intelligenten Instanz, welche Erfindungsgaben und Intelligenz in der natürlichen Welt zur Anwendung brachte. Sie fügte der unbelebten Welt eine höhere Ebene von Information und Ordnung hinzu.

Beide, das Pflanzen- wie das Tierreich sind ausserordentlich kompliziert aufgebaut, was sich in den Informationen im genetischen Code manifestiert. Diese Informationen waren im Tier oder der Pflanze schon immer da. Sie werden bei der Reproduktion geerbt und vererbt. Ausser der lebenden Welt und der vom Menschen gemachten «Welt», funktioniert die natürliche Welt gemäss vorgegebenen physikalischen Gesetzen und vorgängigen Ereignissen. Die lebende Welt, welche die Wissenschaftler erst jetzt zu verstehen beginnen, enthält einen hohen Grad an geschaffener Komplexität. Diese beruht auf Informationen, die sich im genetischen Code befinden. Solche Informationen gibt es nirgendwo in der unbelebten Welt, ausser in der vom Menschen geschaffenen. Damit kann man vernünftig begründen, warum die lebende Welt nicht aus der unbelebten Welt entstanden ist. Der Molekularbiologe und Nobelpreisträger Komfield hat vor 36 Jahren in einem Interview dazu gesagt:

«Während ich inmitten der schwierigen und winzig kleinen Partikel im Labor arbeite, werde ich oft durch ein Gefühl der unendlichen Weisheit Gottes überwältigt ... man wundert sich, wie ein Mechanismus mit solchen Verwicklungen überhaupt je normal funktionieren kann ... der einfachste vom Menschen gemachte Mechanismus benötigt einen Planer und einen Hersteller; wie ein zehnmal komplizierterer Mechanismus sich selbst konstruieren und sich selbst entwickeln konnte, geht völlig über meinen Verstand» (Komfield 1962, S. 16).

Mit anderen Worten: Der enorm grosse Umfang von genetischer Information liegt meilenweit über dem, was wir in der unbelebten Welt und in der von Menschen gemachten beobachten. Überall in der lebendigen Welt bildet diese Information die Grundlage für die Komplexität der Lebewesen. Produkte, die von der unbelebten Welt produziert werden (wie zum Beispiel durch Wasser fein polierte Steine) können niemals pflanzliches oder tierisches Leben hervorbringen, denn jedes Leben beruht auf Informationen. Die Einzelteile, die mit Hilfe dieser Informationen hergestellt werden, müssen richtig zusammengesetzt werden, nämlich entsprechend dem vorgegebenen Bauplan und zudem in einer Umgebung, die dieses Leben unterstützt.

Mathematischer Beweis für die Notwendigkeit eines Konstrukteurs

Es wurde bisher noch nie in einem Labor oder sonst irgendwo demonstriert, wie eine komplexe Struktur, wie es ein Lebewesen darstellt, aus Zufall und ohne die Mitwirkung einer Intelligenz entstehen kann. Man müsse nur genügend lange warten, ist das Argument der Naturalisten, dann sei alles möglich. Das Problem bei dieser Ansicht ist, dass die Menge an Informationen und die Komplexität, die für einen lebenden Organismus erforderlich ist, so ungeheuer gross ist, dass die verfügbare Zeit nie ausreicht, um diesen auf naturalistische Art aufzubauen. Der Evolutionist Stephen Jay Gould meinte, auch wenn sich die Evolutionsgeschichte auf der Erde ein Million mal wiederholen würde, könne er nicht glauben, dass sich noch einmal etwas Ähnliches wie der Homo sapiens entwickeln würde (Gould 1989; siehe auch Kayzer 1997 S. 86).

Viele Forscher sind zur Überzeugung gekommen, dass die Wahrscheinlichkeit, mit der sich das Leben aus Zufall entwickeln kann, so winzig klein ist, dass man es für unmöglich betrachten muss. Zum Beispiel stellte Hoyle (1983) fest, dass die Wahrscheinlichkeit, dass man entweder 10 weisse oder 10 schwarze Kugeln nacheinander aus einer Kiste nimmt, die gleich viele weisse wie schwarze Kugeln enthält, fünf mal auf eine Million beträgt! Wenn wir die Anzahl gleicher Kugeln auf 100 erhöhen, und man entweder 100 weisse Kugeln oder 100 schwarze Kugeln in einer ununterbrochenen Reihe herausnimmt, ist die Wahrscheinlichkeit so gering, dass man sie unter allen Umständen als unmöglich bezeichnen muss. Um zu illustrieren, was dieses Konzept in der Biologie bedeutet, sehen wir uns eine geordnete Struktur von 206 Teilen an. Dies ist keine grosse Zahl – das menschliche Skelett enthält zum Beispiel im Durchschnitt 206 einzelne Knochen. Wenn alle richtig zusammengesetzt sind, funktioniert der Körper perfekt. Alle Körpersysteme – sogar die Organellen in den Zellen – sind wesentlich komplizierter als das Skelett.

Um die mögliche Zahl von verschiedenen Kombinationen der 206 Teile herauszufinden, stellen wir uns zunächst ein System vor, das lediglich einen Bestandteil hat, der nur in einer Art aufgestellt werden kann (1x1); ein System von zwei Teilen kann in zwei Arten (1x2) nämlich 1,2 und 2,1 aufgestellt werden; ein System von drei Teilen kann in sechs Arten aufgestellt werden (1x2x3), oder 1,2,3; 2,3,1; 2,1,3; 1,3,2; 3,1,2; 3,2,1; eines mit vier Teilen in 24 Arten (1x2x3x4), und so weiter. Schliesslich kommen wir bis zu einem System mit 206 Teilen, welche auf 1x2x3....x206 verschiedene Arten aufgestellt werden kann. Diese Zahl nennt man «206 factorial» und man schreibt sie «206!».

Der Wert von 206! beträgt etwa 10^{388}, was eine 1 mit 388 Nullen bedeutet (im ganzen Universum gibt es «nur» etwa 10^{80} Atome! Anm. des Übersetzers).

Um die 206 Knochen in der richtigen Reihenfolge zusammenzustellen, (wir kümmern uns zunächst nicht darum, woher die Knochen kommen, ob sie verkehrt herum oder verdreht sind; die Herkunft der Sehnen, Bänder und anderen zugehörigen Strukturen lassen wir ebenfalls unbeachtet) sind 10^{388} Versuche nötig, damit es einmal stimmt. Dies heisst, dass von 10^{388} zufälligen Anordnungen nur einmal die Knochen am richtigen Ort sind.

Wenn man jede Sekunde eine neue Anordnung machen könnte und das während der ganzen astronomischen Evolutionszeit (also 10 bis 20 Milliarden Jahre lang), und indem wir die vorsichtigsten Annahmen machen, haben wir 10^{18} Sekunden Zeit. Also ist die Chance, dass wir einmal die richtige Anordnung erhalten, immer noch viel kleiner als einmal in 10 Milliarden Jahren, nämlich einmal in $10^{(388-18)}$ oder einmal in 10^{370} Sekunden.

Wenn jeder Knochen die Grösse eines Elektrons hätte, (ein Elektron ist eines der kleinsten Teile, die es im Universum gibt) und das ganze Universum mit solchen Teilen ausgefüllt würde, könnten bei der Annahme eines Volumens von 100 Milliarden Kubiklichtjahren 10^{130} Sätze von 206 Teilen darin Platz finden. Was wäre die Wahrscheinlichkeit, dass sich unter diesen 10^{130} Sätzen einer befindet, der in 10 Millarden Jahren einmal die richtige Reihenfolge zeigt? Um diese Wahrscheinlichkeit zu erhöhen, erfinden wir eine Maschine, die nicht nur einen Versuch pro Sekunde macht, sondern jede Sekunde (10^{18}) eine Million Billionen (10^{18}) Versuche (10^{36}). Wir nehmen also an, dass diese Maschine mit jedem der 10^{130} Sätze während 10 Milliarden Jahren eine Million Billionen Versuche machen kann. Das ergibt 10^{166} Versuche. Noch immer reicht das bei weitem nicht, es wird auch mit dieser Maschine nur einmal in 10^{222} Versuchen die richtige Reihenfolge entstehen.

Man bedenke, dass alle Teile zuerst existieren und gleichzeitig zusammengesetzt werden müssen, um richtig funktionieren zu können. Praktisch gesehen gibt es keine Möglichkeit, dass sich 206 Teile zufällig korrekt zusammenfinden. Der menschliche Körper hat jedoch etwa 75 Billionen Zellen! Die menschliche Gehirnrinde allein enthält über 10 Milliarden Zellen, die alle richtig zusammengesetzt sein müssen. Jede einzelne dieser Zellen ist vom menschlichen Standpunkt aus unglaublich kompliziert aufgebaut. Jede der Zellen im menschlicher Körper besteht aus einer tausendfachen Zahl von Grundbausteinen, wie Organellen und einer millionenfachen Zahl von komplizierten Eiweissen und anderen Bestandteilen. Alle diese Bestandteile müssen richtig zusammengesetzt sein und eine Einheit bilden, damit sie funktionieren können. Alle Funktionen der Organe müssen auch während einer Zellteilung gewährleistet sein.

Dieses Beispiel zeigt, dass das Argument der Evolutionisten – wenn genügend Zeit vorhanden ist, ist alles möglich – nicht sticht. Der evolutionäre Naturalismus behauptet, dass das Knochensystem ein Produkt von Zeit, Glück und «natürlichen» Kräften sei. Zusammengesetzte Systeme jeder Art (von denen es Milliarden im Körper geben muss) können nicht zufällig entstehen. Sie müssen von einer Intelligenz geschaffen werden, und sie müssen gleichzeitig zusammenkommen, um funktionieren zu können. Es gibt Wissenschaftler, die das anerkennen. Aus diesem Grund betrachtet Stephen Jay Gould den Menschen als grossartigen evolutionären Unfall, der auf Grund von 60 Billionen zusammenpassenden Ereignissen zustande kam (Gould 1989, siehe auch Kayzer 1997 S. 92).

Natürlich schlägt die naturalistische Evolutionstheorie nicht vor, dass das Leben durch das Zusammensetzen von Knochen entstanden sei. Sie postuliert jedoch eine ausgedehnte Serie von glücklichen Zufällen, die das heutige Leben erzeugte. Mit andern Worten, der erste Zufall führte zum zweiten Zufall, dieser zum dritten, bis schliesslich zum i-ten, bis schliesslich die heutige Situation «N» erreicht wurde. Die Evolutionisten sind bisher jedoch nicht in der Lage gewesen, einen mechanistischen ersten Zufall zu nennen. Sie können nur die Annahme machen, dass jeder Schritt einen Überlebens-Vorteil haben muss und dass nur auf diese Weise eine Entwicklung vom Einfachen zum Komplizierten möglich war. Jeder Zufall «i» ist vom vorhergehenden abhängig und hat eine damit zusammenhängende Wahrscheinlichkeit «Pi». Die resultierende Wahrscheinlichkeit für das Stattfinden der naturalistischen Evolution ist somit das Produkt aller Pi:

N = die Anzahl der Zufälle, die zum Evolutionsprozess führten

i = der Index für jeden Zufall

Pi = Die Wahrscheinlichkeit des i-ten Zufalls

PE = das Produkt aller Pi, also die Wahrscheinlichkeit mit der sich alles durch natürliche Vorgänge entwickelte.

Für den Evolutionsprozess wurden unzählige Schritte postuliert, also ist N sehr gross. Alle Pi sind kleiner oder gleich 1, viele von ihnen sind viel kleiner als 1. Je grösser der Schritt in i, um so kleiner ist der zugehörige Wert von Pi. PE, das Produkt aller Pi strebt rasch gegen Null, wenn N sehr gross ist und die meisten Pi wesentlich kleiner als 1 sind.

Diese Berechnung zeigt, dass die Wahrscheinlichkeit, dass die naturalistische Evolution tatsächlich stattgefunden hat, praktisch gleich Null ist. Fred Hoyle (1982) berechnete, dass die Wahrscheinlichkeit einer zufälligen Zusammensetzung von Aminosäuren, die einen funktionierenden Satz von Enzymen produziert, kleiner als $10^{40'000}$ ist. Die berühmte unrealistisch optimistische Gleichung vom «grünen Band» ergibt eine Chance von nur 1 zu 10^{30} für das Auffinden von Leben auf einem anderen Planeten.

Diese Wahrscheinlichkeiten zeigen, dass die zufällige Verteilung von Molekülen niemals zu so günstigen Bedingungen führen konnte, dass Leben spontan entstand. Der Grund, warum wir zu dieser Schlussfolgerung kommen, liegt darin, dass eine grosse Anzahl von Elementen gleichzeitig in einer bestimmten Ordnung zusammenkommen müssen, damit Leben entsteht. Die Wahrscheinlichkeit, dass eine vorgegebene Ordnung in einem einfachen Basis-Proteinmolekül zufällig zustande kommt, wird auf 1 zu 10^{43} geschätzt (Overman 1997). Weil tausende von komplexen Proteinmolekülen für den Bau einer einfachen Zelle nötig sind, geraten die zufällig richtigen Arrangements ausserhalb des Bereiches des Möglichen. Die kleineren Proteine haben ein Atomgewicht von 100 000 oder mehr Atomeinheiten. Das ist gleich viel wie 100'000 Wasserstoffatome (Branden und Tooze, 1991). Bei dieser Berechnung hat man nur die richtige Reihenfolge der Teile berücksichtigt, nicht die Funktion von einzelnen Gruppen. Auch wenn die Zahnräder einer Uhr in der richtigen Reihenfolge beieinander sind, wird die Uhr noch nicht funktionieren. Die Zahnräder müssen auch noch richtig ineinander greifen, im richtigen Abstand zueinander liegen, die richtigen Toleranzen haben und nach aussen durch ein Gehäuse geschützt sein.

Ein Problem des Konzeptes, das wir vom Leben haben, liegt darin, dass wir zwar viele der benötigten chemischen Bestandteile kennen, aber noch nicht wissen, welch Faktoren nötig sind, um Leben hervorzubringen. Wenn wir nur die richtigen Chemikalien zusammen mischen, ergibt das noch kein Leben. Damit Proteinmoleküle entstehen, ist die richtige Reihenfolge der Aminosäuren nur eine der vielen Bedingungen für Leben. Die meisten Tiere bestehen aus Millionen von Zellen, und jede Zelle wiederum ist wesentlich komplizierter gebaut, als die komplizierteste Maschine, welche der Mensch jemals gemacht hat.

Eine bekannte Illustration sagt, dass «die Wahrscheinlichkeit, dass sich Leben zufällig bildete, gleich gross ist, wie die Entstehung eines ungekürzten Wörterbuches durch eine Explosion in einer Druckerei». Damit will man sagen, dass Information und komplexe Systeme nicht zufällig entstehen, sondern nur das Produkt eines intelligenten Schöpfers sein können. Bücher schreiben sich nicht zufällig, sondern sind das Resultat von denkender Intelligenz (manche Bücher geben zwar schon Anlass dazu, sich über den Autor zu wundern). Sogar Darwin schrieb, dass es extrem schwierig bis unmöglich sei, sich vorzustellen, dass das wunderbare Universum, inbegriffen die Menschen mit ihrer Fähigkeit, in die Vergangenheit oder Zukunft zu blicken, das Resultat blinden Zufalls sein sollte.

Leben aus Leblosen?

Wenn man fragt, woher das Leben kommt, wird auf die Geschichte von einer angeblich spontanen Entstehung des Lebens verwiesen. Die Vertreter dieses Konzeptes glauben, dass das Leben aus sich selbst entsteht, sobald die richtigen Umstände dazu vorhanden sind (Lewis 1997). Die weltlichen Wissenschaftler anerkennen diese Idee jedoch nur für den erstmaligen Beginn des Lebens. Sie glauben, das erste Lebewesen sei irgendwie von selbst entstanden, vielleicht auch mehrere Male. Dann habe sich alles weitere Leben aus diesem «ersten» entwickelt. Das Prinzip, dass Leben grundsätzlich nur von Leben kommen kann, wird zwar allgemein anerkannt. Nur lebende Organismen können andere lebende Organismen erzeugen. Die Biologen wissen, dass Leben immer von vorhergehendem Leben stammt und dass der Nachkomme immer von der selben Art ist wie der Vorfahre.

Die Idee, dass Leben ausnahmsweise von Unbelebtem kommen könne, nennt man «chemische Evolution». Die Evolutionisten nehmen an, dass das nur einmal oder wenige Male in der Erdgeschichte vorgekommen sei. Man macht diese Feststellung zwar nicht auf Grund von Beobachtungen, sondern weil die vorherrschende Weltanschauung in der westlichen Welt naturalistisch (atheistisch) geprägt ist und daher eine zufällige spontane Entstehung des Lebens verlangt.

Die naturalistische Sicht erfordert einen Satz von unbekannten Voraussetzungen, die in der fernen Vergangenheit existierten und das erste «Lebewesen» erzeugten. Diese unbekannten Voraussetzungen gibt es heute nicht mehr, denn es werden keine Fliegen von verwesendem Fleisch produziert oder Bienen von toten Kadavern, wie man das früher glaubte. Einige Wissenschaftler haben bewiesen, dass der Glaube, dass Leben aus Leblosem kommen könne, unhaltbar ist, auch wenn man Millionen Jahre zur Verfügung hat (Overman 1997). Der Darwinismus verlangt eine nicht-theistische (ohne Gott) Erklärung und ist daher gezwungen, an ein unbeweisbares «einmaliges Ereignis» zu glauben, von dem man behauptet, es habe stattgefunden, denn das Leben sei nun hier. Hoyle schreibt in einer Literaturübersicht, dass:

«... es keine Spur eines objektiven Beweises gibt, der die Hypothese stützt, dass das Leben in einer organischen Suppe hier auf der Erde begonnen hat. Sogar der Biophysiker Francis Crick, der den Nobelpreis für die Entdeckung der Struktur der DNS erhalten hat, findet diese Theorie falsch. Warum lassen sich Biologen dazu verleiten, an solch unbegründeten Phantasien festzuhalten, trotzdem es offenkundig ist, dass eine Kette von 200 000 Aminosäuren, und somit das Leben, nicht zufällig entstehen kann?

Die Antwort liegt in der Theorie, die vor einem Jahrhundert entwickelt wurde, und die versuchte, die Entwicklung des Lebens als ein zwangsläufiges Produkt rein lokaler natürlicher Prozesse zu erklären. Ihr Autor, Charles Darwin, zögerte, die kirchliche Doktrin der Schöpfung in Frage zu stellen. Denn für die Öffentlichkeit hat er die Folgen seiner Ideen in Bezug auf den Ursprung des Lebens nicht beschrieben. Immerhin hat er in privatem Kreis erwähnt, dass das Leben in einem 'kleinen warmen Teich' angefangen haben könnte. Bis zum heutigen Tag haben seine Jünger versucht, den Beginn des Lebens auf der Erde als Prozess der chemischen Evolution in einer Ursuppe zu erklären. Doch wie wir gesehen haben, stimmt diese Theorie nicht mit den Beobachtungen überein» (Hoyle 1983 S. 23).

Diese Ansicht wird nicht allein von Hoyle vertreten. Sie ist bei allen üblich, die nicht von dogmatischem Naturalismus verblendet sind. Einstein argumentierte, dass die «religiösen Gefühle der Wissenschaftler die Form von entzückender Verwunderung annehmen, wenn sie die Harmonie der Naturgesetze betrachten, welche eine solch überragende Intelligenz offenbaren, dass das systematische Denken und Handeln der Menschen als völlig unbedeutend erscheint» (1949, S. 29). Es gab eine Zeit, in der die Wissenschaftler behaupteten, dass das Leben relativ einfach sei, es könne sich selbst erzeugen und würde dies normalerweise auch tun. Nun aber realisieren sie, dass die menschliche Zelle die komplizierteste Maschine ist, die man im Universum kennt, viel komplizierter als der teuerste Computer. Das hat manche zur Überzeugung gebracht, dass das Leben nicht durch Evolution entstanden sein kann, sondern als ganze funkionierende Einheit geschaffen wurde. Alle bekannten Tatsachen zeigen, dass es nichts Lebendes auf der Erde gibt, weder Tiere noch Pflanzen, dessen Leben nicht von vorhergehendem Leben vererbt wurde, nämlich von seinen geschlechtlichen oder ungeschlechtlichen Eltern. Weil Leben nur von Leben kommt, muss es verschiedene Ur-Lebensformen geben, welche die Eltern aller heute existierenden Lebensformen sind. Und weil sich Leben nicht selbst bilden kann, muss es von Gott stammen: «Denn bei dir ist der Quelle des Lebens...» (Ps. 36, 10). Der bekannte Wissenschaftler Robert Jastrow schreibt: «Für den Wissenschaftler, der seinen Glauben auf die Macht des Verstandes gesetzt hat, endet die Geschichte wie ein böser Traum (nämlich die Suche nach Antworten zum Ursprung des Lebens und des Universums). Er hat die Berge der Unwissenheit überstiegen; er ist dabei, den höchsten Gipfel zu erklimmen; und wie er über den letzten Felsen hinübersteigt, grüsst ihn eine Gruppe von Theologen, die schon Jahrhunderte lang dort gesessen hat» (1978, S. 115).

Literatur:

Behe, Michael. 1991, Darwin's Black Box, New York: Free Press.

Branden, Carl and John Tooze.1991, Introduction to Protein Structure, New York: Garland.

Crick, Francis, 1981, Life itself, New York: Simon and Schuster.

Einstein, Albert, 1949, The World As I See It, New York: Philosophical Library.

Encyclopedia of Science and Technology, 1971 Vol. 3, p. 588; New York: McGraw Hill.

Gould, Stephen Jay, 1989, Wonderful Life; The Burgess Shale and the Nature of History. New York: Norton.

Hickman, Cleveland, Larry Roberts and Allan Larson, 1997, Integrated Priciples of Zoology, Dubuque, IA.: Wm C. Brown.

Hoyle, Fred, 1983, The Intelligent Universe, New York: Holt, Rinehart and Winston.

Annual Reviews of Astronomy and Astrophysics, 20:4–5, 1982.

Irion, Robert, 1998, Ocean Scientists Find Life, Warmth in the Seas. Science, 279:1302–1303.

Jastrow, Robert, 1978, God and the Astronomers, New York: W.W. Norton Company.

Kayzer, W, 1997, A Glorious Accident, Understanding Our Place in the Cosmic Puzzle, New York: W.W. Freeman and Co.

Knight, Jonathan, 1998, Cold Start; Was Life Kick-Started in Frozen Seas Rather than Boiling Vents?. New Scientist, 2142:10 (July, 11)

Komfield, E.C., 1962, The Evidence of God in an Expanding Universe. Look, Jan. 16.

Levy, David, 1998, Four Simple Facts Behind the Miracle of Life. Parade Magazine, June 12, p. 12.

Levy, Matthew and Stanley Miller, 1998, The Stability of the RNA Bases: Implications for the Origin of Life. Proceedings of the National Academy of Sciences USA 95: 7933–8.

Lewis, Ricki, 1997, Primordial Soup Researchers Gather at the Watering Hole. Science 227:1034–5.

Overman, Dean, 1997, A Case Against Accident and Self-Organization. New York: Rowman & Littlefield Pub.

Ruse, Michael, 1998, Answering the Creationists. Free Inquiry, 18(2):28–32.

Spetner, Lee, 1997, Not by Chance!, Brooklyn, New York: Judaica Press.

Trefil, James, 1992, 1001 Things Everyone Should Know about Science. New York: Doubleday.

Yockey, Hubert, 1992, Information Theory and Molecular Biology. Cambridge; Cambridge University Press.

Anmerkung des Autors: Ich möchte Steven Dapra für seine Kommentare danken, die er zu einem früheren Entwurf dieses Papiers gemacht hat.

∎ John K. G. Kramer, Biochemie

Dr. Kramer ist Forscher bei Agriculture and Agri-Food Canada. Er machte seine Ausbildung in Biochemie an der University of Manitoba, erwarb den Doktor in Biochemie an der gleichen Universität und vervollständigte seine Studien mit drei Jahren Nachdiplomstudium am Hormel-Institut und an der University of Ottawa. Dr. Kramer identifizierte, charakterisierte und synthetisierte die Strukturen verschiedener Lebensmittel-Bakterien und deren biologischen Komponenten. Er publizierte 128 wissenschaftliche Artikel und zahlreiche Buchzusammenfassungen und Buchteile. Er war einer der Wissenschaftler, welche die toxikologischen, ernährungstechnischen und biochemischen Eigenschaften von Raps-Öl untersuchten und seine Sicherheit demonstrierten. Gegenwärtig ist er Mit-Herausgeber der wissenschaftlichen Zeitschrift «Lipids».

Seit meiner Doktorarbeit im Jahr 1968 habe ich 30 Jahre lang Lipid-Forschung betrieben. Wenn auch meine Arbeit nicht direkt von den Fragen über den Ursprung des Lebens oder das Alter der Erde betroffen ist, so glaube ich doch, dass diese Thematik weitreichenden Einfluss auf die Biochemie der Lipide und auf die Ernährungsforschung hat.

Ich bin in einer Familie aufgewachsen, in der man an die Bibel glaubte. Während der Schulzeit liebte ich die wissenschaftlichen Fächer und hatte hervorragende Prüfungsergebnisse. Es war daher ganz natürlich, dass ich einen Beruf auf dem Gebiet der wissenschaftlichen Forschung wählte. Im letzten Jahr der Volksschule machte mich einer der Pastoren unserer Kirche darauf aufmerksam, dass ich meinen Glauben verlieren könnte, wenn ich eine wissenschaftliche Laufbahn einschlagen würde. Er ermutigte mich, das erste Kapitel vom 1. Buch Mose ohne Zeitskala zu betrachten, denn nach seiner Ansicht war es viel wichtiger zu glauben, dass Gott alle Dinge geschaffen hat, unabhängig davon, wie lange das dauerte. Zunächst schien mir diese Sicht nicht gerade mit meinem Verständnis der Bibel übereinzustimmen. Aber ich muss gestehen, dass dieser Gedanke in mir genügend Zweifel weckte, um während mehreren Jahren weder die eine, noch die andere Position mit viel Enthusiasmus zu verteidigen.

Ich war erleichtert, dass es während meiner ganzen Ausbildungszeit in keiner meiner Klassen an der Universität von Manitoba zu einer kritischen Konfrontation kam.

Konfrontiert mit einer Entscheidung

1964 wechselte ich an die Universität von Minnesota, um eine Doktorarbeit in Biochemie und organischer Chemie zu schreiben. Im zweiten Jahr wurde ich während eines Kurses über innersekretorische Vorgänge mit der Ursprungsfrage konfrontiert. Wir mussten über den Beginn des Lebens eine Arbeit schreiben, und zwar auf Grund evolutionistischer Prinzipien. Während Wochen las und studierte ich dieses Thema. Doch ich konnte keinen logischen Mechanismus für den Evolutionsprozess finden. Ich suchte Beweise, wie sie in der Biochemie und der organischen Chemie üblich sind. Es wurde mir klar, dass das Leben weder in einer reduzierenden noch oxydierenden Atmosphäre entstehen und erhalten bleiben konnte, abgesehen von der unwahrscheinlichen Zusammensetzung lebloser Moleküle, die hoch organisierte Strukturen bilden müssten. Diese Strukturen müssten Informationen enthalten und zerbrechliche biologische Zellen, in denen Prozesse ablaufen, in denen mehrere Stoffe beteiligt sind, die alle gleichzeitig zusammen reagieren sollten.

Schliesslich musste ich die Arbeit schreiben. Ich machte mich dahinter. Ich beschrieb ein mögliches Szenario, von dem ich meinte, dass es experimentell getestet werden könne. Als ich schliesslich die Arbeit mehrere Male durchgelesen hatte, begann ich die Schwächen meiner Argumente zu sehen. In meiner vollständigen Frustration und Verwirrung fügte ich am Schluss einige Sätze hinzu, in denen ich zum Ausdruck brachte, dass es einfacher wäre, an einen Schöpfer zu glauben, der das alles geschaffen hat, anstatt an glückliche Umstände, die mit Zeit und unbelebter Materie rechnen. Die tiefe Note der anschliessenden Bewertung war äusserst deprimierend und alle Versuche, diese Bewertung zu verbessern, misslangen. Ich war ertappt worden.

Immerhin hatte ich mein Leben Jesus Christus anvertraut und mit 16 Jahren ein radikales Bekenntnis zu ihm abgelegt. In diesem Alter wurde ich auch getauft. Aber erst jetzt kam meine eigentliche Stunde der Entscheidung. Sollte ich an Gott glauben oder an die Evolution? Ich hatte dieses Gebiet ohne die Hilfe irgendwelcher christlicher Literatur studiert. Trotzdem kam ich zur festen Überzeugung, dass die Evolutionstheorie unglaubwürdig war, weil ihr die Beweise fehlen. Ich entschied mich daher, weiterhin an Gottes Wort zu glauben und Ausschau nach Beweisen zu halten, seien diese für die eine oder andere Seite.

Wenn ich heute zurückblicke, so war die tiefe Note für meine Arbeit über die

Evolution damals das Beste, was mir hatte zustossen können. Dadurch lernte ich nämlich, die Fakten unabhängig vom Druck der Aussenwelt kritisch zu bewerten. Ich begann, klare Beweise für Schöpfung zu erkennen (Röm. 1,19–20: «Denn was man von Gott erkennen kann, das ist ihnen wohlbekannt; Gott selbst hat es ihnen ja kundgetan. Sein unsichtbares Wesen lässt sich ja doch seit Erschaffung der Welt an seinen Werken mit dem geistigen Auge deutlich ersehen, nämlich seine ewige Macht und göttliche Grösse. Daher gibt es keine Entschuldigung für sie.»). Ich benützte jede Gelegenheit, die Schrift zu studieren und Bücher über den Ursprung zu lesen. In dieser Zeit entdeckte ich die Bücher von MacKay[1] und Morris und Whitcomb[2], welche mich stark beeindruckten. Anderseits wurde ich von den Evolutionisten sehr enttäuscht, die es fertig brachten, gute Wissenschaft zu betreiben, die dann aber von unrealistischen Schlüssen gefolgt wurden. So wird geglaubt, dass komplexe Systeme und Prozesse durch unerklärliche evolutionistische Mechanismen plus Zeit einfach so passieren. Keine Beweise. Keine Logik. Nur Wunschdenken. Es wurde mir auch klar, dass beide Sichtweisen eine reine Angelegenheit des Glaubens sind. Mir schien die Schöpfungssicht logischer zu sein, als eine Explosion, die von «Selbstorganisation» der Materie gefolgt wird, die eine solche Eigenschaften gar nicht hat.

Während dieser Suche erlebte ich eine interessante Transformation meiner selbst. Die Bibel wurde für mich lebendig und sinnvoll, und mein Verhältnis zu Gott wurde real. Ich begann die erstaunliche Ordnung und Planung in der Natur zu sehen, die vollständig mit der Schrift übereinstimmt. Ein Gebiet, das mich richtig faszinierte, waren die alttestamentlichen Gesetze über Lebensmittel und Hygiene und ihr Zusammenhang mit Ernährung, Biochemie und Bakteriologie. Wie konnten diese Autoren so viel über moderne Wissenschaft ohne göttliche Offenbarung wissen?

Makroevolution

In meiner wissenschaftliche Laufbahn habe ich ein interessantes Prinzip beobachtet: Je weniger man über eine Sache weiss oder je mehr eine Sache von der Norm abweicht, desto üppigere Spekulationen um die evolutionäre Entwicklung tauchen auf. Anstatt dass man zugibt, «wir wissen es nicht», und versucht, das Unbekannte zu entdecken, macht man normalerweise evolutionäre Kommentare. Und andererseits: Je mehr man über eine bestimmte Sache weiss, desto eifriger wird sie bis in die Einzelheiten beschrieben. Solche Systeme werden als «nicht reduzierbar komplex» klassifiziert, wie es Michael Behe[3] bekannt gemacht hat.

Noch nie hat jemand auf der molekularen Ebene makroevolutive Veränderungen demonstriert. Trotzdem spekulieren viele Leute hemmungslos über evolutive Verbindungen zwischen Bakterien, Pflanzen, Tieren und dem Menschen. Werden die grossen Strukturen nicht von einzelnen Zellen aufgebaut, und diese wiederum von komplexen Molekülen? Wenn Makroevolution auf der molekularen Ebene unwahrscheinlich ist, wie kann dann ein ganzes Lebewesen verändert werden? Endlose Vergleiche von Sequenzen in der DNS erklären die evolutionäre Entwicklung nicht. Zudem sind die beobachteten Veränderungen auf der molekularen Ebene (Mutationen) vorwiegend zerstörerisch und immer mit einem Verlust von Information und Komplexität verbunden, nie mit Gewinn. Daher schreibt Lee Spetner [4]: «Wer denkt, dass Makroevolution durch Mutationen entsteht, die Informationen verlieren, ist mit jenem Händler zu vergleichen, der bei jedem Verkauf Geld verliert, aber meint, er könne es mit einem grossen Umsatz wieder wettmachen.»

Beweise für Schöpfung in meiner Forschungsarbeit

In den letzten Jahrzehnten arbeitete ich mit wärme-liebenden und salz-liebenden Bakterien. Diese können unter extremen Verhältnissen bezüglich Wärme oder Salzgehalt leben. Man hat diese Bakterien als *Urbakterien* klassifiziert, weil die Wissenschaftler glauben, dass es sich um frühe und einfache Formen handelt. Die Lipide dieser Bakterien haben chemische Verbindungen, die man eher den Äthern als den Estern zuschreibt. Ihre Alkyl-Teile liegen auf Position 2 und 3 der Glycerin-Hauptkette, statt auf den Positionen 1 und 2, wie im System der Säugetiere (siehe unten).

Position 1	CH_2–O-X	$CH2$–O-CO-R
Position 2	CH-O-R	CH-O-CO-R'
Position 3	CH_2–O-R'	$CH2$–O-X
	Äther Lipide	Ester Lipide

R und R' sind Alkyl-Gruppen, X ist H oder eine polare Gruppe

Ausserdem produzieren die Lipide ihre Energie in der Form von Adenosin-Triphosphaten (ATP) durch eine Kombination des Natrium-Gradienten mit einer Proton-Treibkraft [5], anstelle von einer Proton-Treibkraft wie bei den Säugetierzellen [6]. Empfindliche chemische Strukturen und Prozesse in diesen Bakterien, von denen viele ähnlich sind wie in den Säugetierzellen, werden geschützt.

Aber wie? Äther-Bindungen sind sicher stabiler als Ester-Bindungen, aber das kann nicht die ganze Erklärung sein. Auf Grund meiner Forschung glaube ich, dass die Äther-Lipide durch die Erweiterung mit Natrium-Ionen noch eine grössere Stabilität erreichen. Die Integration eines Natrium- und Proton- Gradienten versteht man noch nicht, trotzdem das erstere das Zellwachstum[7] auslöst.

Es ist daher verfehlt, diese Bakterien als ältere und einfachere Lebensformen zu betrachten; damit wird ihre Komplexität total missverstanden. Diese Bakterien sind genau so kompliziert wie Zellen von Säugetieren und repräsentieren eine erstaunliche Planung, die den extremen Verhältnissen von Temperatur und Salzgehalt angepasst ist. Jede Zelle wird auf Grund der Informationen ihrer DNS aufgebaut. Versuche, diesen komplizierten Lipid-Strukturen gewöhnliche Namen zu geben, welche die Vorsilbe «archae» enthalten, um damit ihre evolutionäre Stellung[8] zu bezeichnen, haben keine wissenschaftliche Basis. Sie bezeichnen vielmehr einen Glauben, tragen jedoch nichts zum wissenschaftlichen Wissen bei. In Wirklichkeit kann es sogar irreführend sein, wenn man damit andeutet, dass sich Lipidstrukturen und Energiemechanismen unter anderen Umweltbedingungen anders entwickeln.

Wir stehen vor der Tatsache, dass *Methanobacteria thermoautotrophicum* über Millionen von Generationen entsprechend ihrer genetischen Informationen *Methanobacteria thermoautotrophicum* geblieben ist. Sie gedeiht unter den für sie vorteilhaften Bedingungen, das sind hohe Temperatur und hohe Salzkonzentration.

Biblische Prinzipien liefern hilfreiche Anweisungen zur Lösung wissenschaftlicher Probleme

1971 wurde ich von der «Agriculture Canada» in Ottawa angefragt, ob ich bei einem Forschungsprojekt über «schwach erucasaures Raps-Öl» (heute bekannt als Raps-Öl) mitarbeiten wolle. Wenn man Ratten mit Raps-Öl füttert, das einen hohen Gehalt von Erucasäure hat, beobachtet man eine Anzahl von Herzproblemen. Diese setzten sich bei der Verfütterung des neu entwickelten, schwach erucasauren Raps-Öls fort[9]. Man befürchtete, dass der Mensch ebenso geschädigt werden könnte. Daher wurde vorgeschlagen, dieses Öl nicht mehr für die menschliche Ernährung zu gebrauchen. In der Agriculture Canada wurde daher ein multidisziplinäres Team gegründet, um diese Angelegenheit sofort zu untersuchen und die entsprechenden Konsequenzen zu ziehen. Ich wurde dabei vor die Wahl gestellt, ob ich dieses Problem vom evolutionistischen Standpunkt aus angehen sollte, bei dem die Entwicklung vom Tier zum Menschen gilt, oder vom biblischen Standpunkt aus, wo es heisst, dass Tiere und Menschen nach ihrer Art geschaffen wurden. Hier beeinflusst die Weltanschauung sicher die Vorgehensweise. Ich wählte das letztere.

Auf Grund der biblischen Perspektive wollte ich das Resultat von verschiedenen Tierarten wissen, einen gemeinsamen toxikologischen Faktor finden, seinen Mechanismus herausfinden, dann ermitteln, ob es einen ähnlichen Prozess beim Menschen gibt, und in all dem in Bezug auf Extrapolationen übervorsichtig sein. Ich war mir voll bewusst, dass meine Ansichten anders waren als die von vielen in meiner Gruppe. Sie suchten dann und wann eine evolutionäre Tendenz von einer Art zur andern, trotzdem wir uns der Fallen bewusst waren, die solche Gedankengänge enthalten. Zum Beispiel zeigt Thalidomid keine abnormalen Wirkungen bei den Föten von Ratten, jedoch sehr wohl bei Kaninchen, Mäusen und dem Menschen[10].

Ich wurde oft gefragt, ob denn die beiden Vorgehensweisen tatsächlich unterschiedlich seien. Genau genommen schon. Ich stellte zwar fest, dass die Wissenschaftler auf dem Gebiet der Biochemie und Ernährung kein konsequent evolutionäres Vorgehen durchziehen. Im allgemeinen wird in der Forschung eine pragmatische Vorgehensweise vorgezogen. Man hält Ausschau nach Ordnungen, Folgerichtigkeit, einer biochemische Basis und Unterschieden zwischen den Arten. Dadurch entsteht eine grosse Gemeinsamkeit unter den Forschern beider Lager. Man hat manchmal den Eindruck, dass sie es schon wissen, aber auf keinen Fall als religiös gelten wollen. Es freut mich, zu sehen, dass manche Wissenschaftler mutiger werden und die Unstimmigkeiten des evolutionären Denkens aussprechen[11]. Manche schlagen vor, dass «intelligente Planung» eine bessere Erklärung liefern könnte, um die materielle und biologische Welt zu erklären[12]. Aber es macht mich traurig, dass diese Autoren, welche die Ungereimtheiten der Evolution klar demonstrieren, den Leser in einem Vakuum zurücklassen. Wie sind die Dinge entstanden? Wer war der Planer, wenn es Beweise für «intelligente Planung» gibt? Die Bücher von Gentry[13] und Parker[14] sind überzeugender, denn sie machen den Leser mit dem Designer bekannt.

Die Frage, warum Raps-Öl das Herz so nachhaltig beeinflusst, war für mich eine grosse Herausforderung. Ich betete zu Gott und bat um Weisheit zur Lösung dieses Problems. Er gab sie mir. Der Vers, über den ich in dieser Zeit ständig nachdenken musste, hiess: «Alles was Gott geschaffen hat, ist gut» (1. Tim. 4,4). Ich nahm dies als einen Hinweis für die Möglichkeit, dass die beobachtete Krankheit vielleicht durch das Ungleichgewicht der Ernährung während des Experiments hervorgerufen wurde. In toxikologischen Untersuchungen wird den Versuchstieren in der Regel eine Lebensmittelkomponente in der höchstmöglichen Konzentration verfüttert. Für ein pflanzliches Öl (in diesem Fall Raps-Öl) bedeutete es, dass dieses Öl der einzige Fettstoff in der Nahrung war

(20% Gewichtsanteil oder 40% der Kalorien). Wäre es ausserdem nicht möglich, dass das Raps-Öl ein natürliches Toxin enthielt, das durch den hohen Ölgehalt in der Nahrung verstärkt wurde? Diese Gedanken, zusammen mit der Prüfung bei verschiedenen Tierarten und der Beurteilung von ungeeigneten Methoden, wurden zu meiner Antriebskraft.

Die Antworten auf die erwähnten Fragen haben uns während mehr als zehn Jahren intensiver Forschungstätigkeit beschäftigt, wobei von vielen Wissenschaftlern bei Agriculture Canada weitere Anregungen gekommen sind. Die Beweise sind nur langsam entstanden und in umgekehrter Reihenfolge wie im vorhergehenden Abschnitt beschrieben.

Zum vierten Punkt: Man ist zu den pathologischen Ergebnissen gekommen, weil tatsächlich ungeeignete Methoden angewendet wurden und zwar durch die Isolation der Mitochondrien und die Extraktion von Lipiden. Zum dritten Punkt: Die schnell wachsende männliche Ratte war die einzige Art, welche die charakteristischen Herzprobleme bekam. Weibliche Ratten, Schweine, Affen, Hunde und eine besondere Art Ratten, welche das Fett hauptsächlich durch das Portal-System absorbiert, zeigten keine spezielle Reaktionen auf das Raps-Öl. Zum zweiten Punkt: Ausgedehnte Fraktionierung und Präparate von halb-synthetischen Ölen führten uns zur Überzeugung, dass der sogenannte toxische Faktor das Öl selbst war. So kamen wir nach zehn Jahren, vielen Experimenten, tausenden von Analysen und 50 Publikationen zum ersten Punkt: Wir beobachteten, dass diese inneren Herzverletzungen in den männlichen Ratten durch die Art der Zusammensetzung der Fettsäuren des verfütterten Öles hervorgerufen wurden. Fette, die mit Fettsäuren hochgesättigt sind, zeigten die kleinste Häufigkeit von Herzverletzungen. Hingegen Pflanzenöle, die einen hohen Gehalt an mehrfach ungesättigten Fettsäuren haben, speziell Linolsäure (eine der wichtigen Fettsäuren), am meisten Herzverletzungen. Ich bemerkte zu dieser Zeit, dass wir einen «biologischen Gaschromatographen» entwickelt hatten. Es ist interessant, dass diese Resultate gerade das Gegenteil von dem sind, was man bei Artherosklerose, also der Verhärtung der Arterien, beobachtet hatte.

Man kann sich daher fragen: Wo liegt das Problem? Wir glauben, es ist dieses: Wenn wir den Ratten 20 Gewichtsprozente Raps-Öl verfüttern, also jenes Pflanzenöl, das den geringsten Anteil an gesättigten Fettsäuren enthält, dann unterdrücken wir die Synthese von Fetten (hauptsächlich gesättigte und mono-ungesättigte Fettsäuren) in den Tieren. Aber ein wachsendes Tier braucht für die Membransynthese gesättigte Fettsäuren. Der Gehalt an gesättigten Fettsäuren in den Membranen beträgt 40%. Wenn wir nun nur Raps-Öl verfüttern, gerät das Tier für den Aufbau der Membranen während eines schnellen Wachstums in ein Defizit von gesättigten Fettsäuren. Weder durch die Öle der Ernährung noch durch die körpereigene Synthese werden gesättigte Fettsäuren geliefert. Das

Resultat sind zerbrechlichere Membranen, die bei Stress eher brechen, was schliesslich zu den inneren Verletzungen des Herzens führt. Diese Resultate ermöglichen es auch, eine Erklärung für die reduzierte Energieproduktion zu geben, die man in isolierten Herz-Mitochondrien beobachtet, und dem hohen Gehalt von freien Fettsäuren im Herz während der Lipidextraktion.[8] Andere Pflanzenöle und Fette produzieren ähnliche Arten von inneren Herzverletzungen, aber ihr Auftreten und ihre Intensität vermindert sich rasch mit erhöhtem Gehalt an gesättigten Fettsäuren und reduzierter Linolsäure im Öl, z.b. Soyaöl > Maisöl > Sonnenblumenöl > Olivenöl > Schweineschmalz. Für Menschen, die eine gemischte Fetternährung bekommen und für Kinder, die nicht nur ein einziges pflanzliches Öl erhalten, das einen niedrigen Gehalt an gesättigten Fettsäuren aufweist, sind innere Herzverletzungen kein Problem.

Es war eine Ermutigung für mich, zu sehen, dass die biblischen Prinzipien mit der Wissenschaft übereinstimmen und mir eine Perspektive lieferten, die zur Lösung des Problems beigetragen hat.

Warum ich an 1. Mose 1 glaube

Es gibt für Schöpfung kein Beweisstück, das man vorzeigen kann. Ich meine zwar, dass die grosse Summe der vielen Fakten jemanden davon überzeugen kann, dass die Schöpfungsgeschichte der Bibel das glaubwürdigste Szenario darstellt. Aus der Bibel lässt sich entnehmen, dass die Welt sehr jung ist, möglicherweise weniger als 10 000 Jahre. Man müsste ausserdem überall überzeugende Spuren von Planung finden und zwar in der unbelebten und der belebten Welt. Zwischen den Systemen müsste eine gewisse Übereinstimmung zu beobachten sein, die auf einen gemeinsamen Planer hinweist.

Erstens stellt man fest, dass alle Prozesse der lebendigen und leblosen Welt dem zweiten Gesetz der Thermodynamik unterstellt sind. Daher hat die heutige Welt einen Anfang, und sie geht sichtbar dem Ende entgegen. Zweitens passen viele Beobachtungen zu einer jungen Erde. Um einige davon zu nennen: Die historischen Aufzeichnungen, die Bevölkerungszunahme, der Heliumgehalt der Atmosphäre, die fehlenden Neutrinos von der Sonnenstrahlung, die Oszillationsperiode der Sonne, die Abschwächung des Erdmagnetfeldes, die beschränkte Zahl von Supernovas, die Pollonium-Strahlungshöfe, die mitochondrische DNS, die auf eine gemeinsame Mutter zurückgeht, die Zunahme der genetischen Krankheiten usw. Drittens weist die Komplexität der Natur klar auf einen Schöpfer hin. Jedes biologische und physikalische System, das wir zu verstehen beginnen, zeigt eine unglaubliche Komplexität. Archäologen haben keine Probleme, Funde, die von Menschen hergestellt wurden, als solche zu erkennen.

Warum tun wir uns denn so schwer, einen Schöpfer anzuerkennen, der die Welt gemacht hat?

Die einzige Frage, die ich habe, lautet: Warum brauchte Gott so lange, nämlich sechs Tage, um die Welt zu erschaffen? Durch die ganze Bibel hindurch ist Gott ein Schöpfer, der es plötzlich macht, nicht in sechs Tagen und nicht in zwanzig Milliarden Jahren. Zum Beispiel: den Fisch, der Jona verschlucken sollte, die Teilung des Roten Meeres, die Verwandlung von Wasser in Wein, die Stillung des Sturmes, die Auferweckung der Toten, die Heilung der Kranken usw. Also, warum brauchte er sechs Tage und einen Ruhetag? Die Schrift gibt uns die Antwort. Er wollte damit einen Plan für unser Leben machen, nämlich sechs Tage Arbeit und einen Tag der Ruhe (2. Mose 20,9–10). Er muss es besonders sorgfältig gemacht haben, wenn er sich sechs Tage Zeit genommen hat. Es wäre seiner Natur besser angepasst gewesen, wenn er alles sofort gemacht hätte. Ich habe den Glauben an die Kapitel 1 bis 11 des ersten Buches Mose oft als Lackmustest für den Glauben an Gott und die Erlösung durch Jesus Christus betrachtet.

Also, warum glaube ich an die Sechs-Tage-Schöpfung? Ich glaube an einen Schöpfer, weil ich Gottes Planung überall in der Natur sehe, und ich sehe den Beweis von Intelligenz in der DNS jeder Zelle. Ich glaube an eine Sechs-Tage-Schöpfung, weil ich die Erlösung durch einen wahrhaftigen Gott erlebt habe, durch Jesus Christus, der mich noch nie enttäuschte (Röm. 10,11). Daher, warum sollte ich ihm nicht glauben, wenn er sagt, «Ich habe es so gemacht»?

Referenzen:

1 D.M. MacKay, Christianity in a Mechanistic Universe, The Inter-Varsity Fellowship, Chicago, II, 1965.

2 H.M. Morris and J.C. Whitcomb, The Genesis Flood, Presbyterian and Reformed Co. Philadelphia, PA, 1961.

3 M.J. Behe, Darwin's Black Box, The Biochemical Challenge to Evolution, The Free Press, New York, 1996.

4 L. Spetner, Not by Chance! Shattering the modern Theory of Evolution, The Judaica Press, Inc., Brooklyn, NY, 1997, p. 160.

5 F.D. Sauer, B.A. Blackwell and J.K.G. Kramer, Ion transport and methane production in Methanobacterium thermoautotrophicum, Proc. Natl. Acad. Sci. USA 91, 1994, 4466–70.

6 L. Styer, Biochemistry, W.H. Freeman and Company, New York, 1995.

7 J.K.G. Kramer, F.D. Sauer and D.R. Bundle, The presence of tighly bound Na+ and K+ in glycolipids of Methanobacterium thermoautotrophicum, Biochim. Biophys. Acta 961, 1988, 285–92.

8 Y. Koga, M. Akagawa-Matsushita, M. Ohga, and M. Nishihara, Taxonomic significance of the distribution of component parts of polar ether lipids in Methanogens, System. Appl. Microbiol, 16, 1993, 342–51.

9 J.K.G. Kramer, F.D. Sauer and W.J. Pidgen, eds. High and Low Erucid Acid Raps Oils, Production, Usage, Chemistry and Toxicological Evaluation, Academic Press, New York, 1983.

10 G.B. Gordon, S.P. Spielberg, D.A. Blake and V. Balasubramanian, Thalidomide Teratogenesis: Evidence for a toxic arene oxide metabolite, Prc. Natl. Acad. Sci. USA 78, 1981, 2545–48.

11 M. Denton, Evolution, A Theory in Crisis, Adler & Adler Publishers Inc., Bethesda, MD, 1986; see also Behe and Spetner.

12 C. Thaxton, A new design argument, Cosmic Pursuit 1 (2) 1998, 13–21; see also Behe.

13 R.V. Gentry, Creation's Tiny Mystery, Earth Science Assoc., Knoxville, TN, 1988.

14 G. Parker, Creation: Facts of Life, Master Books, Colorado Springs, CO, 1994.

▌ Paul Giem, Medizinische Forschung

Dr. Giem ist Assistenz-Professor für Notfall-Medizin an der Loma Linda University in den USA. Er erhielt seine Ausbildung in Chemie vom Union College, Nebraska und von der Loma Linda University. Dr. Giem hat auf dem Gebiet der Religionswissenschaft und der Medizin Arbeiten veröffentlicht. Er beschäftigt sich momentan mit der Kohlenstoff-14 Datierungsmethode. Er ist der Autor des Buches «Scientific Theologie», in dem er sich mit einigen Problemgebieten zwischen Wissenschaft und Theologie auseinandersetzt, inbegriffen die Datierungsmethoden und die biblische Chronologie.

Ich bin in einer Familie aufgewachsen, in der die Wissenschaft hoch geschätzt wurde. Mein Vater war Arzt, und ich hatte Freude am Lernen von Physik, Chemie und Biologie. Meine Familie war auch tief religiös. Meine Eltern glaubten an die Bibel und waren ihr verpflichtet.

Ihr Glaube an die Bibel führte zu dem Glauben, dass die Schöpfung der Welt in sechs buchstäblichen Tagen von 24 Stunden geschah, wie man das beim unvoreingenommenen Lesen der Schöpfungsgeschichte mitbekommt. Ihr Glaube wurde durch das vierte Gebot gestärkt, in welchem der Sabbat als Ruhetag bezeichnet wird und die sechs Arbeitstage als Gedenktage für die Schöpfung gelten. Der Sabbat ist ein echter Tag und das bedeutet, dass alle sieben Schöpfungstage richtige Tage waren.

Meine Eltern lösten den Konflikt, den die Mehrheit der Wissenschaftler mit der Bibel hat, indem sie glaubten, dass man nicht in einen Widerspruch mit einer jungen Schöpfung gerate, wenn man die Wissenschaft richtig betreibe. Nur wenn man die Wissenschaft missverstehe oder missbrauche, stimme sie nicht mit einer jungen Schöpfung überein. Mein Vater erinnerte sich an den Kampf den er hatte, um den Piltdown-Menschen in sein Weltbild einzubauen, bevor dieser als eine Fälschung erkannt wurde. Er hatte daher kein Vertrauen zur Evolutionswissenschaft.

Die Art, wie mir Wissenschaft vermittelt wurde, kannte keinen Platz für unbewiesene Behauptungen. Die einzige annehmbare Autorität war die, die sich auf Tatsachen abstützte, und diese galt nur so weit, als es die Tatsachen erlaubten. Meine religiöse Tradition war in gewisser Weise ähnlich. Nur Traditionen, die sich durch die Schrift begründen liessen, waren etwas wert. Diese beiden Einstellungen stimmten miteinander überein, ausser in einem Punkt: Die religiöse Tradition bejahte die Schrift ohne Wenn und Aber. Gemäss dem wissenschaftlichen Prinzip sollte man jedoch fragen: Warum wählen wir ausgerechnet die Bibel? Warum nicht auch den Koran oder die Veda oder die Schriften von Konfuzius? Oder warum lehnen wir nicht alle heiligen Bücher ab? Und was tun wir, wenn die Wissenschaft mit den heiligen Büchern in einen offensichtlichen Konflikt gerät?

Viele meiner Lehrer hatten eine Antwort zur letzten Frage. Sie sagten, dass die Beweise der Wissenschaft bestenfalls zweideutig seien. Die Schrift ermögliche eine Wahl zwischen Theismus und christlicher Position. Diese Antwort bedeutet mindestens, dass man nicht Wissenschaftler sein muss, um gerettet zu werden. Das schien mir zwar unbefriedigend, aber ich hatte keinen besseren Vorschlag.

An der Hochschule wählte ich die beiden Hauptfächer Theologie und Chemie. Im fortgeschrittenen chemischen Seminar wollte ich etwas untersuchen, das irgendwie mit Theologie verbunden war. So wählte ich eine Überprüfung der Experimente, die im Zusammenhang mit der Entstehung des Lebens gemacht worden waren. In der populären Literatur wurde damals gelehrt, dass man mit Experimenten tatsächlich Leben im Reagenzglas erzeugt habe. Man habe zeigen können, wie Leben spontan auf einer leblosen Erde entstanden sei. Ich erwartete eine gewisse Möglichkeit für Zweifel, fand aber zunächst, dass das ganze Szenario gut von den Experimenten bestätigt werde.

Dann war ich jedoch sprachlos über die Einseitigkeit der Beweise, die ich fand. In Wirklichkeit schienen (und scheinen) die Beweise überwältigend zu zeigen, dass eine spontane Entstehung des Lebens nicht stattfinden konnte. (Eine ausführlichere Darstellung ist in meinem Buch enthalten. Darin sind auch allgemeine Referenzen angegeben. Der Titel: «Scientific Theology», La Sierra University Press, 1997.) Die Tatsachen überzeugten mich von zwei Dingen: Erstens: Seit dieser Zeit hatte ich nie mehr Zweifel an der Existenz Gottes. Ich wusste nicht, ob er sich um mich kümmert, aber er existierte mit Sicherheit. Die mechanistische Evolution war für mich erledigt. Zweitens: Mindestens in einigen Fällen kann die Wissenschaft die Theologie unterstützen. Die Theologen können damit rechnen, dass sie von den wissenschaftlichen Tatsachen manchmal starke Bestätigungen erhalten.

Die Beweise haben zwar keinen Einfluss auf den Disput zwischen theistischer Evolution oder progressiver Schöpfung und spezieller Schöpfung. Diese Diskussion scheint in unübersehbaren Disputen zu versinken. Es wird schwer sein, zu entscheiden, ob die Ähnlichkeiten in einer Gruppe (Art, Gattung, Familie, usw.) von Lebewesen auf Schöpfung oder Abstammung zurückzuführen sind. Wie kann man wissen, was ein Schöpfer nicht tun wollte? Oder wie kann man feststellen, welche Merkmale nicht durch gemeinsame Abstammung entstehen können? Und wenn jemand einen theistischen Evolutionisten in die Ecke gedrängt hat, so kann dieser jederzeit damit antworten, dass eben gerade hier Gott eingegriffen habe. Anderseits glauben die Vertreter der speziellen Schöpfung auf der Ebene der unteren Gruppen an eine beschränkte Evolution (Mikroevolution).

Der wichtigste Unterschied zwischen den theistischen Evolutionisten und den Kurzzeit-Kreationisten scheint die Zeit zu sein. Dies betrifft die relative und die absolute Zeit. Die relative Zeit betrifft Fragen wie: Wie schnell wurden die Schichten des Kambriums gebildet? Wie viel Zeit verfloss zwischen dem Ordovizium und dem Perm? Wie schnell ist der Grand Canyon entstanden? Die absolute Zeit bestimmen die absoluten Altersangaben vom Pliozän, Jura oder Kambrium. Diese Zahlen basieren ausschliesslich auf evolutionistischen Schätzungen und radiometrischen Datierungen.

Ich entschied mich, die radiometrischen Datierungen zu untersuchen. Eine Zusammenfassung der Resultate ist in meinem Buch «Scientific Theology» enthalten. Um es kurz zu machen: Bei der Kalium-Argon-Methode ist die Annahme, dass das Argon ausgetrieben wird, nachweisbar falsch, so dass man nicht sicher sein kann, ob die «Uhr» auf Null gestellt wurde. Dieser Punkt wird durch die vielen Altersbestimmungen bestätigt, die ein zu hohes Alter anzeigen, sogar für die evolutionistische Zeitskala. Es gibt auch Probleme mit «zu jungen» Altern, die man nicht ohne weiteres mit Argonverlust erklären kann. Diese Messresultate legen nahe, dass die evolutionistische Zeitskala zu lang ist. Es gibt in der geologischen Zeitskala einen Argon-Gradienten mit mehr Argon in den älteren Gesteinen und weniger in den jüngeren. Dieser ist unabhängig vom Kaliumgehalt, gilt aber auch für Minerale, die kein Kalium enthalten. Das ergibt eine Art schnelle Zeitskala – man muss nur Kalium hinzufügen.

Es gibt auch Probleme in Bezug auf das Annehmen oder Verwerfen von Messresultaten. Dies lässt sich aus der Literatur belegen. Andere Datierungsmethoden haben ähnliche Probleme. Rubidium-Strontium-Isochronen können von Mischungsgeraden vorgetäuscht werden. Diese brauchen praktisch keine Zeit, um zu entstehen. In allen Zeitskalen gibt es viele Beispiele von ungenauen Daten, auch in denen, die mit Kalium-Argon-Daten übereinstimmen. Die Uran-Blei-Datierung wird auch mit Isochronen gemacht. Wenn falsche Daten durch diskordante Geraden erklärt werden, könnten dies auch Mischgeraden sein. Es gab viele Beispiele von zu tiefen konkordanten Altern, die in keine Zeitskala hineinpassten. Dann gab es eine Gruppe von Uran-Daten in Strahlungshöfen der Kohle. Ihnen kann entnommen werden, dass das Alter der Kohle (welches konventionell auf 100 Millionen Jahre angesetzt wird) weniger als 300 000 Jahre sein muss. Uran-Datierung, Spaltspurenmethode und Aminosäuredatierung (welche nicht radiometrisch ist) – sie alle haben ihre Probleme, genau so wie weniger gebräuchliche Methoden. Oft lassen sich die Daten anhand einer kurzen Zeitskala besser erklären als anhand einer langen.

Die Radiokarbonmethode war die interessanteste von allen. Fossiler Kohlenstoff, dessen konventionelles Alter bis zu 350 Millionen Jahre sein soll, ergab bei mehreren Messungen weniger als 55 000 Radiokarbon-Jahre. Dies ist kompatibel mit einem wahren Alter, das so tief wie 4000 Jahre sein kann (Das Datum der grossen Flut muss auf anderen Grundlagen ermittelt werden). Es ist jedoch inkompatibel mit einem Alter von vielen Millionen Jahren, oder realistisch gesehen sogar mit einem Alter von über 100 000 Jahren. Grundsätzlich ist man gezwungen, für das Leben auf der Erde eine Kurzzeit-Chronologie zu akzeptieren.

Wenn man einen Planer anerkennt, der intelligent genug ist, um das Leben zu erzeugen, und man zugleich einer kurzen Zeitskala zustimmt, wird es sehr schwierig, über die Ansprüche der Bibel hinwegzusehen. Es wird auch schwierig, auf Grund der mesopotamischen oder ägyptischen Legenden und Gebräuche eine angemessene Erklärung für die Herkunft der Woche zu geben. Das heisst, dass die ersten 9 Kapitel des ersten Mosebuches keine Mythen sind, sondern eine Schilderung von dem, was tatsächlich geschehen ist.

Auf Grund der mir bekannten Fakten bin ich zu dieser Überzeugung gekommen. Ich fürchte mich auch nicht vor neuen Forschungsergebnissen. Ich begrüsse jede Herausforderung und suche sie sogar. Wenn wir unsere Hausaufgaben sorgfältig genug und ohne Vorurteile machen, werden wir herausfinden, dass die Schrift, inbegriffen ein wörtliches Verständnis der 6-Tage-Schöpfung, den Prüfungen standhält. Wenn wir die Natur befragen, so gibt sie uns ein Zeugnis der Wahrhaftigkeit von Gottes Wort.

▌Henry Zuill, Biologie

Dr. Zuill ist Biologie-Professor am Union College in Lincoln (Nebraska, USA). Er erhielt seine Biologie-Ausbildung am Atlantic Union College und an der Loma Linda University. Den Doktor der Wissenschaften erhielt er von der Loma Linda University. Dr. Zuill arbeitet auch als Kurator am Joshua C. Turner Arboretum, einem Zweig des Nebraska Statewide Arboretum.

Leben im Überfluss

Von der Veranda in «High Sycamore» (der Name kommt von einer sehr grossen und schönen Platane, die am Fuss des Hügels steht, auf dem das Haus gebaut ist) überblickt man das weite bewaldete Tal, das sich nach Südwesten gegen die etwa elf bis zwölf Kilometer entfernten Hügel hinzieht. Diese abgelegene Gegend besuchen wir oft. Man braucht meistens mehrere Tage, um sich an den ruhigeren Gang der Natur anzupassen, aber dann beginnt man, die Natur richtig zu sehen, auf sie zu hören und von ihr zu lernen.

Zunächst war meine Aufmerksamkeit nicht auf das bewaldete Tal gerichtet. Etwas anderes hatte mich in Beschlag genommen, nämlich der Inhalt dieses Artikels, den ich schreiben sollte. Ich machte mir meine Gedanken über die Beschreibung der Bilder, die darin vorkommen sollten. Als ich dann begann, Sätze zu formulieren, zeigte sich, dass das bewaldete Tal und der Artikel gar nicht weit voneinander waren. Fäden von der einen Seite wurden hinüber und herüber auf die andere Seite gewoben, bis schliesslich das ganze Stück Tuch fertig war. Von der Veranda aus sieht man im wechselnden Tageslicht viele verschiedene Farben und Farbtöne. Bei jeder Veränderung des Wetters entstehen neue Lichter und Schatten – ein ständig wechselndes Panorama. Wir hören den Wind in den Bäumen, den fallenden Regen, den krachenden Donner und die verschiedenen Rufe der Waldbewohner. Wenn man gut hinhört, vernimmt man sogar die innere Stimme des Schöpfers, der durch die Dinge redet, die er gemacht hat. Als christlicher Ökologe brauche ich diese Momente der Erneuerung inmitten der Werke unseres Schöpfers.

Diese Berge und Hügel machen mich demütig. Eine grosse Vielfalt von Pflanzen und Tieren bewohnen die mehr als 600 000 Hektaren des umgebenden

Bergwaldes, der Wiesen, Seen, Teiche, Flüsse und Ströme. Ich würde gern wissen, wie so viele verschiedene Kreaturen miteinander zusammenarbeiten können. Es ist ein gemischter Wald von Harthölzern und Kiefern. Er enthält verschiedene Eichenarten, Ulmen, Nussbäume, Balsambäume und natürliche Bestände von kurznadligen Kiefern – speziell an den Südhängen. Kleckse farbiger Wildblumen sind vom Frühling bis Herbst über die ganze Landschaft verstreut. Es gibt viele Vögel wie die Ammern und Wachteln, den Erdkuckuck und die Truthühner, auch zahlreiche Insektenarten, inbegriffen Schmetterlinge, Heuschrecken, Zikaden, Bienen, Käfer und viele mehr. Von den Säugetieren gibt es Gürteltiere, Eichhörnchen, Bären und Wölfe. Amphibien und Reptilien sind häufig zu sehen. Am Abend sitze ich oft am Teich und höre auf das Quaken der Frösche. Am Morgen räkeln sich auf der Veranda kleine Eidechsen in der Sonne.

Es gibt so viele verschiedene Arten, dass es unmöglich ist, sie alle zu sehen und aufzuzählen. Sie bringen mich immer wieder zum Staunen; was zwischen den Tieren abläuft, werde ich aber nie ganz verstehen. Immerhin bin ich glücklich über das Wenige, das ich begriffen habe – und hoffe, weitere Erkenntnisse zu gewinnen. Auf diesen Hügeln entdeckte ich manche einzigartige Beziehung zwischen verschiedenen Lebewesen. Gibt es in dieser biologischen Vielfalt vielleicht Regeln, die mir helfen, die Schöpfung zu verstehen? Ist es möglich, dass ich sogar den Schöpfer besser verstehe?

Wie ich so auf der Veranda von «High Sycamore» sass, dachte ich über den Sinn von all dem nach. Warum schuf Gott diesen Überfluss? Warum gibt es eine derartige Vielfalt, eine solch enorme Biodiversität? Welchen Sinn hat dies alles? Besteht auch eine Beziehung zu den sechs Schöpfungstagen?

Über Biodiversität nachdenken

In den vergangenen Jahren wurde auf dem Gebiet der Biodiversität viel diskutiert und geforscht. Dabei konzentrierte man sich im allgemeinen auf die Rettung und Erhaltung der Ökosysteme. Das führte zu einem völlig neuen Verständnis und zu neuen Methoden, um gefährdete Arten zu schützen. Statt dass man versucht, einzelne Arten zu retten, schützt man die ganzen Ökosysteme, in denen diese Arten vorkommen – man erreicht damit gleichzeitig weitere Arten, die nicht so stark bedroht sind.

Das Wort «Biodiversität» wurde an einer Konferenz im Smithsonian Institut im September 1986 erstmals verwendet und in der November-Ausgabe 1986 des «Smithsonian Magazine» publiziert. Die Idee der Biodiversität wurde jedoch schon viel früher von einigen Ökologen vertreten. Sie breitete sich aber erst als Resultat dieser Konferenz weiter aus.[1] Dann wurde sie immer bekannter und auch Bücher wurden zu diesem Thema geschrieben.[2]

Was ist Biodiversität? Biodiversität bezieht sich offensichtlich auf Pflanzen, Tiere und Mikroben, von den Bakterien bis zu den Pilzen. Die Systeme, die sie bilden, nennt man Ökosysteme. Andere Bedeutungen stehen weniger im Vordergrund. Der Begriff kann auch andere Populationen von Arten bezeichnen, die ihre einmaligen Sätze von Genen und Genprodukten besitzen.[3] Noch wichtiger ist der kollektive ökologische Dienst, der durch die verschiedenen Arten und Populationen, die füreinander arbeiten, geleistet wird. Dadurch bleibt unser Planet sauber und für das Leben geeignet. Baskin beschreibt solche Verhältnisse: «Es ist das verschwenderische Aufgebot von Organismen, das wir 'Biodiversität' nennen, ein kompliziert verbundenes Gewebe von lebenden Dingen, deren Tätigkeiten harmonisch ineinander greifen, um die Erde zu einem einzigartigen bewohnbaren Planeten zu machen.»[4]

Wenn ich versuchen wollte, eine vollständige Liste aller ökologischen Dienste zu präsentieren, würde ich zweifellos scheitern[5]. Ausserdem wäre das langweilig für Sie. Aber einige Beispiele können trotzdem hilfreich sein. Wir wissen, dass die Pflanzen und Tiere durch Photosynthese und Atmung einen relativ konstanten Gehalt an Kohlensäure[6] und Sauerstoff in der Atmosphäre aufrechterhalten. Viele abbauende Organismen machen den Erdboden fruchtbar. Andere Dienste der Biodiversität reinigen das Wasser, reinigen giftige Substanzen, mässigen das Klima und bestäuben die Blumen. Alle Organismen liefern anderen Kreaturen Anteile von Lebensräumen und Nischen.

Einige ökologische Beziehungen sind so wichtig, dass die daran beteiligten Organismen nicht ohne die anderen überleben könnten. Ein Beispiel davon ist die sich gegenseitig unterstützende Beziehung zwischen Pflanzen und Pilzen (Mycorhiza). Etwa 90% der Pflanzenarten werden von allgemeinen Pilzen unterstützt, die einer ganzen Reihe von verschiedenen Pflanzen dienen. Es gibt auch Pilze, die nur mit ganz bestimmten Pflanzen gemeinsame Sache machen.[7] Jedenfalls ermöglichen diese Pilze den Pflanzen die Aufnahme von Nährstoffen, die sie sonst nur in ungenügender Menge aufnehmen könnten. Als Gegenleistung liefern die Pflanzen den Pilzen Kohlenwasserstoffe.

Um die Biodiversität[8] zu erforschen, wurden verschiedene Experimente[9] gemacht. Offenbar sind hoch diversifizierte Gemeinschaften stabiler, produktiver, haben eine höhere Bodenfruchtbarkeit und sind generell in einem besseren Zustand. Unter Stress können sich zwar Populationen von einzelnen Arten in ihrer Grösse stark verändern. Aber glücklicherweise gibt es redundante Dienste, die plötzlich auftretende Mängel decken. Über alles gesehen sind die höher diversifizierten Lebensgemeinschaften produktiver und zum Überleben unter Stress besser in der Lage.

Wenn wir die ganze Breite der Biodiversität überblicken, wird klar, dass gerade so, wie ein Körper von der Arbeitsteilung seiner Zellen abhängig ist, ein Ökosystem von der Aufteilung der Arbeit durch Biodiversität abhängt. Geradeso wie es wichtige Stoffwechselvorgänge in den Zellen gibt, gibt es ökochemische Abläufe in einem Ökosystem. Ein Beispiel aus den vielen Möglichkeiten ist der Stickstoffzyklus. Verschiedene Organismen mit verschiedenen Enzymsystemen bilden wichtige Beziehungen in diesen ökochemischen Pfaden.

Redundante Dienste

Ein interessantes Phänomen der Ökosysteme ist die Redundanz (mehrfache Absicherung) der Dienste. Das bedeutet, dass ein Dienst, der von einer Art geleistet wird, auch von einer anderen Art übernommen werden kann. Man vermutete, dass die Redundanz bestimmte Arten überflüssig mache.[10] Untersuchungen zeigten jedoch, dass – wenn die Biodiversität über eine bestimmte Grenze hinausgeht – die Bodenfruchtbarkeit oder Produktivität nicht grösser wird, obwohl die Vergrösserung der Biodiversität immer noch weiter getrieben wird.[11] Die zusätzliche Biodiversität erschien redundant zu sein. Heisst das, dass gewisse Arten doch tatsächlich fehlen dürfen?

Weil alle Pflanzen generell sowohl zur Bodenfruchtbarkeit als auch zur Produktivität beitragen, ist es schwierig zu beurteilen, ob man allein auf Grund dieser Studien über das Fehlen einer Art entscheiden kann. Was, wenn eben diese Art auch noch andere Dienste leistet? Werden sie auch nicht benötigt? In der Folge haben sich die Ökologen davon abgewandt, von der Überflüssigkeit einer Art zu sprechen, ja sie neigen sogar dazu, auch das Wort «redundant» nicht mehr zu verwenden.[12]

Eine einzige Art kann nicht nur einen Dienst tun, sondern mehrere, einige davon können nicht redundant sein. Konsequenterweise ist es möglich, dass wir trotz der Überlappung und Verflechtung durch die Redundanz keine Art ungestraft eliminieren dürfen.

Grundsätzlich haben alle Arten, die ein Ökosystem bilden, einander nötig. Wie wir schon gesehen haben, können Populationen, die unter Stress stehen, in ihrer Grösse verändert werden. Wenn daher eine Spezies reduziert ist, müssen ihre Dienste von andern übernommen werden, die weniger beeinträchtigt sind. Sie sorgen füreinander. Unter anderen Umständen könnten die Rollen natürlich vertauscht sein. Eine ökologische Absicherung ist für ein langfristig funktionierendes Ökosystem wichtig und nötig.

Wenn wir die Dienste betrachten, die eine Art braucht und anderseits auch bietet, so sprechen wir im wesentlichen von der «ökologischen Nische». Man definiert sie allgemein als Rolle, welche die Arten in ihrer Umgebung spielen. Weil keine zwei besetzten Nischen identisch sein können, oder redundant, ohne eine von den zwei Arten durch Konkurrenz auszuschliessen[13], scheint es gerechtfertigt, zu sagen, dass zwei Arten keine identischen ökologischen Dienste geben und benötigen können. Es kann zwar eine gewisse Überlappung in den Diensten geben. Wenn das geschieht, könnten die Nischen der beiden Arten komprimiert werden[14] und damit die Konkurrenz vermeiden oder reduzieren. Andere Nischen können zu Veränderungen der Arten selbst führen.

Ökologische Elastizität

Ökosysteme sind dynamisch! Sie können einen bestimmten Grad von Ausnützung ohne ökologischen Zusammenbruch verkraften. Wenn eine Art ausstirbt, sterben auch einige andere Arten aus, jedoch nicht alle[15]. Redundante Systeme verhindern ein Massenaussterben. Verloren gegangene Dienste werden möglicherweise von anderen übernommen. Immerhin gibt es eine Grenze der Ausnützung, die ein Ökosystem ertragen kann. Durch jeden Verlust wird es geschwächt. Für jede Schädigung der Umwelt muss man den Preis bezahlen. Fortgesetzte Verluste können natürlich dazu führen, dass das Ökosystem ganz zusammenbricht.

Zwei Ökosysteme können in ihrer Funktion ähnlich sein, aber in der Biodiversität der Spezies nicht identisch. Biodiversität ist flexibel und elastisch. Zwei ähnliche Ökosysteme reflektieren vorhandene Biodiversität. Opportunismus muss berücksichtigt werden, wenn man versucht, die wirklich vorhandenen Unterschiede zu verstehen. Für die Flexibilität der Ökosysteme spielt die Redundanz ohne Zweifel eine Rolle.

Spezies bewegen sich in Ökosysteme hinein, wenn das möglich ist. Wenn man eine Spezies nicht findet, ist sie lokal nicht vorhanden. Anderseits kann es sein, dass vorhandene Schösslinge oder Jungpflanzen nicht keimen, wachsen oder überleben, weil einer der notwendigen ökologischen Dienste fehlt. Wenn die erforderlichen Dienste geliefert werden, können die betreffenden Spezies ins Ökosystem eindringen. Die dynamische Natur der Ökosysteme macht den Spezies das zugänglich, was sie benötigen, um zu funktionieren.

Biodiversität, Redundanz und Elastizität erlauben es einem Ökosystem, sich von ernsthaften Beschädigungen zu erholen, sogar bei einem zerstörten Ökosystem. Wenn das geschieht, erfolgt die Erholung schrittweise und kann mehrere Jahre dauern. Man nennt diesen Prozess «ökologische Sukzession».

Zusammenfassend gesehen können die Ökosysteme dank ihrer nötigen Qualitäten gut funktionieren, sich anpassen und von Beschädigungen erholen.

Biodiversität und Schöpfung

Was sagt uns die Biodiversität über die Schöpfung? Sagt sie uns etwas über den Schöpfer? Sagt sie uns etwas darüber, warum sie geschaffen wurde? Bestätigt sie die Sechs-Tage-Schöpfung?

Ich glaube, dass es zwischen Biodiversität und Schöpfung eine Verbindung gibt. Ich habe zwar festgestellt, dass andere Autoren keine solche Verbindung kennen, wobei ich feststellte, dass alle Aufmerksamkeit dem vordringenden Problem der Erhaltung gewidmet wird.

Es ist kaum möglich, dass die Ökosysteme oder sogar das Leben selbst, ohne Biodiversität mit ihren ökochemischen und ökophysikalischen Diensten existieren kann. Soweit scheint man sich einig zu sein.

Behe hat in den Zellen komplexe biochemische Beziehungen beobachtet und vorgeschlagen, dass diese durch Schöpfung entstanden seien[16]. Wir tendieren dazu, die Welt durch die Brille unserer wissenschaftlichen Disziplin zu sehen. Der Biochemiker Behe hat daher die Komplexität der Zelle als Resultat von Schöpfung gesehen. Wenn wir uns auf die ökologische Ebene begeben, also an das andere Ende des Lebensspektrums, dann sehen wir mit der ökologischen Brille ebenfalls eine unvorstellbare Komplexität.

Wenn wir unseren Blick auf das Panorama des Lebens und die ökologischen Verhältnisse erweitern, sehen wir, dass die ökologische Komplexität auf Schichten über Schichten von Komplexität aufgebaut ist, die durch verschiedene hierarchische, strukturelle und organisatorische Ebenen hindurch bis zur Zelle hinabgehen, ja sogar noch tiefer. Wenn schon die Komplexität der Zellen eindrücklich ist, was bedeutet es erst, wenn wir die volle Skala der ökologischen Komplexität betrachten?

Das Bild der Biodiversität wird noch immer weiter entwickelt. Einige bezeichnen die Biodiversität als «Aufsteigende Wissenschaft».[17] Sicher gibt es noch viel mehr zu lernen. Man kann noch nicht genau voraussagen, was geschehen wird, wenn man eine Spezies aus einem Ökosystem entfernt. Aber wir wissen, dass es irgend einen Effekt hat. Was schon entdeckt worden ist, zeigt uns, dass die ökologischen Beziehungen jedenfalls wichtig sind. Wenn die Biodiversität so wichtig ist, wie es scheint, dann bedeutet das, dass diese Dienste und die Organismen, die sie bieten, schon von Anfang an beisammen sein mussten. Wenn die ökologischen Beziehungen lebensnotwendig sind, gibt es keine evolutionistische Erklärung. Es bedeutet, dass die Ökologie geschaffen wurde. Die Situation hat eine Parallele mit derjenigen der Zelle. Solange die Zelle nur als kleiner Sack voll kernhaltigen Protoplasmas[18] betrachtet wurde, und kaum als mehr, war es für viele gut möglich, mit der Versicherung zufrieden zu sein, die Zellen hätten sich durch natürliche Prozesse gebildet, die man als chemische

Evolution bezeichnet! Die Entwicklung des Elektronenmikroskopes und der Biochemie hat aber alles verändert. Trotzdem wird die Behauptung einer natürlichen Entstehung der Zellen aufrecht erhalten. Immerhin muss diese Behauptung nun mit einer überwältigenden Informationsmenge fertig werden, die den extrem hohen Grad einer internen Zellstruktur dokumentiert. Die Komplexität der Zelle ist nun zu gross, um sie leichtfertig mit einer biochemischen Evolution zu erklären, es sei denn, man verschliesse sich dieser Einsicht. Es ist heute ein besonderes Kunststück, sich den Ursprung der Zellen durch eine biochemische Evolution vorzustellen. Wenn Zellen aber nicht natürlich entstehen konnten, war es auch für alles übrige kaum möglich.

In ähnlicher Art wie mit der Zelle, verhält es sich mit der Ökologie. Solange Ökologie nur eine lose Sammlung von Organismen zu sein schien, ohne dass bindende Beziehungen bestanden, konnte man sich ebenso vorstellen, dass alles mit natürlichen Prozessen begonnen habe. Aber nun, nachdem man erkannte, dass die Ökosysteme durch eine unglaublich komplexe Biodiversität zusammengehalten werden, über die nun immer mehr bekannt wird, haben wir ein ähnliches Dilemma wie jene, welche die komplizierte Struktur der Zellen entdeckten. Weil die Ökologie auf so viel darunter liegender Multi-Spezies-Komplexität aufgebaut ist, stellt die Erklärung ihrer Entwicklung durch zufällige Ereignisse geradezu schmerzhafte Anforderungen an unsere Glaubensbereitschaft.

Man spricht oft von Koevolution, wenn man erklären will, wie Ökologie zustande kam. Aber Koevolution wird als «gemeinsame Evolution von zwei oder mehr Arten definiert, die nicht kreuzbar sind und die eine nahe ökologische Beziehung haben».[19] Man beachte, dass die ökologische Beziehung der Koevolution vorangeht. Infolgedessen kann Koevolution nicht die Antwort auf die Frage nach der Entstehung der Ökologie sein.

Ich habe kein Problem mit zwei Arten, die ihre bestehende ökologische Beziehung aufeinander abstimmen. Ich habe hingegen ein Problem mit der Behauptung, dass die ökologischen Dienste durch Koevolution entstanden seien. Das ist etwas ganz anderes. Man erinnere sich daran, dass wir von einem Dienst-System gesprochen haben, das von mehreren Spezies gebildet wird – ein vollständiges integriertes System. Für seine Entstehung scheint es keine angemessene evolutionäre Erklärung zu geben. Wie ist es möglich, dass mehrere Organismen früher einmal unabhängig voneinander gelebt haben, während sie heute aufeinander angewiesen sind?

Systeme von Lebewesen unterstützen sich gegenseitig. Dieser Modus operandi der Biodiversität ist genau das, was wir von einem Schöpfer erwarten, der sagte: «Gebt, dann wird auch euch gegeben werden»[20] und «umsonst habt ihr's empfangen, umsonst sollt ihr's auch weiter geben»[21]. Wenn dies die Art ist, wie der Himmel funktioniert, muss es auch die Art sein, wie es zwischen den Lebewesen vor dem Sündenfall gewesen ist. Leider sind wir in der gefallenen Welt von dieser Lebensweise abgekommen. Und was sind die Resultate? «Wie lange soll das Land noch trauern und die Gewächse auf der ganzen Flur verdorren? Wie lange noch sollen infolge der Bosheit seiner Bewohner Vieh und Vögel hinschwinden?»[22]

Trotzdem hoffen wir: «Denn das sehnsüchtige Harren der ganzen Schöpfung wartet auf das Offenbarwerden der Söhne Gottes... dass auch die Schöpfung selbst von der Knechtschaft der Vergänglichkeit befreit werden wird zur Freiheit, welche die Kinder Gottes im Stande der Verherrlichung besitzen werden.»[23]

Als die Schöpfung durch die Hand des Schöpfers entstand, war sie sehr gut. Aber heute funktionieren die Ökosysteme nicht mehr perfekt. Sie sind degeneriert. Die Schrift deutet an, dass die Verhältnisse damals ganz anders gewesen waren, als wir sie heute vorfinden. Man kann sich zum Beispiel nur schwer eine Ökologie ohne den Tod vorstellen. Doch genau das ist das Bild, das uns die Bibel vermittelt. Tod und Leiden kam durch den Sündenfall nicht nur zum Menschen, sondern auch zu allen anderen Kreaturen[24].

Das bewaldete Gebiet, das ich anfangs beschrieben habe, ist ein solcher Fall. Ich kann es in der idealisierten Weise sehen, in der ich es bereits schilderte, aber es gibt dort auch Probleme. Es gibt viele Zecken und Milben. Für jemanden, der Milben nicht kennt: Das sind kleine Parasiten, die sich in die Haut hineinbohren, so dass sich übel juckende Schwellungen bilden. Sie sind häufig anzutreffen. Es gibt verschiedene Arten von giftigen Schlangen. In einer idealen Ökologie erwarten wir keines von diesen Lebewesen. Woher kommen diese zerstörerischen Dinge?

Als die Menschen sündigten, scheint das Tür und Tor für Naturkatastrophen geöffnet zu haben. Eine globale Katastrophe verwüstete die Ökologie der Erde. Viele Gene gingen verloren und Mutationen haben die verbliebenen geschädigt. Degenerierte Umgebungen mit degenerierten Bewohnern haben auf andere degenerierte Bewohner Stress ausgeübt, und diese haben den Stress wiederum zurückwirken lassen. Einige Spezies sind verschwunden, andere haben sich an die neuen und schwierigen Verhältnisse angepasst.

Räuber und Parasiten haben sich entwickelt, während sie selbst mit den Ökosystemen zusammen degenerierten. Ursprünglich reiche Hilfsquellen wurden rar oder standen nicht mehr zur Verfügung. Die Überlebenden suchten sich neue Quellen für ihre Ernährung. Einige wechselten ihren ursprünglichen Speisezettel. Gott sagte voraus, dass Dornen und Disteln kommen würden, dazu auch Schmerzen und Tod. Wollte das Gott? War diese Strafe vorherbestimmt? Nein! Aber er hat sie als das Resultat der Sünde unter Satan vorausgesehen.

Neue Arten, also Arten wie wir sie heute definieren, entwickelten sich aus den übrig gebliebenen «Arten». Daher haben die Arten heute die Tendenz, ähnliche Artengruppen zu bilden – die Arten der Singvögel, die Arten der Eichhörnchen, die Arten der Rosen und so weiter. Diese ähnlichen Spezies lieferten ähnliche, mitunter redundante ökologische Dienste. Anderseits konnten sie bei der Anpassung an die neuen Umgebungen und Nischen unter Umständen auch ihre Dienste verändern. Es wäre nicht ratsam zu behaupten, dass es sogar in den Gruppen der Spezies überflüssige Arten geben könnte.

Artengruppen können bei der Erklärung der Redundanz hilfreich sein, aber andere Arten haben unzweifelhaft besondere redundante ökologische Begabungen. Einige Dienste dehnten sich so weit aus, dass eine einzige Art nicht genügte, um sie befriedigend auszuüben. Die Wiederverwendung (Recycling) von Kohlenstoff und Sauerstoff durch die Pflanzen und Tiere sind Beispiele dafür.

Die ursprünglich geschaffene Ökologie muss ganz anders geartet gewesen sein als das, was wir heute antreffen. Doch über die Einzelheiten können wir nur spekulieren. Das erstaunliche an den Ökosystemen ist, dass sie heute immer noch funktionieren trotz den einschneidenen Veränderungen, die sie erlitten haben. Redundante Dienste müssen dabei eine grosse Rolle gespielt haben, unabhängig von ihrem ursprünglichen Zweck. Wir sollten beide, die Biodiversität und die redundanten Dienste schätzen, welche die Elastizität der Ökosysteme ermöglichen und heute das Überleben sichern.

Abschliessende Gedanken

Das Bild, das ich nun vor mir habe, sind nicht Ökosysteme, die heute optimal arbeiten, sondern solche, die uns immer noch eine Ahnung von dem geben, wie es gewesen sein könnte. So vital, wie wir heute die Biodiversität erleben, musste sie auch am Anfang gewesen sein. Wenn das so ist, sind die Ökosysteme zusammen mit den ökologischen Fähigkeiten und stützenden Systemen auch heute noch notwendig.

Es scheint, dass das Leben auf der Erde anderes Leben auf der Erde möglich macht. Das heisst, dass das Leben auf der Erde es anderem Leben ermöglicht, auf der Erde zu bleiben. Das will natürlich nicht heissen, dass Leben auf der Erde das Leben gemacht hat. Ich meine damit, dass das ganze System da sein musste, damit das Leben überhaupt weiter existieren konnte. Wenn das stimmt, gibt es keine Möglichkeit für eine gradualistische Entfaltung der Ökologie. Überziehe ich damit mein Anliegen? Das Leben ist eine Gabe des Schöpfers. Er gab seinen Geschöpfen offensichtlich den wichtigen Auftrag, einander zu dienen.

Sowohl die Biodiversität als auch die Schrift sagen uns, dass Gott den Menschen in die Natur hineingestellt hat. Wir benötigen die Dienste, die dort für uns vorhanden sind. Aber auch unsere Dienste werden benötigt. Wir müssen miteinander zu einem sicheren und reibungslosen Funktionieren der Natur beitragen, denn sie ernährt uns alle. Ist das nicht eigentlich das, was der Schöpfer gemeint hat, als er dem Menschen den Auftrag gab, den Garten zu hegen und pflegen? Das ist die Art des Himmels – ohne zu sorgen, zu geben und zu nehmen – wie es uns Jesus selbst lehrte.

Biodiversität ist ein kraftvolles Zeugnis über den Schöpfer. Sie bestätigt Römer 1,20: «Sein unsichtbares Wesen lässt sich ja doch seit Erschaffung der Welt an seinen Werken mit dem geistigen Auge deutlich ersehen, nämlich seine ewige Macht und göttliche Grösse.»

Was sagt uns all das über die sechs Tage, während denen Gott die Ökosysteme zusammenfügte? Die Biodiversität verlangt keine Schöpfung in sechs Tagen, sie ist nicht unbedingt davon abhängig. Aber sie stellt eine starke Bestätigung für rasche Schöpfung dar. Es ist naheliegend, dass die Ökosysteme sehr schnell zusammengestellt werden mussten. Wegen fehlenden gegenseitigen Diensten, die heute unabdingbar sind, wäre sonst das Leben wieder zugrunde gegangen. Die Biodiversität weist daher darauf hin, dass die Ökologie geschaffen wurde.

Interessanterweise wurde viel wissenschaftliche Energie darauf verwendet, um das Alter der Erde zu ermitteln, jedoch nur wenig Aufwand wurde betrieben, um zu untersuchen, ob eine Schöpfung in sechs Tagen, also eine Kurzzeitschöpfung möglich wäre. Nun, was könnte man wissenschaftlich überhaupt tun, um Schöpfung zu bestätigen? Biodiversität, inbegriffen Spezies-übergreifende ökologische Integration, könnte unter den wenigen Projekten sein, die bestätigen können, was die Schrift sagt: «Denn in sechs Tagen hat der Herr den Himmel und die Erde geschaffen...»[25]

Das ist die «Aussicht», die man in «High Sycamore» hat.

Referenzen:

1 Die Idee der Biodiversität unter anderer Terminologie ist schon länger bekannt. Zum Beispiel haben Paul und Anne Ehrlich in einem Buch von den Wirkungen des Aussterbens über die Wichtigkeit der Spezies geschrieben: Extinction: The Causes and Consequences of the Disappearance of Species, Random House, New York, 1981.

2 Ein Buch über Biodiversität, das ich mit viel Vergnügen und Gewinn gelesen habe, und das ich empfehle ist: Yvonne Baskin, The Work of Nature; How the Diversity of Life Sustains Us, Island Press, Washington D.C., 1997.

3 Mlot, C. 10/25/97. Population Diversity Crowds The Ark, Science News, Vol. 152, Issue 17, p. 260.

4 Baskin, ref. (2), p. 3.

5 Die Liste der spezifischen ökologischen Dienste ist gegenwärtig sicher noch unvollständig.

6 Kohlendioxyd hat als Folge der menschlichen Tätigkeit seit einigen Jahren zugenommen. Vorher wurde gleich viel Kohlensäure produziert, wie verbraucht. Man hat zwar behauptet, dass der Mensch nur etwa 5% zum totalen Kohlendioxyd-Ausstoss beitrage, was bedeuten würde, dass der Beitrag des Menschen zur globalen Erwärmung vernachlässigbar wäre. Es zeigte sich aber, dass die 5% in Wirklichkeit die 100% bedeuten, die man nicht überschreiten darf, um das Gleichgewicht zu stören. Es ist der volle Betrag, der die globale Erwärmung hervorruft.

7 Baskin ref. (2) p. 114.

8 Baskin's «The Work of Nature» enthält neben wohlüberlegten Experimenten viele Beispiele von Diensten der Biodiversität. Viele Entdeckungen wurden als Folge von ökologischen Fehlern gemacht.

9 Verschiedene Forschungsprojekte sind: J.J. Ewel, et al., Tropical soil fertility changes under monoculture and successional communities of different structure, Ecological Applications 1(3), 1991, pp 289–302; Shahid Naeem et al., Declining biodiversity can alter the performance of ecosystems, Nature, Vol. 368, 21. April 1994, pp 734–7; D. Tilman, Biodiversity: Populations and Stability, Ecology, Vol. 77, 1996, pp 350–63.

10 B.H. Walker, Biodiversity and Ecological Redundancy, Conservation Biology, 6: 1, 1992, pp 8–23.

11 Siehe die Arbeiten von Ewel, Naeem und Tilman, zitiert in Ref. (9).

12 Baskin ref. (2) p. 20.

13 Dies bezieht sich auf das Prinzip von Gause, welches beschrieben wird in: Robert Leo Smith, Elements of Ecology, 3rd Edition, Harper Collins, p.219.

14 Eine komprimierte Nische wird generell als «realisierte Nische» bezeichnet. Eine Nische, die nicht durch Konkurrenz komprimiert wurde, wird «potentielle Nische» genannt.

15 Peter Raven vom Missouri Botanical Garden berichtet, dass wenn eine Pflanze ausstirbt, sterben weitere 10 bis 30 ebenfalls aus. Siehe Baskin, ref. (2), pp 36–37.

16 Michael Behe, Darwin's Black Box: The Biochemical Challenge to Evolution, Free Press, 1996.

17 Baskin ref. (2) p. 6.

18 Der Kern wurde zwar gut beobachtet, jedoch seine innere Komplexität nicht. Auch seine Funktionen hat man nicht verstanden.

19 Smith ref. (13) p G-3.

20 Lukas 6, 38.

21 Matthäus 10, 8.

22 Jeremia 12, 4. Gottes Wort der Freiheit.

23 Römer 8, 19 & 21. Gottes Wort der Freiheit.

24 Römer 8, 19–22.

25 2. Mose 20,10.

▌ Jonathan D. Sarfati, Physikalische Chemie

Dr. Sarfati ist Forschungswissenschaftler bei Answers in Genesis in Australien. Er erhielt seine Ausbildung in Chemie und den Doktor in Physikalischer Chemie von der Victoria University of Wellington, Neuseeland. Jonathan Sarfati war neuseeländischer Schachmeister und repräsentierte Neuseeland an der Schach-Weltmeisterschaft für Junioren und an drei Schach-Olympiaden.

Wissenschaft und Vorurteile

Viele Leute glauben, die Wissenschaft habe bewiesen habe, dass die Erde Milliarden Jahre alt sei und dass sich jedes Lebewesen durch einen Evolutionsprozess aus einer einzigen Zelle entwickelt habe. Diese Zelle sei das Resultat eines zufälligen Zusammentreffens der geeigneten Chemikalien gewesen.

Die Wissenschaft befasst sich mit wiederholbaren Beobachtungen, die man in der Gegenwart macht. Die Evolution hingegen macht Annahmen, die ausserhalb der empirischen Wissenschaft liegen, nämlich in der unbeobachtbaren Vergangenheit. Die Fakten sprechen nicht für sich selbst. Sie müssen innerhalb eines vorgegebenen Rahmens interpretiert werden. Die Auseinandersetzung besteht eigentlich nicht zwischen Religion/Schöpfung/Subjektivität und Wissenschaft/Evolution/Objektivität. Es sind vielmehr die Vorurteile in den Religionen des Christentums und des Humanismus, welche die selben Fakten diametral entgegengesetzt interpretieren.

Der Rahmen, der hinter der evolutionistischen Interpretation steckt, ist der Naturalismus/Uniformitarismus: Die Dinge machten sich selbst, es gab keine göttliche Intervention. Auch wenn Gott existieren würde, hat er uns keine Kenntnisse über die Vergangenheit offenbart. Das ist genau das, was der Apostel Petrus über die Spötter der letzten Zeit vorausgesagt hat: Sie meinen, dass ... «alles doch so bleibt, wie es seit Beginn der Schöpfung gewesen ist» (2. Petrus 3,4). Petrus offenbart den riesigen Fehler der uniformitaristischen Menschen: Sie wollen nichts von einer speziellen Schöpfung durch Gott wissen, sie lehnen die weltweite Flutkatastrophe ab, durch die Fossilien gebildet wurden.

Das Denken im evolutionären Weltbild lässt sich anhand einer Aussage von Richard Lewontin, einem Genetiker und führenden Evolutionisten, gut illustrieren. Es zeigt das ausdrückliche philosophische Vorurteil gegen die biblische Schöpfung. Es ist unabhängig davon, ob es von den Fakten bestätigt wird oder nicht: «Wir stellen uns auf die Seite der Wissenschaft trotz der offenkundigen Absurdität einiger ihrer Konstruktionen, trotz ihres Versagens bei der Erfüllung vieler extravaganter Versprechungen für Gesundheit und Leben, trotz der Toleranz der wissenschaftlichen Kommunität für 'gerade so Geschichten', weil unsere höchste Verpflichtung dem Materialismus gilt. Es ist nicht etwa so, dass uns die Methoden und Institutionen der Wissenschaft überzeugen, um die materialistische Erklärung der Phänomene der Welt zu akzeptieren. Im Gegenteil, wir werden durch unser a priori Festhalten an den materiellen Gründen gezwungen, einen Untersuchungsapparat und einen Satz von Konzepten zu schaffen, welcher materialistische Erklärungen liefert, unabhängig davon, wie rätselhaft das für den Uneingeweihten auch sein mag. Darüber hinaus ist der Materialismus etwas Absolutes, denn wir können uns keinen göttlichen Fuss in der Türe erlauben.»[1]

Lewontin ist typisch für viele evolutionistische Propagandisten. Ein anderes gutes Beispiel ist die National Academy of Science (NAS) in den USA. Diese veröffentlichte einen Leitfaden für die Lehrer der öffentlichen Schulen mit dem Titel: «Unterrichten über Evolution und die Natur der Wissenschaft».[2] Eine neue Umfrage, die von der führenden Wissenschaftszeitschrift «Nature» publiziert wurde, zeigt eindeutig, dass die National Academy of Science bis in den innersten Kern antigöttlich eingestellt ist.[3] Etwa die Hälfte ihrer 517 Mitglieder der biologischen und medizinischen Wissenschaften haben die Umfrage beantwortet. 72,2% sind offenkundig Atheisten, 20% Agnostiker und nur 7% glauben an einen persönlichen Gott. Der Glaube an Gott und die Unsterblichkeit war bei den Biologen am geringsten. Der Unglaube ist in ihren Kreisen bei weitem grösser, als bei den übrigen Wissenschaftlern oder der ganzen amerikanischen Bevölkerung.

Die Autoren dieses Führungsbuchs behaupten, religiös neutral zu sein. Der Kommentar der Befrager der Umfrage lautet: «NAS-Präsident Bruce Alberts sagte: 'Es gibt mehrere hervorragende Mitglieder in dieser Akademie, die sehr religiös sind. Sie glauben an Evolution, viele von ihnen sind Biologen.' Unsere Umfrage zeigt jedoch etwas anderes.»

Dieses atheistische Vorurteil ist ironisch, denn die ganze Basis der modernen Wissenschaft beruht auf der Annahme, dass das Universum von einem vernünftigen Schöpfer gemacht wurde. Dr. Stanley Jaki hat dokumentiert, dass die wissenschaftliche Methode in allen Kulturen ausser der Judeo-Christlichen Europas eine Totgeburt ist.[4] Ein geordnetes Universum macht nur dann einen vollkommenen Sinn, wenn es von einem vernünftigen Schöpfer gemacht wurde. Wenn aber kein Schöpfer da ist, oder wenn Zeus mit seiner Gesellschaft es gemacht hätte, wozu soll denn Ordnung sein? Es ist kein Wunder, dass die meisten Zweige der modernen Wissenschaft von Leuten gegründet wurden, die an Schöpfung glauben. Die Liste der Kreationisten ist eindrücklich.[5]

C.S. Lewis sagte, dass sogar unsere Fähigkeit zu diskutieren in Frage gestellt wäre, wenn die atheistische Evolution stimmen würde:

«Wenn das Sonnensystem durch eine zufällige Kollision entstanden wäre, müsste auch das organische Leben auf dieser Erde ein Zufall sein. Die ganze Evolution des Menschen wäre dann Zufall. Dann wären all unsere Denkprozesse zufällig – das zufällige Nebenprodukt der atomaren Bewegungen. Das gilt sowohl für die Materialisten als auch für die Astronomen und ebenso für alle übrigen. Wenn aber die Gedanken – zum Beispiel die der Materialisten oder Astronomen – gewöhnliche zufällige Nebenprodukte sind, warum sollten wir dann glauben, dass sie stimmen? Ich sehe keinen Grund dafür, zu glauben, dass mir der Zufall die richtige Antwort auf all die übrigen Zufälle gibt.»[6]

Die Bibel beansprucht, Gottes geschriebenes Wort zu sein. Sie beansprucht vollständige Autorität in allem, was sie lehrt (2. Tim. 3,15–17). Dieser hohe Anspruch wird durch die Beweise der Archäologie, der Wissenschaft, durch erfüllte Prophetie und die Aussagen von Jesus Christus hervorragend bestätigt.

Wissenschaftliche Beweise für Schöpfung

Es gibt Beweise in der Natur. Römer 1, 20 sagt: «Sein unsichtbares Wesen lässt sich seit Erschaffung der Welt an seinen Werken mit dem geistigen Auge deutlich erkennen, nämlich seine ewige Macht und göttliche Grösse. Daher gibt es keine Entschuldigung für sie.»

Wenn man die wunderbaren Werke der Schöpfung in dieser Welt betrachtet, dann glaube ich, dass eine intellektuell aufrichtige Person zum Schluss kommen muss, dass diese nur von einem grossen Schöpfer stammen können. Obwohl wir in einer durch die Sünde verfluchten Welt leben (1. Mose 3,16–19, Römer 8, 20.23) ist es so, selbst wenn vieles nicht mehr gut ist und anderes durch Mutationen zerstört wurde. Auch eine gefallene Schöpfung ist immer noch Schöpfung.

Es gibt eine ganze Anzahl von Strukturen, die ihre physikalische Vollkommenheit immer noch beibehalten haben. Lassen Sie mich einige Beispiele aufzählen:

- Das Sonar-System der Delphine ist so präzis, dass es den Neid der US Navy auf sich gezogen hat. Delphine können einen Fisch ausmachen, der die Grösse eines Golfballs hat und 70 Meter weit entfernt ist. Es brauchte einen Experten in Chaos-Theorie, um zu zeigen, dass das Impulsmuster der Delphine eine mathematische Grundlage hat, welche die besten Informationen liefert.[7]

Dieses Sonar-System enthält die sogenannte «Melone», eine Schalllinse – eine raffinierte Struktur, welche die abgegebenen Schallwellen in einen Strahl bündelt, den der der Delphin so richten kann, wie er will. Diese Schalllinse arbeitet auf Grund verschiedener Lipide (Fettstoffe), welche die Ultraschallwellen verschieden stark krümmen. Die verschiedenen Lipide müssen in der rechten Form und Reihenfolge angeordnet werden, um den Schall der Echos zu bündeln. Jedes Lipid ist einmalig und etwas anders als normales Walfett. Es muss mit Hilfe eines komplizierten chemischen Prozesses hergestellt werden. Dieser benötigt dazu eine Anzahl verschiedener Enzyme.[8]

- Damit die Insekten fliegen können, müssen ihrer Flügel eine komplizierte Bewegung ausführen. Man brauchte einen raffinierten Roboter, um diese Bewegungen simulieren zu können.[9]

- Sogar der einfachste selbstreproduzierende Organismus enthält eine riesige Menge von speziellen komplexen Informationen. Die Bakterie *Mycoplasma genitalium* hat das kleinste bekannte Genom von allen frei lebenden Organismen. Es enthält aber bereits 482 Gene, die von 580 000 Basenpaaren codiert werden[10]. In Bezug auf den Menschen, meinte der Evolutionist Richard Dawkins: «Es gibt genug Informationskapazität in einer einzigen menschlichen Zelle, um die 30 Bände der Encyclopaedia Britannica drei- oder vierfach zu speichern.»[11]

- Was noch erstaunlicher ist: Die lebenden Systeme haben bei weitem das kompakteste Informationsspeicherungs- und Lesesystem, das wir kennen. Die Information, die damit in einem Nadelkopf gespeichert werden könnte, ist überwältigend. Sie entspricht dem Informationsinhalt eines Buchstapels, der 500 mal höher ist, als die Distanz zwischen Mond und Erde. Jedes Buch enthält dabei einen anderen, ganz speziellen Inhalt.[12]

- Die genetische Information kann nur mit Hilfe verschiedener Enzyme gelesen werden. Diese sind ihrerseits codiert darin enthalten. Der Code kann also nicht gelesen werden ohne die Produkte des Gelesenen. Das ist ein Teufelskreis, der für die evolutionären Theorien der Lebensentstehung einige Knacknüsse bietet. Dazu gehören Doppelsieb-Enzyme, die sicherstellen, dass die richtigen Aminosäuren mit dem richtigen tRNA Molekül verbunden werden. Ein Sieb hindert Aminosäuren, die zu gross sind, während ein anderes solche abweist, die zu klein sind.[13]

- Der genetische Code, der fast für alle Lebewesen auf der Erde gilt, ist der bestmögliche, um gegen Fehler zu schützen.[14]

- Der genetische Code hat eine lebenswichtige Korrektureinrichtung, die ebenfalls in der DNS codiert ist. Das zeigt, dass das System von Anfang an funktionierte – was für die Evolutionisten wiederum einen Teufelskreis darstellt.

- Einer der weiteren existierenden Teufelskreise bildet jenes Enzym, das die Aminosäure Histidin herstellt. Denn es enthält selber Histidin.

- In den Lebewesen gibt es komplizierte Rotationsmotoren. Einer davon treibt die Geissel einer Bakterie. Das lebensnotwendige Enzym, das ATP herstellt, die 'Energiequelle' des Lebens, ist ein Motor, der die Übersetzung ändern kann. Er ist so klein, dass in einem Nadelkopf 10^{17} Platz finden.[15]
- Die komplex zusammengesetzten Augen von einigen Trilobitenarten (das sind ausgestorbene und angeblich primitive Wirbellose) waren einzigartig gebaut. Sie enthielten Röhrchen, die alle in eine andere Richtung schauten und hatten spezielle Linsen, die das Licht aus jeder Distanz bündeln konnten. Solche Linsen brauchten zuoberst eine Schicht von Kalzit, darunter eine Schicht Chitin-Materialien mit dem genau richtigen Brechungsindex und einer wellenförmigen Zwischenlage mit einer präzisen mathematischen Form.[16] Der Planer dieser Augen muss ein Meister in Physik gewesen sein, der folgende Gesetze angewendet hat: das Fermat'sche Prinzip des kürzesten Lichtweges, Snell's Brechungsgesetz, Abbé's Sinusbedingungen und doppelbrechende Optik.
- Die Augen des Hummers sind einzigartig, indem sie ein perfektes Viereck mit präzisen geometrischen Verhältnissen bilden. Die Nasa hat mit ihren Röntgenteleskopen diese Konstruktion kopiert.[17]
- In meinem eigenen Spezialgebiet, der Vibrationsspektroskopie, gibt es gute Beweise für ein quantenmechanisches Prinzip, nach dem unser chemisches System der Geruchsempfindung funktioniert.[18]

Chemische Evolutionstheorien und die Fakten der Chemie

Die Evolutionisten glauben, dass alles Leben aus einer chemischen Suppe stamme. In meinem Chemiestudium begegnete ich vielen chemischen Gesetzen, die eine chemische Evolution unmöglich machen.[19] Zum Beispiel:

Das Leben benötigt viele Polymere, das sind lange Moleküle, die aus einfachen Monomeren bei der Polymerisation zusammengesetzt werden. Polymerisation bedingt bifunktionale Monomere (das sind solche, die mit zwei anderen reagieren können). Sie wird durch einen kleinen Anteil von unifunktionalen Monomeren gestoppt (das sind solche, die nur mit einem anderen reagieren können und daher das Ende der wachsenden Kette blockieren). Alle präbiotischen Simulationsexperimente produzieren fünf mal mehr unifunktionale Moleküle als bifunktionale.

Viele der Chemikalien des Lebens kommen in zwei Formen vor, nämlich linksdrehend und rechtsdrehend. Das Leben verlangt Polymere mit nur einer Form, die alle die selbe Drehung (Homochiralität) haben müssen. Proteine haben nur linksdrehende Aminosäuren, während DNS und RNA nur rechtsdrehende Zucker enthalten. Die Lebewesen besitzen spezielle molekulare Einrichtungen, um Homochiralität zu produzieren. Aber die gewöhnliche ungerichtete Chemie, wie das in den hypothetischen Ursuppen der Fall ist, produziert eine Mischung aus gleich viel linksdrehenden und rechtsdrehenden Molekülen (man nennt sie Razemate). Polypeptide aus Razematen können die speziellen Formen nicht bilden, die für Enzyme benötigt werden. Die Seitenkette würde bei ihnen unregelmässig anhaften. Eine verkehrt drehende Aminosäure unterbricht zudem die stabilisierende alpha-Helix in den Proteinen. Die DNS könnte nicht in einer Helix stabilisiert werden, wenn auch nur ein geringer Anteil von verkehrt drehenden Formen darin enthalten ist; dadurch könnten sich keine langen Ketten bilden. Das bedeutet, dass nicht viel Information gespeichert werden kann, so dass das Leben nicht möglich wäre.[20] Ein kleiner Bruchteil von verkehrt drehenden Molekülen beendet die RNA-Replikation.[21] Eine kürzlich abgehaltene Weltkonferenz über «Der Ursprung der Homochiralität und das Leben» machte klar, dass der Ursprung der Händigkeit (Chiralität) für die Evolutionisten ein vollständiges Rätsel ist.[22]

Die Chemie geht in eine falsche Richtung! Bei der Polymerisation entsteht Wasser. Auf Grund des gut bekannten Massenwirkungsgesetzes zerstört das überschüssige Wasser die gebildete Kette.[23] Die hohen Alter, welche die Evolutionisten postulieren, machen das Problem nur schlimmer, denn dadurch hat das Wasser noch mehr Zeit für, um seine zerstörende Wirkung zu entfalten. Lebende Zellen haben einen genialen Reparaturmechanismus. Ausserhalb der Zelle überlebt die DNS im Wasser nicht lange.[24] Wasser-absorbierende Chemikalien verlangen eine saure Umgebung und können sich im Wasser nicht anreichern. Eine Erhitzung, um das Wasser zu verdampfen, zerstört lebenswichtige Aminosäuren und razemisiert alle chiralen Aminosäuren. Sie erfordert auch geologisch unrealistische Verhältnisse. Wenn man Aminosäuren zusammen mit anderen zweifelhaften Produkten, die unvermeidbar in einer Ursuppe vorhanden wären, erhitzt, werden sie zerstört. Ein Artikel im «New Scientist» schreibt von der Instabilität der Polymere im Wasser als grosses Problem für die Forscher, die sich mit evolutionären Ideen der Lebensentstehung befassen.[25] Der Bericht zeigt auch die materialistische Voreingenommenheit, denn dies Ergebnis wurde als «schlechte Nachricht» bezeichnet. – Doch die wirklich schlechte Nachricht ist imgrunde der Glaube an die Evolution (alles hat sich selbst gemacht), der objektive Wissenschaft ignorieren kann.

Viele der wichtigen biochemischen Stoffe würden sich selbst zerstören. Die lebenden Strukturen sind so gut strukturiert, dass dies vermieden wird. Aber in einer «Ursuppe» wäre das nicht möglich. Manchmal gibt es solche falsche Reaktionen, nachdem eine Zelle zerstört wurde, zum Beispiel bei gebräunten Lebensmitteln. Dies entsteht oft durch eine Reaktion zwischen Zuckern und Aminosäure. Doch die Evolution verlangt, dass Proteine und Nukleinsäuren aufgebaut, und nicht durch die Chemie zerstört werden.

Um Zellmembranen aufzubauen, sind Fettsäuren nötig, und um DNS, RNA, ATP und weitere wichtige und lebensnotwendige Moleküle für das Leben zu bilden, sind Phosphate nötig. Aber die vielen Kalziumionen im Meerwasser würden die Fettsäuren und Phosphate ausfällen, so dass sie für die chemische Evolution unbrauchbar werden. Dieses Prinzip erklärt, warum das Waschen mit Seife im harten Wasser so schwierig ist.

Ich glaube an eine junge Schöpfung, die in sechs aufeinander folgenden normalen Tagen geschehen ist. Denn der einzige Augenzeuge berichtet uns, was er getan hat, und er hat uns gezeigt, dass wir ihm vertrauen sollten. Er macht auch klar, dass es vor Adam keinen Tod gegeben hat. Dies erfordert Glaube, doch dieser Glaube wird durch die Wissenschaft gut gestützt; ich kann dies jedenfalls von meinem eigenen Spezialgebiet bestätigen.

Referenzen:

1   Richard Lewontin, Billions and billions of demons, The New York Review, January 9, 1997, S. 31.

2   Während dem ich dieses Zeugnis geschrieben habe, ist auch eine ausführliche Kritik der Evolution entstanden. Sie wird unter dem Titel «Refuting Evolution» von Master Books (USA) publiziert.

3   E.J. Larson and L. Witham, Leading Scientists still reject God, Nature 394 (6691):313, 23 July 1998. Das einzige Kriterium, um zu den führenden Wissenschaftlern zu gehören, war die Mitgliedschaft bei der nationalen Akademie der Wissenschaftler.

4   S. Jaki, Science and Creation, Scottish Academic Press, Edinburgh, 1974.

5   A. Lamont, 21 Great Scientists Who Believed the Bible, Creation Science Foundation, Australia, 1995, pp 120–131; H.M. Morris, Men of Science – Men of God, Master Books, San Diego, CA 92115, USA, 1982.

6   C.S. Lewis, God in the Dock, Eerdmans, Grand Rapids, MI, 1970, S. 52–53.

7   R. Howlett, Flipper's secret, New Scientist 154(2088):34–39, 28. June, 1997.

8   U. Varanasi, H.R. Feldman and D.C. Malins, Molecular basis for formation of lipid sound lens in echolocating cetaceans, Nature 255(5506):340–343, May 22, 1975.

9   M. Brookes, On a wing and a vortex, New Scientist 156(2103):24–27, 11. Oct 1997.

10 C.M. Fraser et al., The minimal gene complement of Mycoplasma genitalium, Science 270(5235):397–403, 20 October 1995; perspective by A. Goffeau, Life With 482 Genes, same issue, pp 445–6.

11 R. Dawkins, The Blind Watchmaker: Why the evidence of evolution reveals a universe without design, WW Norton & Company, New York, 1986.

12 W. Gitt, See «Dazzling Design in Miniature», Creation Ex Nihilo, 20(1):6, December 1997 – February 1998.

13 Osamu Nureki et al., Enzyme structure with two catalytic sites for double-sieve selection of substrate, Science 280(5363):15, 18. April 1998.

14 J. Knight, Top Translator, New Scientist 158(2130):15, 18. April 1998.

15 H. Noji et al., Direct observation of the rotation of F1–ATPase, Nature 386(6622):28–33, 20. March 1997; perspective in the same issue by S. Block, Real engines of creation, pp 217–9. J.D. Sarfati, Design in Living Organisms: Motors, Creation Ex Nihilo Technical Journal, 12(1): 3–5, 1998.

16 K. Towe, Trilobite eyes: calcified lenses, Science 179:1007–11, 9. March 1973.

17 M. Chown, X-ray lens brings finer chips into focus, New Scientist 151(2037):18, 6. July 1996.

18 L. Turin, A spectroscopic mechanism for primary olfactory reception, Chemical Senses 21:773, 1996; cited in S. Hill, Sniff'n'shake, New Scientist 157(2115):34–37, 3. January 1998. See also J.D. Sarfati, Olfactory design: smell and spectroscopy, Creation Ex Nihilo Technical Journal 12(2):137–8, 1998.

19 See also C.B. Thaxton, W.L. Bradley and R.L. Olsen, The Mystery of Life's Origin, Philosophical Library Inc. New York, 1984.

20 W. Thiemann, ed., International Symposium on Generation & Amplification of Asymmetry in Chemical Systems, Jülich, Germany, pp 32–33, 1973; cited in: A.E. Wilder-Smith, The Natural Sciences Know Nothing of Evolution, Master Books, CA, 1981.

21 G.F. Joyce, G.M. Visser, C.A.A. van Boeckel, J.H. van Boom, L.E. Orgel, and J. van Westrenen, Chiral selection in poly(C)-directed synthesis of oligo(G), Nature 310:602–4, 1984.

22 J. Cohen, Getting all turned around over the origins of life on earth, Science 267:1267–66, 1995.

23 J.D. Sarfati, The Origin of Life: the polymerization problem, CENTJ (12:3) pp 281–4, 1998.

24 T. Lindahl, Instability and decay of the primary structure of DNS, Nature 362(6422):709–715, 1993.

25 R. Matthews, Wacky Water, New Scientist 154(2087):40–43, 21. June 1997.

■ Ariel A. Roth, Biologie

Prof. Dr. Roth war Direktor des Geoscience Research Institutes in Loma Linda (Kalifornien). Am Pacific Union College und an der University of Michigan erhielt er seine Biologie-Ausbildung. Er doktorierte ebenfalls in Michigan. Seine Forschungsarbeiten wurden von der amerikanischen Regierung unterstützt. Während seiner Laufbahn hatte er zahlreiche Universitäts-Positionen inne, inbegriffen Biologieprofessor und Vorsitzender der Loma Linda University. In einem späteren Projekt leitete Dr. Roth ein Universitäts-Team für Unterwasser-Forschung an Korallen, das von der US National Oceanic and Atmospheric Administration finanziert wurde. Er ist Autor von über 140 Artikeln über Themen des Ursprungs und hat während 23 Jahren die Zeitschrift «Origins» herausgegeben.

Man sagt manchmal, dass die Lehre der Schöpfung eine Glaubensangelegenheit sei, während die Wissenschaft, zu der normalerweise auch die Evolution gezählt wird, sich mehr auf der Ebene der Vernunft bewege. Die Konzepte von Glaube und Vernunft müssten unterschiedlich beurteilt und bemessen werden[1]. Dabei stellen wir fest, dass wir ein gewisses Mass an Glauben auf allen Gebieten haben müssen, sei es Wissenschaft, Evolution, Schöpfung oder der Bibel. Es gibt gute Gründe, an eine Schöpfung zu glauben, die Gott in sechs Tagen gemacht hat. Mir scheint es sogar, dass es ein grösseres Mass von blindem Glauben braucht (wo es keine Beweise gibt), um an Evolution zu glauben, statt an das biblische Schöpfungsmodell. Dasselbe gilt für die zwischen Evolution und Schöpfung liegenden Ansichten, wie die theistische Evolution oder die progressive Schöpfung, die durch Beobachtungen in der Natur oder in der Bibel nur gering bestätigt werden.[2]

Der Ursprung des Lebens

Die schwierigste Frage für die Evolutionisten dürfte diejenige nach der Entstehung des Leben sein. Wie kann ein lebender Organismus, der schon in seiner einfachsten Form extrem komplex aufgebaut ist, von selbst entstehen? Die Ernsthaftigkeit dieses Problems wird von manchen kompetenten Wissenschaftlern erkannt und muss hier nicht weiter erörtert werden.

Das Problem der Komplexität

Die Komplexität von Systemen, die aus einzelnen Teilen zusammengesetzt sind, und beim Fehlen eines Teiles nicht mehr funktionieren können, bildet für die Evolution ein weiteres grosses Problem. Zum Beispiel ist ein Muskel ohne einen Nerv, der zum Muskel geht und ihn zum Zusammenziehen veranlassen kann, unbrauchbar. Beide, der Muskel und der Nerv sind nutzlos, wenn nicht ein kompliziertes Steuerungssystem im Gehirn existiert, das die Aktivität des Muskels mit der von anderen Muskeln koordiniert. Ohne das Zusammenspiel dieser drei wichtigen Teile, haben wir nur unbrauchbare Einzelteile. Wie kann sich in einem gradualistischen evolutionären Prozess eine solche Komplexität entwickeln?

Unabhängige Teile, aus denen die meisten lebenden Organismen zusammengesetzt sind, können nicht aus Zufall entstehen. Die ungerichteten Veränderungen (Mutationen), wie sie für den evolutionistischen Fortschritt vorgeschlagen werden, genügen nicht. Wie kann sich ein zusammengesetztes System entwickeln ohne die Planung eines funktionierenden Systems? Kann Ordnung aus einem Durcheinander von ungerichteten Veränderungen entstehen? Für komplizierte Organe, zu deren Aufbau viele einzelne Schritte nötig sind, ist die Wahrscheinlichkeit, das sie zustande kommen, unendlich klein.

Um einen evolutionären Fortschritt ohne eine vorausgehende Planung zu erzielen, würde man meinen, dass durch zufällige evolutionäre Veränderungen alle möglichen Arten von unbrauchbaren Kombinationen von Teilen zusammen kommen müssen. Doch wenn wir uns die lebenden Organismen auf der ganzen Welt ansehen, können wir nirgends zufällige Kombinationen entdecken. In der Natur scheint es, dass wir es grösstenteils, wenn nicht sogar ausschliesslich, mit sinnvollen Teilen zu tun haben. Wenn die Evolution ausserdem ein immer noch laufender Prozess ist, warum finden wir dann nicht neue, in der Entwicklung befindliche Organe in Organismen, in denen diese fehlen? Wir müssten Beine, Augen, Lebern und neue unbekannte Arten von Organen entdecken, die sich in den Organismen, in denen wünschbare Vorteile fehlen, entwickeln und für einen evolutionären Fortschritt sorgen. Dieses Fehlen ist ein ernsthaftes Argument gegen den vorgeschlagenen ungerichteten Evolutionsprozess. Es ist eher das Resultat der Tätigkeit eines intelligenten Schöpfers, der alles gemacht hat.

Das einfache Beispiel eines Muskels, das oben erwähnt wurde, verblasst zur Bedeutungslosigkeit, wenn wir kompliziertere Organe wie das Auge oder das

Gehirn in Betracht ziehen. Diese enthalten viele voneinander abhängige Systeme, die aus einzelnen Teilen zusammengesetzt sind, die ohne die Präsenz der anderen unbrauchbar sind. Diese Systeme können nicht arbeiten, bevor alle notwendigen Teile beisammen sind und richtig funktionieren. Das Auge hat ein automatisches Fokussiersystem, das die Linse so einstellt, dass wir sowohl entfernte, als auch nahe Dinge scharf sehen können. Wir verstehen noch nicht vollständig, wie das funktioniert, jedenfalls analysiert ein Teil des Gehirns die Daten, die von den Augen kommen und steuert die Augenmuskeln, welche die Form der Linse verändern können. Das System, das die Grösse der Pupillen entsprechend der Helligkeit einstellt, und die sphärische Linsenaberration reduziert, besteht auch aus voneinander abhängigen Einzelteilen. Ausserdem gibt es 100 000 000 lichtempfindliche Zellen im menschlichen Auge, die über die etwa 1 000 000 Nervenfasern des Sehnervs Informationen ins Gehirn senden. Im Gehirn werden diese Informationen in verschiedene Komponenten sortiert, zum Beispiel nach Farbe, Bewegung, Form und Tiefe. Dann werden die Daten analysiert und in ein verständliches Bild kombiniert. Das alles bedingt eine extrem komplexe Gruppe von gegenseitig voneinander abhängigen Einzelteilen.

Doch der Sehprozess ist nur ein Teil unseres komplexen Gehirns. Es enthält 100 000 000 000 Nervenzellen, welche mit 400 000 Kilometer Nervenfasern miteinander verbunden sind. Man schätzt, dass es zwischen den Nervenzellen im menschlichen Gehirn etwa 100 000 000 000 000 Verbindungen gibt.

Dass wir normal denken können, ist das Zeugnis eines wunderbar geordneten Komplexes von gegenseitig voneinander abhängigen Teilen, was eine Herausforderung für eine zufällige evolutionäre Entstehung bedeutet. Wie könnten solch komplizierte Organe durch einen ungeplanten Prozess entstehen?

Die Suche nach Evolutionsmechanismen

Bewegungen in der Natur tendieren dazu, die Dinge zu vermischen. Das können Moleküle sein oder riesige Felsblöcke oder schmutzige Substanzen, die man in den Ozean giesst. Die unerbittliche Tendenz zum Chaos läuft quer zur Evolution. Um die Komplexität der Organismen zu entwickeln, mussten sich diese aus unorganisierten Komponenten immer höher und höher organisieren. Wie konnte die Evolution vom Einfachen zum Komplexen der Tendenz zur Unordnung entgegenwirken, die in der Natur so vorherrschend ist? Seit zwei Jahrhunderten suchen die Evolutionisten nach einem Mechanismus, der die Entstehung von Komplexität erklären kann. Aber bis heute ist die Suche vergeblich gewesen.

Zu Beginn des 19. Jahrhunderts hat der französische Naturalist Lamarck vorgeschlagen, dass durch den Gebrauch eines Organs ein Evolutionsfortschritt entstehen könne – so der Hals einer Giraffe durch ständiges Strecken. Seine Hypothese ist praktisch widerlegt worden.

Etwa ein halbes Jahrhundert später hat Charles Darwin in England das System der natürlichen Selektion vorgeschlagen. In diesem Prozess werden ganz geringe Veränderungen der Organismen der Konkurrenz zwischen den Organismen ausgesetzt. Dies würde dann zum Überleben der tüchtigeren Form führen, während die schwächeren Formen eliminiert würden. Über einen langen Zeitraum würde dieser Prozess die gradualistische Entwicklung von höheren Lebensformen ermöglichen.

Darwins Modell der natürlichen Selektion wird normalerweise in den wichtigsten Biologie-Lehrbüchern präsentiert. Es wird allerdings aus verschiedenen Gründen stark kritisiert. Fatale Mängel zeigt es dort, wo man zur Frage der gradualistischen Entwicklung von biologischen Systemen mit voneinander abhängigen Teilen kommt. Und dies ist der Fall bei den meisten biologischen Systemen, wenn nicht sogar bei allen. Das Problem mit dem System der natürlichen Selektion, das Darwin vorgeschlagen hat, ist nämlich, dass es die Tendenz hat, die voneinander abhängigen Teile während ihrer Entwicklung zu eliminieren. Denn die einzelnen Teile können nicht funktionieren, bevor alle nötigen Teile beisammen sind, so dass das ganze System arbeiten kann und dem Organismus einen Überlebensvorteil liefert. Es besteht eine Tendenz, die noch nicht funktionierenden Teile durch die natürliche Selektion zu eliminieren, weil solche Organismen bevorzugt werden, die keine zusätzlichen unbrauchbaren Teile besitzen. Zurück zu unserem einfachen Beispiel von einem Muskel, der mit einem Nerv gesteuert wird: Wenn wir am Punkt anlangen, an dem wir nur den Muskel entwickelt haben, wäre dieser noch unbrauchbar, solange der Nerv und der Steuerungsmechanismus noch nicht existierten. Bis dahin würde die natürliche Selektion jene Organismen eliminieren, die durch nicht funktionierende Teile belastet sind. Das würde die evolutionäre Entwicklung stören.

Ein halbes Jahrhundert nachdem Darwin seine Sicht verbreitet hatte, widersprach der holländische Biologe de Vries vehement der Idee, dass durch kleine Veränderungen irgend ein evolutionärer Effekt entstehen könne. Er schlug viel grössere Veränderungen vor, die man Mutationen nennt. Unglücklicherweise zeigte sich, dass sein Beispiel, nämlich der Zwergwuchs der Nachtkerze in der Gegend von Amsterdam, nur eine Rekombination von Merkmalen war, die schon in den Pflanzen schlummerte, und keine neue Mutation darstellte. Dasselbe trifft auf das am meisten verbreitete Beispiel für Evolution zu: Die dunkle Verfärbung des Birkenspanners. Die dunkle Verfärbung schützte durch reduzierte Sichtbarkeit die Motten vor ihren Feinden, weil der Untergrund, auf dem sie sitzen, wegen der industriellen Revolution immer dunkler wurde. Die Motte wird wieder heller, wenn die Umgebung heller wird. Diese Veränderungen, welche manchmal als Mutationen bezeichnet werden[3], sind heute als Fluktuation verschiedener schon vorhandener Gene anerkannt. Es handelt sich daher nicht um neue Veränderungen im Sinner echter Mutationen.[4] Mutationen, die mehr oder weniger permanente neue Veränderungen auslösen, wurden bei der Fruchtfliege und anderen Organismen gefunden. Aber Mutationen sind nicht der grosse Durchbruch für Evolution. Sie sind fast immer zerstörend und stellen als solche eher einen Mechanismus dar, der zur Degeneration führt, statt zum Fortschritt. Von tausend Mutationen ist nur eine brauchbar und für die Evolution förderlich.

In der Mitte des 20. Jahrhunderts haben führende Evolutionisten die «moderne Synthese» vorgeschlagen. Sie wurde als endgültiges Modell der Evolution gepriesen und ist eine Kombination von Darwins natürlicher Selektion, de Vries' Mutationen und Studien der Populationsgenetik. Gleichzeitig hatten andere Evolutionisten viel stärkere plötzliche Veränderungen postuliert als jene, die durch Mutationen ausgelöst werden.

Diese grösseren Veränderungen wurden nötig, weil es grosse Lücken zwischen den Gruppen von Organismen gibt, die den angeblichen evolutionären Stammbaum bilden. Die Lücken sind vor allem in den fossilen Funden sichtbar. Ausserdem ist der Überlebenswert von kleinen evolutionären Veränderungen ungenügend, um komplexe Systeme mit gegenseitig voneinander abhängigen Teilen zu entwickeln.[5] Der Ausdruck «Hoffnungsvolles Monstrum» wurde geprägt. Man schrieb ihm das plötzliche Erscheinen neuer Formen zu. Doch solche Monstren müssten passende Partner bekommen, mit denen sie sich paaren könnten, um sich zu vermehren. Ein Kritiker meinte denn dazu: «Wer will sich schon mit einem Monster, ob hoffnungsvoll oder nicht, paaren?»[6]

Die moderne Synthese konnte sich nicht sehr lange als dominanter Evolutionsmechanismus halten, auch wenn sie von einer Reihe von führenden Evolutionisten immer noch verteidigt wird. Ein Evolutionist meint: «Heute ist die moderne Synthese – der Neo-Darwinismus – keine Theorie, sondern eine Anzahl von Meinungen, von denen jede auf ihre Art versucht, mit den Schwierigkeiten fertig zu werden, die durch die Welt der Fakten präsentiert werden.»[7] Wir befinden uns in einer Periode von verschiedenen Ansichten über die Evolution. Eine Vielzahl von neuen Ideen und Kontroversen sind aufgetaucht. Sie kreisen um Fragen wie:

1. Kann man die evolutionäre Verwandtschaft zwischen den Organismen wirklich feststellen?
2. Sind evolutionäre Veränderungen graduell oder plötzlich?
3. Ist die natürliche Selektion für den Evolutionsprozess wichtig?
4. Wie kann sich Komplexität ohne den Vorteil einer Vorausplanung ent-

wickeln? Computerprogramme, mit denen man versuchte, diese Frage zu beantworten, sind nur am Rand mit der Komplexität der realen biologischen Welt vergleichbar.

Auch viele Wissenschaftler, die nicht an Schöpfung glauben, kritisieren das Evolutionsmodell.[8]

Wir stehen vor der Tatsache, dass nach zwei Jahrhunderten voller Mutmassungen noch immer kein brauchbarer Mechanismus für Evolution gefunden worden ist.[9] Die Ausdauer der Evolutionisten ist lobenswert, aber es scheint doch an der Zeit zu sein, dass die Wissenschaft sich ernsthaft nach anderen Alternativen über den Ursprung umsieht, zum Beispiel beim Konzept einer Schöpfung.

Die Beweise der Fossilien

Die Fossilien, die das vergangene Leben auf dieser Erde repräsentieren, sollten uns viel über den Ursprung des Lebens sagen können. Manche meinen, dass die Fossilien, die wir in den Gesteinsschichten der Erde finden, den stärksten Beweis für Evolution darstellen. Wenn man durch die Gesteinsschichten hinaufsteigt, beobachte man eine Zunahme vom Einfachen zum Komplexen. Doch wenn diese Schichten durch die grosse Flut, wie sie in der Bibel beschrieben ist, entstanden sind, kann man ebenso einen Anstieg von Komplexität erwarten, weil die Flut graduell die biologischen Reiche zerstörte, die vorher existierten. Auf unserer gegenwärtigen Erde haben wir in den tief liegenden Gesteinen einfaches Leben, komplexeres Leben in den Ozeanen und das komplexeste auf dem Land. Eine Zerstörung dieser Reiche durch eine ansteigende Flut würde eine allgemeine Zunahme der Komplexität ergeben.[10] Bei den Fragen nach dem Ursprung sind es vor allem zwei Aspekte bei den Fossilien, die schwerwiegende Probleme für das Evolutionsszenario darstellen. Einer ist der grosse Mangel an Zwischenformen, der andere ist die fehlende geologische Zeit für die wichtigsten der postulierten, evolutionären Veränderungen.

Wenn die Evolution in den angegebenen Zeitaltern vorangeschritten wäre, müssten wir eine grosse Zahl von Zwischenformen zwischen den wichtigsten Typen der Organismen finden. Wir finden aber kaum etwas. Charles Darwin war sich dieses Problems voll bewusst und hat davon in seinem Buch «Die Entstehung der Arten»[11] folgendes geschrieben: «Warum ist nicht jede geologische Formation und jede Schicht voll von solchen Zwischenformen? Die Geologie zeigt sicherlich keine solch feine gradualistische organische Kette; und dies ist wahrscheinlich der offensichtlichste und schwerste Einwand, den man gegen meine Theorie vorbringen kann.» Darwin hat dann dieses Problem mit der «extremen Unvollständigkeit» der fossilen Abfolge erklärt. Seit Darwin haben wir Millionen von Fossilien gefunden, doch die fehlenden Zwischenformen bilden nach wie vor ein Hauptproblem für die Evolution. Der Paläontologe David B. Kitts[12] von der Universität von Oklahoma meint: «Trotz den grossen Versprechen der Paläontologen, sie würden Evolution 'sichtbar' machen, sind einige hässliche Schwierigkeiten für die Evolutionisten zum Vorschein gekommen. Die bekannteste davon ist die, dass es in der fossilen Abfolge Lücken gibt. Die Evolution verlangt Zwischenformen zwischen den Arten und die Paläontologie liefert sie nicht.» Nur ganz wenige Übergangsformen, wie der Archaeopterix, der als (umstrittene) Zwischenform zwischen den Reptilien und den Vögeln gilt, sind beschrieben worden. Aber die paar wenigen genügen nicht für die vielen tausend, die man hier erwartet.

Einige Evolutionisten haben vorgeschlagen, dass die Evolution durch gelegentliche Sprünge vorwärts komme (Punktualismus[13]), doch diese kleinen Sprünge lösen das Problem in keiner Weise. Das Problem für die Evolution liegt darin, dass man zwischen den wichtigsten Gruppen der Pflanzen und Tiere (Stämme und Abteilungen) die grösste Zahl von Übergangsformen erwartet. Doch ausgerechnet hier fehlen die Zwischenformen praktisch völlig. Von jedem gradualistischen Prozess erwartet man, dass er von allen dazwischen liegenden Arten Fossilien bildete, welche die wichtigsten Gruppen miteinander verbinden. Doch offenbar hat keine Evolution stattgefunden, denn die Zwischenformen fehlen.

Wenn man die Einzelheiten der Abfolge der Fossilien untersucht, wird rasch klar, dass die Evolution, wenn sie überhaupt stattgefunden hat, mit einer hochgradig unregelmässigen Entwicklungsgeschwindigkeit abgelaufen sein müsste. Das Modell eines graduellen, langsam fortschreitenden Evolutionsprozesses wird von den Fossilien nicht bestätigt. Zum Beispiel wird angenommen, dass sich die einfachsten Lebensformen vor etwa 3500 Millionen Jahren entwickelten. Aber auch noch 3000 Millionen Jahre später zeigen die Fossilien nur ganz geringe Spuren eines evolutionären Fortschrittes. Auch nach 5/6 der Evolutionszeit bleiben wir auf der Stufe der Einzeller stecken. Dann, weniger als 100 Millionen Jahre später (in 1/35 der Evolutionszeit) haben sich praktisch alle Tierstämme entwickelt. Es gibt Evolutionisten, die sogar nur 5 bis 10 Millionen Jahre für das meiste davon annehmen (1/350 der Evolutionszeit).[14]

Die Evolutionisten bezeichnen diese sehr kurze Periode für die Entwicklung der meisten Stämme als die «kambrische Explosion». Samuel Bowring vom Massachusetts Institute of Technology meint dazu: «Was ich meine biologischen Freunde fragen möchte, ist: Wie schnell darf die Evolution ablaufen, bevor man sich unkomfortabel fühlt?»[15] Das Phänomen der kambrischen Explosion passt bemerkenswert gut ins Modell der biblischen Flut, welches postuliert, dass in diesem Teil der Fossilienabfolge das Niveau der Meere vor der Flut repräsentiert wird, wo man auch die meisten Tierstämme erwartet. Oberhalb der kambrischen Explosion haben wir weitere ähnliche «Explosionen». Zum Beispiel sagen uns die Evolutionisten, dass die meisten Säugetiere in nur 12 Millionen Jahren entwickelt wurden und die lebenden Ordnungen der Vögel in 5 bis10 Millionen Jahren. So wie die Fossilien von den Evolutionisten interpretiert werden, zeigen sie, dass die tausende von Millionen Jahren, in denen ein Fortschritt stattfinden sollte, einfach nicht da sind. Die Evolution braucht alle Zeit, die sie ergattern kann. Die Unwahrscheinlichkeiten, vor denen sie steht, zeigen, dass die geologische Zeit viel zu kurz ist, um zu genügen. Die hohe Geschwindigkeit der Evolution, die nötig wäre, um die Fossilien erklären zu können, reduziert diese Zeit erheblich und verstärkt dadurch das Unwahrscheinlichkeits-Problem der Evolution.

Die Zeitfragen

Einer der wichtigsten Unterschiede zwischen Schöpfung und Evolution ist die Frage, seit wann es Leben auf der Erde gibt. Während die Evolutionisten meinen, dass sich das Leben während tausenden von Millionen Jahren entwickelte, glauben die Kreationisten, dass Gott die verschiedenen Formen des Lebens vor einigen tausend Jahren in sechs Tagen schuf. Im Schöpfungsmodell bildet die grosse Flut, wie sie in der Bibel beschrieben ist, die Erklärung für die Schichten, die Fossilien enthalten, während das Evolutionsmodell sagt, dass die Fossilien über Äonen von Zeit entstanden seien. Es ist von Interesse, dass die neuen Tendenzen im geologischen Denken schnelle Veränderungen (Katastrophismus) bevorzugen und damit eine Interpretation bieten, die gut zur biblischen Flut passt. Allerdings bewegt sich die Geologie keineswegs in Richtung einer biblischen Interpretation. Immerhin entstehen durch die tausende von Millionen Jahre, die für die Ablagerung der fossilführenden Sedimente vorgeschlagen werden, eine Anzahl interessanter Fragen, welche die hohen geologischen Alter der Schulwissenschaft in Frage stellen.[16] Es folgen einige Beispiele:

Die Tiere brauchen Pflanzen, um sich zu ernähren und um überleben zu können. Doch in mehreren der wichtigen geologischen Formationen finden wir zwar gute Spuren von Tieren, aber wenig oder gar keine der notwendigen Nährpflanzen. Die Fossilgemeinschaften repräsentieren unvollständige Ökosysteme. Wie konnten die Tiere während angeblich Millionen Jahren ohne Nahrung überleben, während denen diese Schichten gebildet wurden?

Beispiel dafür sind:

1 die Schichten in der Wüste Gobi, die Protoceratops-Dinosaurier führen, wo aber die entsprechenden Pflanzen verblüffenderweise fehlen[17].

2 der Coconino-Sandstein im Südwesten der USA, der viele hundert gute Tier-Fussabdrücken aufweist, aber keine Pflanzen.

3 die wichtige, Dinosaurier-führende Morrison-Formation im Westen der USA, wo es nicht möglich ist, Pflanzenspuren zu finden[18]. Was haben diese riesigen Tiere gefressen, während sie sich über Millionen Jahre hinweg entwickelten? Man schätzt, dass ein grosser Dinosaurier etwa 3,5 Tonnen Pflanzenmaterial pro Tag gefressen hat. Eine viel glaubwürdigere Erklärung für diese Ablagerungen ist die, dass es Lagen sind, die während der Flut schnell abgesetzt wurden. Die Wasser der Flut haben dabei die Organismen sortiert und an verschiedenen Orten deponiert, das Pflanzenmaterial konnte einen Teil der riesigen Kohlenflöze bilden.

Wenn wir unsere Erde heute betrachten, scheinen die geologischen Veränderungen sehr langsam zu sein. Anderseits muss es im Schöpfungsszenario während der biblischen Flut sehr schnelle Veränderungen gegeben haben. Es zeigt sich, dass selbst dann, wenn wir die Flut nicht berücksichtigen, die relativ langsamen geologischen Prozesse, die wir heute beobachten, in Wirklichkeit so schnell ablaufen, dass sie die tausende von Millionen Jahren für die Entwicklung des Lebens auf der Erde in Frage stellen[19]. Ein Beispiel dafür ist die Erosion der Kontinente durch den Regen, der das Material durch die Flüsse in die Ozeane führt. Dadurch werden die Kontinente schon nach etwa 10 Millionen Jahren bis auf Meereshöhe abgetragen. Warum sind die Kontinente immer noch hier, wenn sie tausende von Millionen Jahre alt sein sollen? Mehrere Geologen haben dieses Problem angedeutet[20]. Auch wenn man die agrikulturellen Aktivitäten des Menschen berücksichtigt, welche die Erosion beschleunigen, ist die Abtragung trotzdem noch so schnell, dass die Kontinente über 100 mal bis auf Meereshöhe reduziert worden wären. Man macht dabei die konservative Annahme, dass die Kontinente ein Alter von 2500 Millionen Jahren haben. Oft wird entgegengehalten, dass die Kontinente von unten her immer wieder erneuert würden. Doch das kann keine Lösung sein. Denn die ganz alten Gesteinsschichten sind auf den Kontinenten immer noch gut vertreten, so dass es scheint, dass wir nicht einmal einen einzigen vollen Zyklus einer kontinentalen Erosion und Anhebung durchlaufen haben. Auch die meisten fossilführenden Sedimente müssten längst wegerodiert sein.

Es ist bekannt, dass normalerweise die Sedimente in flachen Schichten über die Erdoberfläche verteilt sind. Im Grand Canyon von Arizona sind ungewöhnlich gute Beispiele sichtbar. Was wir uns fast nie bewusst werden, ist ein Problem mit der üblichen geologischen Zeitskala, nämlich dass zwischen den wichtigsten Sedimentschichten Lücken sind, es fehlen Ablagerungen über Hunderte von Millionen Jahren. Diese Lücken erkennt man an den fehlenden Schichten, welche die angeblichen Millionen Jahre repräsentieren und die man anderswo auf der Erde findet. Man identifiziert sie, indem man die geologische Zeitskala mit verschiedenen Stellen auf der Erde vergleicht. Bei diesen Lücken scheint es, als ob die Schicht oberhalb der Lücke um Millionen Jahre jünger ist, als die Schicht, auf der sie liegt. Wenn diese Millionen Jahre tatsächlich abgelaufen wären, so müsste es in der unteren Schicht viele unregelmässige Erosionsspuren geben, die während der langen Zeit entstanden sein müssten. Die Kontaktflächen zwischen diesen Schichten sind normalerweise flach und zeigen nur geringe Erosionsspuren. Das bedeutet eine kurze Zeit. Diese Beobachtung macht man überall, so dass man die hohen Alter, die für die geologische Zeitskala angegeben werden, in Frage stellen muss.[21]

Die unvollständigen ökologischen Systeme, die wir oben erwähnt haben, die angeblich über Millionen Jahre überlebten, die schnelle Erosion der Kontinente, durch welche sie schon längst im Meer liegen müssten und die fehlenden Erosionsspuren in den Sedimentationslücken der Erdoberfläche – alle diese Fakten stellen uns Fragen. Man muss sie beantworten, wenn man einem Modell zustimmt, das viele Millionen Jahre für die Entwicklungen auf der Erde beansprucht. Im biblischen Schöpfungsmodell sind diese Fakten kein Problem.

Warum nicht das Beste der Wissenschaft und die Bibel wählen?

Viele haben schon versucht, die grossen Unterschiede zwischen dem wissenschaftlichen Evolutionsmodell und dem biblischen Bericht zu harmonisieren. Die Bibel, die für viele als Führer durch das Leben gilt, und die Wissenschaft, die uns so Grossartiges über die Natur zeigen kann, sie beide werden hoch geschätzt. Man muss daher die Frage nach der Wahrheit stellen. Als Antwort wurden verschiedene Modelle vorgeschlagen, die zwischen Bibel und Wissenschaft liegen, und die versuchen, von beiden möglichst viel zu bewahren.[22]

Die «Theistische Evolution» ist eines dieser Modelle. Sie geht davon aus, dass Gott während den Zeitaltern einen Evolutionsprozess einsetzte. Dieses Modell hält zwar an einem Gott fest, aber es handelt sich nicht um den Gott, den die Bibel beschreibt. Gottes Schöpfung ist nach der Bibel «sehr gut». Ausserdem ist es ein Gott, der für diejenigen sorgt, die Hilfe benötigen. Die abnormalen Resultate, die Konkurrenz, und das Überleben der Tüchtigsten im Evolutionsprozess stimmen nicht mit dem Charakter Gottes überein, wie er in der Bibel beschrieben wird. Ausserdem liefert die Abfolge der Fossilien die Übergangsformen nicht, welche man vom Evolutionsprozess erwartet.

Ein anderes Modell ist das der «progressiven Schöpfung». Gott macht nach und nach im Laufe von Millionen von Jahren immer fortgeschrittenere Lebensformen. Hier wird Gott als Schöpfer beibehalten. Aber dieses Modell stimmt nicht mit dem Gottesbild der Bibel überein und auch nicht mit dem Schöpfungsbericht der Bibel. Die vielen tausend ausgestorbenen fossilen Arten beinhalten viele Irrtümer im Schöpfungshandeln der Vergangenheit. Die Präsenz des Bösen in Form von Raubtieren am Anfang der Fossilgeschichte, die lange vor der Erschaffung des Menschen erschien, widerlegt den biblischen Bericht von Gott als dem guten Schöpfer. Auch das Konzept, dass das Böse in der Natur das Resultat des Sündenfalles sei, wird hier in Frage gestellt. Ausserdem gibt es keine Anhaltspunkte in der Bibel, dass Gott über lange Zeiträume hinweg geschaffen hat. Es gibt in der Bibel nur ein Modell von der Schöpfung: Gott hat alles in sechs Tagen gemacht.

Die Modelle der progressiven Schöpfung und der theistischen Evolution ermangeln einer Beglaubigung. Man spekuliert, dass dies oder jenes in der Vergangenheit geschehen sei, aber man möchte dafür eine Bestätigung von einer Autorität haben, sei es von der Bibel oder von den Daten der Naturwissenschaft. Weder die Natur noch die Bibel zeigen, dass Gott auf Grund dieser zwischen Evolution und Schöpfung liegenden Modelle Leben geschaffen hat. Man kann immer irgendwelche Informationen finden, die irgend ein Modell unterstützen, aber man sollte eine direkte Beglaubigung haben, bevor man spekulative Vorschläge akzeptiert. Man sollte beglaubigte Modelle besser nicht auf Kosten von spekulativeren Modellen aufgeben.

Warum an die Sechs-Tage-Schöpfung glauben?

Wir haben das biblische Konzept einer Schöpfung in sechs Tagen. Wir haben auch das Konzept der Evolution, die Tausende von Millionen Jahre dauerte. Wir haben auch noch die zwischen diesen beiden Konzepten liegenden Modelle. Was ist richtig?

Die Wissenschaft ist das beste von Menschen gemachte System, um Informationen über die Natur zu gewinnen. Doch die Schlussfolgerungen der Wissenschaft sind nicht endgültig. Die Wissenschaft revidiert ihre Schlussfolgerungen immer wieder, manchmal kommt sie sogar zu gegenteiligen Schlüssen. Die Wissenschaft ist im experimentellen Bereich zuverlässiger als dort, wo sie sich mit der Vergangenheit befasst, besonders dann, wenn sich die Vorgänge der Vergangenheit nicht experimentell wiederholen lassen. Wenn man die grossen Fragen des Ursprungs, des Sinnes und der Bestimmung zu beantworten versucht, hat die Wissenschaft ihre Glaubwürdigkeit verloren. Vor mehr als einem Jahrhundert haben sich viele Wissenschaftler entschieden, Gott aus ihren Erwägungen auszuschliessen. Auch wenn Gott existiert, wird ihn die Wissenschaft nie finden, solange sie sich weigert, Gott als Teil der Wirklichkeit mit einzubeziehen. Es gibt zwar eine erhebliche Zahl von Wissenschaftlern, die an irgend eine Art von Gott glauben, ihre Zahl ist sogar steigend. Aber wir sehen noch nicht, dass Gott als Realität in den wissenschaftlichen Forschungsberichten und den Lehrbüchern mit einbezogen wird. Bei der Erforschung der Realität hält sich die Wissenschaft immer noch an die enge mechanistische Methode.

Ich glaube, dass die Wissenschaft einige der unlösbaren Fragen über den Ursprung des Lebens vermeiden könnte, wenn sie nicht in dieser engen Art vorgehen würde. Es würde der Wissenschaft gut bekommen, wenn sie eine offenere Einstellung hätte, so wie es vor einigen Jahrhunderten war, als die Grundlagen für die moderne Wissenschaft erarbeitet wurden. Die damaligen berühmten Wissenschaftler, wie Kepler, Boyle, Newton, Pascal und Linnäus glaubten an Gott den Schöpfer, der die Naturgesetze geschaffen hat.

Die Bibel hat eine offenere Sicht, sie macht die Einladung, die Natur[23] und auch Gott in Betracht zu ziehen. Dadurch hat sie eine breitere Basis, um die Fragen des Ursprungs zu beantworten. Die Bibel wird bei weitem von mehr Menschen gelesen, als jedes andere Buch. Gegenwärtig werden etwa 17 mal mehr Bibeln verkauft, als irgend ein weltlicher Titel. Die Bibel wird hoch respektiert. Dieser Respekt beruht teilweise auf der Integrität und Aufrichtigkeit ihrer Autoren, wie auch auf der archäologischen, geographischen, historischen und prophetischen Beglaubigung, die sie besitzt. Ihre interne Übereinstimmung fordert den Einwand heraus, dass sie nur eine Sammlung von erfundenen Geschichten sei. Jedenfalls ist die Bibel kein Buch, das wir leichtfertig auf die Seite legen können. Wenn ich die grossen Fragen zum Ursprung von einer breiten Perspektive aus betrachte, ergibt das biblische Modell für mich am meisten Sinn; es hinterlässt am wenigsten unbeantwortete Fragen.

Referenzen:

1   A.A. Roth, Do we need to turn off our brains, when enter a church? (müssen wir unseren Verstand ausschalten, wenn wir eine Kirche betreten?) Origins 23 (1996) S. 63–65.

2   Für eine ausführliche Diskussion dieser verschiedenen Punkte siehe A.A. Roth, Origins, Linking Science and Scripture, Review and Herald Pub. Assoc., USA, 1998.

3   Zum Beispiel: C. Sagan, The dragons of Eden: Speculations and the evolution of human intelligence, Ballantine Books, NY, 1997, S. 28.

4   Zum Beispiel: T.H. Jukes, Responses of critics, in P.E. Johnson, Evolution as Dogma: the Establishment of Naturalism, Haughton Publishing Co., Dallas, TX, 1990, S. 26–28.

5   R. Goldschmidt, The material basis of evolution, Yale University Press, New Haven, CT, 1940.

6 C. Patterson, Evolution, British Museum, London and Cornel University Press, Ithica, 1978, S. 143.

7 S. Lovtrup, Darwinism: the refutation of a myth, Croom Helm, NY, London and Sydney, 1987, S. 352.

8 Eine Liste von 9 Büchern, die von nicht-Kreationisten stammen und Evolution in Frage stellen, findet man auf den Seiten 140, 141 in Roth, 1998, Ref. (2).

9 Für Einzelheiten siehe Kapitel 5 und 8 in Roth, 1998, Ref. (2).

10 Dies wird weiter diskutiert in Kapilel 10 von Roth, 1998, Ref. (2).

11 C. Darwin, The origin of species by means of natural selection, or the preservation of favoured races in the struggle for life, John Murray, London, 1859 in J.W. Burrow, ed. Penguin Books, London and NY, 1968 reprint, p 292.

12 D.B. Kitts, Paleontology and evolutionary theory, Evolution 28 (1974), 458–472.

13 N. Eldredge, S.J. Gould, Punctuated equilibria: an alernative to phyletic gradualism', in T.J.M. Schopf, ed. Models of paleobiology, Freeman, Cooper and Co., San Francisco, 1972, pp 82–115.

14 S.A. Bowring, J.P. Groetzinger, C.E. Isachsen, A.H. Knoll, S.M. Plechaty, P. Kolosov, Calibrating rates of Early Cambrian evolution, Science 261 (1993), pp 1293–98.

15 As quoted in M. Nash, When life exploded, Time 146(23) (1995), pp 66–74.

16 Weitere Diskussion und Beispiele in Roth, 1998, Ref. (2).

17 D.E. Fatovsky, D. Badamgarav, H. Ishimoto, M. Watabe, D.B. Weishampel, The paleoenvironments of Tugrikin-Shireh (Gobi Desert, Mongolia) and aspects of the taphonomy and paleoecology of Protoceratops (Dinosauria: Ornithischia), Palaios 12 (1977), pp 59–70.

18 T.E. White, The dinosaur quarry, in E.F. Sabatka, ed. Guidebook to the geology and mineral resources of the Uinta Basin, Intermountain Association of Geologists, Salt Lake City , 1964, pp 21–28.

19 Für einige Beispiele siehe Roth, 1998, Ref. (2).

20 R.H. Dott, Jr., R.L. Batten, Evolution of the Earth. (4th ed.) McGraw-Hill Book Co., NY, 1988, p 155. R.M. Garrels, F.T. Mackenzie, Evolution of Sedimentary Rocks, W.W. Norton & Co., NY, 1971, p 114. J. Gilluly, Geologic contrasts between continents and ocean basins, in A. Poldervaart, ed. Crust of the Earth, Geological Society of America, Special Paper, 62: (1955), pp 7–18.

21 A.A. Roth, Those gaps in the sedimentary layers, Origins 15 (1988), pp 75–92.

22 Für weitere Modelle siehe Kapitel 21 in Roth, 1998, Ref. (2) Do we Need to Turn Off...

23 Psalm 19, 1–4; Röm. 1, 19–20.

▌ Keith H. Wanser, Physik

Dr. Wanser ist Physikprofessor an der California State University, Fullerton. Er erhielt seine Ausbildung in Physik an der California State University und der University of California in Irvine. Er doktorierte an der University of California in Irvine in Festkörperphysik. Keith Wanser spezialisierte sich auf dem Gebiet hochempfindlicher optischer Faserdetektoren, Komponenten und Technologien. Er hat über 30 wissenschaftliche Artikel geschrieben und sieben amerikanische Patente erhalten. 1996 wurde er von der School of Natural Sciences and Mathematics mit dem Outstanding Research Award ausgezeichnet.

Ich wuchs in einer Kirche auf, in der man an die 6-Tage-Schöpfung glaubte. Als Teenager las ich oft die Bibel und glaubte an die Erschaffung der Erde durch Gott, obwohl ich damals die Wichtigkeit und zentrale Bedeutung der ersten 10 Kapitel dieses Buches für den christlichen Glauben nicht verstanden hatte. Als ich später die staatliche Universität besuchte und mit den Physikprofessoren sprach, wurde ich lächerlich gemacht, weil ich glaubte, dass die Erde jung war. Man hielt mir viele wissenschaftliche Beispiele vor, die mir zeigen sollten, dass die Bibel nicht stimmte, speziell die ersten Kapitel.

Als junger Physikstudent war mein Wissensstand damals noch ungenügend. Ich vermochte den Professoren nicht zu widersprechen. Weil sie mehr wussten als ich, verlor ich zunehmend den Glauben an die buchstäbliche Wahrheit der Bibel. Ich glaubte zwar immer noch an Gott. Das führte mich für einige Jahre auf einen Weg, auf dem ich theistischer Evolutionist und moralisch verunsichert war. Durch intensives Lesen einer Reihe wissenschaftlicher Zeitschriften und Bücher, versuchte ich die Wahrheit zu finden.

1976 erneuerte ich meine Verpflichtung für Jesus Christus, und kurz darnach begann ich wissenschaftliche, historische, biblische und andere Beweise zu studieren, welche die buchstäbliche 6-Tage-Schöpfung und die biblische Flut, so wie sie in der Bibel beschrieben sind, befürworten. In den 22 Jahren, die inzwischen verflossenen sind, habe ich Vieles genauer studiert, und bin heute fest davon überzeugt, dass es viel mehr wissenschaftliche Beweise für eine junge 6-Tage Schöpfung und eine weltweite Flut gibt, als für eine alte Erde und die Evolution.

Eines der Hauptprobleme der Evolutionstheorie ist der Umstand, dass Einzelheiten von jener Person abhängen, welche sie verbreitet. Diese oft als Fakten bezeichneten Einzelheiten müssen im Licht neuer Entdeckungen oft korrigiert werden. Das ist schon bei mehreren Gelegenheiten passiert, ohne dass man realisierte, dass die angenommenen früheren Aussagen eben gar keine Fakten gewesen waren. Mit anderen Worten: Es gibt nicht nur eine einzige Evolutionstheorie, sondern eine ganze Anzahl von Meinungen, Spekulationen und Methoden der Interpretation von beobachteten Fakten, die alle in die Philosophie des Naturalismus hineinpassen.

Das hohe Erdalter wird unter anderem auch anhand der Wachstumsgeschwindigkeit von Stalaktiten und Stalagmiten in den Höhlen des Kalksteins bewiesen. Als Knabe habe ich die Carlsbad-Höhlen in New Mexico besucht. Ich erinnere mich, dass der Führer uns die vielen Millionen Jahre, die für das Alter der Kalksteinformationen und der Höhlen angegeben werden, als Tatsachen darstellte. Das war gar nicht in Übereinstimmung mit dem, was wir in der Sonntagsschule gelernt hatten. Auf einer Tafel neben dem Eingang stand damals, dass die Höhle mindestens 260 Millionen Jahre alt sei. Vor wenigen Jahren wurde die Angabe auf der Tafel auf 7 bis 10 Millionen Jahre reduziert, später auf 2 Millionen, und heute hat man die Tafel ganz entfernt – möglicherweise weil man bemerkte, dass eine Wachstumsgeschwindigkeit der Stalaktiten von sieben Zentimetern pro Monat möglich ist.[1]

Die Kreationisten haben einen bemerkenswerten Stoss von Forschungsergebnissen zusammengetragen, welche die schnelle Entwicklung von Kalziumkarbonat-Formationen demonstrieren, und die zudem unter Bedingungen möglich wären, die nach der biblischen Flut geherrscht haben könnten. Im Mai 1998 habe ich in einer Metro-Station in Arlington Stalaktiten beobachtet, die am Rand einer Betonplattform gewachsen sind und länger als 15 Zentimeter waren. Diese Station war erst im Juni 1991 fertig gestellt worden.

Ein weiteres Beispiel eines angeblichen Beweises ist die langsame Versteinerung von Holz, die angeblich viel Zeit benötigt. Inzwischen konnte demonstriert werden, dass in siliziumhaltigem Wasser die Versteinerung von Holz sehr rasch erfolgen kann. Unter den Bedingungen, von denen man annimmt, dass sie während und nach der weltweiten Flut geherrscht haben, konnten solche Vorgänge sogar noch beschleunigt ablaufen[2]. Für die rasche Bildung von versteinertem Holz wurde sogar ein amerikanisches Patent erteilt. Man kann damit das Holz feuersicher und gegen Abnützung resistent machen[3].

Im Lauf der letzten 35 Jahre haben Wissenschaftler, die an eine junge 6-Tage-Schöpfung glauben, einige sehr interessante Entdeckungen gemacht und überzeugende Argumente für eine junge Erde und eine biblische Flut gesammelt. Die Finanzierung ihrer Forschungstätigkeit wurde in praktisch allen Fällen nicht vom Staat unterstützt. Dies im Gegensatz zu den vielen Millionen Dollars, die von der Regierung für die Forschung von evolutionistischen Wissenschaftlern ausgegeben werden, die damit ihre Überzeugung stützen. Trotz dieser Nachteile konnten die Schöpfungsforscher eine beachtliche Sammlung von Tatsachen zusammentragen, die den evolutionistischen Meinungen widersprechen[3]. Sie demonstrieren, dass verschiedene Prozesse, von denen man dachte, dass sie lange Zeiträume brauchen, in Wirklichkeit schnell ablaufen können und daher für eine junge Erde und für Schöpfung sprechen. Ausserdem beginnen die Schöpfungswissenschaftler überprüfbare Vorhersagen zu machen, die auf ihren Theorien basieren. Ihre Modelle werden auch quantitativ durchgerechnet.

Bereits besteht ein katastrophisches Modell für Plattentektonik zur Erklärung verschiedener geologischer Merkmale, die mit der Flut in Zusammenhang stehen[4]. Auch die geomagnetischen Umpolungen, die in der Nachflutperiode während der Eiszeit abgelaufen sind, lassen sich damit erklären. Frühere Arbeiten von Kreationisten über den schnellen Zerfall des Erdmagnetfelds erlaubten die Erklärung des gemessenen Abfalls des Magnetfeldes von etwa 7% über die letzten 130 Jahre, ohne dass einstellbare Parameter angewendet wurden. Das Alter des Erdmagnetfeldes wurde berechnet und dafür eine obere Grenze von etwa 10 000 Jahren gefunden[5]. Die Magnetfeldtheorie wurde später modifiziert, um die lokalen und schnellen geomagnetischen Umpolungen einzubeziehen, die mit der katastrophischen Plattentektonik und der Flut zusammenhängen. Die Theorie wurde erweitert, um die Stärke der planetaren Magnetfelder zu berechnen[6]. Über schnelle geomagnetische Umpolungen wurden auf Grund dieses neuen und biblischen Schöpfungsmodells Voraussagen gemacht und planetare Magnetfelder vorausgesagt, wobei man die Resultate experimentell überprüfen konnte[7].

Die planetaren Magnetfelder können mit der kreationistischen Theorie erstaunlich gut erklärt werden. Es gibt keine gleichwertige evolutionistische Theorie. Ähnlich steht es mit der Voraussage von schnellen geomagnetischen Umpolungen. In den Lavaergüssen von Steen's Mountain in Oregon wurden die Umpolungen des Erdmagnetfeldes gemessen und festgestellt, dass diese in wenigen Wochen stattgefunden haben, sehr zur Verwunderung der evolutionistischen Wissenschaftler[8].

Grosse Probleme mit dem evolutionistischen Ursprungs-Szenario gibt es auf verschiedenen Stufen. Ein sehr interessantes Problem erscheint schon ganz am Anfang in der Theorie der Quanten-Kosmologie. Sie sagt voraus, dass der Urknall von einer Quanten-Fluktuation des Vakuums gekommen sei[9]. Unglücklicherweise ist dies nichts weiter als Spekulation, denn alle experimentell beobachteten Prozesse, an denen elementare Partikel und nukleare Reaktionen beteilt waren, zeigten eine Erhaltung der Zahl von Baryonen. Gemäss dem Satz von der Erhaltung der Baryonenzahl gilt, dass wenn aus Energie Partikel in Erscheinung treten, diese zu gleichen Teilen aus Materie-Antimaterie Paaren bestehen. In dieser Paar-Bildung entsteht immer ein Elektron und ein Positron und in ähnlicher Art ein Proton und ein Antiproton. Dagegen beobachten wir, dass im Universum eine extreme Dominanz der Materie gegenüber der Antimaterie besteht. Das widerspricht dem Urknallszenario, in welchem alle Materie des Universums entstanden sein soll.

Um dieses Problem zu lösen, haben Elementar-Partikel-Physiker die «grosse einheitliche Theorie» (Grand Unified Theory GUT) vorgeschlagen. Die mathematischen Ausdrücke, welche die Baryonenzahl nicht konstant halten, werden so eingesetzt, dass der Urknall mehr Materie als Antimaterie erzeugt. Unglücklicherweise sagt diese Theorie voraus, dass das Proton instabil ist und zerfallen wird. Das hat zu erheblichem experimentellem Aufwand geführt, um den Protonenzerfall nachzuweisen. Doch diese Anstrengungen hatten keinen Erfolg. Man fand, dass die untere Grenze für die Lebensdauer der Protonen bei mindestens 10^{31} Jahren liegt. Die Tatsache, dass es keine experimentellen Beweise für eine Verletzung der Konservierung der Baryonenzahl gibt, stellt jedes Urknallszenario in Frage, das die Entstehung der Materie im Universum vertritt. Es gibt noch weitere Probleme mit den Theorien der Quanten/Urknall-Kosmologie, welche von Morris[10] diskutiert werden.

Eine kreationistische Theorie[11] schlägt eine Kosmologie des «weissen Lochs» vor, in der ein begrenztes Universum, eine Anfangs-Wassermasse und Einsteins Theorie der allgemeinen Relativität vorkommen. Diese Kosmologie erlaubt eine buchstäbliche 6-Tage-Schöpfung in Bezug auf die Erde (von der man annimmt, dass sie sich in der Nähe des Zentrums des Universums befindet), während in anderen Teilen des Universums längere Zeiträume ablaufen können. Das würde dem Sternenlicht genug Zeit geben, um Milliarden von Lichtjahren zu durchlaufen, bevor es die Erde erreicht. Es ermöglicht auch eine Ausdehnung des Universums und Rotverschiebungen, wie man sie beobachtet. Weitere Voraussagen dieser Theorie, wie die Temperatur der kosmischen Hintergrundstrahlung, müssen in den Einzelheiten noch ausgearbeitet werden; immerhin bedeutet diese Theorie eine lebensfähige Alternative zur naturalistischen Urknalltheorie und löst die seit langem bestehenden Zeitprobleme des Lichtes in den neuen Schöpfungskosmologien.

Eine weitere kreationistische Alternative zur Urknallkosmologie[12] erklärt nicht nur die beobachtete Rotverschiebung, sondern auch die kosmische Hintergrundstrahlung von 2,7 Grad Kelvin. Wenn diese neuen kosmologischen Modelle auch erst im Anfangsstadium sind (verglichen mit den über 50 Jahren Verfeinerungsarbeit am Urknallmodell), so demonstrieren sie doch, dass die beobachteten experimentellen Fakten auch ohne den Urknall verstanden werden können. Dazu demonstrieren sie die Originalität und Produktivität der kreationistischen Wissenschaftler. Dies widerspricht den Behauptungen einiger Evolutionisten, dass kreationistische Wissenschaftler keine neuen Erkenntnisse liefern würden.

Einer der grössten Stolpersteine, um an die 6-Tage-Schöpfung zu glauben, sind die Methoden der radiometrischen Altersbestimmung und die extrem hohen Altersangaben für Gesteine und Fossilien, die sich auf diese Methoden abstützen. Neue Untersuchungen von Kreationisten haben gezeigt, dass die weit verbreitete Kalium-Argon-Methode schwerwiegende Mängel hat. Man macht die falsche Annahme, dass das ursprüngliche Argon zur Zeit der Erhärtung der vulkanischen Gesteine vollständig ausgetreten sei[13]. Es gibt verschiedene kreationistische Vorschläge für einen beschleunigten radioaktiven Zerfall und experimentelle Untersuchungen für deren Nachweis in der Vergangenheit[14]. Mögliche Szenarien von intensivem Neutrinofluss und/oder Gammstrahlenfluss infolge verschiedener Supernova und stellaren Störungen (möglicherweise während der biblischen Flut) könnten zu dem scheinbar hohen Alter beigetragen haben. Der radioaktive Zerfall kann durch Neutrinos oder Gammastrahlen sehr stark beschleunigt werden und dadurch lange Zeitperioden vortäuschen. Neben dem beschleunigten radioaktiven Zerfall könnten solche Strahlungen oder verstärkte kosmische Strahlung auch den raschen Rückgang der menschlichen Lebensdauer ausgelöst haben, der gemäss des biblischen Berichtes nach der Flut einsetzte. Man glaubt auch, dass der Zerfall des Erdmagnetfeldes im Zusammenhang mit der katastrophischen Plattentektonik während der Flut zu einer dramatischen Zunahme der kosmischen Strahlung geführt hat. Das erhöhte die Produktion von C14 in der oberen Atmosphäre.

Ein extrem hoher Fluss von Gammastrahlen durch das Sonnensystem wurde kürzlich beobachtet. Man glaubt, dass dies relativ oft vorkommen kann[15]. Die extrem intensiven Gammastrahlen-Ausbrüche werden einem Neutronenstern zugeschrieben, der als Magnetar bekannt ist. Magnetare verbrauchen ihre Energie in etwa 10 000 Jahren, was ein Anzeichen dafür ist, dass sie selber jung sein müssen.

Zusätzlich zu den Vorschlägen für einen beschleunigten radioaktiven Zerfall sind experimentelle Ergebnisse bekannt geworden, die zeigen, dass der Zerfall von quanten-mechanischen Systemen nicht-exponentiell verläuft[16]. Aus sehr breiter Sicht kann man auch zeigen, dass der Zerfall eines quanten-mechanischen Systems bei kurzen Zeiten nicht-exponentiell abläuft. Die Annahme, dass der Zerfall von radioaktiven Isotopen mit einer Halbwertszeit von mehr als 10^{+9} Jahren exponentiell verlaufe, ist eine der grössten Extrapolationen der Wissenschaft. Das exponentielle Zerfallsgesetz für radioaktive Isotopen ist experimentell nur für Isotopen mit Halbwertszeiten von weniger als 100 Jahren nachgewiesen worden. Das bedeutet eine Extrapolation über mindestens 7 Grössenordnungen der Zeit hinweg!

Es gibt gute Gründe dafür, dass die länger lebenden Isotopen erhebliche Abweichungen vom exponentiellen Zerfallsgesetz zeigen könnten. Mit der rigorosen quanten-mechanischen Theorie wird der Zerfall der langlebigen Isotope gegenwärtig untersucht, um bei kleinen Zeiten im Vergleich zur Halbwertszeit die Abweichungen vom exponentiellen Zerfallsgesetz festzustellen. Sollten erhebliche Abweichungen gefunden werden, wird dies die Interpretationen der radiometrischen Daten und die damit zusammenhängenden alten Chronologien völlig verändern. Denn jetzt sind sie auf der Annahme eines exponentiellen Zerfallsgesetzes aufgebaut, und zwar über unbeobachtbar grosse Zeiträume.

In diesem kurzen Artikel wurde nur ein kleiner Teil der interessanten Arbeiten zitiert, die von Wissenschaftlern gemacht werden, die an Schöpfung glauben. Der fragende Leser wird ermutigt, die Bücher zu studieren, die in der Bibliographie von Morris[3] angegeben sind. Dazu gibt es viele Internet-Seiten[17] mit Artikeln, die wissenschaftliche, historische und biblische Tatsachen liefern, die eine junge 6-Tage-Schöpfung und eine weltweite Flut bestätigen.

Referenzen:

1 G.W. Wolfram, Carlsbad «Signs Off», Creation Research Society Quarterly, Vol. 31, June 1994, p 34. E.L. Williams, Cavern and speleotherm formation – science and philosophy, CRSQ, Vol 29, Sept. 1992, pp 83–84. E.L. Williams, Rapid development of calcium carbonate formations, CRSQ, Vol 24, June 1987, S. 18–19.

2 E.L. Williams, Rapid Petrifaction of Wood, Creation Matters, Vol 1, 1.Jan. 1996, p 1. E.L. Williams, Fossil Wood from Big Bend National Park, Brewster County Texas; Part II, CRSQ, Vol 30, Sept. 1993, pp 106–111. H. Hicks, Sodium Silicate Composition, US Patent # 4,612,040, Sept. 16, 1986.

3 H.M. Morris, A Young-Earth Creationist Bibliography, Institute for Creation Research Impact article No. 269, November 1995.

4 S.A. Austin et al., Catastrophic Plate Tectonics: A Global Flood Model of Earth History, Proceedings of the Third International Conference on Creationsim, 1994 pp 609–621. C. Burr, The Geophysics of God, U.S. News and World Report, July 16, 1997.

5 Thomas G. Barnes, Origin and Destiny of the Earth's Magnetic Field, Creation Research Society, 1983, S. 132.

6 R. Humphreys, The Earth's Magnetic Field is Young, Institute for Creation Research Impact article No. 242, August 1993.

7 D.R. Humphreys, Physical Mechanism for Reversals of the Earth's Magnetic Field During the Flood, Proceedings of the Second International Conference on Creationism, 1990, Vol 2 (Creation Science Fellowship, Pittsburgh, PA, USA), pp 129–142, and references therein.

8   R.S. Coe, M. Prevot and P. Camps, New evidence for extraordinarily rapid change of the geo-magnetic field during a reversal, Nature, Vol. 374, April 20, 1995, S. 687–92.

9   D. Atkatz, Quantum Cosmology for Pedestrians, American Journal of Physics, Vol 62, July 1994, S. 619–27.

10 H.M. Morris and J.D. Morris, The Heavens Don't Evolve Either, The Modern Creation Triligy, Vol 2, Science and Creation, S. 203–32.

11 D.R. Humphreys, Starlight and Time, Master Books, 1994, S. 83–133.

12 R.V. Gentry, A new Redshift Interpretation, Modern Physics Letters A, Vol 12, No.37, 1997, S. 2919–25.

13 A. Snelling, Excess Argon: The Achilles Heel of Potassium-Argon and Argon-Argon Dating of Volcanic Rocks, Institute for Creation Research Impact Article No. 307, January 1999.

14 J.W. Bielechi, Search for Accelerated Niclear Decay with Spontaneous Fission of 238U, Proceedings of the Fourth International Conference on Creationism, 1998, S. 78–88.

15 R. Cowen, Crafts Finds New Evidence of Magnetars, Science News, Vol 154, Sept 12, 1998, S. 164.

16 S.R. Wilkinson, et al., Experimental evidence for non-exponential decay in quantum tunneling, Nature 387, June 5, 1997, S. 575–77.

17 Internet web sites with information on creation/evolution are: http://www.icr.org; www.wort-und-wissen.de

▌Timothy G. Standish, Biologie

Dr. Standish ist Biologieprofessor an der Andrews University in Michigan, USA. Er hat seine Zoologie- und Biologie-Ausbildung von der Andrews University erhalten. Der Doktor in Biologie und öffentlicher Administration wurde ihm von der George Mason University, Fairfax (Virginia) verliehen. Standish lehrt Genetik und erforscht die Verhaltensgenetik der Grille.

Das Lesen des Buchs «Der blinde Uhrmacher» von Richard Dawkins war eine entscheidende Erfahrung für mich. Ich hatte soeben mit dem Ausbildungsprogramm an der George Mason Universität begonnen und mich mit grosser Erwartung in einem Programm eingeschrieben, das den Titel trug «Probleme der Evolutionstheorie». «Der blinde Uhrmacher» war Pflichtlektüre und mit zunehmendem Enthusiasmus las ich die vielversprechenden Aufschriften auf dem Buchdeckel. Gemäss dem «Economist» war dieses Buch «eine lesenswerte und kräftige Verteidigung des Darwinismus, wie sie seit 1859 nicht mehr publiziert worden ist». Lee Dembart, der für die «Los Angeles Times» schreibt, war noch überschwenglicher: «Jede Seite verkündet Wahrheit. Es ist eines der besten wissenschaftlichen Bücher – wenn nicht das beste Buch überhaupt – das ich je gelesen habe.» Dieses mit dem Heinemann-Literatur-Preis ausgezeichnete Buch musste voll ungetrübter Brillanz sein. Sehr zufrieden und mit Zuversicht erfüllt, bezahlte ich das Buch und verliess den Buchladen. Ich überschäumte vor Enthusiasmus, als ich zu lesen begann.

Nachdem ich durch all die starken Wortgebilde hindurch gewatet war, überraschten mich die Ideen, die Dawkins in seinem Buch vorbrachte. Mit Rhetorik glättete er seine Argumente zu hellem Glanz. Manchmal hatte man den kurzen Eindruck, dass Kieselsteine zu Edelsteinen wurden. Aber nachdem die schönen Bilder entzaubert waren, zeigte sich, dass seine zentralen Gedanken die Idee, nämlich dass die natürliche Selektion das Leben und die sinnvolle Komplexität der Lebewesen hervorbringen konnte, nicht unterstützen. Am meisten bestürzte mich, dass eine der Kernthesen des Buches in Wirklichkeit dem Prinzip der natürlichen Selektion widersprach.

Dawkins wob zwei Gedanken zusammen, um den Darwinismus zu stützen.

Der erste liegt darin, dass, wenn genug Gelegenheiten da sind, das Unwahrscheinliche wahrscheinlich wird. Zum Beispiel ist es bei zehnmaligem Aufwerfen einer Münze sehr unwahrscheinlich, dass zehn Mal der Kopf oben sein wird. Man kann es nach 1024 Versuchen nur einmal erwarten. Die meisten von uns würden kaum hinsitzen, um dem Aufwerfen von Münzen zuzuschauen und zu warten, bis es passiert. Aber wenn wir eine Million Leute hätten, die Münzen aufwerfen, würden wir es viele Male sehen. Dieses Phänomen wird jeweils in den Zeitungen bekannt gemacht, wenn jemand in der Lotterie gewonnen hat. Ein Million im Jackpot zu gewinnen, ist sehr unwahrscheinlich. Aber wenn Millionen von Leuten eine Los kaufen, wird wahrscheinlich bald einer gewinnen. Dawkins gibt zu, dass die Wahrscheinlichkeit, dass das Leben aus einer zufälligen Mischung von Chemikalien entstehen konnte, sehr gering ist. Aber dank des immens grossen Universums und den Milliarden Jahren seiner Existenz werde das Unwahrscheinliche zum Wahrscheinlichen. Dies tönt wie ein Echo der Logik von Ernst Haeckel, der in seinem Buch «Das Rätsel des Universums» 1900 geschrieben hat:

«Viele von den Sternen, deren Licht Tausende von Jahren brauchte, um uns zu erreichen, sind gewiss Sonnen, wie unsere Mutter-Sonne, und sie sind mit Planeten und Monden umgeben, ganz wie im Sonnensystem. Wir dürfen annehmen, dass Tausende von diesen Planeten sich in einer ähnlichen Phase der Entwicklung befinden, wie wir ... und dass sich aus ihren stickstoffhaltigen Bestandteilen das Protoplasma entwickelte – diese wundervolle Substanz, die allein, so weit wir das wissen können, Leben besitzt.»

Haeckel war in Bezug auf das Vorhandensein von Bedingungen, die Leben ermöglichen, optimistisch. Hier kommt eines der Probleme zum Vorschein, die auch die Argumente von Dawkins in sich tragen. Das Universum ist zwar unendlich gross, aber die Orte, in denen Leben existieren kann, geschweige denn entstehen konnte, scheinen sehr wenige zu sein, und sie sind auch sehr weit weg. Bisher wurde nur ein einziger entdeckt, in dem die Bedingungen zum Leben vorhanden sind. Wir leben bereits an diesem Ort. Für die optimistische Annahme, dass das Universum von Planeten wimmle, auf denen es Ursuppen gibt, und aus denen sich vielleicht Leben entwickelt, gibt es wenig Grund. Dawkins schrieb gewandt vom immensen Universum und seinem Alter, konnte aber nicht ein einziges Beispiel ausser der Erde angeben, in dem die unwahrscheinliche spontane Entstehung des Lebens geschehen ist. Auch wenn das Universum von Urerden wimmeln würde und die Zeitspannen, welche die moderne Wissenschaft angibt, stimmen würden, so ist es immer noch ein schlechtes Argument; denn wenn etwas unmöglich ist – anders gesagt: wenn die Wahrscheinlichkeit, dass es passiert, Null ist – dann passiert es eben nie, auch nicht bei unendlich langer Zeit.

Um auf unser Beispiel mit den Münzen zurück zu kommen: Auch wenn eine Million Menschen Münzen aufwerfen und jeder immer wieder zehn Mal Kopf oben hat, gibt es nie elf Mal Kopf oben. Denn auch mit nur einer Person ist es schon unmöglich, elf Mal Kopf oben zu werfen, wenn sie nur zehn Versuche hat. Die Wahrscheinlichkeit, dass Leben von lebloser Materie kommt, ist im Grunde genommen Null. Ironischerweise betrifft dies das stärkere Argument von den beiden, die Dawkins präsentiert.

Das zweite Argument wird als Analogie vorgestellt: Man stelle sich einen Affen vor, der auf einer Schreibmaschine schreibt, die für jeden Buchstaben im englischen Alphabet eine Taste hat, dazu die Leertaste (im ganzen 27 Tasten). Wie lange würde es dauern, bis der Affe etwas schreiben würde, das sinnvoll ist? Dawkins schlug einen Satz aus Shakespeares Hamlet vor, in welchem von einer Wolke die Rede ist. Er lautet: «Ich glaube, es ist wie ein Wiesel.» Das ist kein langer Satz und er enthält nicht viel Sinn, aber man kann ihn für diese Diskussion gebrauchen. Wie viele Versuche müsste der Affe wohl machen, um zufällig diesen Satz richtig zu tippen?

Das lässt sich leicht berechnen. Die Wahrscheinlichkeit, dass der Affe als ersten Buchstaben des Satzes ein «i» tippt, ist 1/27 (wir vernachlässigen die Gross/Klein-Schreibung). Der Satz hat 33 Buchstaben und Zwischenräume, dann beträgt die Wahrscheinlichkeit, dass alle am richtigen Platz stehen $(1/27)^{33}$, das ist $5{,}8 \times 10^{-48}$. Das bedeutet, dass in $1{,}7 \times 10^{47}$ Versuchen ein Mal alle Buchstaben stimmen. Oder ein Mal in 170 000 Millionen Millionen Millionen Millionen Millionen Millionen Millionen! Dazu würde man viele Affen brauchen, die sehr schnell und während langer Zeit tippen müssten, bis man den fertigen Satz lesen könnte. (Spetner[1] betrachtet eine Wahrscheinlichkeit von 1 in 10^{45} als unmögliches Ereignis.)

Um das Problem der Wahrscheinlichkeit zu überwinden, schlägt Dawkins vor, dass dank der natürlichen Selektion jeder einmal richtig getippte Buchstabe gespeichert werde. Dadurch verbessert sich die Wahrscheinlichkeit natürlich massiv. Mit anderen Worten, wenn ein Affe tippt, ist es möglich, dass er schon beim ersten Durchgang einen richtigen Buchstaben erwischt. Wenn dieser Buchstabe dann gespeichert wird und der Affe nur die übrigen Stellen weiter tippen darf, bis er schliesslich alle Positionen richtig getippt hat, kann ein durchschnittlich fleissiger Affe seine Aufgabe an einem Nachmittag lösen. Es bleibt ihm dann immer noch genug Zeit, um von den Besuchern, die ihm zuschauen, Bananen und Erdnüsse anzunehmen. Dawkins' Computer brauchte zwischen 40 und 70 Versuche, um den Satz richtig zu tippen.

Nur gut, habe ich Biochemie studiert, bevor ich Dawkins' Buch las. Organismen bestehen aus Zellen und diese Zellen sind von kleinen Proteinmaschinen aufgebaut worden, welche die Arbeit in den Zellen verrichten. Proteine kann man sich ähnlich vorstellen wie der Satz «mir scheint, es sei ein Wiesel». Der Unterschied liegt nur darin, dass die Proteine aus zwanzig verschiedenen Untereinheiten aufgebaut werden, die man Aminosäuren nennt, anstelle der 27 verschiedenen Buchstaben in unserem Beispiel. Die Evolution eines funktionierenden Proteins würde wahrscheinlich mit einer zufälligen Serie von Aminosäuren beginnen, von denen eine oder zwei sich in der richtigen Position befinden. Gemäss Dawkins' Theorie müssten dann diese in der richtigen Position befindlichen Aminosäuren durch die natürliche Selektion fixiert werden, während jene, die noch nicht stimmen, solange verändert werden dürfen, bis sie stimmen. Dadurch könnte ein funktionierendes Protein in relativ kurzer Zeit zustande kommen. Unglücklicherweise wird hier der natürlichen Selektion eine Eigenschaft zugeschrieben, zu welcher sogar ihre eifrigsten Vertreter nicht ja sagen könnten. Ein nicht-funktionierendes Protein kann nicht in einer «Ursuppe» von Millionen anderer nicht-funktionierender Proteine selektiert werden.

Verändert man auch nur eine einzige Aminosäure in einem Protein, so kann das eine dramatische Veränderung seiner Funktion hervorrufen. Ein berühmtes Beispiel ist die Mutation, welche die Sichelzellenanämie beim Menschen hervorruft. Diese Krankheit verursacht eine ganze Reihe von Symptomen, angefangen beim Versagen der Leberfunktionen bis zum Turmschädel-Syndrom. Sie wird durch das Ersetzen einer Aminosäure verursacht, die man Glutamat nennt. Diese ist normalerweise in der Position sechs, und wird durch eine andere Aminosäure, genannt Valin, ersetzt. Dieser einfache Austausch bewirkt im Hämoglobin eine massive Veränderung der Arbeitsweise der Alpha-Globin-Untereinheit.

Die unmittelbare, traurige Konsequenz dieser scheinbar unbedeutenden Mutation in diesem Protein ist jedes Jahr der vorzeitige Tod von Tausenden von Menschen. Bei anderen Proteinen können Mutationen in einigen, wenn auch nicht in allen Gebieten, den vollständigen Verlust ihrer Funktion zur Folge haben. Das gilt vor allem für Proteine, die Enzyme sind, und bei denen die Mutation im aktiven Teil auftritt.

Was Dawkins vorschlägt, ist, dass in einer sehr grossen Gruppe von Proteinen, von denen keines funktioniert, durch natürliche Selektion einige ausgewählt werden, die zwar ihre Aufgabe noch nicht erfüllen können, dann aber dank einiger Modifikationen durch weitere Mutationen ihre Aufgabe in der Zukunft ausführen werden. Das bedeutet, dass die natürliche Selektion ein bestimmtes Ziel anstrebt. Für jemanden, der an Evolution glaubt, ist das nicht akzeptierbar.

Die Idee, dass während dem funktionalen Aufbau der Proteine durch natürliche Selektion Aminosäuren fixiert werden, wird von den Beobachtungen nicht bestätigt. Die Zellen produzieren nicht grosse Mengen von zufälligen Proteinen, die der natürlichen Selektion ausgesetzt sind. Wenn überhaupt, so ist das Gegenteil der Fall. Die Zellen produzieren nur gerade diejenigen Proteine, die sie im Moment benötigen. Wenn eine Zelle andere Proteine produziert, auch solche, die sie nicht zu ihrer Funktion benötigt, wäre das eine verschwenderische Sache und würde in vielen Fällen zur Zerstörung ihrer Funktionen führen. Die meisten Zellen erzeugen nur etwa 10 Prozent der Proteine, die sie produzieren könnten. Daher gibt es den Unterschied zwischen den Leberzellen und denen der Haut oder des Gehirns. Wenn alle Proteine jederzeit produziert würden, wären alle Zellen gleich.

In Wirklichkeit ist aber das Problem der Evolution des Lebens viel komplexer als die Entstehung eines einzigen funktionierenden Proteins. Ein einziges Protein ist nur die Spitze des Eisbergs. Ein lebender Organismus muss viele funktionierende Proteine haben, wobei sie alle in koordinierter Weise zusammen arbeiten müssen. Im Lauf meiner Forschungsarbeit muss ich oft eine Zelle öffnen, indem ich sie in flüssigen Stickstoff eintauche. Manchmal mache ich es, um funktionierende Proteine zu erhalten, aber noch mehr, um die Nukleinsäuren RNS und DNS zu bekommen. Immer, wenn ich mit einem Protein oder einer Nukleinsäure arbeite, funktioniert es nicht mehr, sobald man es aus der Zelle herausnimmt. Auch wenn man alle funktionierenden Bestandteile einer Zelle zusammengebracht hat, habe ich nie beobachtet, dass eine Zelle wieder zu funktionieren begann, auch nicht als Teil eines Organismus. Damit die natürliche Selektion überhaupt funktionieren kann, müssen *alle* Proteine, die sie beeinflussen, Teil eines lebenden Organismus sein. Letzterer ist wiederum aus einer Anzahl von weiteren funktionierenden Proteinmaschinen zusammengesetzt. Mit anderen Worten, das ganze System muss schon funktionieren, bevor Selektion einsetzen kann. Ein einsames einzelnes Protein kann nicht selektioniert werden.

«Probleme der Evolutionstheorie» hiess das Programm, in dem ich realisierte, welche Schwierigkeiten in Theorien auftauchen, die einen Schöpfer ablehnen. Die Probleme mit der Evolutionstheorie sind real, und es gibt keine einfachen, überzeugenden Lösungen.

Mit Fortgang meiner Studien realisierte ich allmählich, dass die Evolution als Paradigma nur solange überlebt, als man die passenden Tatsachen auswählt, und grosse Teile des Wissens, das sich über das Leben ansammelte, ignoriert. So wie die Tiefe und Breite des menschlichen Wissens sich vergrössert, weist uns eine tiefe und weite Flut von Tatsachen darauf hin, dass das Leben ein Resultat von Schöpfung ist. Nur ein kleiner Teil der Tatsachen, die man sorgfältig auswählt, kann gebraucht werden, um ein Geschichte des Lebens zu konstruieren, die eine Entwicklung des Lebens aus dem Leblosen postuliert. Wissenschaft arbeitet nicht auf der Basis des Auswählens von Tatsachen, die zu der Theorie passen, die man bevorzugt. Ich habe den Weg der Wissenschaft gewählt, der zugleich der Weg des Glaubens an den Schöpfer ist.

Ich glaube, dass Gott jeden Menschen persönlich mit Tatsachen seiner kreativen Macht in unserem Leben bekannt macht. Um Gott zu kennen, braucht man keinen höheren Bildungsgrad in Wissenschaft oder Theologie. Jeder von uns hat die Möglichkeit, durch das Wiedererschaffen seines Charakters in uns seine schöpferische Kraft zu erleben – Schritt für Schritt, Tag für Tag.

Referenz:

1   L. Spetner, Not by Chance! Shattering the Modern Theory of Evolution, The Judaica Press, Brooklyn, 1997

▌ John R. Rankin, Mathematische Physik

Dr. Rankin lehrt im Department of Computer Science and Computer Engineering der La Trobe University in Australien. Seine Ausbildung in angewandter Mathematik erhielt er an der Monash Universität, wo er mit Auszeichnung abschloss. Der Doktor in mathematischer Physik und ein Postdoc-Diplom in Computerwissenschaft wurde ihm von der University of Adelaide verliehen. Er lehrte während mehr als 17 Jahren in weiteren Institutionen.

Was sind die Möglichkeiten, wenn wir nach dem Ursprung von allem fragen? Eigentlich haben wir nur zwei Möglichkeiten: Evolution oder Schöpfung. Die Evolution hat ihre Probleme und kein Wissenschaftler bestreitet das. Doch das beantwortet die Frage nicht, warum ich persönlich an Schöpfung glaube. Die Theorien können mit besonderen Annahmen und zirkelhaften Erklärungen leicht aufgewertet werden. Kann man die Fragenkomplexe nicht ganz einfach auf unseren gegenwärtigen Wissensstand bringen? Können wir nicht hoffen, dass in nicht allzuferner Zukunft durch weitere Forschung jedes dornige Problem der Evolution befriedigend gelöst werden wird, schön eins nach dem anderen? Meine Perspektive ist eher so, dass mir die Problembereiche der Evolution wie Löcher in der Theorie vorkommen. Diese Löcher werden mit der Zeit immer grösser, sie gehen nicht weg.

Evolution befasst sich mit so vielen wissenschaftlichen Gebieten und Disziplinen, dass ein einziges Gebiet nicht genügt, um die Theorie zu widerlegen. Früher haben die Wissenschaftler den Behauptungen geglaubt, dass die Evolution zwar auf einigen Gebieten unüberbrückbare Schwierigkeiten aufweise. Auf anderen Gebieten und besonders in den grundlegenden Wissenschaften aber funktioniere sie bestens und mache Sinn. Doch je mehr Zeit verfloss, um so mehr stellte man fest, dass die Probleme der Evolution in den verschiedenen Disziplinen nicht verschwanden, sondern sich wie schmerzende Beulen bemerkbar machten. In dieser Situation wurden die Wissenschaftler auf die Schwierigkeiten aufmerksam, welche die Evolution nicht nur im eigenen, sondern auch auf anderen Gebieten hat. Nun beginnt man darüber nachzudenken, ob nicht doch ein fundamentales Problem mit der evolutionistischen Interpretation verbunden sein könnte.

Lassen sie mich meine ursprüngliche Forschungsarbeit beschreiben und erklären, in welchem Verhältnis diese zur Evolutionstheorie steht. Meine erste Forschungsarbeit war auf dem Gebiet der Kosmologie. Sie umfasste vertiefte mathematische und astronomische Studien, speziell auch von Einsteins Theorie der allgemeinen Relativität. In der Kosmologie gibt es verschiedene kosmologische Modelle, die es dafür zu studieren gilt. Das sind mathematische Lösungen von Einsteins Gleichungen, die gemäss den Gesetzen der Physik verschiedene mögliche Universen erlauben. Mein Forschungsprojekt bestand in der Beantwortung folgender Frage: Wenn das Universum als eine homogen verteilte Masse von Gasen und Plasma begonnen hat, würden sich dann die typischen kleinen statistischen Schwankungen der Dichte durch die bekannten Gesetze der Schwerkraft so verstärken und kondensieren, dass Protogalaxien entstehen, die Vorfahren der Galaxien mit all ihren heutigen komplexen Bestandteilen von Kugelsternhaufen, Sternen, Planeten, Monden, Asteroiden und Kometen?

Gegenwärtig gilt folgende Formulierung der Evolutionstheorie: Das ursprünglich homogene und uninteressante Universum differenzierte sich im Lauf von Milliarden Jahren zur komplexen und wunderbaren Struktur von aufeinander wirkenden Objekten, wie wir sie heute kennen und sehen. Die Einstellung meines Forschungsleiters war folgende: «Wir sind hier, also müssen wir uns entwickelt haben!» und – wir müssen annehmen, dass sich alles aus einem gleichförmig verteilten Gas entwickelt hat.

Das ist allerdings eine grosse Frage, und um sie zu beantworten, untersuchte ich die Anfangsphase dieses angeblichen Prozesses: Würden statistische Fluktuationen im gegenwärtig gültigen kosmologischen Modell – von dem man annimmt, dass es eine realistische Repräsentation der kosmologischen Struktur ist – auf Grund des Gravitationsgesetzes und der allgemeinen Relativitätstheorie signifikant anwachsen? Linearisierte Gleichungen sind für die erwarteten zufälligen Hintergrund-Dichte-Fluktuationen brauchbar. Wenn die Gleichungen ergeben, dass im kosmologischen Standardmodell die ursprünglichen (unbedeutenden) Fluktuationen über die kosmologische Zeit (gemessen in Milliarden Jahren) statistisch signifikant werden – an diesem Punkt werden die linearisierten Gleichungen zusammenbrechen und eine volle nichtlineare mathematische Bearbeitung wird nötig – haben wir die Grundlage für die Evolutionstheorie gefunden.

Nach fünf Jahren intensiver mathematischer Forschungsarbeit, die sich auf diese einzige Frage konzentrierte, stand die Antwort fest. Sie lautete: Nein. Tatsächlich gab es ein Wachstum der ursprünglichen Fluktuationen, aber auch noch nach 10 oder 20 Milliarden Jahren waren diese ursprünglichen Dichtefluktuationen immer noch auf der Ebene jener Fluktuationen, die man aus statistischen Gründen in einem homogenen Universum erwartet. Anfängliche Untersuchungen hatten gezeigt, dass sich statistische Fluktuationen schnell verstärken. Doch diese Berechnungen waren auf der Grundlage von unrealistischen kosmologischen Modellen gemacht worden, die statisch und vorwiegend nicht-relativistisch waren. Diese Modelle können weder vom Gesichtspunkt der Physikalischen Theorie her, noch von den kosmologischen Beobachtungen her, die wir heute im Universum machen, gerechtfertigt werden.

Natürlich war dieses Resultat eine grosse Enttäuschung für die starken Befürworter der Evolutionstheorie. Es schien zunächst offensichtlich, dass die Gravitation diese einfache Aufgabe zu Beginn der Evolution tun konnte. Was aber der natürlichen Gravitationskraft entgegen wirkt, welche die Fluktuationen zusammenballen sollte, war die Ausdehnung des Universums selbst, die selber auch ein Produkt der Gravitationsgesetze ist. Die Standard-Reaktion auf ein solch negatives Resultat ist die Suche nach alternativen Überlegungen. Man möchte ohne Gravitation an der Erzeugung von statistisch signifikanten Fluktuationen beteiligt sein. Zum Beispiel durch die Thermodynamik, also durch Fluktuationen in der Wärmeverteilung und im Wärmefluss, welche die Gravitation unterstützen könnten, um ihre Aufgabe zu erfüllen.

Eine weitere Idee ist die Wechselwirkung zwischen den verschiedenen Komponenten der Flüssigkeiten im kosmologischen Modell: Strahlung, Plasmatypen und Staub. Vielleicht ist die Entkoppelung zwischen Strahlung und Materie stark genug, um den Prozess der Protogalaxienbildung zu beschleunigen. Ein dritter Typ von Mechanismen ist die Zuflucht zur Turbulenz, um bei der Bildung von Protogalaxien dem unterbrechenden Effekt der Expansion des Universums entgegen zu wirken.

Jeder dieser zusätzlichen Mechanismen zur Unterstützung der Galaxienbildung bringt viel mehr mathematische Komplexität hinein. Es ist einfach, die Standard-Linie der Evolution zu verfolgen, nach der ein gasgefülltes, homogenes Universum sich zu einer hierarchischen Struktur entwickelt hat, wenn man komplexe Mechanismen wie diese in Anspruch nimmt. Doch die Beweise dafür stehen immer noch aus und werden noch für längere Zeit ausbleiben, und zwar wegen der enorm vergrösserten Komplexität der Mathematik, welche die neuen Erklärungen liefern soll. Immerhin ist klar, dass die Effekte der Wärme, des Energietransportes zwischen den Flüssigkeiten und die Turbulenz einer Zunahme von Dichtefluktuationen entgegen wirken.

Dies ist nur ein Beispiel aus einem Forschungsgebiet, das einen wichtigen Mangel der Evolutionstheorie aufzeigt, von dem sich die Evolution bis heute nie mehr erholt hat. Trotzdem kommen ständig neue Bücher heraus, in welchen behauptet wird, dass die Evolutionserklärung stimme. Sie enthalten immer noch die Idee, dass sich die Gase früher im Universum zusammengeballt hätten, um Protogalaxien zu bilden, die sich dann zu Galaxien von Sternen und Planeten geformt hätten, auf denen das Leben erschienen sei. Hören wir von irgend einem dieser Befürworter, dass jemand bereit ist, viele Jahre seiner Lebens zu opfern, um die komplexe Mathematik auszuarbeiten, die mit diesen zusammengeflickten, aber unbewiesenen Theorien verbunden ist? Oder sind sie willig, andere dafür zu bezahlen, die diese Arbeit tun und die Probleme objektiv angehen? Sind sie willig zu akzeptieren, dass eine physikalische Theorie negativ beantwortet werden könnte, nämlich mit einer Antwort, die zeigt, dass ihre modifizierten Erklärungen ebenso falsch sind?

Die Vertreter der Evolution scheinen immer weniger gewillt zu sein, diese Forschung zu unterstützen oder selber an die Hand zu nehmen. In der Folge gibt es nur noch wenige Forscher, die auf diesem Gebiet arbeiten mit Ausnahme der ständig wechselnden Population von Studenten im Abschlussjahr. Nach aller Forschungsarbeit, die bis heute getan wurde, sind wir immer noch nicht in der Lage zu erklären, wie im Sinne der Evolution die Galaxien als Inhomogenitäten im Universum entstanden sind. In Wirklichkeit sind wir von einer befriedigenden Erklärung der Galaxienentstehung weiter entfernt, als zur Zeit, als wir damit begannen, das Problem mit moderner Physik zu studieren. Wir können auch in diesem Wissensgebiet vom evolutionistischen Standpunkt aus keine Erklärung für die Entstehung der wunderschönen und komplexen Realitäten der Welt liefern.

Die Last der Evolution besteht darin, dass sie alles erklären muss, inbegriffen die Mathematik, die Logik und den daran beteiligten Denkprozess. Diese Last wird immer grösser, je mehr das Wissen zunimmt. Es ist eine Last, die uns die festen Grundlagen für das Denken und die wissenschaftlichen Erklärungen raubt. Wenn der evolutionistische Weg falsch ist, was dann?

Der kreationistische Weg erlaubt es uns, von einer zunehmend komplizierten und wunderschönen Welt auszugehen, die für uns bereit steht, um ihre Wunder wissenschaftlich zu erforschen. Dieser Weg stellt uns auf eine feste Grundlage. Daher glaube ich an Schöpfung und nicht an Evolution.

▌Bob Hosken, Biochemie

Dr. Hosken lehrt Lebensmitteltechnologie an der University of Newcastle, Australien. Er studierte Biochemie an der University of Western Australia und an der Monash University. Den Doktortitel in Biochemie erhielt er von der University of Newcastle. Dr. Hosken hat über 50 wissenschaftliche Artikel auf dem Gebiet der Proteinstrukturen und -funktionen, der Nahrungsmitteltechnologie und der Entwicklung von Nahrungsmitteln veröffentlicht.

Mein erstes Jahr an der Universität war eines der herausforderndsten und aufregendsten meines Lebens. Ich war kein Kind mehr; ich war unabhängig und musste die Welt für mich selbst zu verstehen versuchen, meine Zukunft selber planen und die Werte des Lebens selbst herausfinden. Mir war zunächst nicht klar, was ich studieren sollte. Meine Mittelschulgruppe, zu der ich bisher gehört hatte, zerfiel, weil einige meiner Freunde sich dem Studium der Kunst zuwandten, andere aber dem Rechtswesen, der Zahnheilkunde oder dem Handel.

Im ersten Jahr hörte ich manche gute Vorlesung, vieles habe ich wieder vergessen, aber da war eine Vorlesung über Glukoseabbau und den Zitronensäurezyklus, die mir eine völlig neue Welt eröffnete: Die Wunder der Biochemie und der molekularen Biologie. Mir erschienen die Schritte im Stoffwechsel, die mit der Synthese und der Freisetzung von chemischer Energie durch Photosynthese und oxydierende Phosphorylierung zu tun hatten, absolut einzigartig. Ich konnte nicht genug davon bekommen, also musste ich Biochemiker werden.

Auf diesem Gebiet hatten wir verschiedene Vorlesungen über evolutionäre Biologie. Dieses Konzept war zwar interessant, aber ich konnte mich weder intellektuell noch emotional dafür erwärmen. Für mich war der Aufschluss der Geheimnisse über den Stoffwechsel wie das Öffnen des Lebensbuches. Damit dieses System arbeiten konnte, musste ein Schöpfer am Werk gewesen sein. Für mich war das nicht der Zufall, sondern die Hand Gottes.

Nachdem ich einen Abschluss in Chemie und Biochemie gemacht hatte, begann ich mich in Biosynthese, der Struktur und den Funktionen der Proteine zu spezialisieren. Ich arbeitete in einer Gruppe, in der wir die Aminosäuresequenzen von Myoglobin und Hämoglobin in einer Reihe von australischen Beuteltieren und Kloakentieren ausfindig machten. Das Ziel war, die stammesgeschichtliche Verwandtschaft dieser einmaligen Tiere herauszufinden. Beuteltiere haben Taschen für die Jungen. Zu ihnen gehören auch die Känguruhs. Kloakentiere hingegen legen Eier. Zu ihnen gehören der Ameisenigel und das Schnabeltier. Ihre speziellen Eigenheiten machen sie für den Taxonomisten besonders interessant. Weil das Schnabeltier Eier legt, einen Schnabel wie eine Ente hat, Füsse mit Schwimmhäuten besitzt und einen pelzbesetzten Schwanz, ist es nicht verwunderlich, dass einige Leute glaubten, es sei eine Zwischenform in der Evolution der Tiere.

Man hat herausgefunden, dass die Aminosäuresequenz von Myoglobin und Hämoglobin bei den unterschiedlichen Arten der Känguruhs, Ameisenigel und Schnabeltiere verschieden sind. Die Informationen in den Sequenzen konnten gebraucht werden, um die stammesgeschichtlichen Zusammenhänge dieser Tiere herauszufinden. Das wurde dann mit der Ausbreitung der Tiere im Zusammenhang mit der Kontinentaldrift und der Evolutionsgeschichte verknüpft. Die Ergebnisse waren zwar sehr interessant, aber das Aufregendste in dieser Arbeit war für mich die Möglichkeit, nun die molekulare Architektur jeder Art von Hämoglobin mit den einzigartigen physiologischen Anforderungen dieser Tiere in Beziehung zu bringen.

Mit anderen Worten: in einer Studie über die Beziehungen zwischen der Struktur und Funktion von Hämoglobin bei verschiedenen Arten von Beuteltieren und Kloakentieren fand ich es sinnvoll, die Hämoglobinstruktur mit den einmaligen physiologischen Anforderungen jeder Art in Beziehung zu bringen. Eine Beutelmaus hat einen rascheren Stoffwechsel als ein grosses Känguruh, also mussten die kleinen Beuteltiere ein Hämoglobin haben, dessen Struktur eine bessere Versorgung der Gewebe mit Sauerstoff erlaubte, als bei den grösseren Tieren. Ich fand, dass dies tatsächlich so war. Ich untersuchte auch die Verhältnisse von Hämoglobinstruktur und Sauerstofftransport bei den Ameisenigeln und den Schnabeltieren. Wiederum fand ich, dass die Sauerstoffversorgung des Schnabeltieres zum Tauchen besonders geeignet war, während sie bei den Ameisenigeln mit dem Graben von Höhlen zusammenpasste.

Man entdeckte, dass der Schnabel des Schnabeltieres mit einem unglaublich empfindlichen Elektro-Sensor ausgerüstet ist, der imstande ist, die Muskelbewegungen von kleinen Beutetieren auszumachen. Dazu zählen auch die Larven der Libelle und der Eintagsfliege. Das ermöglicht es dem Schnabeltier, seine Nahrung auch im trüben Wasser zu finden, in dem es lebt. Diese Zusammenhänge zeigen mir, dass jedes Tier in seiner Art einzigartig geschaffen wurde, um in seine spezielle Umgebung hinein zu passen. Ich kann nicht anders, als die Komplexität der Schöpfung einem Schöpfer, statt einer zufälligen Evolutionskraft zuzuschreiben.

Das Argument, dass geschaffene Dinge in der Natur einen Beweis für die Existenz eines Schöpfers darstellen, ist nicht neu. William Paley hat dieses Argument schon 1860 in seiner «Natürlichen Theologie» gebraucht. Allerdings war es ihm noch nicht möglich, sich auf die Erkenntnisse der modernen Biologie abzustützen. Seine Argumente waren teilweise noch auf nicht-wissenschaftlichen Ansichten aufgebaut, aber das ist nichts Neues. Die meisten Menschen treffen die wichtigste Entscheidung ihres Lebens nicht auf Grund wissenschaftlicher Ansichten. Heute, wo wir über die einmalige Architektur der molekularen Systeme, die das Leben bilden, nachdenken, bin ich sicher, dass ich nicht der letzte Mensch bin, der zur Überzeugung kommt: «Es muss einen Architekten geben.»

Ich habe meine ersten Erlebnisse in der Erforschung der Proteinstrukturen und -funktionen als Vorrecht aufgefasst. Nicht nur, weil sie mir eine wunderbare Einsicht in die molekularen Strukturen und Funktionen gegeben hat, sondern auch, weil sie mir die Einsicht ermöglichte, die nachfolgenden Fortschritte in der Biochemie und molekularen Biologie bewerten zu können. Heute kann ich die Komplexität der molekularen Steuerungsmechanismen im Stoffwechsel und im Immunsystem des Körpers besser als je zuvor einschätzen.

Die einstündige Vorlesung in meinem ersten Universitätsjahr über Glukoseabbau und dem Zitronensäurezyklus, die mein Interesse an der Biochemie geweckt hatten, könnte heute erweitert werden, so dass sie viele Bücher füllen würde. Ich kann mir nicht vorstellen, wie solche Systeme sich je zufällig entwickeln konnten. Es muss einen intelligenten Schöpfer geben und dieser ist mein persönlicher Gott.

▌ James S. Allan, Genetik

Dr. Allan war Genetik-Dozent an der University of Stellenbosch in Südafrika. Seine Ausbildung in Landwirtschaft erhielt er an der University of Natal und an der University of Stellenbosch. Den Doktor der Genetik erwarb er sich an der University of Edinburgh, Schottland. Gegenwärtig arbeitet er als internationaler Berater auf dem Gebiet der Zucht von Milchkühen.

Als Biologe auf dem Gebiet der Populations- und Quantitativen Genetik glaubte ich während 40 Jahren an die Evolutionstheorie. Während dieser Phase meines Lebens bildeten die langen Zeiträume der Evolutionstheorie keine Probleme für mich. Zufall (Gendrift) und natürliche Selektion als Folge von Genmutationen und/oder Umweltveränderungen schienen mir der logische Mechanismus für die angenommene adaptive Ausbreitung zu sein.

In meinen Forschungen kamen biometrische Methoden für die Analyse zur Anwendung. Ich wollte den Fortgang der genetischen Veränderungen voraussagen, und zwar durch die Anwendung der künstlichen Selektion variabler Intensität und basierend auf verschiedenen Arten und Mengen von Informationen. Die Genauigkeit der Vorhersage des Fortgangs der genetischen Veränderungen kann theoretisch berechnet werden. Die Resultate kann man in vielen Fällen empirisch kurzfristig überprüfen. Die Veränderungen in den genetischen Werten (und den zugehörigen phänotypischen Werten) von einer Generation zur nächsten entstehen auf Grund von Veränderungen der relativen Frequenzen der beteiligten Gene.

Weil ich die Evolution als Tatsache anerkannte, sah ich über all die Jahre keinen prinzipiellen Unterschied in den Veränderungen der relativen Genfrequenz zwischen kurzfristiger oder langfristiger natürlicher Selektion.

Für mich resultierten die verschiedenen Formen der Selektion in nur einem einfachen Prinzip der Veränderung der relativen Genfrequenz. Der Kern der Evolutionstheorie ist die Veränderung der relativen Genfrequenz als Resultat von Gendrift und der natürlichen Selektion als Antwort auf die Genmutationen und/oder die Umweltveränderungen.

Zu einem recht fortgeschrittenen Zeitpunkt meiner Laufbahn wurde ich Christ und begann die Bibel mit Hochachtung zu lesen. In dieser Zeit war meine Aufmerksamkeit vor allem auf das Neue Testament gerichtet. Weil es mein wichtigstes Anliegen war, mehr von Christus als meinem Retter zu erfahren, blieb die Evolutionstheorie unangefochten. Diese Thematik war für mich nicht von grosser Bedeutung.

Eines Tages, nachdem ich die Universalität der DNS als Beweis für die Evolution erklärt hatte, fragte mich meine Frau, die schon viel länger als ich Christin war, ob es für Gott einen Grund gegeben habe, auch andere genetische Systeme zu brauchen. Es war nur eine einfache Frage, aber sie regte mich dazu an, viele weitere Fragen zu stellen.

Gab es für Gott einen Grund, auf der Basis von ABC...PQR...und XYZ Lebensformen zu schaffen, so wie mit der DNS? Wenn das so wäre, hätte es meinen Glauben an die Evolution beeinflusst, oder hätte ich es als eine Anzahl von unabhängigen Ursprüngen des Lebens interpretiert?

Warum sollte Gott nicht alle Formen des Lebens als «Variationen des Themas» geschaffen und so die beobachtete Ordnung der genetischen und phänotypischen Ähnlichkeiten gemacht haben, wie wir sie in der taxonomischen Klassifikation vorfinden?

Verwandte haben die Tendenz, in körperlichen, funktionellen und verhaltensmässigen Eigenschaften einander ähnlich zu sein. Das ist für die Wissenschaft der Genetik ein grundlegendes Phänomen. Diese Ähnlichkeit entsteht auf Grund der gemeinsamen Gene, die in einer Population sind, die sich vermehrt. Je näher die Verwandtschaft, umso grösser ist die Anzahl gemeinsamer Gene und daher auch der grössere Ähnlichkeitsgrad. Die Evolutionstheorie nimmt an, dass alle Lebensformen von einer einzigen abstammen. Daher sind die Arten, Gattungen, Familien, Ordnungen usw. genetisch miteinander verwandt. Alle haben einige Gene mit ähnlicher Struktur und Funktion. Bedeutet das auch, dass sie wie innerhalb einer Art genetisch verwandt sind? Und darf man auch annehmen, dass alle Lebensformen von einer einzigen abstammen? Gab es für Gott irgend einen Grund, die verschiedenen Arten, Gattungen usw. in ganz verschiedener Weise zu erschaffen und mit total anderen Genen?

Ich sah mich genötigt, Fragen über die evolutionistischen Annahmen zu stellen, die mehr wissenschaftlicher Natur waren. Ich erwähne hier zwei Aspekte, die sich aus diesen Fragen in Bezug auf die Evolution des Menschen ergeben haben:

1. Cytochrom-c ist ein Eiweiss und ein Genprodukt. Es funktioniert als Schlüsselenzym in Oxidationsreaktionen und scheint in praktisch allen Lebewesen vorzukommen. Es gibt 22 verschiedene Aminosäuren. Cytochrom-c besteht aus einer Kette von 112 Aminosäuren von denen 19 in allen untersuchten Organismen genau dieselbe Reihenfolge haben. Die Unterschiede der Identität und Position in den restlichen 93 Aminosäuren führt man auf Mutationen

zurück, die im Lauf der Evolution vorgekommen sein sollen. Die Konstitution der Aminosäuren im menschlichen Cytochrom-c unterscheidet sich von derjenigen von vielen, aber nicht von allen andern Arten. Zwischen dem Menschen und dem Schimpansen gibt es keine Unterschiede im Cytochrom-c, und nur eine kleine Differenz zwischen dem menschlichen Cytochrom-c und dem der Rhesusaffen (die Aminosäure Isoleucin besetzt Position 66 anstelle von Threonin). Die Anzahl der Unterschiede im Cytochrom-c zwischen verschiedenen Arten und dem Menschen sind folgende: Kuh, Schwein, Schaf: 10; Pferd: 12; Huhn und Truthahn: 13; Klapperschlange: 14; Hundsfisch: 23; Fliege: 25; Weizen: 35; Hefe: 44; usw.[1] Auf Grund solcher Informationen werden Stammbäume konstruiert, welche die angenommene genetische Verwandtschaft zeigen sollen. Dies wird als Beweis für die Evolution auf der molekularen Ebene präsentiert. Unter anderem wird daraus gefolgert, dass der Mensch und der Schimpanse einen relativ jungen gemeinsamen Ahnen haben. Wenn das stimmt, liefert uns dann die Konstitution von Cytochrom-c tatsächlich einen gültigen Beweis für Evolution?

Der Umstand, dass Cytochrom-c eine feste Zahl von 112 Aminosäuren besitzt, weist auf die Wichtigkeit der dreidimensionalen Struktur dieses Moleküls hin; es gibt also in Bezug auf die totale Zahl von Aminosäuren einen strukturellen Zwang. Anderseits sind nur 19 von 112 Positionen in allen getesteten Lebewesen identisch. Weil die Identität und Position der restlichen 93 Aminosäuren unterschiedlich ist, ausser zum Beispiel beim Menschen und Schimpansen, ist es vernünftig, den Schluss zu ziehen, dass es keine funktionellen Einschränkungen für die Substitution dieser 93 Aminosäuren gibt.

Abgesehen davon, dass ein einziges Gen die Konstitution von Cytochrom-c bestimmt, gibt es zwischen dem Menschen und Schimpansen Tausende von unterschiedlichen Genen. Als konservative Schätzung nehmen wir an, es seien 5000. Was die Evolutionstheorie nun sagt, ist folgendes: Während sich Menschen und Schimpansen unabhängig voneinander von einem gemeinsamen Vorfahren her entwickelten, ist zwischen ihnen ein Unterschied von 5000 Genen entstanden. Aber gleichzeitig veränderte sich keine der 93 Aminosäuren, die im Cytochrom-c Gen spezifiziert sind, und es tritt keine funktionale Einschränkung beim Verändern irgend einer dieser Aminosäuren auf. – Für mich ist das ein inakzeptabler Anspruch.

Gemäss Weaver und Hedrick[2] ist der Grund für die fehlende Veränderung der Konstitution des Cytochrom-c zwischen Menschen und Schimpansen die sehr langsame $(0,3 \times 10^{-9})$ Substitutionsrate der Aminosäuren. Wie wird diese Rate ermittelt? Sie wird auf Grund der Zeit geschätzt, die man annimmt, seit sich die beiden Arten getrennt haben. Das heisst, der Anspruch wird als bewiesen erachtet auf Grund der Annahme, dass er wahr sei. Muss ich diese Art von Argument akzeptieren? Gibt es irgendeinen Grund, dass Gott sie nicht mit praktisch derselben Form, wie wir sie heute vor uns haben, erschaffen konnte?

2. Die Theorie von der Evolution des Menschen nimmt an, dass er vom selben Vorfahr abstamme wie der Schimpanse. Das bedeutet, dass es während mehreren Millionen Jahren viele Mutationen, Gendrift und natürliche Selektion gegeben haben muss, bevor der «moderne Mensch» in Erscheinung treten konnte. Wenn ich die Mutationsraten in Betracht ziehe, dazu die Kosten der Substitution für jedes neu mutierte Gen in einer Population, und das in Beziehung zur Anzahl der «genetisch Toten» setze, die angenommene Zahl der mutierten Genunterschiede zwischen den evolutionären Stufen, und die Populationsgrösse, die nötig ist, um eine so grosse Zahl von zusammenhängenden Mutationen zu ermöglichen, so finde ich, dass hier wichtige Beweise für die «Evolution des Menschen» fehlen. Meine Begründung ist folgende:

Haldane[3] hat diese Art von Informationen behandelt und ist zur Überzeugung gekommen, dass die Anzahl der genetisch Toten, die nötig sind, um durch die natürliche Selektion die Substitution eines Gens sicherzustellen, sich in der Gegend der 30-fachen Anzahl Individuen einer Generation bewegt.[4] Auf Grund dieser Zahl können die Kosten für die Substitution von 5000 zusammenhängenden, unabhängig mutierten Genen in einer konstanten Population berechnet werden. Auf der Basis einer durchschnittlichen Mutationsrate von 10^{-6} müsste die Grösse der Population mindestens in der Grössenordnung von einer Million sein. Das ergibt etwa 150 Milliarden Vorfahren für den «modernen Menschen». Diese Vorfahren werden oft durch kleine Gruppen von Jägern dargestellt, die in Höhlen wohnten und die man Australopithecinen nennt. Sie sollen sich in der afrikanischen Savanne aufgehalten haben. Warum gibt es für die Existenz einer derart riesigen Zahl von Australopithecus-ähnlichen Vormenschen so wenig fossile Beweise, Werkzeuge oder was auch immer?

Man kann natürlich einwenden, dass diese riesige Zahl von Individuen sich über Millionen von Jahren verteilte. Aber wenn ich nicht nur an die fehlenden Beweise denke, sondern auch an die Realität der Populationsgrösse, habe ich noch mehr Schwierigkeiten.

An der 23. Bevölkerungs-Konferenz in Peking 1997 wurde geschätzt, dass die ganze Erdbevölkerung im selben Jahr auf etwa 6 Milliarden angewachsen ist. Das zeigte einen bemerkenswerten Zuwachs über die vergangenen 200 Jahre. Schätzungen der Bevölkerungszahl bis zurück zum Jahr 1500 und die Vorhersage für das Jahr 2080 zeigt die folgende Tabelle:

Jahr	1500	1650	1800	1900	1950	1997	2080
Millionen	300	550	1000	1700	2500	6000	10'000

Eine Extrapolation in die weitere Vergangenheit ergibt folgende Zahlen:

Jahr	-2000	-1000	0	1000
Millionen	1	50	100	250

Diese Zahlen stimmen sehr gut mit denen überein, die wir erwarten, wenn wir von der biblischen Flut ausgehen, die im Jahr 2344 vor Christus stattgefunden haben könnte. Die Annahme von Tausenden von Millionen Vormenschen ist sowohl physisch als auch biblisch unrealistisch.

Schöpfung in sechs Tagen

Ich muss zugeben, dass mir die sechs Schöpfungstage etwelche Schwierigkeiten bereiteten. Die offensichtliche Logik der Schlüsse auf Grund der Beobachtungen und Messungen in verschiedenen Gebieten führte mich dazu, das Wenige, was ich von der Bibel wusste, zu bezweifeln. Das ging so weit, dass ich schliesslich mit einem alternativen Konzept der Zeit einverstanden war. Aber Gott sagt nicht Äonen oder Jahre oder Monate oder Wochen – er sagt: Tage. Und unter Tagen verstehen wir normalerweise Perioden von 24-Stunden.

Dann realisierte ich, dass – wenn Gott von einer Milliarde Jahre hätte sprechen wollen, statt von sechs Tagen – er das auch hätte tun können. Er hätte es sehr einfach sagen können, so wie er zu Abraham sagte: «Ich will deine Nachkommenschaft so zahlreich werden lassen wie den Staub der Erde, so dass, wenn jemand den Staub der Erde zu zählen vermöchte, auch deine Nachkommenschaft zählbar sein sollte» (1. Mose 13,16). – Es hätte sehr eindrücklich tönen können – aber er sagte «sechs Tage». Hat er das so formuliert, weil es bedeutungslos ist?

Heute glaube ich, dass Gott auch buchstäblich meint, was er in der Bibel offenbarte. Es gibt keinen Grund für Symbolik. Das Wort «Tag» wird oft gebraucht, und zwar mit der klaren Bedeutung einer 24-Stunden Periode. Eine andere Interpretation wäre meines Erachtens eine unglaubliche Herausforderung unserer Vorstellungskraft (siehe auch Jer. 33,20).

Es ist auch klar, dass jemand, der an die Evolutionstheorie glauben will, eine ganze Anzahl von Bibelstellen, inbegriffen einige Aussprüche von Jesus (Matth. 19,4; 23,35; 25,34; Mk. 13,19; Joh. 5,46–47) abwerten muss. Wem sollen wir glauben, Gott oder den Menschen? Ich glaube, dass Gott uns die Antwort gibt, wenn er sagt: «Sagt euch doch los vom Menschen, in dessen Nase nur ein Hauch ist! Denn als was ist der zu achten?»

Referenzen:

1 Angaben von C.J. Avers, Genetics, PWS Publishers, Massachusetts, 1980, Fig. 16.12.

2 R.F. Weaver and P.W. Hedrick, Genetics, Wm. C. Brown Publihers, Dubuque, 1989.

3 J.B.S. Haldane, The Cost of Natural Selection, J. Genet, 1957, 55:511–24.

4 Siehe auch J.F. Crow and M. Kimura, An Introduction to Population Genetics Theory. Harper and Row Publihers, New York, 1970, Section 5.12.

▌George Javor, Biochemie

Dr. Javor ist Professor für Biochemie an der School of Medicine an der Loma Linda University in den USA. Er studierte Chemie an der Brown University (Providence, Rhode Island). Den Doktortitel für Biochemie erhielt er von der Columbia University, New York. Er absolvierte weitere Studien an der Rockefeller University, New York. Dr. Javor hat über 40 Fachartikel veröffentlicht, dazu Zusammenfassungen auf dem Gebiet der Biochemie und eine ähnliche Zahl von Artikeln zum Thema «Wissenschaft und Bibel».

Ich bin aktiver Wissenschaftler und glaube an die Sechs-Tage-Schöpfung. Man kann mit einiger Sicherheit sagen, dass die Mehrzahl der heute lebenden Wissenschaftler die Wahrheit der Schöpfungsgeschichte, wie sie in 1. Mose 1 und 2 dargestellt ist, nicht anerkennt. Der Grund dafür ist nicht schwer zu erraten. Wir haben keine Anhaltspunkte dafür, dass der Schreiber der Bücher Mose etwas von Schwerkraft, Atomen, Neutronen, Protonen und Elektronen, der Masse der Erde oder von den Dimensionen des Sonnensystems gewusst hat. Mit anderen Worten: Aus moderner Perspektive ist die Schöpfungsgeschichte von wissenschaftlich Unwissenden geschrieben worden.

Lasst uns die Welt aus unserer modernen Perspektive betrachten und uns fragen, ob die Annahme gerechtfertigt ist, dass sie in sechs Tagen zustande kam. Wir wissen heute, dass diese Welt unglaublich komplex ist. Ihre unbelebten Bestandteile, die gigantische Landmasse, das Wasser und die Luft befinden sich in einem ständigen Fluss, und wir können über ihre Dynamik immer noch mehr lernen. Dies wird schmerzlich klar, wenn wir feststellen, wie ungenügend unsere Vorhersagen für das Wetter, die Wirbelstürme und die Erdbeben sind.

Wir beobachten, dass die Quellen in den Bergen zu Flüssen führen, die in Seen und Ozeane hinein fliessen. Die Wasser der Ozeane kehren dann über den Regen, den Schnee und im Untergrund wieder in die Berge zurück. Der Kreislauf des Wassers badet die Erdoberfläche und ist für die Existenz des Lebens unverzichtbar. Ebenso verhält es sich in der Biosphäre mit den Kreisläufen der Elemente Kohlenstoff, Stickstoff und Schwefel.

Das Kreislauf-Thema finden wir überall: Von der Bewegung der Elektronen um den Atomkern bis zur Rotation der Erde um die Sonne. Kreisläufe haben weder einen Anfang noch ein Ende. Damit sie entstehen können, muss jemand die Kräfte, die dafür verantwortlich sind, aufeinander abstimmen, und wenn mehrere Schritte nötig sind, um den Kreislauf herzustellen, müssen alle Teile, die der Kreislauf braucht, gleichzeitig am richtigen Ort sein. Kreisläufe sprechen daher von Organisation, Schöpfung, schneller Implementation und einem Schöpfer.

Die Komplexität der belebten Welt ist um Grössenordnungen höher als die der unbelebten Welt. Die Erde ist mit einer Unzahl von verschiedenen Lebensformen übersät. Mit Ausnahme von einigen Mikroorganismen beziehen alle Lebensformen ihre Energie direkt oder indirekt vom Sonnenlicht. Die Pflanzen fangen das Sonnenlicht mit ihren grünen Solarzellen und packen es in chemische Formen, wie beispielsweise Kohlenhydrate (Zucker). Diese Zucker werden zu den Energielieferanten für alle von der Photosynthese abhängigen Organismen.

Trotz den photosynthetischen Einrichtungen sind die Pflanzen nicht ganz unabhängig. Denn ohne Bodenbakterien, die den Stickstoff der Luft in brauchbare Nitrate umwandeln, können die Pflanzen nicht wachsen. Die Existenz der Pflanzen ist vollständig von Stickstoff-fixierenden Bakterien abhängig. Andere Bodenorganismen bauen tote organische Materie ab und machen die wertvollen Elemente Kohlenstoff, Stickstoff, Schwefel und Phosphor wieder verwendbar. Die Photosynthese macht Sauerstoff für alle nicht-bakteriellen Organismen zugänglich. Diesen Sauerstoff brauchen die Organismen, um die Kohlenhydrate zu verbrennen. Das wird so sorgfältig gemacht, dass die Sonnenenergie nicht als Wärme verloren geht, sondern in Form von universaler «Energie-Währung», nämlich dem Adenosin-Triphosphat oder ATP, gespeichert werden kann. Eines der Produkte dieser langsamen Verbrennung – Kohlensäure – geht nicht verloren, sondern wird von den Pflanzen zum Wachstum verwendet. Durch diese Einrichtungen ist jeder lebende Organismus mit einem riesigen Sonnenenergie-Verbraucher-Netzwerk verbunden.

Was hier vor uns liegt, ist eine lückenlose Integration der Rotation der Erde um die Sonne mit dem Leben auf unserem Planeten. Ist es zu weit hergeholt, wenn man annimmt, dass der Schöpfer von Sonne und Erde auch der Ingenieur ist, der die Organismen machte, die mit Hilfe von Sonnenenergie leben?

Neue Fortschritte in der Biologie erlauben es, zu fragen, ob wir immer noch annehmen sollen, dass sich lebende Organismen aus einer Mischung von organischen Chemikalien auf einer «Urerde» entwickelten. Zur Zeit, als die ersten Ideen zu dieser modernen Theorie auftauchten, es war um das Jahr 1920, wusste man noch so wenig über die biochemischen Realitäten, welche die lebenden Organismen unterstützen, dass diese Vorschläge logisch schienen. Aber heute wissen wir, dass sogar in den einfachsten lebenden Zellen (in nicht-parasitischen Bakterien) Tausende von komplexen strukturellen und katalytischen Proteinen, eine Reihe von Nukleinsäuren und hunderte von kleinen Biomolekülen enthalten sind; und das alles in einem stabil-dynamischen Ungleichgewichtszustand.

Innerhalb der lebenden Zellen sehen wir zahlreiche Reaktionsketten (Wege), die miteinander verbunden sind und ununterbrochen arbeiten. Dank ständiger Lieferung des Ausgangsmaterials und dem anschliessenden Verbrauch des Endproduktes ist ihre andauernde Aktivität möglich. Die Wiederverwendung des Abfalls durch biosynthetische Vorläufer vervollständigt den Kreislauf der Materialien durch die lebenden Systeme.

Wenn innerhalb dieser komplexen Serie von chemischen Veränderungen ein Teil fehlt, sind Fehlfunktionen oder sogar der Tod der Zelle die Folge. Ist es daher nicht gerechtfertigt, anzunehmen, dass schon in der allerersten Zelle bereits alle ihre Komponenten funktionsfähig vorhanden sein mussten? Wenn das so ist, mussten die lebenden Zellen schnell gebildet worden sein.

Dieselbe Überlegung kann man sich für alle Komponenten von ökologischen Systemen machen, in denen gegenseitige Unterstützung und Abhängigkeiten existieren. Es ist vernünftig, sich vorzustellen, dass diese Komponenten gleichzeitig geschaffen wurden. (Dieses Bild wird zwar durch die Raubtiere und Schmarotzer getrübt, doch sie hatten wahrscheinlich keinen Anteil an der ursprünglichen Schöpfung.)

Wenn wir jeden einzelnen Aspekt unserer materiellen Welt kennen würden, sowohl von der unbelebten als auch von der belebten, könnten wir die Zahl der Erfindungen berechnen, welche in ihnen enthalten sind. Wenn wir sagen, dass unsere Welt von einem Schöpfer gemacht wurde, heisst das auch, dass wir die Existenz eines Geistes voraussetzen, der nicht nur die Natur erdachte, sondern auch alles ins Dasein rief. Die Grösse eines solchen Gottes kann man sich nicht ausmalen.

Wenn wir uns nicht vorstellen können, wie eine Welt wie die unsrige in sechs Tagen geschaffen werden konnte, sollten wir uns fragen, wie überhaupt eine solche Welt gemacht werden konnte. Wir müssen zugeben, dass wir es einfach nicht wissen. Der Unterschied zwischen einem an den Schöpfergott Glaubenden des späten 20. Jahrhunderts und einem, der zur Zeit Mose im Jahr 1500 vor Christus gelebt hat, liegt darin, dass wir heute eine bessere Perspektive von Gottes Grösse haben.

Für den Glaubenden, der zugleich Wissenschaftler ist, ergeben die Worte der Bibel einen wunderbaren Sinn: «Denn in sechs Tagen hat der Herr den Himmel und die Erde geschaffen, das Meer und alles, was in ihnen ist» (2. Mose 20,11).

▌Dwain L. Ford, Organische Chemie

Dwain L. Ford ist emeritierter Professor der Chemie an der Andrews University, Michigan. Er studierte Chemie an der Andrews University und promovierte an der Clark University, Worcester (Massachusetts, USA) in Chemie. Während seiner über 30-jährigen Tätigkeit an der Andrews University diente er in verschiedenen Positionen, u.a. als Vorsitzender der Abteilung für Chemie und als Dekan der Kunst- und Wissenschaftsabteilung. Er erhielt fünf Auszeichnungen für hervorragenden Unterricht, sowie drei Auszeichnungen der National Science Foundation.

––––––––––––

Als Knabe wuchs ich auf einer Farm in Minnesota auf. In der Kirche wie zu Hause lernte ich die biblischen Geschichten schätzen. Trotz einer milden Form von Dyslexie (Lesestörung) las ich die Bibel und hatte sie am Ende der Elementarschule vollständig durchgelesen. Mein Glaube an Gott wurde durch viele beantwortete Gebete gestärkt.

Als ich 1958 in die höhere Schule eintrat, um in Chemie zu doktorieren, wurde mein Glaube durch meinen wichtigsten Professor ernsthaft in Frage gestellt. Ich fragte mich, ob ich während meines ganzen Lebens im Irrtum gewesen sei und ob mein Professor recht hatte. Er schien von seinen Ideen sehr überzeugt zu sein und wollte, dass ich eine Forschungsarbeit zur Entwicklung seiner Theorie der biochemischen Evolution machen sollte. Weil ich seiner Theorie skeptisch gegenüberstand, verlangte er, dass ich jede wichtige Erkenntnis, die von anderen Studenten neben mir im Laboratorium gemacht wurden, zur Kenntnis nehmen müsste.

Als Wissenschaftler und Christ muss ich überall, wo keine experimentellen Beweise vorhanden sind, die vorhandenen Argumente von beiden Seiten, der Wissenschaft und der Bibel, gegeneinander abwägen. Nachdem ich beide Seiten während 40 Jahren überprüft habe, ist mein Glaube an Gott als den Schöpfer geblieben. Das möchte ich folgendermassen begründen:

Die chemische Evolution basiert auf der zufälligen Aktivität von Molekülen. Sie ist nicht imstande, die Proteine zu liefern, die auch nur der einfachste bekannte frei lebende Organismus, nämlich *Mycoplasma genitalium*, braucht. Diese Bakterie hat ein Chromosom, eine Zellmembran, aber keine

Zellwand und hat das kleinste Genom von allen bekannten, selbst-reproduzierenden Organismen. Sie hat 470 Gene, welche aus durchschnittlich 1040 Basenpaaren zusammengesetzt sind. Das bedeutet, dass ein durchschnittlich grosses Protein, welches durch diese Gene codiert wird, 347 Aminosäuren enthält. Die Wahrscheinlichkeit, dass sich durch Zufall ein solches Protein bildet, dessen Aminosäuresequenz in einer vorgegebenen Art sein muss, ist 1 zu 10^{451}. Wenn die ganze Erde aus reinem Kohlenstoff gemacht wäre, würde sie «nur» 10^{50} Kohlenatome enthalten. Es wären aber mehr als 10^{451} Kohlenatome nötig, um genügend Aminosäuren zu machen, damit daraus per Zufall ein Protein mit einer vorgeschriebenen Sequenz entsteht. Mit anderen Worten, die Kohlenstoffmenge müsste etwa 10^{401} mal die Grösse der Erde sein, um ein einziges der vorgeschriebenen Proteine zu formen. Als man realisierte, dass die zufällige Entstehung von brauchbaren Proteinen extrem gering war, haben einige vorgeschlagen, dass zunächst eine DNS durch chemische Evolution entstanden sei, die dann zur Synthese des Proteins diente. Aber damit wird das Problem einfach von einer Seite auf die andere verschoben. Die zufällige Entstehung eines Gens, das 1040 Basenpaare enthält, womit ein spezielles Protein codiert wird, würde wahrscheinlich gleich viel oder mehr Kohlenstoff benötigen, wie die direkte Synthese eines Proteins durch einen Zufallsprozess.

Mit einem so grossen Problem, um auch nur ein einziges Gen zu formen, kann man sich nicht vorstellen, wie die zufällige Entstehung von 470 spezifischen Genen möglich sein soll. Denn so viele sind in der Bakterie M. genitalium enthalten, deren Chromosom aus 580'070 Basenpaaren besteht. Michael Behe braucht in seinem Buch «Darwin's Black Box» den Ausdruck «nicht reduzierbar komplexes System» für Situationen, in denen alle Bedingungen gleichzeitig erfüllt sein müssen, damit ein Organismus überleben kann.

Trotz der Begeisterung, die in den Jahren 1950 und 1960 durch die Forschungsresultate, basierend auf der Theorie der chemischen Evolution, aufkam, ergibt das heutige Endresultat ein klareres Bild über die Grösse des Problems der Entstehung der Proteine, der DNS und des Lebens. Man hat immer noch keine Lösung gefunden. Die einzige Methode, die in der Natur effizient Proteine produziert, benötigt DNS, mRNA und tRNA. Diese wirken mit Proteinen, wie RNA Polymerase, tRNA Synthetase und Ribosomen zusammen. Es ist daher naheliegend, die Möglichkeit in Betracht zu ziehen, dass sie alle gleichzeitig von einer intelligenten Instanz gemacht worden sind.

Es besteht zwar Übereinstimmung darin, dass es geringe genetische Veränderungen gibt, die man als Mikroevolution bezeichnet. Aber es gibt keine harten Beweise für die Entstehung irgend einer neuen Art durch Makroevolution.

In der Natur sind Beispiele für intelligente Planung weit verbreitet. Unter anderem folgende:

a) Der Rotationsmotor für die Geissel einiger Bakterien
b) Der Mechanismus der Blutgerinnung
c) Der hohe Organisationsgrad innerhalb eine typischen Zelle
d) Die Zellteilung und ihre Steuerung
e) Das System zur Synthese der Proteine
f) Das menschliche Auge
g) Die Atmungskette, aufgebaut auf der hoch organisierten Mitochondrie
h) Der biosynthetische Weg, in dem Acetyl CoA die Schlüsselsubstanz ist

Acetyl CoA wird primär von Fettsäuren und Glukose abgeleitet und kann bei der Umwandlung von überschüssigem Kohlenwasserstoff in Fett als Zwischenglied dienen. Die Oxydation von Acetyl CoA im Zitronensäure-Zyklus ergibt durch ein Elektronentransportsystem eine Speicherung von Energie in Form von ATP. Letzteres wird für chemische Synthese oder bei der Kontraktion von Muskeln gebraucht. Das Acetyl CoA dient auch als Ausgangsmaterial für die Synthese einer Reihe von Produkten, wie Naturkautschuk, Duftstoffe der Blumen, Rosenöl, Menthol, Ingweröl, Sellerieöl, Knoblauchöl, Karotin, Vitamine A, D, E und K, alle Steroide wie Cholesterol, die weiblichen Hormone Progesteron und Östradiol, das männliche Hormon Testosteron usw. Dies ist nur ein kleiner Teil aus der grossen Vielfalt von natürlichen Produkten, die auf Acetyl CoA zurückzuführen sind.

Warum produziert der Mensch in seinem Körper keinen Naturkautschuk, aber dafür etwa 50 verschiedene Steroide? Die Produkte dieses sorgfältig regulierten Weges werden durch spezifische Enzyme in der betreffenden Art bestimmt, wie sie zu der Zeit vorhanden sind. Zu anderer Zeit können bei der selben Art andere Produkte auf dem selben Weg entstehen. Das heikle Gleichgewicht, das auf diesem Weg existiert, kann mit der Produktion des weiblichen Hormons Östradiol illustriert werden, das bei den Frauen aus dem männlichen Hormon Testosteron entsteht, welches sie auch produzieren. Das gibt keine Probleme, solange eine Frau keinen Nebennierenkrebs entwickelt. Dieser kann zu einer verstärkten Produktion von Testosteron und anderen Steroiden führen. Das erste Symptom, das bei Frauen mit Nebennierenkrebs beobachtet wird, ist, dass sie sich plötzlich alle Tage rasieren muss und dass ihre Stimme tief wird, weil ihr Körper mehr Testosteron produziert, als er in Östradiol umwandeln kann.

Es ist sehr unwahrscheinlich, dass ein so komplizierter Weg wie dieser, mit all den damit verbundenen Prozessen und den nötigen Enzymen ohne einen intelligenten Schöpfer und rein aus Zufall entstehen konnte. Ich sehe kein überzeugendes Argument, das auf chemischer Evolution oder Darwin'scher Evolution beruht, welches mir Evolution glaubhafter machen kann als Schöpfung.

Genau so wie die wissenschaftlichen Theorien auf Interpretationen von Daten basieren, die man durch Beobachtungen in der Natur gewonnen hat und nie absolut bewiesen werden können, kann ich die Wahrheit der biblischen Schöpfungsgeschichte nie beweisen. Ich war kein Augenzeuge, aber als Christ kann ich durch Glauben die Zeugnisse der Augenzeugen prüfen. Wer war ein Augenzeuge der Schöpfungsereignisse? Gott (1. Mose 1,2), der Heilige Geist oder der Geist Gottes (1. Mose 1,2), Jesus Christus, das Wort (Joh. 1,1–14).

Beim Schreiben der Bibel waren die Schreiber von Gott (Augenzeuge) inspiriert und vom Heiligen Geist (Augenzeuge) bewegt. In Gottes täglichem Bericht vom Fortschritt während der Schöpfungswoche heisst es, dass es «gut» oder «sehr gut» war. Christus (Augenzeuge), der Schöpfer aller Dinge, bestätigt den Schöpfungsbericht, indem er daraus zitiert und andere tadelt, weil sie nicht daran glauben. Gott schrieb auf einer steinerne Tafel, dass er die Erde in sechs Tagen schuf (2. Mose 24,12, 2. Mose 20,11). Zweimal sagt Moses den Israeliten dasselbe als Tatsache ... und ich glaube ihm.

▌Angela Meyer, Gartenbauwissenschaft

Dr. Meyer war Forscherin im Hort Research, Mt. Albert Research Centre in Neuseeland. Sie studierte Botanik an der University of Auckland (Abschluss mit Auszeichnung) und doktorierte in Gartenbauwissenschaft an der University of Sydney. Angela
Meyer-Snowball hat elf wissenschaftliche Arbeiten auf dem Gebiet der jahreszeitli-
chen Einflüsse bei der Produktion von Früchten veröffentlicht. 1994 erhielt sie die
New Zealand Science and Technology Bronze-Medaille für ihre ausgezeichnete Forschungsarbeit über Kiwi-Früchte und für wissenschaftliche Verdienste.

Es gibt verschiedene Gründe für meinen Glauben an die biblische Schöpfungsgeschichte.

Zunächst glaube ich, dass die Bibel das Wort Gottes ist, genau und wahr in allem was sie sagt. Sie wurde auf den Gebieten der Geschichte, Archäologie und
erfüllter Prophetie überprüft und als wahr befunden. Wenn wir fortfahren, sie
auf dem Gebiet der Wissenschaft zu überprüfen, glaube ich, dass sie sich auch
dort als wahr erweisen wird. Nach meiner Überzeugung können wir den biblischen Bericht in Bezug auf die Entstehung des Lebens bejahen.

Zweitens glaube ich an den biblischen Schöpfungsbericht, weil er die beste
Erklärung für die Komplexität des Lebens bietet. Ich habe noch nie einen Beweis für Evolution gesehen. Alles, was ich in der Natur um mich herum sehe,
weist auf einen göttlichen Schöpfer hin.

In meinem eigenen Forschungsgebiet, der Beeinflussung der Blütezeit von
Nutzpflanzen, wird uns eine wunderbare Präzision demonstriert. Die internen
Prozesse, welche die Blütezeit in jeder Art beeinflussen, sind kompliziert, voneinander abhängig und so angelegt, dass für die individuelle Pflanze das Beste
herausschaut und zwar in Bezug auf Anzahl, Position und Qualität der Blüten
und dementsprechend auch der Früchte.

Die Grössen, wie Temperatur, Tageslänge, Lichteinfall und verschiedene
Hormone, welche auf verschiedene Art den Blühprozess beeinflussen, sind von
der Art, dem Pflanzenalter, der Position, den Wachstumsbedingungen und der
Jahreszeit abhängig. Wir Menschen verstehen das ganze System bei weitem
noch nicht – trotzdem versuchen wir, dieses zu verändern und im Pflanzenbau

zu unserem Vorteil zu maximieren. Das alles ist so kompliziert und voneinander abhängig, dass diese Systeme nicht nach und nach durch langsame Veränderungen zufällig entstehen konnten. Alle pflanzlichen Lebenssysteme mussten gleichzeitig vollständig und funktionsfähig sein – sie waren es am dritten Schöpfungstag. Dies ist auch für die Bestäubung und die Samenverteilung wichtig, denn viele Pflanzen benötigen dazu die Tiere, welche erst am fünften und sechsten Schöpfungstag geschaffen wurden. Ein tausendjähriger Unterbruch zwischen den Tagen hätte das Überleben vieler Pflanzen verunmöglicht.

Die ausserordentlichen Variationen der Formen, Farben und Muster der Blumen sind ein weiterer klarer Ausdruck eines göttlichen Künstlers. Ein Evolutionsprozess würde sehr wahrscheinlich ein viel begrenzteres, konservativeres und auf die Nützlichkeit ausgerichtetes Bild ergeben (sofern ein Evolutionsprozess überhaupt möglich ist).

Hier zeigt sich mir die Weisheit, Grösse und Macht unseres Schöpfer Gottes.

▌Stephen Grocott, Anorganische Chemie

Dr. Grocott ist Manager für Forschung und Entwicklung der Southern Pacific Petroleum. Er schloss sein Studium der Chemie mit Auszeichnung an der University of Western Australia ab. Dort doktorierte er auch in organometallischer Chemie. Stephen Grocott arbeitete während 17 Jahren auf dem Gebiet der Mineralbearbeitung. Er publizierte etwa 30 wissenschaftliche Forschungsberichte und hält vier Patente. Er wurde als Ehrenmitglied ins Royal Australian Chemical Institute gewählt.

Ich bin praktizierender Wissenschaftler. Warum glaube ich an die angeblich völlig unbewiesene, simple Schöpfungserzählung aus dem 1. Buch Mose? Warum riskiere ich die Kritik, Entfremdung und den Spott meiner Kollegen in der Industrie, der Universität und den Berufsorganisationen?

Die einzige Antwort auf diese Fragen ist: Ich bin ein Christ. Aber das wäre ein Thema für einen anderen Artikel. Lassen sie mich folgende Frage von einem rein wissenschaftlichen Standpunkt aus beantworten: Warum glaube ich als praktizierender Wissenschaftler an eine 6-Tage-Schöpfung, eine junge Erde und eine weltweite Flut, wie sie in der Bibel beschrieben werden? Ich bezeichne diese Ansicht als die Kreationistische und nenne die alternative Ansicht, die von den meisten Wissenschaftlern geteilt wird, die Evolutionistische.

Nun, bevor ich auf die gestellte Frage näher eingehe, will ich als Wissenschaftler sagen, dass ich mit der kreationistischen Sicht keine Probleme habe. Ich habe während meiner Arbeit auch niemanden getroffen, der wissenschaftliche Gegenargumente vorbringen konnte. Ausserdem diskutiere ich dieses Thema gern mit evolutions-gläubigen Wissenschaftlern. Warum? Weil es einige wenige gute Argumente gegen den kreationistischen Glauben gibt, hingegen eine Vielzahl gewichtiger Argumente gegen den Evolutionsglauben.

Doch wenden wir uns dem Thema zu. Es gibt so viele wissenschaftlich begründete Argumente für den Glauben an Schöpfung, dass ich hier nur solche aufzählen will, die mich intellektuell besonders ansprechen.

Was ist Wissenschaft?

Zuerst müssen wir definieren, was Wissenschaft ist. Es gibt viele Meinungen darüber, die meisten formulieren es etwa so: «Wenn etwas wissenschaftlich ist, kann man es beobachten und überprüfen (d.h. wiederholen).»

Es wird einige Leser, die keinen wissenschaftlichen Hintergrund haben, überraschen, dass ich behaupte, nur wenige Wissenschaftler wissen wirklich, was Wissenschaft ist. Nun, wenn Sie selbst ein Wissenschaftler sind, werden Sie wahrscheinlich die Wahrheit dieses scheinbar bedeutungslosen Satzes bejahen. Während meiner ersten Studienjahre und in der späteren Forschungsarbeit hat mir nie jemand gesagt, was Wissenschaft ist (es wird immer noch nicht gesagt!). Niemand erklärte mir, was es wirklich ist oder zeigte mir, wie sie funktioniert. Wenn Sie Wissenschaft studieren oder mit Wissenschaftlern zusammenarbeiten und mir nicht glauben, dann fragen Sie doch diese, was der Begriff «wissenschaftlich» bedeutet. Nach einer Pause können möglicherweise die meisten von ihnen keine bessere Antwort geben als: «Wissenschaftlich ist das, was die Wissenschaftler machen.»

Als Studienanfänger wurde ich dazu angeleitet, die Dinge im Gedächtnis zu behalten, ohne gross darüber nachzudenken. Natürlich wurden mir auch Werkzeuge gegeben, die mir das Denken ermöglichten, aber ich wurde nicht ausdrücklich zum Denken angeleitet. Später arbeitete ich als Forscher in einem eng begrenzten Gebiet (wie das bei allen Naturforschern ist), so dass die Weite der Frage «was ist die Definition von Wissenschaft?» für mich absolut bedeutungslos blieb. Nach dem Studienabschluss und in der Arbeit während 17 Jahren als Leiter anderer Wissenschaftler ist diese Frage auch nie aufgetaucht. Es schien auch, dass kein Grund vorhanden war, um diese Frage zu stellen. Ich will damit sagen, dass die meisten Wissenschaftler nicht bewusst wissen, was «wissenschaftlich» ist oder nicht ist, und zwar deshalb, weil diese Definition die Arbeit, die sie tun, ganz selten beeinflusst.

Warum sprechen wir denn davon? Der Grund dafür liegt darin, dass Schöpfung und Evolution ausserhalb der Wissenschaft liegen. Um das zu erkennen, muss man zuerst wissen, was Wissenschaft ist. Wie wir gesehen haben, wissen das viele Wissenschaftler nicht.

Weder Schöpfung noch Evolution sind gegenwärtig beobachtbar, überprüfbar oder wiederholbar. Man beachte: Wenn ich von Evolution spreche, dann rede ich von der Entstehung neuer genetischer Informationen (nicht nur von anders gruppierten), die zu immer grösserer Komplexität der genetischen Informationen führen. Ich meine damit auch die Entstehung von Leben aus unbelebten Chemikalien. Wenn ich von Evolution spreche, meine ich nicht die natürliche Selektion, welche bei den Arten zur Reduktion der genetischen Information führt. Die Kreationisten haben mit der natürlichen Selektion keine Schwierigkeit. Schliesslich praktizieren die Landwirte Selektion seit Jahrhunderten, indem sie durch Auswahl von bevorzugten Nachkommen Pflanzen und Tiere züchten. Jedenfalls wurde die Theorie der natürlichen Selektion schon lange, bevor Darwin die «Beagle» betreten hatte, von schöpfungsgläubigen Wissenschaftlern beschrieben.

Evolution braucht zunehmende Komplexität, also zunehmende Information. Nirgendwo können wir dies heute beobachten und niemand war damals dabei. Die Evolutionisten behaupten, die Entwicklung verlaufe zu langsam, um beobachtbar zu sein. Aber auch wenn das stimmen würde, wäre Evolution immer noch unwissenschaftlich, denn sie ist weder beobachtbar, noch überprüfbar. Ähnlich verhält es sich mit Schöpfung. Offensichtlich sehen wir heute nicht, wie sie geschah. Nur Gott war damals dabei und konnte sehen, wie es abgelaufen ist.

Zusammenfassung: Wenn beide, Schöpfung und Evolution ausserhalb der Wissenschaft sind, warum sollte ich dann als Wissenschaftler Probleme haben, wenn ich an Schöpfung glaube? Ich kann trotzdem noch wissenschaftlich bleiben. Das will nicht heissen, dass viele der Gesichtspunkte von Schöpfung und Evolution nicht wissenschaftlich bearbeitet werden können. Man kann es tun, aber man kann sie nicht beweisen. Als Wissenschaftler, der diese Sache gründlich studierte, bin ich über die wissenschaftlichen Begründungen der Schöpfungstheorie sehr befriedigt. Ich fühle mich dagegen unwohl bei den Glaubensaussagen, die von vielen meiner Kollegen, welche an Evolution glauben wollen, verlangt werden.

Der Ursprung des Lebens

Wenn man an Evolution glaubt, muss man auch eine Erklärung für den Ursprung des Lebens haben – für den allerersten Schritt. Ohne ihn hängt die Evolution am Nichts. Über dieses Thema habe ich viel gelesen. Die Tatsachen, die gegen einen spontanen Ursprung des Lebens auf der Erde sprechen, sind nach meiner Meinung überwältigend. Man kann Berechnungen über das chemische Gleichgewicht der Moleküle machen, die für das Leben wichtig sind. Diese Berechnungen zeigen, dass die Bildung der benötigten biochemischen Moleküle auch schon in winziger Konzentration sehr unwahrscheinlich ist. Dazu ist die «Montage» dieser Moleküle zu komplizierteren biochemischen Vorläufern, wie Proteine, Polysacharide, Nukleinsäuren oder Zellwände verschwindend klein, in Wirklichkeit statistisch «unmöglich». Das Herbeiziehen katalytischer Effekte durch Minerale, die Konzentration der Vorläufer durch das Verdunsten in

Tümpeln, das Verlegen der Vorgänge in den Untergrund, das sind vorstellbare Möglichkeiten. Solche Theorien werden erfunden, weil die Wissenschaftler von der Überzeugung ausgehen, dass sich das Leben aus dem Unbelebten entwickelt habe und dass daher in der Vergangenheit die leblosen Moleküle auch den Berg «Unmöglich» besteigen konnten.

Nehmen wir an, Sie könnten in Ihrer Zeitmaschine bis dorthin zurückgehen, wo gemäss der Evolutionstheorie noch kein Leben auf der Erde existierte. Nehmen wir ausserdem an, Sie hätten einen Ozean voll der organischen Vorläufer des Lebens mitgenommen. Was würde nun geschehen? Alle würden zu einfacheren Molekülen zerfallen und würden grösstenteils als lebose, gewöhnliche, anorganische Substanz enden. Nimm einen Frosch und lege ihn in einen sterilen Mixer. Lass den Mixer laufen. Giesse das Gemisch in ein steriles Gefäss, und schliesse es luftdicht ab. Warte so lang du willst! Es wird kein Leben entstehen, obwohl du mit der bestmöglichen Mischung von sogenannten Vorläufern des Lebens begonnen hast. Wiederhole dieses Experiment millionenfach – in der Sonne, im Dunkeln, mit Sauerstoff, ohne Sauerstoff, mit Lehm oder ohne, mit Ultraviolett oder ohne. Es spielt keine Rolle. Die Thermodynamik sagt uns klar, dass die Mischung zu einfacheren Molekülen zerfallen wird, die weniger Energie und weniger Informationen enthalten.

Die Komplexität des einfachsten, vorstellbaren, lebenden Organismus ist bereits unglaublich gross. Man muss eine Zellwand haben, ein Energiesystem, ein Reparatursystem, Einrichtungen, welche die Annahme von «Nahrung» erlauben und «Abfälle» ausscheiden. Dazu Einrichtungen, die den komplizierten genetischen Code lesen, interpretieren und kopieren, usw. Sämtliche Telekommunikationssysteme der Welt sind wahrscheinlich einfacher. Trotzdem kann sich niemand vorstellen, dass diese zufällig von selbst entstanden sind.
Zusammenfassend: Ich fürchte, dass ich als Wissenschaftler nicht deutlich genug sagen kann, dass die spontane Entstehung der Lebens eine chemische Unmöglichkeit ist. Ich habe daher keine andere Wahl, als zu glauben, dass das Leben geschaffen wurde.

Ich könnte noch viele Seiten weiter schreiben und weitere wissenschaftliche Argumente aufzählen. Ich könnte viele Seiten von Referenzen zusammentragen. Stattdessen will ich mit einigen Illustrationen abschliessen, welche die Übereinstimmung der biblischen Sicht mit der Welt, in der wir leben, zeigt.

Interessante Wissenschaft in der Bibel

Heiraten innerhalb der Familie: Du hast dich soeben in einen nahen Verwandten verliebt. Warum wird dir nicht erlaubt zu heiraten und Kinder zu haben? Wir alle wissen warum: Es ist wegen des hohen Risikos, die Nachkommen könnten an genetischen Missbildungen leiden. Nahe Verwandte haben sehr ähnliche Mutationen in ihren genetischen Informationen. Wenn nun die DNS von Vater und Mutter im Kind zusammenkommen und ein Fehler in einem Gen vorhanden ist, ist es viel wahrscheinlicher, dass sich dasselbe fehlerhafte Gen im Partner findet und dann zu einem Kind führt, das genetische Defekte hat. Wenn das Kind dagegen ein Produkt von Nicht-Verwandten ist, ist es viel wahrscheinlicher, dass das fehlerhafte Gen mit einem korrekten Gen gepaart wird, so dass von diesem Genpaar kein Nachteil entsteht. Was hat nun all dies mit Schöpfung und Evolution zu tun?

Nun, wenn am Anfang Adam und Eva perfekt geschaffen wurden (sie hatten keine Fehler in den Genen), dann sind auch ihre Kinder genetisch fast perfekt gewesen. Darum gab es keine Probleme mit der Heirat zwischen Bruder und Schwester (somit löst sich das Problem, woher Kain seine Frau genommen hat). Tatsächlich wurde von Gott die Heirat zwischen nahen Verwandten erst zur Zeit Mose verboten – also viele hundert Jahre später. Dieser biblische Bericht passt perfekt zur beobachteten Zunahme von genetischen Fehlern im Lauf der Zeit (keine Verbesserung der Arten). Es erklärt, warum Kain eine nahe Verwandte heiraten durfte und warum Gott dies erst viel später verboten hat. Ist das nicht interessant?

Sediment-Ablagerungen: Was sieht man weltweit in der Geologie? Massive Ablagerungen von Sedimenten. Wie sind diese entstanden? Primär durch fliessendes Wasser. Der Glaube, dass sich diese durch allmähliche Erosion während Millionen Jahren gebildet haben sollen, stimmt mit guter Wissenschaft nicht überein. Die weite Verbreitung gleicher Ablagerungen (d.h. über Hunderte von Kilometern exakt dasselbe Gestein) deutet auf Katastrophismus hin. Dasselbe gilt für Sehenswürdigkeiten wie den Grand Canyon oder den Ayers Rock. Der Glaube, dass solche Formationen mit wenig Wasser und langen Zeiträumen möglich gewesen seien (gegenüber viel Wasser in kurzer Zeit), ist eine Glaubensangelegenheit und wird von der Wissenschaft nicht bestätigt – es ist ausserhalb der Wissenschaft. War irgend jemand dabei, um es aufzuschreiben oder wiederholt es sich heute irgendwo auf der Welt? Im Gegenteil, moderne Katastrophen haben lokal massive Sedimente abgelagert und neue geologische Formen gebildet. Die Bibel beschreibt in drei Kapiteln eine weltweite Flut mit viel Vulkanismus und tektonischer Aktivität. Das stimmt sehr gut mit dem überein, was wir beobachten.

Fossilien: Wie entstehen die Fossilien? In der Schule sagte man mir, dass die Fossilien langsam über Jahre entstehen. Das stimmt nicht! Denn soeben gestorbene oder noch lebende Organismen müssen schnell mit Sedimenten verschüttet werden, welche erhärten und den Zugang von Sauerstoff verhindern. Wieder ist es genau das, was wir bei der Katastrophe einer weltweiten Flut erwarten. Fossilienbildung muss in den Sedimentschichten schnell passieren (sonst verwesen die Tiere). Wie könnte man sonst vertikal eingebettete Baumstämme (ohne Wurzeln!) und den Hals eines Dinosauriers erklären, die durch angeblich Millionen Jahre alte Schichten hindurch gehen? Kann der Baum oder Dinosaurier während Millionen Jahren erhalten bleiben, während sich die Schicht um ihn herum langsam bildet? Es gibt Tausende solcher Beispiele. Eine Flutkatastrophe passt hier sehr gut ins Bild.

Warum ich mich mit dem Glauben an Schöpfung wohl fühle

Abgesehen von den wissenschaftlichen Gründen, die ich oben schilderte, habe ich sehr viele andere Gründe für meinen intellektuell befriedigenden Glauben an die Schöpfung. Einige davon will ich hier anführen:

Flutgeschichten: Wie könnte man die Flutgeschichten von Dutzenden von Kulturen auf der ganzen Erde besser erklären (das sind Geschichten, die lange vor einer Beeinflussung durch westliche Bibelbesitzer aufgeschrieben wurden).

Chinesische Schrift: Alte chinesische Schriftzeichen zeigen klare Zeichen einer biblischen Schöpfungs- und Flutgeschichte.

Wissenschaftler, die ihre Meinung ändern: Auch wenn die Zahl der Wissenschaftler, die an Schöpfung glauben, eindeutig in der Minderheit ist, so nimmt sie doch zu, wie das die wachsenden Mitgliederzahlen von Wissenschaftlern in den Organisationen der Kreationisten weltweit zeigen. Ausserdem gibt es eine zunehmende Zahl von Wissenschaftlern, die vorher an Evolution glaubten, die nicht Kreationisten sind, aber trotzdem den Evolutionsstandpunkt verwerfen, weil er nicht mit der Wissenschaft übereinstimmt. Nichtchristliche Wissenschaftler diskutieren heute offen die Gründe für:

- schnelle (Jahre, nicht Millionen von Jahren) Bildung von Kohle, Öl und Erdgas
- katastrophische Bildung geologischer Formationen wie beispielsweise den Grand Canyon
- die offensichtliche Unmöglichkeit einer spontanen Bildung von Leben aus unbelebter Materie
- die zunehmenden Unstimmigkeiten in der Evolutionstheorie

Die moralischen Konsequenzen des Glaubens an die Evolution: Wenn mich niemand geschaffen hat und ich nur eine hochentwickelte Masse aus Schlamm bin, kann ich machen, was ich will. Wer sagt mir, was richtig oder falsch ist? Ist nicht alles relativ? Die Regeln sind doch für andere Leute nicht dasselbe und verändern sich mit der Entwicklung der Gesellschaft. Wenn mir etwas einen Vorteil bringt (d.h. für mein evolutionäres Fortkommen), wenn die Gene «egoistisch» sind, wie man mich lehrte, warum sollte ich dann nicht Grenzen überschreiten? Warum soll ich mich um arme Leute kümmern, um Alte, Invalide, die Opfer in fremden Ländern? Warum sollen wir nicht Ungeborene abtreiben, warum nicht die Alten und Unproduktiven töten, warum nicht die Schwachsinnigen beseitigen und die Arbeitslosen, wenn wir genug Maschinen haben, um die Arbeit zu machen?

Wenn es keine absoluten Massstäbe gibt (die durch jemanden ausserhalb der Menschheit festgelegt wurden und nicht vom Menschen selbst), warum sollten wir dann nicht jenem australischen Philosophen zustimmen, der das Töten von Neugeborenen befürwortet, wenn zu viele Kinder da sind? Wie kann man dies logisch widerlegen, wenn der Mensch sich selbst die Regeln gibt? Ich weiss, dass dies gegenwärtig noch gegen die Gesetze ist, aber die menschlichen Gesetze werden laufend verändert. Man rufe sich in Erinnerung, dass noch vor einer Generation die Abtreibung und die Euthanasie gesetzwidrig und tabu waren. Anderseits bedeutet der Glaube an eine Schöpfung, dass der Schöpfer absolute Gesetze gegeben hat und dass wir ihm verantwortlich sind. Das stimmt gut mit dem überein, was ich fühle und sehe.

Gefühle: Wir alle haben schon erfahren, was Liebe ist. Ist sie durch Evolution entstanden? Liebe ich meine Kinder, weil ich will, dass meine Gene weiterleben? Sind wir nur deswegen Eltern, weil wir unsere Art fortpflanzen wollen? Schmilzt mein Herz, wenn ich an meine Frau denke nur, weil ich mich vermehren will, und weil ich möchte, dass sie sich um meine zweibeinigen Genbündel kümmert? Musste ich bei der Geburt meiner beiden Kinder weinen, weil dadurch meine Gene weiterleben werden? Könnte es sein, dass wir von der Evolution überlistet werden?

Wir können an einen Schöpfer glauben, der sich selbst als Liebender bezeichnet und sagt, dass er uns in seinem Bilde geschaffen hat, fähig zwischen Gut und Böse zu unterscheiden. Wir können ihn und andere grundlos lieben, denn er hat uns so gemacht. Ja, man kann glauben, dass das Leben keinen höheren Sinn hat, als die Fortpflanzung der Art und dann den Tod. Aber stimmt das in deinem Herzen und Kopf mit der Welt überein, die du wahrnimmst?

Schlussfolgerung

Die Wissenschaft ist etwas Wunderbares, ich liebe sie sehr. Ich schätze mich glücklich, wissenschaftlich tätig sein zu dürfen. Als Wissenschaftler fällt es mir sehr schwer, die Welt vom evolutionären Langzeit-Standpunkt aus zu erklären. Der Kurzzeit-kreationistische Gesichtspunkt liegt mir näher.

Keine der beiden Erklärungen kann bewiesen werden (beide sind ausserhalb der Wissenschaft). Die vorliegenden Tatsachen, das Zusammenstimmen der Tatsachen und ihre Verknüpfung mit den fundamentalen Naturgesetzen haben dazu geführt, dass ich mich beim Glauben an die Schöpfung eindeutig besser fühle.

▌Andrew McIntosh, Mathematik

Dr. McIntosh lehrt Verbrennungstheorie am Department of Fuel and Energy an der University of Leeds in England. Er studierte angewandte Mathematik an der University of Wales, schloss mit Auszeichnung ab und erhielt den Doktortitel in Verbrennungstheorie vom Cranfield Institut of Technology. Einen weiteren Doktor in Mathematik erhielt er von der University of Wales. Er hat Beiträge zu 10 Lehrbüchern über Verbrennung geschrieben und mehr als 80 wissenschaftliche Artikel veröffentlicht. Dr. McIntosh ist der Autor des Buches «Genesis for Today: Showing the relevance of the Creation/Evolution debate to today's society».[1]

Weltbilder

Wenn ich die Welt um mich herum mit den Augen eines Wissenschaftlers betrachte, dann sehe ich komplizierte Mechanismen. Dabei drängt sich mir der Gedanke auf, dass hinter dieser komplizierten Ordnung Intelligenz steht, ein Schöpfer.

Kein Wissenschaftler ist völlig objektiv. Wir werden immer von unseren Annahmen beeinflusst. Wenn ein Wissenschaftler nicht an Gott glaubt, dann wird seine Ausgangsposition als Atheist seine Beurteilungen über die Welt um ihn herum bestimmen. Wenn sein Geist gegenüber der Möglichkeit eines Schöpfers verschlossen ist, werden seine Interpretationen der Beobachtungen für viele andere unannehmbar sein. (Diese philosophischen Angelegenheiten, die den Hintergrund der modernen Wissenschaft bilden, werden in meinem Buch «Genesis for Today»[2] eingehender behandelt.)

Nach meiner Meinung sollten wir zur Einstellung eines Einstein zurückkehren, der zwar nicht an eine menschenähnliche Göttlichkeit glaubte, aber eine tiefe Hochachtung für die Harmonie des Universums hatte. In seiner glänzenden wissenschaftlichen Laufbahn zeigte er eine demütige Haltung, welche ihn zur Entdeckung der speziellen Relativitätstheorie führte. Eine Konsequenz war die Entdeckung der Äquivalenz von Energie und Masse (durch die berühmte Gleichung $E = mc^2$). Anschliessend formulierte er die grossartige Theorie der allgemeinen Relativität, welche zum ersten Mal die Verbindung von Gravitati-

on und Zeit zeigte und zur Demonstration des gekrümmten Raum-Zeit-Konti-
nuums im Universum führte. In einem Interview sagte Einstein im Jahr 1929
(siehe «Einstein – a life», D. Brian, Wiley, 1996, p. 186):

«Wir befinden uns in der Lage eines kleinen Kindes, das in eine riesige Bi-
bliothek eintritt, die mit vielen Büchern in verschiedenen Sprachen angefüllt ist.
Das Kind weiss, dass jemand die Bücher geschrieben hat. Es weiss aber nicht,
wie das geschah. Es versteht die Sprachen nicht, in der sie geschrieben wurden.
Das Kind erahnt dunkel eine mysteriöse Ordnung in der Zusammenstellung der
Bücher, weiss aber nicht, was es ist. Das ist nach meiner Meinung die Einstellung auch des intelligentesten Menschen gegenüber Gott. Wir sehen ein Universum, das wunderbar zusammengesetzt ist und bestimmten Gesetzen ge-
horcht, aber diese Gesetze verstehen wir nur andeutungsweise. Unser begrenz-
ter Verstand kann die mysteriösen Kräfte, welche die Konstellationen bewegen,
nicht fassen.»

Diese Demut hat unsere heutige wissenschaftliche Welt verloren. Viele halten zäh an der eigenartigen Meinung fest, dass Theismus definitionsgemäss unwissenschaftlich sei. Diese Ansicht ist nicht logisch, weil Theismus oder Atheismus das Resultat der eigenen Überlegungen sind. Ich baue ohne Hemmungen
nicht nur auf einer theistischen Grundlage auf, sondern glaube auch, dass sich
Gott uns offenbaren kann – ich glaube, dass er das durch Jesus getan hat. Diese
Einstellung wird durch meine wissenschaftlichen Untersuchungen eher bestätigt als widerlegt.

Ordnung und zweites Gesetz der Thermodynamik

Im Universum gibt es ein grundlegendes Gesetz, für welches keine Ausnahme
bekannt ist. Es besagt, dass jedes Mal, wenn irgend eine Arbeit durch Ener-
gieumwandlung getan wird, etwas von der brauchbaren Energie verloren geht.
In thermodynamischer Sprache heisst das, dass in einem geschlossenen System
die unbrauchbare Energie zunimmt. Man nennt dies Entropie[3]. In einem geschlossenen System nimmt die Entropie immer zu.

Dieses Gesetz gilt nicht nur im Bereich der Mechanik und der Maschinen. Es
gilt für jedes System, weil die Entropie ein Mass für die Unordnung im System
ist. Allgemein gesprochen nimmt die Unordnung zu: die Autos rosten und die
Maschinen nützen sich ab. Für diesen Prozess hat man in einem geschlossenen
System noch nie eine spontane Umkehrung beobachtet.

Dieses Gesetz gilt auch für lebende Systeme. Wenn etwas tot ist (z.B. ein Ast
oder Blatt von einem Baum), kann es das Sonnenlicht nicht mehr in brauchbare
Arbeit umwandeln, weil ihm in seinem Innern die dazu nötigen Informationen

oder Ordnungen fehlen. Es kann nur noch Wärme liefern, womit die Entropie zunimmt.

Trotz den Anstrengungen von Prigogine und seinen Mitarbeitern[4], die versuchten, in den Lebewesen eine Selbstorganisation durch Zufallsprozesse zu finden, kann Ordnung nicht aufgebaut werden, weil keine neuen Informationen entstehen können. Nachdem Prigogine argumentiert, dass Selbstorganisation durch Zufallsprozesse in Nicht-Gleichgewichts-Systemen möglich sei, heisst es in seiner ersten Referenz:

«Unglücklicherweise kann dieses (Selbstorganisations-) Prinzip die Bildung von biologischen Strukturen nicht erklären. Die Wahrscheinlichkeit, dass bei gewöhnlicher Temperatur eine makroskopische Anzahl von Molekülen zusammenkommt, um eine hoch organisierte Struktur zu bilden, die zu koordinierten Funktionen führt, welche das Leben charakterisieren, ist verschwindend gering.»[5]

Entropie, Information und die lebende Welt

Das grösste Hindernis für die Evolutionstheorie in Bezug auf die Ursprungsfrage ist der Umstand, dass Information nicht mit den Grössen der Physik und Chemie definiert werden kann. Ideen, die in einem Buch aufgeschrieben sind, sind nicht dasselbe wie das Papier und die Druckerschwärze, die das Buch ausmachen. Die selben Wörter und Gedanken können durch völlig verschiedene Medien übertragen werden (z.B. durch einen Computer oder eine CD-ROM, eine Floppydisk oder ein Tonbandgerät). Die Chemikalien in den Zellen definieren die Botschaft nicht, die sie tragen. Sinnvolles kann nicht spontan entstehen, denn Sinnvolles setzt Intelligenz und Verstand voraus.

Eine der grössten Entdeckungen war die der DNS durch Francis H. Crick (UK) und James D. Watson (USA) im Jahr 1953. Sie entdeckten, dass dieses Molekül das universelle Speichermedium der Lebewesen ist. Ein DNS-Molekül wird aufgebaut, indem zwei Desoxyribose-Zucker-Phosphat-Stränge zusammen eine Doppelhelix bilden, die 2 Nanometer (10^{-9}m) Durchmesser hat und 3,4 Nanometer Steigung. Zwischen den beiden Strängen sind Wasserstoffbrücken, quer dazu sind vier verschiedene Nukleotide eingefügt, nämlich Adenin (A), Thymin (T), Cytosin (C) und Guanin (G). Diese vier Nukleotide sind eigentlich das chemische Alphabet, um «Wörter» auf ein chemisches «Papier» zu schreiben. Die beiden Zucker-Phosphat-Stränge sind gleichsam das Papier. Die Helix erlaubt eine dreidimensionale Speicherung der Informationen, die im Muster der chemischen Buchstaben enthalten ist. Der DNS-Strang ist wie eine Folge von Punkten und Strichen in einer codierten Nachricht. Die codierte Information, welche diese Buchstaben benützt (ACG, GUC, CAU, usw.), sitzt auf den komplizierten chemischen Molekülen, wird aber nicht von diesen definiert. Information ist weder Energie noch Materie.

In den Radiosignalen wird die Information von einer Trägerwelle mit höherer Frequenz als die der Informationssignale übertragen. Die Informationssignale werden von der Trägerwelle gewissermassen «getragen». Sobald die Nachricht empfangen ist, wird die Trägerwelle nicht mehr gebraucht. Die Nachricht wird nun als Musik oder Worte hörbar gemacht. Ganz ähnlich sind die Informationen durch die Verwendung eines speziellen Codes in der Zelle aufgeschrieben worden. In diesem Fall durch die unterschiedliche Reihenfolge der Nukleotide. Solange dabei immer die selben Regeln eingehalten werden, sind sie an sich nicht wichtig. Es könnte auch eine völlig andere Chemie angewendet werden, d.h. ein anderes «Alphabet», was zu einer ganz anderen Sprachstruktur geführt hätte. Das Wichtigste in dieser Diskussion ist, dass die Informationen (also die Regeln, die Sprache, der Code usw.) schon ganz von Anfang an da gewesen sein müssen. Wenn man meint, so etwas sei zufällig entstanden, dann ist das wissenschaftlich unmöglich. Prof. Gitt schreibt dazu:

«Es gibt keine Information ohne einen geistigen Ursprung. Durch einen rein statistischen Prozess (d.h. zufällig) entsteht keine Information.»

Trotzdem hat Dawkins behauptet, dass auf der Mikro-Ebene Informationen entstehen können, und zwar durch einen scheinbar endlosen Prozess einer Serie von kleinen vorteilhaften Mutationen, die durch natürliche Selektion ausgewählt werden. Gegen diese Auffassung gibt es starke Argumente. Denton diskutiert das Problem der Pleiotropie in seinem Buch «Evolution, a Theorie in Crisis»[8]. Pleiotropie ist der Einfluss eines Gens auf völlig verschiedene und voneinander unabhängige Funktionen im lebenden Organismus. Zum Beispiel beeinflusst die Veränderung der Farbe des Pelzes einer Maus auch ihre Körpergrösse. Der Mikrobiologe Michael Behe hat in seinem Buch «Darwin's Black Box»[9] die Argumente von Dawkins überzeugend widerlegt. Er zeigte, dass es trotz der vielen Worte des grossen Verteidigers von Darwin *keinen* Mechanismus in der Darwin'schen Evolution gibt, der neue Informationen liefern könnte, welche sich auf der Makro-Ebene auswirken. Es müsste nämlich ein neuer, sinnvoller Satz von DNS-Buchstaben entstehen. Das ist nicht möglich, weil dann ein Ziel angestrebt wird, das durch vorausgehende Informationen definiert sein muss. Wenn das nicht geschieht, bringen die Mutationen keinen Vorteil. Man muss sowieso zuerst mit der Wahl des Codes beginnen. Dabei ist es lebensnotwendig, dass der Sendeteil und der Empfängerteil der Zelle schon zum vornherein den Schlüssel zum Code kennen. Ohne dies ist eine Kommunikation nicht möglich. Die Darwin'sche Evolution hat aber nur zufällige Mutationen zu ihrer Verfügung. Es gibt keine vorausdenkende Intelligenz, es gibt keine

Möglichkeit, dass sich die Nukleotide in einen vorher definierten Code einordnen können, denn das bedingt ein Wissen zum Voraus. Die Existenz einer codierten Sprache in der DNS blockiert die Evolution bereits bei der ersten Hürde.

Fliegen in der Natur – Komplexität, die jeder sehen kann

Beispiele von Komplexität sind in der Natur leicht zu finden. Alle lebenden Kreaturen enthalten Beispiele von nichtreduzierbarer Komplexität, wie sie Behe in seinem Buch «Darwin's Black Box» so überzeugend dargestellt hat. Eines der besten Beispiele von Komplexität, welche nicht durch eine Serie von graduellen Veränderungen entstehen konnte (wie das Dawkins in seinem Buch «Climbing Mount Improbable» behauptet), ist das Fliegen. Damit ein Körper, der schwerer ist als Luft, kontrolliert fliegen kann, müssen vier grundlegende Bedingungen erfüllt werden:

1. Die Flügel müssen die richtige Form haben, damit auf der Oberseite ein geringerer Luftdruck entsteht als auf der Unterseite
2. Die Flügelfläche muss genügend gross sein, um das Gewicht tragen zu können
3. Es muss eine Einrichtung zum Antrieb oder zum Gleiten vorhanden sein
4. Um Richtung und Geschwindigkeit verändern zu können, müssen spezielle Oberflächen oder Einrichtungen zur Veränderung der Oberflächen vorhanden sein

Das Fliegen geschieht in vier verschiedenen Zweigen der Lebewesen:
a) bei den Vögeln
b) bei den Insekten: Fliegen, Bienen, Wespen, Schmetterlingen, Motten
c) bei den Säugetieren: Fledermäusen
d) bei den Reptilien: den ausgestorbenen Pterosauriern

Jede Klasse der Lebewesen ist anatomisch anders aufgebaut. Auch die eifrigsten Evolutionisten können keine direkte Verbindung zwischen ihnen aufzeigen. Eine dürftige Verbindung zwischen Reptilien und Vögeln wurde versucht: Es wurde ernsthaft vorgeschlagen, dass ein Proto-avis-Dinosaurier existiert habe, der mit den Schuppen an seinen Armen um sich schlug, um Insekten zu fangen, dann seine Schuppen in Federn verwandelte, um in die Luft zu steigen und damit seine Beute besser zu erreichen. Sogar wenn man die Fossilien als wegweisend dafür betrachtet, dass es über Millionen Jahre eine Entwicklung gegeben habe, findet sich kein Beweis von irgend einem Proto-Avis auf Grund der Fossilfunde. Für den Evolutionisten bedeutet das, dass sich das Fliegen mindestens dreimal unabhängig voneinander entwickelt hat. Die Flügel der drei

Hauptgruppen der heute fliegenden Geschöpfe sind sehr unterschiedlich; die Flügel der Vögel bestehen aus Federn; die Insektenflügel sind von Schuppen, Membranen oder Haaren abgeleitet und die Flügel der Fledermäuse bestehen aus Häuten, die zwischen Teilen des Skeletts ausgespannt sind. So wird der Evolutionist nicht nur mit dem Überspringen einer unmöglichen Hürde konfrontiert – dass nämlich gewissen Reptilien Federn wuchsen und sie zu fliegen begannen – sondern gleich zwei weitere folgen nach: Sie bestehen darin, dass das Fliegen noch zweimal entstand, als nämlich einige Nagetiere (Mäuse? Spitzmäuse?) eine hautähnliche Oberfläche an den Vorderfüssen entwickelten, um Fledermäuse zu werden; und dann, ganz abseits, einigen Insekten sehr dünne Flügel aus Schuppen, Membranen oder Haaren wuchsen, um Fliegen, Bienen oder Schmetterlinge zu werden!

Vögel

Vogelflügel bestehen aus Federn. Eine Feder ist ein Wunder einer leichgewichtigen Konstruktion. Obschon sie leicht ist, ist sie sehr wind-resistent. Das ist sie deshalb, weil sie aus Widerhaken und -Häkchen aufgebaut ist. Die Haken einer Feder sind von blossem Auge sichtbar und sind am Hauptstamm angewachsen. Was man nur mit dem Mikroskop sehen kann, sind die vielen kleinen Häkchen auf jeder Seite des Hakens. Es sind verschiedene Arten, je nachdem sie von der einen Seite des Hakens kommen oder von der anderen Seite. Auf der einen Seite der Haken sind Häkchen mit Kämmen, während die Häkchen auf der andern Seite mit Haken ausgerüstet sind. Dadurch können sich die Haken auf der einen Seite mit den Kämmen von der benachbarten Seite verbinden. Die Haken und Kämme funktionieren ähnlich wie ein Klettenverschluss, haben aber eine noch bessere Eigenschaft, weil sie auch eine gleitende Verbindung schaffen. Daher kann die Oberfläche flexibel sein und trotzdem geschlossen bleiben. Wenn Sie das nächste Mal eine Feder am Boden liegen sehen, sollten Sie sich an diese flexible, aerodynamische, leichtgewichtige Konstruktion erinnern.

Die Schuppen der Reptilien zeigen keine Spur eines solch komplizierten Aufbaus. Stahl hat zugegeben, dass «keine fossile Struktur zwischen Schuppen und Federn bekannt ist, und jüngere Forscher sind nicht gewillt, eine Theorie auf reiner Spekulation aufzubauen».[10]

In den Reptilschuppen gibt es keine genetischen Informationen, welche diese einzigartigen gleitenden Verbindungen erlauben, wie sie in einer Feder vorhanden sind. Der gewundene Weg von kleinen vorteilhaften Mutationen in den Schuppen, der von einigen vorgeschlagen wird, führt zu schwerfälligen Strukturen, die in Wirklichkeit für die Kreatur nachteilig sind. Bevor nicht die Haken-

und Kammstruktur vorhanden ist, bestehen keine Vorteile, nicht einmal als Fahne, um Insekten zu fangen! Ausser, dass man sich auf eine «vorausdenkende Planung» beruft, gibt es keine Möglichkeit, dass zufällige Mutationen die «Idee» einer kreuzweisen Verbindung der Häkchen zu einem verbundenen Gitter hätten haben können. Sogar wenn eine zufällige Mutation an einer Stelle zu Haken und Kamm geführt hätte, fehlt ein Übertragungsmechanismus, der diesen «Vorteil» auf die übrige Struktur übertragen könnte. Das ist ein klassischer Fall von nicht reduzierbarer Komplexität, der sich nicht mit allmählichen evolutionären Veränderungen lösen lässt. Er ist hingegen sehr gut mit dem Schöpfungsgedanken zu vereinbaren.

Das ist aber nicht alles. Die Feder besitzt zwar diese delikate Gitterstruktur, aber sie wäre bald abgenutzt, wäre nicht Öl dabei, das die beweglichen Verbindungen von Häkchen und Kämmen schmiert. Die meisten von uns wissen, dass – hat man bei einer Feder die Häkchen auseinander genommen – es sehr schwierig ist, sie wieder zusammenzufügen. Ohne Öl wird die Feder schnell abgenützt. Der Vogel liefert dieses Öl aus seiner Bürzeldrüse an der Basis des Rückgrats. Etwas von diesem Öl gelangt auf den Schnabel und wird dann über das ganze Gefieder verteilt. Für die Wasservögel ergibt sich dadurch zugleich eine wasserabstossende Wirkung (darum perlt das Wasser so leicht vom Rücken einer Ente). Ohne dieses Öl wären die Federn nutzlos; wenn also ein auf dem Land lebender Dinosaurier auch so weit gekommen wäre und Flügel getragen hätte, wäre er damit nicht weit gekommen, denn nach wenigen Stunden wären sie nicht mehr brauchbar gewesen!

Wie man vermuten kann, endet die Geschichte hier aber immer noch nicht. Denn ein Vogel kann nur fliegen, wenn seine Knochen sehr leicht gebaut sind, sie sind tatsächlich hohl. Viele Vögel erzielen durch Querverbindungen innerhalb der hohlen Knochen ein stabiles Skelett. Eine solche Bauweise hat man in der Mitte dieses Jahrhunderts beim Bau der Flügel von Flugzeugen angewendet. Man nennt sie «Warren's Fachwerk». Wenn sich grosse Vögel wie Adler oder Geier in einem halbfertig entwickelten Zustand ihres Skelettes befänden und sich solche Querverbindungen in ihren Knochen noch nicht «entwickelt» hätten, würden sie beim Flug zerbrechen.

Ausserdem atmen die Vögel anders. Das Atmungssystem eines Vogels ermöglicht es, den Sauerstoff direkt in Luftsäcke hinein zu führen, welche direkt mit dem Herzen, der Lunge und dem Magen verbunden sind. Damit wird die normale Atmung der Säugetiere, bei denen vor dem Einatmen von Sauerstoff zuerst das Kohlendioxyd ausgeatmet werden muss, umgangen. Die Menschen atmen etwa zwölf mal pro Minute, kleine Vögel hingegen bis zu 250 mal pro Minute. Das ist ein perfektes System für den hohen Stoffwechsel der Vögel, welche die Energie sehr schnell verbrauchen. Im schnellen Vorwärtsflug könnten die Vögel wegen des entgegenkommenden Luftstroms nicht mehr ausatmen. Man beachte auch, dass die Vögel Warmblüter sind. Das ist übrigens eine grosse biologische Hürde für jene Leute, die eine Abstammung der Vögel von den Reptilien vertreten.

Betrachten wir die Bewegungen der Flügel eines Vogels. Diese Bewegungen erfordern starke Flügel-Muskeln mit einem nach vorn gerichteten Ellbogengelenk. Das ermöglicht eine Verkürzung des Flügels. Beim nach oben gehenden Flügelschlag setzen die meisten Arten dieses Gelenk ein, ebenso die Raubvögel beim Sturzflug. Die Universalität des Drehgelenkes an der Basis des Flügels, gekoppelt mit dem Ellbogengelenk im Flügel und die feine Federstruktur, die alles einhüllt, führen zu einer grossen Flexibilität der Aerodynamik des Flügels. Der Auftrieb und das Absinken können mit sofortigen Bewegungen auskorrigiert werden. Bei den Flugzeugen erfordert das immer noch verhältnismässig schwerfällige Bewegungen von Klappen und Querrudern.

Nehmen wir an, wir hätten einen «Fast-Vogel» mit allen oben beschriebenen Strukturen – also Federn, Bürzeldrüse, hohlen Knochen, direkter Atmung, warmem Blut, Drehgelenk und nach vorn gerichtetem Ellbogengelenk – doch ihm fehlt der Schwanz! Dann ist ein willentlich gelenkter Flug unmöglich. Horizontale Stabilität kann nur erreicht werden mit einer Schwanzstruktur. Das realisieren auch die Knaben, wenn sie Papierflugzeuge machen. Aber welche möglichen Vorteile hätte ein «Fast Vogel», solange er sich nicht in die Luft erheben kann? Er würde eine leichte Beute für jedes jagende Tier.

In der Liste der Mechanismen (Federn, Bürzeldrüse, ... usw.) ist jeder einzelne unverzichtbar. Wenn einer davon fehlt, fällt das ganze Projekt! Der Schwanz ist nötig, und dazu gehören auch Muskeln, um die bewegliche, kleine, aber wichtige Flügeloberfläche zu steuern – zum Beispiel, um die Federn vor einer Landung zu spreizen und nach unten zu richten. Mit anderen Worten, der Schwanz nützt nichts als eine statische «Zugabe». Seine Form muss während des Fluges verändert werden können. Alle diese Mechanismen müssen von einem Nervensystem gesteuert werden, das mit dem zentralen Computer im Gehirn verbunden ist. Alles muss zum vornherein programmiert sein, um in einem weiten Bereich von komplizierten aerodynamischen Manövern richtig zu funktionieren.

Kolibris

Eine der schönsten Demonstrationen der oben beschriebenen Prinzipien sind die Kolibris. Diese kleinen Vögel haben die Fähigkeit, mit ihren Flügeln bis zu 80 Schläge pro Sekunde zu machen. Ihre Fähigkeit, in der Luft stillzustehen, oder mühelos rückwärts oder seitwärts zu fliegen, ist gut bekannt (viele dieser Informationen stammen aus einem ausgezeichneten Artikel von Denis Dreves[11]). Geschwindigkeiten von 80 Kilometer pro Stunde sind für diese fliegenden Wunder keine Ausnahme. Wegen des hohen Verbrauchs muss die Antriebsenergie sehr schnell nachgeliefert werden. Daher muss sich der Vogel mit einer Nahrung versorgen können, die eine schnelle Umsetzung der Energie erlaubt.

All das wird durch die Ernährung mit Blumennektar erreicht. Das wiederum erfordert die Fähigkeit, in der Luft stillstehen zu können und einen langen dünnen Schnabel, um in die Blüte hinein zu gelangen (z.B. die Fuchsien für den rötlichen Kolibri). Der Vogel hat auch eine spezielle Zunge mit zwei Furchen, die das Speichern des Nektars erleichtern. Die lange Zunge geht mit unglaublichen 13 mal pro Sekunde aus dem Schnabel hinaus und hinein. Beim Einziehen wird die Zunge im Hinterkopf aufgerollt.

Man kann sich die schwierige Situation eines halb entwickelten Kolibris vorstellen! Er hätte beispielsweise die Fähigkeit, in der Luft stillzustehen, aber den Schnabel eines Sperlings. Damit könnte er sich nicht von den Blumen ernähren. Oder er hätte zwar einen langen Schnabel, könnte aber nicht in der Luft stillstehen. Er würde geradewegs in die Blumen hineinfliegen und könnte nicht vor ihnen stoppen. Alle Eigenschaften müssen von Anfang an vorhanden sein und zusammenstimmen.

Die extrem gute Manövrierbarkeit der Kolibris entsteht durch die Fähigkeit, ihre Flügel in einem viel grösseren Mass verdrehen zu können, als das andere Vögeln vermögen. Der Kolibri kann sowohl im Aufwärtsschlag als auch im Abwärtsschlag mit dem Flügel eine Kraft ausüben. Während dem sich das Gelenk zuerst 90 Grad in der einen Richtung, dann 90 Grad in der anderen Richtung dreht, beschreibt die Flügelspitze eine Acht. Eine weitergehende Rotation ist möglich, was bedeutet, dass der Flügelschlag in irgend einer Richtung eine Kraft ausüben kann; mit einer kleinen Asymmetrie ergibt sich sogar eine seitliche Bewegung.

Das Fliegen kann nicht mit vermuteten evolutionären Veränderungen erklärt werden. Alle Versuche, irgendeine Übergangsform zu finden, sind gescheitert. Beim Archaeopterix konnte man zeigen, dass er voll ausgebildete Flugfedern hatte (er war nicht nur ein halber Vogel). Andere fossile Vögel wurden gefunden, die in tieferen Schichten lagen. Weitere angebliche «Vor-Vögel» (halb Reptil/halb Vogel) hat man nie gefunden. Die Funde zeigen überwältigend, dass Vögel immer Vögel gewesen sind; das stimmt mit einer Schöpfung der Vögel ganz am Anfang am fünften Tag völlig überein, gerade so, wie es die Bibel sagt.

Ist es wissenschaftlich, die offensichtliche Planung und Konstruktion einer Boeing 747 anzuerkennen, aber anderseits den Gedanken der Schöpfung in keiner Weise zuzulassen, wenn man vom viel raffinierteren Flug eines Adlers, Falken oder Kolibris spricht? Moderne Menschen in den säkularen Medien präsentieren ein unwissenschaftliches, doppelbödiges Denken, wenn sie die komplizierten, von Ingenieuren konstruierten Maschinen loben und die grossartigen Fortschritte der Menschheit preisen, anderseits aber die komplexe Welt um uns herum einem gigantischen planlosen kosmischen Experiment zuschreiben, das keinen Schöpfer braucht (oft handelt es sich um noch viel kompliziertere Dinge, als die von Menschen gemachten Maschinen).

Fliegende Insekten

Fliegende Insekten haben keine Beziehung zum Vogelflug und doch ist das Flugvermögen in allen fossilen Fliegen, Motten und Schmetterlingen voll ausgebildet. Es gibt keine Diskussion über irgendeine Übergangsform. Die Flügel dieser Kreaturen sind sehr zerbrechlich, aus Schuppen oder Membranen gemacht, manchmal aus Haaren oder Borsten. Insekten beginnen als Larven oder Maden, indem sie sich völlig anders ernähren, als die Falter (z.B. Raupen und Schmetterlinge). Das beste Beispiel ist die Libelle, welche als Nymphe unter Wasser ihr Leben beginnt und den Sauerstoff vom Wasser erhält. Doch keine erwachsene Libelle könnte sich im Wasser aufhalten. Beim Fliegen können sie Geschwindigkeiten von 48 Kilometer pro Stunde erreichen. Es existieren aber keine fossilen Übergangsformen. In Wirklichkeit hat es in der Vergangenheit sogar viel grössere Libellen gegeben, die eine Flügelspannweite von 60 bis 90 Zentimeter hatten[12]. Das zeigt eigentlich eine Rückwärtsentwicklung, keine Evolution.

Die verwandte Wasserjungfer hat ebenfalls die bemerkenswerte Fähigkeit, in der Luft schweben zu können. Ihre raffinierte Aerodynamik mit den vier unabhängig funktionierenden Flügeln hat die Konstruktion der Vorläufer der modernen Helikopter inspiriert.

Der komplizierte Lebenszyklus von Lebewesen wie den Schmetterlingen (Raupe zur Puppe zum Falter), der Libelle (Wassernymphe zu Libelle) und ihrer perfekten Flügelstruktur im Erwachsenenstadium, weist auf eine komplizierte Konstruktion hin, welche man auf Grund von kleinen Veränderungen nicht erklären kann. Das Überleben jeder einzelnen Art ist davon abhängig, dass alle Teile und Funktionen von Anfang an vorhanden sind.

Wandernde Schmetterlinge

Der Monarch-Falter in Nordamerika wandert zum Überwintern über eine Distanz von 3200 Kilometer von Kalifornien im Nordwesten (oder Ontario im Nordosten) nach Zentral-Mexiko. Noch mehr erstaunt folgende Tatsache: Einige der erwachsenen Weibchen, die sich auf der Rückreise befinden, legen Eier und sterben auf dem Weg nach Norden. Die Nachkommen gehen durch das Raupen/Puppen/Falter-Stadium und setzen dann die Reise nach Norden fort. Bemerkenswert ist aber nun vor allem, dass nicht alle den Nordosten Amerikas erreichen, so dass erst eine dritte Generation das Ziel erreicht und damit die Absichten seiner «Grossmutter» erfüllt. Das bedeutet, dass im genetischen Code jedes Schmetterlings ein bemerkenswertes Informationssystem enthalten ist, das immer «weiss», an welchem Punkt der Wanderung sich die Gruppe befindet. Diese Information wird in jeder Generation vererbt. Ein solch delikater Mechanismus schreit förmlich nach Schöpfung!

Zudem wurde im Körper der Monarch-Schmetterlinge Magnetit gefunden (auch in Honigbienen), was darauf hinweist, dass sie sich anhand des erdmagnetischen Feldes orientieren können. Ihre Augen sind für polarisiertes Sonnenlicht empfindlich, was ihnen eine weitere Richtungs-Information gibt. Die beiden Augen sind alles andere als einfach, denn sie bestehen aus 6000 einzelnen Linsen! Es gibt keine halbfertigen Schmetterlinge in den Fossilien. Sie sind alle den heutigen sehr ähnlich – voll ausgeformt und zum Flug bereit!

Fliegende Säugetiere – Fledermäuse

Fledermäuse sind völlig verschieden von Vögeln oder Insekten. Ihre Flügel bestehen aus Haut und Knochen. Sie haben ein Radarsystem mit Ultraschall, dessen Genauigkeit das Finden von Nahrung während des Flugs mit unglaublicher Genauigkeit möglich macht. Noch nie wurde eine halbfertige Fledermaus in den Fossilien gefunden. Es ist auch schwer vorstellbar, wie eine solche halbfertige Kreatur überleben könnte. Das Fliegen ist nur mit fertigen Flügeln möglich. Dies, zusammen mit dem raffinierten Radar, ist ein weiteres Beispiel von nicht reduzierbarer Komplexität.

Verbrennung und der Bombardierkäfer

Schliesslich ein Beispiel mit Verbrennung: Der Bombardierkäfer. Dieses Lebewesen benützt eine explosive Mischung (Wasserstoffsupereroxyd und Hydrochinon), eine Verbrennungskammer, welche die Chemikalien enthält und einen Auspuff, um die Mischung auszustossen. Zwei Katalysatoren (die Enzyme Katalase und Peroxydase) müssen in die Verbrennungskammer eingespritzt werden. Und all das muss im richtigen Augenblick geschehen, so dass die heftige Reaktion erst dann abläuft, wenn die Mischung durch den Auspuff strömt. Der Bombardierkäfer macht das mit Leichtigkeit; hinzu hat er noch die Möglichkeit, mehrere Bomben kurz nacheinander ins Gesicht des Angreifers zu puffen. Er macht das mit Hilfe von Muskeln, welche durch ein Reflex-Nervensystem gesteuert werden. Das ist hervorragende Anwendung von Verbrennungstheorie und Praxis!

Alle oben angegebenen Bedingungen müssen im richtigen «evolutionären Zeitpunkt» am richtigen Ort sein! Es gibt keine Möglichkeit, dass Zwischenformen überlebten, denn entweder hatten sie das Risiko, sich selbst in Stücke zu sprengen (nämlich dann, wenn sie die brennbare Mischung besassen und dazu den Katalysator, aber noch kein Auspuffsystem) oder ihr Inneres langsam zu zersetzen (nämlich dann, wenn sie zwar die explosive Mischung hatten, und auch das Auspuffsystem, aber noch keinen Katalysator). Es gibt noch eine dritte Möglichkeit, nämlich dass sie eine leichte Beute ihrer Verfolger wurden, weil ihnen die brennbare Mischung fehlte und sie nur das Auspuffsystem und den Katalysator enthielten. Ein Lebewesen kann erst leben, wenn alle seine Teile am richtigen Ort sind.

Die Übereinstimmung mit dem biblischen Weltbild

Wenn ich die Mechanismen in der Natur berücksichtige, finde ich nichts in der Bibel, was ich als Wissenschaftler nicht glauben könnte. Es ist ein Leichtes, zu dem was ich bereits geschrieben habe, weitere komplizierte, ausgewogene Mechanismen hinzuzufügen, die überzeugende Zeugnisse einer kreativen Hand sind.

Viele weigern sich, die Tatsachen für Schöpfung anzuerkennen, weil sie an die unüberprüfbare Annahme des Atheismus glauben. Wenn jemand ernsthaft glaubt, dass moderne Flugzeuge nicht von Menschen hergestellt werden, so könnte man diese Person vom Gegenteil überzeugen, indem man sie in eine Flugzeugfabrik mitnimmt und ihr die Gruppe von Ingenieuren vorstellt, welche die Flugzeuge konstruieren. Ganz ähnlich verhält es sich mit einem Menschen, der Schöpfung ablehnt. Seine Haltung ändert sich nur, wenn er den Schöpfer der Welt persönlich kennen lernt. Schliesslich werden die Unterschiede in den beiden Weltbildern durch religiöse Unterschiede hervorgerufen. Ich glaube, dass sich der Mensch nicht vor einem Schöpfer-Gott verantworten will. Deshalb glaubt er an eine Theorie, die ihm diese Haltung ermöglicht.

Ausserdem glaube ich, dass die fossilen Zeugnisse vollständig mit einer katastrophalen Zerstörung durch eine weltweite Flut übereinstimmen. Wir haben viel zu lang die Kräfte der Natur unterschätzt. Erst in den letzten Dekaden sind die Geologen (manche von ihnen nur zögernd) zu einem katastrophischen Verständnis vieler geologischer Formationen zurückgekehrt.

Im Juni 1991 ist der Vulkan Pinatubo in den Philippinen ausgebrochen. Er erzeugte eine Aschenwolke von mehr als 38 Kilometer Höhe und 16 Kilometer Breite. Pyroplastische Ströme verwüsteten die Landschaft mit weiterer Asche und Schlammflüssen über Tausende von Quadratkilometern. Der Vulkanausbruch des Krakatau von 1883 (zwischen den indonesischen Inseln Sumatra und Java) war noch grösser; man hörte ihn noch in einer Entfernung von 4600 Kilometern. Einzelne Felsstücke wurden 54 Kilometer hoch in die Atmosphäre geschleudert. 10 Tage nach der Explosion fiel in einer Entfernung von 5300 Kilometern immer noch Staub von diesem Vulkan. Ein Tsunami (Flutwelle) von 30 Metern Höhe wurde erzeugt, welcher sich mit 720 Kilometern pro Stunde quer durch den indischen Ozean bewegte. Vulkanische Nebel umkreisten die Erde und liessen die Sonne blau und grün scheinen.

Am 18. Mai 1980 ist der Vulkan Mount St. Helens im Staat Washington in den USA ausgebrochen. Dies ist wahrscheinlich der am besten dokumentierte Vulkanausbruch. Die Spitze des Bergs wurde weggesprengt. Das hat 387 Quadratkilometer Wald zerstört. Durch die Bewegungen des Berges wurde im Spirit-See eine 270 Meter hohe Welle erzeugt, die etwa eine Million Baumstämme in den See hinein gerissen hat. Viele weitere Bäume wurden durch Schlammströme in tiefere Regionen geschwemmt. Man hat beobachtet, dass einige davon in aufgerichteter Stellung mit den Wurzeln nach unten mit grosser Geschwindigkeit im Schlammstrom mitgerissen wurden.

Das besondere an diesem Ausbruch sind die Beobachtungen, die man anschliessend machte. Bis zu 180 Meter dicke Sedimente wurden sichtbar. Spätere Schlammströme hatten nämlich Täler in diesen ersten Sedimenten herauserodiert, bevor sie hart geworden waren. Die Schlucht des Toutle Flusses, die 1980 entstanden ist, sieht aus wie eine Miniaturausgabe des Grand Canyon im Masstab 1 zu 40. Die Konsequenz davon ist, dass der Grand Canyon nicht vom Fluss Colorado in langsamer Erosion entstanden ist. Alle Beobachtungen stimmen mit einem massiven vulkanischen und sedimentären Ereignis im kontinentalen Massstab überein, das von gewaltigen Dammbrüchen gefolgt war. Wasser und Schlamm bildeten massive Schlammströme. All dies stimmt mit der Beschreibung der grossen Flut in der Bibel überein.

Wenn die Bibel historisch spricht (Literaturexperten sind sich einig, dass das erste Buch Moses geschriebene Geschichte ist), so bin ich der Überzeugung, dass wir ihr vertrauen können.

Referenzen:

1 Day One Publications, Epsom, UK, 1997.

2 Ibid., Ch. 2 «Genesis and Science».

3 Ibid., Appendix A.

4 I. Prigogine, G. Nicolis, and S. Babloyant, «Thermodynamics of Evolution», Physics Today, 25 (11), 1972, 23–8. Nicolis and I. Prigogine, Self organisation in non-equilibrium systems, Wiley, New York, 1977.

5 Ibid.

6 Siemens Review, Vol. 56, part 6, 1989, S. 36–41.

7 siehe R. Dawkins, The Selfish Gene, Oxford University Press, 1989. The Blind Watchmaker, Penguin, 1991. Climbing Mount Improbable, Viking 1996.

8 Evolution, a Theory in Crisis, Adler and Adler, Bethesda, MD, 1986, S. 142–156.

9 M. Behe, Darwin's Black Box, Free Press, NY, 1996, S. 220–221.

10 Stahl, Vertebrate History: Problems in Evolution, McGraw-Hill, NY, 1974, S. 349.

11 Creation Ex Nihilo, 14(1), 1992, 10–12.

12 siehe David Attenborough, Discovering Life on Earth, BBC, London, S. 60–1.

∎ John P. Marcus, Biochemie

Dr. Marcus ist Forscher am Cooperative Research Centre for Tropical Plant Pathology an der University of Queensland in Australien. Er studierte Chemie am Dordt College und biologische Chemie an der University of Michigan. An der gleichen Universität promovierte er in Biochemie. Die gegenwärtige Forschungsarbeit von Dr. Marcus betrifft neue pilzabweisende Proteine und ihre zugehörigen Gene, ihre Anwendung bei Nahrungspflanzen, um diese durch Gentechnik gegen Krankheiten resistent zu machen.

Mein Glaube an die buchstäbliche Sechs-Tage-Schöpfung des Universums stützt sich in erster Linie auf die Lehre der Bibel und auf meine Auffassung, dass die Bibel Gottes Wort und somit die Wahrheit ist. Dieser Glaube hat jedoch nicht zur Folge, dass ich meine Augen vor den wissenschaftlichen Tatsachen verschliesse; im Gegenteil, er öffnet meine Augen, so dass ich in all den Daten einen Sinn erkenne. Es sind zwei Dinge, die meinen Glauben an Schöpfung bestärken, nämlich die klaren Zeichen von Planung in der Natur und die verschwindend geringe Wahrscheinlichkeit für eine zufällige Entstehung des Lebens.

Beweise für Schöpfung

Der Glaube an Gottes Wort wird durch die klaren Beweise einer vorausgeplanten Schöpfung der lebenden Organismen stark bestätigt. In Psalm 104,24 heisst es: «Wie sind deiner Werke so viele o Herr! Du hast sie alle mit Weisheit geschaffen, voll ist die Erde von deinen Geschöpfen.» Gottes Schöpfung reflektiert unmissverständlich die unendliche Weisheit, mit der er geplant und geschaffen hat. Die Ordnungen in den lebenden Systemen und deren unglaubliche Komplexität sind zweifellos ein Beweis dafür, dass die Schöpfung nicht durch ungeordnete Zufallsprozesse entstanden sein kann. Es gibt viele Möglichkeiten, um zu illustrieren, wie schon eine einfache Untersuchung eines Gegenstandes zeigt, ob er geschaffen wurde oder nicht. Man kann leicht herausfinden, ob gewisse Dinge durch zufällige Ereignisse entstanden sind.

Wenn die Archäologen auf eine glatte zylindrische Struktur stossen, deren

Wände überall etwa die gleiche Dicke aufweisen, die einen flachen Boden hat, auf den man sie aufrecht stellen kann, und die oben offen ist, so ist das ein sicheres Zeichen dafür, dass für die Produktion dieses Tontopfes eine intelligente Zivilisation verantwortlich ist. Man muss nur eine einfache Überlegung machen: Es ist offensichtlich, dass eine geordnete Struktur, wie es ein Tontopf ist, nicht zufällig entstehen konnte. Man kann erkennen, dass schon der geringe Anteil an vorhandener Ordnung, der in diesem Tontopf steckt, eine Entstehung durch einen Zufallsprozess praktisch ganz ausschliesst. Die Archäologen wissen, dass Ordnung ein Resultat von Planung ist und der Tontopf daher ein klares Zeichen einer Zivilisation sein muss.

Blicken wir nun auf die Entstehung des Lebens zurück: Konnte es aus unbelebter Materie entstehen? Natürlich ist es nicht dasselbe wie beim Tontopf; die zufällige Entstehung eines lebenden Organismus aus unbelebten Chemikalien ist unendlich mal unwahrscheinlicher als die eines Tontopfes. Lebende Organismen sind so viel komplizierter als ein Tontopf, dass ein angemessener Vergleich gar nicht gemacht werden kann. Gibt es jemanden, der glaubt, dass ein Tontopf tatsächlich durch Zufall entstehen kann? Das könnte höchstens jemand sein, der die Möglichkeit der Existenz einer Zivilisation, die Tontöpfe hervorbringt, strikte ablehnt. Man kann annehmen, dass manche Evolutionisten ebenso strikt einen Schöpfergott ablehnen! Es scheint, dass sie nicht einmal die Frage stellen, ob die Beobachtungen mit Schöpfung übereinstimmen könnten. Sie behaupten ganz einfach, dass alle Erklärungen für die Existenz des Universums aus diesem Universum selbst heraus kommen müssen und nicht von einem Gott, der darüber steht. Im Fall der lebenden Organismen, wie auch im Fall des Tontopfes, lässt die Anwesenheit von Ordnung keinen Zweifel mehr. Es ist klar, dass diese Ordnungen nicht durch Zufall entstanden sind – nicht einmal wenn der Zufall durch die natürliche Selektion unterstützt worden wäre! Die Ordnung in den Lebewesen muss von einer ausserhalb stehenden Intelligenz gekommen sein. Schöpfung bedingt einen Schöpfer.

Es wird oft behauptet, dass die DNS[1] eine Bestätigung für die Evolutionstheorie sei; in Wirklichkeit zeigt die DNS Gottes Handschrift als Schöpfer in machtvoller Weise. Wir wollen die Komplexität dieser wichtigen Komponente der lebenden Systeme betrachten und werden erkennen, wie unbegründet der Glaube ist, dass Leben zufällig entstehen kann. Die DNS ist der primäre Informationsträger in den Lebewesen. Wenn wir die Eigenschaften dieses Moleküls betrachten, kann seine Schönheit und sein wunderbarer Bau kaum überschätzt werden. Es ist die Blaupause der lebenden Zellen und speichert alle Informationen, die zur Ernährung, dem Selbstschutz und der Reproduktion weiterer Zellen nötig sind, ebenso zur Zusammenarbeit mit anderen lebenden Zellen, welche kompliziertere Organismen bilden.

Wenn man die DNS der menschlichen Zelle entwirren könnte und sie wie einen Faden ausspannen würde, würde sie etwa einen Meter lang sein, aber so dünn, dass man sie auch mit dem allerbesten Mikroskop nicht sehen könnte. Man bedenke, dass dieser Strang der DNS in einen viel kleineren Raum als dem Kopf einer Nadel[2] eingeschlossen werden muss und dass dieses kleine Gebilde so viel Informationen enthält, wie im Text von beinahe 1000 Büchern mit je 1000 Seiten[3] enthalten ist. Menschliche Ingenieure hätten die grösste Mühe, nur ein einziges dieser Bücher in diesem kleinen Raum unterzubringen; doch 1000 Bücher im selben Raum übersteigt jede Vorstellungskraft! Keine menschliche Erfindung ist bisher auch nur annähernd an diese kompakte Bauweise und Kapazität eines Informationsspeichers herangekommen.

So eindrücklich wie das DNS-Molekül auch ist, so enthalten die Lebewesen weit mehr als nur die DNS; denn Leben ist nur möglich, wenn die DNS-Blaupause gelesen werden kann und wenn das Gelesene in der komplizierten Maschine einer Zelle in Funktion gesetzt wird. Doch die komplizierte Maschine einer lebenden Zelle benötigt die DNS schon ganz am Anfang, denn die DNS enthält den Ursprung der kodierten Instruktionen, um die «Maschine» aufbauen zu können. Ohne die Einrichtungen in der Zelle gäbe es keine DNS, denn nur sie sind imstande, DNS zu synthetisieren; ohne DNS gibt es aber auch keine dieser Einrichtungen in der Zelle. Weil die DNS und die Einrichtungen in der Zelle voneinander abhängig sind, musste das ganze System gleichzeitig zusammenkommen, sonst wären es nur bedeutungslose Teile und Stücke.

Um die Bedeutung dieser gegenseitigen Abhängigkeit der molekularen Maschinen und der DNS zu betonen, wollen wir einige Proteine (Eiweisse) betrachten. Diese sind direkt an der Umwandlung der Informationen der DNS beteiligt, durch die neue Proteine fabriziert werden. Bevor wir den Prozess und die Proteine beschreiben, welche die Umwandlung der Informationen der DNS zu Proteinen bewerkstelligen, müssen wir folgende Punkte betonen:

1. Jeder einzelne Schritt in diesem Prozess benötigt Proteine, die einmalig und sehr kompliziert aufgebaut sind
2. Diese einmaligen und komplizierten Proteine werden von einem Prozess hergestellt, in dem gleiche Proteine kritisch beteiligt sind

Die Herstellung von RNS[4] aus einer DNS-Vorlage ist der erste kritische Schritt im Prozess der Proteinherstellung. Um RNS zu synthetisieren müssen nicht weniger als fünf verschiedene Proteinketten zusammenarbeiten. Vier von diesen Proteinen bilden den RNS Polymerase-Komplex und das fünfte meldet der RNS Polymerase, wo sie mit dem Ablesen auf der DNS-Vorlage beginnen soll. Dieser Enzym-Komplex muss erkennen, wo man mit dem Kopieren der DNS in die

RNS beginnt; anschliessend muss sie dem DNS-Strang entlanggehen und die einzelnen Bausteine[6] zur wachsenden RNS hinzufügen; zuletzt muss sie noch «wissen», wo der Kopierprozess beendet werden soll.

Es genügt nicht, nur eine Art von RNS zu machen; es braucht drei verschiedene RNS, um die Proteine herzustellen, nämlich Boten-RNS (mRNS), Ribosom-RNS (rRNS) und Transfer-RNS (tRNS). Die Informationen in der DNS Blaupause, welche die benötigten Proteine codiert, werden vom mRNS Molekül übertragen; die rRNS sind ein kritischer Teil der Ribosome (wird weiter unten diskutiert); die tRNS ist verantwortlich für den Transport der einzelnen Aminosäuren an die Stelle, wo sie zu neuen Proteinen zusammengefügt werden. Bevor die tRNS-Moleküle ihre eigentliche Aufgabe erfüllen können, müssen sie mit einer geeigneten Aminosäure beladen werden, um zur richtigen Zeit zur wachsenden Proteinkette beizutragen. Es sind mindestens zwanzig verschiedene Aminoacyl-tRNS Synthetase Proteine nötig, um die richtigen Aminosäuren am zugehörigen tRNS Molekül (mindestens eines für jeden Typ von Aminosäuren) anfügen zu können.

Sind einmal die mRNS, tRNS und rRNS Moleküle synthetisiert, so müssen anschliessend die Informationen von der mRNS auf ein Protein übertragen werden. Das wird von einem grossen Komplex von Proteinen ausgeführt, den man Ribosom nennt. Dieser erstaunliche «Hersteller» von Proteinen besteht aus vielen verschiedenen Proteinen, zusammen mit verschiedenen rRNS-Molekülen. Das Ganze ist in zwei Untergruppen zusammengefasst. In einer einfachen Bakterie wie E.coli bestehen die Ribosome aus etwa 50 verschiedenen Proteinen[7] und drei verschiedenen rRNS!

Die oben erwähnten Reaktionen sind nur die Kernreaktionen im ganzen Prozess der Proteinsynthese. Wir haben die Energiemoleküle noch nicht diskutiert, die mit von der Partie sein müssen, damit viele dieser Reaktionen überhaupt stattfinden können. Woher kommt die Energie, welche die Energiemoleküle vermitteln? Woher nimmt die Zelle die Energie ohne einen dafür geeigneten Mechanismus? Und woher kommt ein Energie-liefernder Mechanismus, wenn nicht von im voraus programmierter Information in der Zelle?

Ein kurzer Überblick zeigt, dass der Prozess der Übertragung von Informationen in der DNS auf die Proteine mindestens 75 verschiedene Proteinmoleküle benötigt. Jedes einzelne von diesen muss zuerst durch einen Prozess synthetisiert werden, an dem die gleichen Moleküle beteiligt sind. Wie konnte dieser Prozess ohne die Gegenwart aller nötigen Proteine beginnen? Konnten alle 75 Proteine durch Zufall gerade am richtigen Ort und zur richtigen Zeit entstehen? Konnte es sein, dass ein Strang von DNS mit der richtigen Information, um die richtigen Proteine zu machen, zufällig am selben Ort war, wie die übrigen Proteine? Und konnte es sein, dass alle nötigen Vorläufermoleküle in reaktionsbereiter Form ebenfalls zur Stelle waren, um den Proteinen zu erlauben, sie am richtigen Ort einbauen zu können?

Man muss nicht betonen, dass es ohne Proteine kein Leben gibt; so einfach ist das. Dasselbe gilt für DNS und RNS. Es sollte klar sein, dass DNS, RNS und Proteine gleichzeitig alle beisammen sein müssen, wenn sie je an einem lebenden Organismus teilnehmen sollten. Das Leben musste voll funktionsfähig geschaffen werden, andernfalls wäre es ein sinnloses Durcheinander gewesen. Wir haben ein echtes «Was war zuerst?»-Problem vor uns. Ich glaube, dass keines der Moleküle zuerst vorhanden war; der Schöpfer plante es und dann schuf er alles Leben durch sein gesprochenes Wort. DNS, RNS und Proteine kamen alle genau zu derselben Zeit. Es ist ausserordentlich schwierig zu verstehen, wie jemand sagen kann, dass dieses erstaunliche, komplizierte Blaupausen-Lese- und Übertragungssystem zufällig entstanden sei.

Sinnvolle Moleküle konnten nicht zufällig entstehen

Wir wollen nun untersuchen, mit welcher Wahrscheinlichkeit auch nur eines der 75 Proteine durch Zufall entstehen konnte. Wir betrachten ein Protein, dessen Grösse unterhalb des Durchschnitts liegt und aus nur 100 Aminosäuren besteht. Wenn alle nötigen linksdrehenden Aminosäuren wirklich vorhanden waren und wenn alle störenden Verbindungen, inbegriffen die rechtsdrehenden Aminosäuren, irgendwie eliminiert waren, und wenn die vorhandenen Aminosäuren irgendwie in der Lage waren, Ketten zu bilden, und zwar schneller als diese normalerweise auseinander fallen, dann sind die Chancen, dass eine korrekte Sequenz von 100 Aminosäuren zustande kommt, wie 1 zu 20^{100}. Das ist die Zahl von 20 Aminosäuren 100mal mit sich selbst multipliziert (die Anzahl Kettenbauteile des Proteins), das gibt $1,268 \times 10^{130}$. Oder 1 zu 12'680'000'000'000' 000'000'000'000'000'000'000'000'000'000'000'000'000'000'000'000'000' 000'000'000'000'000'000'000'000'000'000'000'000'000'000'000'000'000' 000'000'000'000'000!

Um diese Zahl beurteilen zu können, müssen wir einige weitere Berechnungen machen. Leser, die die Unmöglichkeit einer zufälligen Entstehung des Lebens schon eingesehen haben, können den folgenden Abschnitt überspringen.

Wir wählen nun ein sehr grosszügiges Szenario und werden feststellen, dass die Vertreter der Evolutionstheorie bei Wahrscheinlichkeitsüberlegungen trotzdem in eine sehr schwierige Lage geraten. Die Erde hat eine Masse von etwa $5,97 \times 10^{27}$ Gramm. Wenn die gesamte Masse der Erde in Aminosäuren verwandelt würde, gäbe das etwa $3,27 \times 10^{49}$ Aminosäure-Moleküle[8]. Wenn man alle diese Moleküle in Proteine mit 100 Kettenbauteilen[9] zusammenfügen würde, gäbe das $3,27 \times 10^{47}$ Proteine. Weil es $1,27 \times 10^{130}$ mögliche Kombinationen von Aminosäuren in einem Protein mit 100 Kettenbauteilen gibt, ergibt eine Division der Anzahl Kombinationen durch die Anzahl Proteine die Wahrscheinlichkeit für ein einziges funktionales Protein. Das ist 1 zu $3,88 \times 10^{82}$![10]

Auch wenn jedes von den $3,27 \times 10^{47}$ Proteinen mit 100 Kettenbauteilen während der Erdenzeit immer wieder anders zusammengesetzt würde, ist die Chance, dass einmal die richtige Kombination zustande kommt, immer noch weit von der Realität entfernt. Wir nehmen an, dass das evolutionistische Alter der Erde «nur» $1,45 \times 10^{17}$ Sekunden beträgt[11]. Jedes Protein auf dieser hypothetischen Erde müsste sich nun $2,67 \times 10^{65}$ mal pro Sekunde neu formieren, um alle Kombinationen zu versuchen[12]. Diese Protein-Moleküle könnten sich nicht einmal so schnell zerlegen und wieder zusammensetzen, wie es hier nötig wäre; das ist physikalisch unmöglich.

4,6 Milliarden Jahre ist eine extrem lange Zeit, aber ich vermute, dass die Evolutionisten sich noch ein viel höheres Alter für die Erde und das Universum wünschen. Es wird nun klar, warum die Evolutionisten nie schnell bei der Hand sind, wenn es darum geht, die Wahrscheinlichkeit der zufälligen Lebensentstehung zu berechnen. Man bedenke, dass wir nur ein kleines Protein von 100 Kettenbauteilen betrachtet haben. Man könnte die gleichen Berechnungen auf die mindestens 75 Proteine ausdehnen, die wir für ein selbstreproduzierendes System brauchen. Für 75 Proteine derselben Grösse beträgt die Wahrscheinlichkeit für die richtige Reihenfolge aller Proteine 20^{7500} oder $3,779 \times 10^{9700}$ (das stimmt, es sind fast 9'700 Nullen)!

Auch wenn es Ozeane voller Aminosäuren gäbe, die alle Arten von Kombinationen ausprobierten, könnte ein korrekt gebildetes Molekül im indischen Ozean nicht mit einem anderen korrekten zusammenarbeiten, das sich aber im Atlantik befindet. Auch wäre keine Zusammenarbeit von korrekten Sequenzen mit anderen Proteinen möglich, die zwar am selben Ort, aber erst ein Jahr später entstanden sind. In der Tat braucht der Gedanke, dass nur schon ein einziges richtiges Protein durch Zufall entstehen konnte, viel Glauben, der obige Zahlen nicht verstehen kann oder will. Man kann sich sogar fragen, ob solche Gedanken noch etwas mit mit Wissenschaft zu tun haben.

Es ist kein Wunder, warum die Evolutionstheoretiker keine bestimmten Szenarien vorlegen können, die erklären, wie Leben aus leblosen Chemikalien entsteht. Die herumgebotenen Geschichten sind wie Märchen, die man mit etwas Wissenschaft garniert hat. In einem verbreiteten Biochemie-Schulbuch wird zugegeben, dass es keine wirklichen Beweise für den Übergang vom Leblosen zum Lebenden gibt:

«Unser hypothetisches Nukleinsäuren-Synthese-System ist daher etwas analoges zum Gerüst, das beim Bau eines Gebäudes gebraucht wird. Wenn das Gebäude fertig ist, wird das Gerüst entfernt, so dass man keine Spuren mehr von ihm findet. Die meisten Feststellungen in diesem Abschnitt müssen daher als intelligente Vermutung betrachtet werden. Ohne das Ereignis als Zeuge miterlebt zu haben, werden wir kaum je sicher wissen, wie das Leben entstanden ist»[13].

Wie reagieren die Evolutionisten auf die Null-Wahrscheinlichkeit einer zufälligen Lebensentstehung? Der Text aus dem Biochemiebuch, den wir oben zitiert haben, stellt zuerst die Frage, dann beantwortet er sie: «Wie ist das Leben entstanden? Die Antwort ist, dass es höchstwahrscheinlich auf der molekularen Ebene durch das Darwin'sche Prinzip des Überlebens des Tüchtigsten geleitet wurde.»[14] Dazu muss man betonen, dass die natürliche Selektion erst dann wirken kann, wenn funktionierende, selbstreproduzierende Moleküle vorhanden sind. Wir haben bereits gesehen, dass solche Systeme nicht durch Zufall entstehen können. Das Leben muss am Anfang in seiner Ganzheit geschaffen worden sein, gerade so, wie es uns Gott sagt.

Bemerkungen und Referenzen:

1 DNS ist die Abkürzung für Desoxyribonukleinsäure.

2 nämlich mit einem Durchmesser von einem hundertstel Millimeter.

3 In einer der beiden Kopien der DNS in der menschlichen Zelle sind 3×10^9 Basenpaare (genetische Buchstaben) enthalten.

4 RNS ist die Abkürzung für Ribonukleinsäure, die der DNS sehr ähnlich ist, aber im Zucker – «Rückgrat» ein zusätzliches Sauerstoffmolekül enthält.

5 Diese Zahl gilt für «einfache» prokariotischen Systeme; in den komplizierteren eukariotischen Systemen sind nicht nur mehr Proteine am Aufbau der RNS beteiligt (9–11 Proteine), es gibt auch drei verschiedene RNS Polymerase Komplexe, die für die Synthese der verschiedenen RNS spezialisiert sind, eingeschlossen mRNS, rRNS, und tRNS.

6 Diese Bausteine sind die Triphosphate ATP, GTP, UTP und CTP. Diese Bausteine sind relativ komplizierte Chemikalien und benötigen Energie, Vorläufer-Chemikalien und Proteine, um bei der RNS Synthese verfügbar zu sein.

7 Diese Zahl gilt für Prokarioten; bei den Eukarioten sind 73 verschiedene Proteine beteiligt und 4 rRNS.

8 Wenn man die Masse der Erde von $5,9728 \times 10^{27}$ Gramm dividiert durch 110g/mol, der mittleren Masse von Aminosäuren, findet man $5,4289 \times 10^{25}$ mol Aminosäuren; diese Zahl wird mit der Avogadro-Zahl ($6,023 \times 10^{23}$) multipliziert, um zur Zahl der vorhandenen Aminosäure-Molekülen zu kommen.

9 d.h. Proteine, von denen jedes 100 Aminosäuren enthält. Dieses Protein ist kleiner als die meisten Proteine, die in der Natur vorkommen.

10 die Anzahl der möglichen Sequenzen ($1,268 \times 10^{130}$) dividiert durch die Zahl der vorhandenen Proteine ($3,27 \times 1047$) = $3,88 \times 10^{82}$.

11 60 Sekunden pro Minute x 60 Min/h x 24 h/Tag x 365,26 Tage/Jahr x 4,6 Milliarden Jahre = 1,45 x 1017 Sekunden.

12 1,268 x 10^{130} Sequenzkombinationen, die ausprobiert werden müssen, dividiert durch 3,27 x 1047 Proteine, die neu zusammengesetzt werden müssen, = 3,88 x 10^{82} neue Kombinationen, die für jedes Protein mit 100 Kettenbauteilen nötig sind, wenn alle Kombinationen versucht werden müssen. 3,88 x 10^{82} neue Kombinationen pro Protein dividiert durch 1,45 x 10^{17} Sekunden = 2,67 x 10^{82} neue Kombinationen pro Protein pro Sekunde. Das ist ein extreme Vereinfachung, denn man nimmt dabei an, dass bei jeder 100-teiligen Kette eine Kombination nur einmal versucht wird und nie zweimal, dass aber doch alle Möglichkeiten durchgespielt werden.

13 D. Voet und J.G. Voet, Biochemistry, John Wiley and Sons, USA, 1995 p 23.

14 siehe (13)

▌Nancy M. Darrall, Botanik

Dr. Darrall ist Sprachtherapeutin am Bolton Community Health Care Trust in England. Sie studierte landwirtschaftliche Botanik an der University of Wales und schloss mit Auszeichnung ab. Den Doktor in Botanik erwarb sie sich an der University of Wales in Aberystwyth und den Master of Science in Rede- und Sprachpathologie und -Therapie an der University of London. Während 14 Jahren arbeitete Dr. Darrall auf dem Gebiet der Umweltforschung am National Power, Technology and Environmental Centre in Leatherhead. Sie befasste sich dort mit dem Einfluss der elektrischen Stromerzeugung auf die Umgebung, speziell mit den physiologischen Wirkungen von gasförmigen Luftverunreinigungen auf die landwirtschaftlichen Produkte und Bäume.

Im Norden von England gibt es in der kleinen Industriestadt von Helmshore ein bestimmtes Gras, das bei Experten im Bereich von Luftverunreinigungen weltweit Berühmtheit erlangte. Es sieht ganz ähnlich aus, wie jedes andere Gras derselben Art, nämlich Lolch (Weidelgras) – oder *Lolium perenne* für den Biologen – doch gibt es gewisse Unterschiede, die es diesem Gras ermöglichten, in einer hoch mit Schwefeldioxyd verunreinigten Umgebung der Schwerindustrie zu überleben. Ähnliche Gruppen von verschiedenen einzelnen Arten überlebten in industrialisierten Gebieten trotz hohem Gehalt des Bodens an Blei und Zink. Viele Autoren von wissenschaftlichen Papieren haben diese Beobachtungen mit einer Evolution der Resistenz gegen Verunreinigungen erklärt.

Als Biologin, die in der Erforschung von Luftverschmutzung arbeitete, hatte ich gute Gelegenheit, viele dieser Arbeiten zu studieren, z.B. Bell und Mudd (1976), Horsman et al. (1978), Roberts et al. (1983), Taylor (1978), Bradshaw und McNeilly (1981). Ihre Kommentare lauten: «Die fast universelle Entstehung von metallresistenten Populationen an den Abwässern von Minen zeigt die bemerkenswerte Kraft der natürlichen Selektion der Evolution als Antwort auf Umweltveränderungen: Evolution in Aktion!» – Stimmt das wirklich? Können solche Beispiele als Beweise dafür gelten, dass sich alles Leben durch Mutationen und natürliche Selektion entwickelt hat? Ich meine, dass es heute zu viele wissenschaftliche Tatsachen gibt, die eine Bejahung dieser Frage bezweifeln lassen.

Ich möchte nun besonders jene Gebiete diskutieren, die meine eigenen Perspektiven über die Entstehung der Lebewesen beeinflusst haben:
- der Charakter Gottes
- die Tatsache der nicht reduzierbaren Komplexität
- die Entstehung von Information
- die Wahrscheinlichkeit der Entstehung neuer Arten

Die Komplexität der natürlichen Welt ist offensichtlich; die Entstehung dieser Komplexität, sei es durch Evolution oder Schöpfung, erfordert eine sorgfältige Prüfung der Informationen aller Quellen. Die Quintessenz der Neo-Darwin'-schen Evolution besteht darin, dass neue Arten, neue Formen, neue Organe wie Augen, Flügel, Ohren, durch Zufall entstehen können. Darüber hinaus soll das Leben spontan aus chemischen Stoffen entstanden sein und habe sich über Millionen von Jahren durch die Prozesse der Mutationen und natürlichen Selektion zu all den verschiedenen Lebensformen entwickelt. Der Ursprung des Lebens sei Materie und nur Materie; alles andere sei unbedeutend und unnötig, definitionsgemäss schon von Anfang an aus der Debatte ausgeschlossen (Johnson 1995). Dieser Prozess sei ungeführt und unvernünftig und in seinem Resultat unvorhersagbar; der Mensch sei das Resultat eines sinnlosen natürlichen Prozesses, der ihn nicht geplant habe (Simpson 1967).

Evolution – etwas Besonderes

Während meiner Universitätszeit studierte ich landwirtschaftliche Botanik und reine Botanik; es gab keine Kurse in Evolution. Ich studierte die Natur der DNS, die Gene und Chromosomen, weiter schaute ich mir die Wirkungen der Gene in Individuen und Populationen an und die Übertragung von genetischer Information auf die nachkommenden Generationen. Wir lernten, die Pflanzen mit traditionellen Methoden und modernen Techniken zu klassifizieren. Der Professor, der in diesem Kurs lehrte, sagte, dass die Evolutionstheorie keine neuen Techniken oder Methoden für die Konstruktion der Klassifikationen geliefert habe, und dass spekulative Versuche, neue Stammbäume oder Systeme zu konstruieren, nicht viel Brauchbares geliefert hätten. Sie würden den Prozess der Taxonomie eher behindern (Heywood 1967).

In der Ökologie wurden die komplizierten Beziehungen zwischen Pflanzen und Tieren in verschiedenen Umgebungen erforscht und die Evolution dieses komplexen Gewebes von Beeinflussungen wurde als eine Tatsache gelehrt.

Doch um diese Behauptung zu stützen, wurden auf keinem Gebiet experimentelle oder beobachtete Beweise geliefert oder theoretische Argumente vorgebracht. Bei anderen Themen – Pflanzenanatomie, Biochemie, Physiologie, Feldfrüchte, Pflanzenzucht, Pflanzenschädlinge und Krankheiten – wurde das Thema der Evolution nicht erwähnt. Es ist klar, dass die ganze Komplexität aller dieser Studiengebiete für sich selbst stehen kann und sich ohne die Evolutionsbasis entwickelt, von der behauptet wird, sie untermauere alle Gebiete der biologischen Wissenschaften. Wenn die neuesten wissenschaftlichen Texte als Masstab genommen werden, so hat sich in der Biochemie und den biologischen Wissenschaften bis heute nicht viel verändert.

Geplant, bezweckt und gebaut

An der Universität hatte ich auch Gelegenheit, vom systematischen Studium des biblisch-christlichen Glaubens zu profitieren. Schon bevor ich zur Universität ging, war ich Christin und kannte Gottes Retterkraft. In dieser Zeit entwickelte sich besonders mein Verständnis für den Charakter Gottes. Dann kam ein Punkt, an dem ich die Unvereinbarkeit zwischen dem Gott der Bibel und der Natur eines Gottes, der mit dem Evolutionsprozess übereinstimmt, feststellte. Evolution zusätzlich verknüpft mit dem Glauben an Gott ist unbefriedigend und widerspricht der Offenbarung des biblischen Gottes. Das übernatürliche, sinnvolle Wesen der Bibel, das allmächtig ist, der Ursprung aller Dinge, inbegriffen aller materiellen Objekte, alles Geplante, alle Gesetze, welche die Natur regieren, all das müsste weichen. Ich müsste einen in seiner Macht begrenzten Gott anerkennen; denn viele Dinge könnten unabhängig von seinem Willen entstehen. Die Ergebnisse wären nicht unbedingt nach seiner Absicht und eine autonome, selbständige Natur könnte auch etwas ganz anderes hervorbringen.

Gott plante, bezweckte und baute ein vollkommenes Resultat, nämlich die Welt, wie er sie ursprünglich schuf. Er erreichte das mit vollkommenen Mitteln, mit makelloser Präzision (Tozer 1961). Schöpfung ist ein Ausdruck Gottes und reflektiert daher den Charakter Gottes. Wenn ich aber mit dem Prinzip der Evolution übereinstimmen will, müsste ich auch eine Weisheit anerkennen, die in der Natur, in der Materie, in Molekülen und Prozessen der natürlichen Welt vorhanden wäre, welche Gottes Anfänge verändert oder verbessert hätte. Das wäre eine Bejahung der Sicht des Neodarwinismus, dass Wissenschaft der einzige zuverlässige Weg zur Erkenntnis sei. Konsequenterweise müsste ich anerkennen, dass die Wissenschaft das Monopol für die Produktion von Erkenntnissen hat, und dass die Grenzen der Wissenschaft ebenfalls die Grenzen des Wissens und der Realität sind. Ein Gott, der allwissend ist und der unsere Erlösung vor Grundlegung der Welt geplant hat, kann es neben einer naturalistischen Interpretation der Welt nicht geben. Bestenfalls könnte man einen Gott zulassen, der als entferntes Wesen die Welt in Gang setzte und nun hilflos daneben steht und zusehen muss, wie sich die Dinge entwickeln. Dann könnte ich die Bibel auch nicht mehr als irrtumslose Quelle von Erkenntnissen über Gott anerkennen.

Die Berichte über Gottes Umgang mit den Menschen, dem Ursprung der Sünde und des Leidens wären lediglich traditionelle Geschichten, unbedeutend für die heutige Welt, denn wir hätten uns dann über Gottes Pläne hinaus entwickelt.

Die historischen Aufzeichnungen in den ersten Kapiteln des ersten Buches Mose, welche über die Erschaffung von Adam und Eva berichten, von der verdorbenen natürlichen Welt und dem Tod als Folge des Sündenfalls, wären dann auch unannehmbar. Sie müssten durch eine evolutionäre Sicht der Entwicklung von Tieren und Pflanzen ersetzt werden, durch graduelle Verbesserungen nach oben zu besseren Dingen. Das wäre der Todesstoss für die Autorität des Neuen Testaments, denn dessen Autoren benützen die Geschichtlichkeit der ersten Menschen als Basis für ihre Argumente in Bezug auf die Errettung der Menschen und das Gericht.

Weil mein christlicher Glaube ein Teil meines täglichen Lebens ist, war es mir nicht möglich, den Glauben an einen separaten Raum zu delegieren, abgetrennt von meinen Beobachtungen und meinem Verständnis der Wissenschaft. Professor Edgar Andrews hat die Unlogik einer Teilung zwischen Glaube und Wissenschaft in seinem Buch «Christus und der Kosmos» (1986) diskutiert. Ich fand seine Argumente zur Klärung meiner eigenen Position hilfreich. Er schreibt, dass wir wissenschaftliche Informationen sammeln, indem wir Beobachtungen machen und Experimente durchführen, und so unsere natürlichen Sinne brauchen. Auf Grund der gesammelten Informationen versuchen wir dann mit unserem Denken ein Verständnis der natürlichen Welt zu entwickeln. Doch zugleich schliessen wir in diesem Verständnis die Kenntnis von geistlichen Dingen aus. Unsere fünf Sinne ermöglichen uns die Beobachtung der natürlichen Welt, der Glaube ermöglicht uns hingegen die Beobachtung des geistlichen Bereichs von Gott. Um unser geistliches Verständnis zu entwickeln, brauchen wir unseren Glauben.

Wir können den Glauben nicht isoliert anwenden; unser Verstand sieht die Informationen; unsere Glaube führt uns zu einem geistlichen Verständnis. Der Verstand beeinflusst den Glauben und die Informationen, was zum geistlichen Verständnis führt, gerade so wie der Verstand auf die Wahrnehmungen der fünf Sinne einwirkt, um unser Verständnis für die Art und Weise, wie die natürliche Welt heute funktioniert, zu entwickeln. Der Glaube ist kein alternativer Weg zu einer anderen Erkenntnis, die keinen Bezug zur materiellen Welt hat, in der wir leben. Beide Wege führen zu Erkenntnissen. Immerhin kommen wir bei der Anwendung von Verstand plus Glaube plus Information zu einem umfassenderen Verständnis von Gottes Werken in der Welt, der «Weisheit Gottes». Ich realisierte, dass seine Werke in der natürlichen Welt ebenso ein Bild seines Charakters widerspiegeln, wie sein Umgang mit den Menschen. Sie stimmen auch mit seiner direkten Offenbarung durch die Schrift überein, wenn dies auch nicht vollkommen der Fall ist. Wenn man glaubt, dass Gott die Welt durch Evolution geschaffen hat, würde das bedeuten, dass der Gott der Bibel zugunsten eines niedrigeren Wesens zur Seite getreten wäre. Ich war nicht bereit, eine solche Konsequenz zu ziehen. Ich begann von neuem, die Beweise zu studieren und die Argumente für die Evolution überprüfen, ebenso jene für die Schöpfung durch eine intelligente Instanz.

Eine neue Technik der Überprüfung?

Ein Argument, das mir speziell hilfreich erschien, kam seitens der Informationstheorie (Wilder-Smith, 1981). Ein wesentlicher Unterschied zwischen den lebenden und den toten Dingen ist die Fähigkeit zur Fortpflanzung. Dies wird durch die genetische Blaupause möglich, die Gene, die sich in allen Zellen der Lebewesen befinden. Normalerweise bestehen sie aus der DNS. Die Entdeckung der Struktur dieses Moleküls ist eine der grossen Errungenschaften der Wissenschaft unserer Zeit. Die DNS-Stränge, gebildet aus einer bandförmigen Struktur, den Chromosomen, werden vor der Zellteilung verdoppelt. Die Kopien werden den nachfolgenden Generationen weitergegeben, welche dann dieselben Formen und Funktionen, Anatomie, Physiologie und Biochemie, wie ihre Vorfahren entwickeln. Dreiergruppen von Code-Bausteinen sind die Basis der DNS, ganz ähnlich, wie die englische Sprache 26 Buchstaben im Alphabet hat. Diese Buchstaben werden auf verschiedene Art kombiniert, so dass man damit unterschiedliche Dinge ausdrücken kann, wenn man den Code versteht.

Die Code-Bausteine in den Genen enthalten die Instruktionen, um Ketten von Aminosäuren zu bilden, welche die Grundlage zum Bau der Proteine bilden. Viele dieser Proteine sind Enzyme, welche die biochemischen Reaktionen katalysieren (begünstigen), um die anderen Bestandteile der Zelle aufzubauen.

Die Doppelhelix der DNS ist gleich dem Papier und der Tinte meines Biologie-Lehrbuchs. Jeder, der schon einmal in einer Prüfung vor einem unbeschriebenen Blatt Papier gesessen hat, weiss, dass es etwas mehr braucht als Papier und Tinte, um die Prüfung zu bestehen. Wir brauchen Ideen, Konzepte, Pläne, Zweck, Erinnerung an die Unterrichtsstunden, mathematische Formeln – mit anderen Worten: Information – um das Papier auszufüllen. Enthält das Papier und die Tinte bereits diese Ideen? Ein zufälliges Ausschütten von Tinte kann zwar auf einem Papier ein interessantes Muster von Punkten, Linien oder Kreisen ergeben, aber wir finden hier keine Information. Ebensowenig finden wir Informationen, wenn ein Zweijähriger sich dazu entschliesst, die Tapete mit einem Filzstift zu verkritzeln. Wenn wir hingegen etwas Geschriebenes auf einem Papier sehen, dann erwarten wir, dass es uns beim Lesen Informationen liefert. Warum ist das so? Im Gegensatz zum Zweijährigen, der mit seinem Filzstift die Tapete verschmierte, ist es eine planerisch denkende Person gewesen, welche die Informationen auf das Papier geschrieben hat. In Bezug auf die Materialien, die man brauchte, gibt es keinen Unterschied zwischen ausgeschütteter Tinte auf einem Papier und einem mit Tinte beschrieben Papier. Aber auf dem einen Papier befindet sich Information, auf dem andern nicht. Woher kommt die Information? Ist sie die Eigenschaft der Materialien, des Papiers und der Tinte? Mancher Student, der sich in einer Prüfung befindet, wünscht sich das! Die Information ist jedoch kein Produkt von Papier oder Tinte, sondern vom denkenden Geist, der die beiden Materialien organisierte. Es gibt Absicht, Zweck, Planung und Sinn, die in den Geraden, den Kurven und Kreisen von Tinte enthalten sind, welche die Buchstaben formen.

Nehmen wir zum Beispiel ein Blatt Papier, auf dem die Worte stehen: «Hans bestand die Mathematikprüfung». Wir könnten dieselbe Information weitergeben, indem wir diese Worte mit dem Finger in den Sand schreiben. Wir brauchen dann sogar nur ein einziges Material, nämlich Sand, aber die Botschaft ist dieselbe. Sie ist keine Eigenschaft des Sandes. Wir können diese Botschaft auch durch sprechen weiter geben. Wörter sind Vibrationen der Luft im Mund und Rachen nach einem ganz bestimmten Muster. Die Botschaft ist nicht eine Eigenschaft der Vibrationen oder der Wörter. Angenommen, sie würde mit deutschen Wörtern gesprochen, dann sind diese Worte lediglich der deutsche Code für ihre Bedeutung. Wir könnten ebensogut eine andere Sprache für die Weitergabe der Information benützen, oder eine Zeichensprache. Bei der letzteren wäre gar kein Material nötig, nur die Bewegungen der Hände. Die Information ist nicht in den Händen oder dem Gesicht, sie wird durch die Befehle für das Zusammenziehen und Loslassen der Muskeln der Hände codiert.

Wir wollen uns noch einmal dem Studenten zuwenden, der in der Prüfung sitzt. Wenn er die Hälfte seiner Prüfung geschrieben hat und anschliessend nicht mehr weiter weiss, hilft es ihm nicht, wenn er die bereits geschriebene Hälfte kopiert oder deren Worte irgendwie umstellt. Er erhält dafür keine bessere Note. Er müsste aus seinem Gehirn mehr Informationen herausholen. Dasselbe lässt sich auf die Informationen übertragen, die in den Genen codiert sind. Die DNS ist nichts Spezielles; sie ist nur eine Sammlung von Molekülen, wie Papier und Tinte. DNS-Moleküle können aufgereiht und kopiert werden, auch wenn sie keine Information enthalten. Es braucht einen denkenden Geist, der die Zellen der Lebewesen plante und dann diese Planung in codierter Form in die DNS hinein schrieb, so dass jeder Organismus funktionieren und sich fortpflanzen kann. Wenn ein anderer Organismus mit neuen und anderen Strukturen gemacht werden soll, so müssen neue codierte Informationen hinzugefügt werden. Eine Kopie des bereits vorhandenen Teiles der Informationen nützt der Pflanze oder dem Tier genau so wenig wie dem Studenten, der in der Mitte der Prüfung stecken bleibt.

Die guten Argumente scheitern

Dawkins, ein führender Vertreter der Evolutionstheorie, verwendete in seinem Buch (Der blinde Uhrmacher, 1986) und während einer Fernsehpräsentation einen Computer, um die schöpferische Kraft der natürlichen Selektion und die Erzeugung neuer Informationen zu zeigen. In einer der Demonstrationen wird die Entstehung des Satzes «Sein oder nicht sein» aus Hamlet vorgeführt. Damit wollte er angeblich ein kurzes neues Stück genetischen Code nachbilden: Die Anzahl von Stellen des Satzes «Sein oder nicht sein» wird mit einer zufälligen Folge von Buchstaben des Alphabets gefüllt. Dann werden einzelne Buchstaben durch andere ersetzt, bis ein passender an der richtigen Stelle erscheint. Schon nach kurzer Zeit entsteht der Satz auf dem Bildschirm. Dawkins argumentierte dann, es sei nach langer Zeit möglich, dass durch den Prozess der Evolution neu codierte Information entstehen konnte, die zur Bildung von neuen Strukturen und neuen Arten benötigt werde. Er brauchte auch Computergraphiken, um die Entstehung neuer Tier-Strukturen zu demonstrieren. In dieser Diskussion unterschlug er allerdings etwas Wichtiges, nämlich: die Information war in beiden Beispielen schon vorher vorhanden.

Im ersten Beispiel war der Zielsatz «Sein oder nicht sein» schon im Speicher des Computers. Alles, was noch nötig war, war ein Vergleich zwischen den Buchstaben des Zielsatzes und den zufällig eingesetzten Buchstaben. Im zweiten Beispiel war die neue Form in seinem intelligenten Geist bereits vorhanden und er leitete den Prozess. In scharfem Kontrast zu seiner Absicht hat er damit eine kraftvolle Demonstration dafür geliefert, dass ein intelligenter Konstrukteur am Werk sein musste.

Ich finde das Argument von der Entstehung neuer Informationen sehr treffend. Aber es werden viele Beispiele angeführt, in denen man sagt, dass neue Eigenschaften entstanden seien, zum Beispiel beim Birkenspanner, bei der Evolution der Widerstandsfähigkeit gegen Verschmutzungen, der Immunität gegen Antibiotika und die Sichelzellenanämie. Während der Zeit der Schwerindustrie sind in England beim Birkenspanner viele dunkel gefärbte Falter aufgetreten;

doch eine kleine Anzahl dunkler Falter hat es immer gegeben (Kettlewell 1958). In gleicher Weise enthalten die Pflanzenpopulationen auch solche, die in einer verunreinigten Umgebung besser überleben können. Sie haben in ihrer Struktur und dem Stoffwechsel geringe Unterschiede, wie das bereits diskutiert wurde. Diese Unterschiede werden über die Gene vererbt. Wenn eine Mischung von Samen in einer verunreinigten Gegend ausgesät wird, werden die widerstandsfähigeren überleben und die weniger widerstandsfähigen zugrunde gehen. Es kann auch sein, dass die weniger widerstandsfähigen schwächer sind und weniger Samen produzieren. Dies ist ein gutes Beispiel von natürlicher Selektion, wie sie auf einen bestehenden Genpool einwirkt und so auf die Veränderung der Umwelt reagiert.

Doch diese Art von natürlicher Selektion sagt uns nichts über die Entstehung der Gene, auch nicht, ob sie nun durch Mutationen entstanden seien oder durch Variationen innerhalb der Art. Es sagt uns nichts über den Ursprung der Pflanzenart. Es ist nichts anderes als die Auswahl von roten Bonbons aus einer Mischung; denn es ist nichts Neues in den Genen entstanden, keine neue Information. Es sind viele solcher Beispiele bekannt: Klee, der entweder im Winter oder im Sommer blüht, Variationen zwischen Populationen von Schafgarben in einem Tal der Sierra-Nevada-Berge in Zentralkalifornien und Reispopulationen, die in mehreren Generationen in verschiedenen Breitengraden von Japan angepflanzt wurden (diskutiert in Bradshaw and McNeilly 1981). Ist das Evolution? Nein, es ist nicht das, was Darwin damit gemeint hat oder jeder der heutigen Befürworter der Theorie, so wie Dawkins (1986) oder Simpson (1967). Warum nicht? Weil keine neue Struktur, kein neues Organ erschienen ist. Wir haben hier nur eine Veränderung von etwas, das es schon gegeben hat. Wir könnten eine solche Veränderung als *Mikroevolution* bezeichnen; doch dies ist eine unbefriedigende Bezeichnung, denn aneinander gereihte Mikroevolutionen können keine eigentliche Evolution hervorbringen; es entsteht dabei nichts Neues, auch nichts «Mikro»-Neues.

In einem anderen Beispiel beobachtete man Veränderungen in den Genen von Individuen. Spetner (1997) diskutiert in seinem Buch «Not by Chance» die Einzelheiten, die bei Bakterien zu einer Resistenz gegen Antibiotika führten. Wir wollen dies hier zusammenfassend beschreiben. Ein Beispiel der Resistenz gegen Antibiotika, das auf eine Veränderung in den Genen zurückzuführen ist, betrifft das Antibiotika Streptomycin. Dieses Molekül arbeitet durch Störung der Proteinherstellung innerhalb der bakteriellen Zelle. Das geschieht in der Zelle durch das Anheften des Streptomycin-Moleküls, und zwar an der Stelle wo das Protein produziert wird. Die Produktion des Proteins wird dabei nicht unterbunden, aber das Streptomycin stört die Resultate. Das Bakterium kann an dieser Stelle nicht mehr die richtige Aminosäure in die Kette einsetzen. Eine falsche Aminosäure kann eingesetzt werden, so dass ein falsches Protein entsteht. Das falsche Produkt kann die Aufgabe in der Zelle nicht erfüllen, die Zelle kann nicht wachsen, sich teilen und multiplizieren, so dass die Infektion verschwindet. Wenn eine Bakterie gegenüber Streptomycin resistent wird, hat in der DNS eine Mutation stattgefunden, so dass das Streptomycin nicht mehr an der richtigen Stelle anhaften kann, wo der Herstellungsprozess des Proteins gestört wird. Die Veränderung kann an verschiedenen Stellen des Gens eintreten, hat aber immer dieselbe Wirkung. Das Bakterium hat in seinem Gen eigentlich Information verloren. Die DNS enthält nicht mehr alle nötigen Informationen, um das richtige Protein zu produzieren. Das Bakterium ist zwar nicht mehr in der Lage, sich effektiv zu vermehren und zu wachsen wie vorher, aber es ist gegen das Antibiotikum resistent geworden.

Ähnliche Veränderungen gibt es im Beispiel der Sichelzellenanämie. Man findet diese in den Gegenden der Welt, wo es Malaria gibt (Cavalli-Sforza and Bodmer 1971). Durch eine Mutation wird die Zusammensetzung des Hämoglobins verändert, das den Sauerstoff in den roten Blutzellen transportiert. Als Folge davon werden die roten Blutzellen sichelförmig. Dadurch kann der Malariaparasit nicht mehr länger in den roten Blutzellen leben und wachsen. Der betreffende Mensch erkrankt nun nicht mehr an Malaria. Wieder ist diese Veränderung mit einem Verlust von Informationen verbunden. Die Fähigkeit, die richtigen Moleküle zusammenzufügen, damit die rote Blutzelle gut funktioniert, ist verlorengegangen. An deren Stelle wird eine minderwertige Form hergestellt (Ling 1992).

Diese Beispiele enthalten überzeugende Beweise für Veränderungen, bei denen im Gen eines Lebewesens keine neue Information hinzugefügt wird, in einigen Fällen das Gegenteil – das Gen verliert Informationen. Dawkins wurde gefragt, ob er ein Beispiel für eine Veränderung eines Organismus geben könne, bei dem Information hinzugefügt wurde. Er war nicht in der Lage dazu (Keziah 1997). Spetner betont, dass «die Unfähigkeit, auch nur ein einziges Beispiel einer Mutation zu nennen, die Information hinzufügt, mehr bedeutet, als nur fehlende Unterstützung der Theorie. Es ist ein Beweis gegen die Theorie».

Die Wahrscheinlichkeit einer neuen Art – möglich oder nicht?

Ein weiteres Argument gegen Evolution kommt von Spetners (1997) Berechnungen zur Wahrscheinlichkeit der Entstehung einer neuen Art. Schon viele Autoren haben dieses kontroverse Thema der Evolution in der Vergangenheit behandelt. Aber Spetner braucht als Grundlage für seine Berechnungen Daten, die er der wissenschaftlichen Literatur entnommen hat. Er berücksichtigt die Schätzungen über die Wahrscheinlichkeit einer Mutation, die Anzahl der nötigen Generationen in jedem Schritt zur neuen Art und einen geschätzten Wert der Anzahl von nötigen Schritten, um zu einer neuen Art zu gelangen. Er nimmt an, dass bei jedem Schritt Informationen zum genetischen Code hinzu kommen, und dass schon die geringste mögliche Veränderung im genetischen Code vorteilhaft ist. Beides sind unbewiesene Annahmen, welch ganz stark zu Gunsten der Evolutionstheorie ausgelegt sind, wie das der Autor auch sagt, aber sie sind nötig, um die Berechnung überhaupt machen zu können. Dann schätzt er die Wahrscheinlichkleit, dass eine typische vorteilhafte Mutation auftreten kann und sich in der Population ausbreitet. Mit diesen Voraussetzungen berechnet er die Wahrscheinlichkeit der Entstehung einer neuen Art, unter der Annahme, dass jeder Kopierfehler jeweils zu einem Vorteil führt. Die Wahrscheinlichkeit, die er fand, war extrem klein und die dagegen sprechenden Möglichkeiten extrem hoch.

Kein Evolutionsvertreter, dem man die Berechnungen vorlegte, war in der Lage, diese zu widerlegen. Einige haben gewisse Annahmen verändert, was in einigen Stufen die Wahrscheinlichkeit erhöhte, aber immer noch völlig ungenügend war, um die Evolutionstheorie akzeptabel zu machen.

Nicht reduzierbare Komplexität – alles oder nichts

Ein weiterer Einwand zur Neo-Darwinistischen Evolution kommt von der Wahrnehmung der Komplexität der Lebewesen. Auf der biochemischen Ebene sind mir einige komplizierte Zusammenhänge im Stoffwechsel der Lebewesen bekannt. Trotz mehrjähriger Forschungstätigkeit blicke ich immer noch staunend auf die Karte der biochemischen Pfade in den Zellen. Diese Karte hat die Grösse eines grossen Posters und ist mit kleiner Schrift beschrieben, welche die verschiedenen Pfade bezeichnen, welche die Moleküle, die für die Zellfunktionen nötig sind, synthetisieren. Der Herausgeber muss diese Karte in regelmässigen Abständen auf den neuesten Stand bringen, da man immer wieder Neues über die biochemischen Prozesse in den Zellen dazu lernt. Biochemische Pfade sind allerdings etwas ganz anderes als Pfade, die von einem Berg in verschiedenen Richtungen hinunter führen; sie bilden eher ein Netzwerk. Die meisten Pfade sind stark mit anderen Pfaden verknüpft und die Menge der Produkte (Metabolismus) kann die Aktivität des Pfades oder anderer Pfade unterbinden oder verstärken. Bestimmte Produkte werden synthetisiert, die von den Pfaden gebraucht werden, um ganz andere Produkte zu erzeugen. All das bildet ein kompliziert ausgewogenes Gewebe von biochemischen Prozessen innerhalb der Zelle.

Es wäre sehr schwierig, einen völlig neuen Pfad in das Netzwerk einzubauen. Dies wäre aber bei einem Organismus nötig, der sich durch Evolution verändern soll. Nicht genug damit, denn man kann sich nur schwer vorstellen, wie eine graduelle Entwicklung eines so komplexen Systems möglich ist. Für jeden Pfad, der funktionsfähig bleiben muss, sind viele andere Pfade ebenfalls noch da, die auch funktionsfähig bleiben müssen.

Behe (1996) schreibt, dass viele biochemische Systeme das Resultat einer intelligenten Planung sind. Seine Kriterien sind ein Beweis für hochspezifische nicht reduzierbar komplexe Systeme – die Ordnung von einzelnen zusammenpassenden Komponenten, um zu einer Funktion zu kommen, die über das hinausgeht, was irgend eine der Komponenten für sich selbst machen kann. Er braucht das Beispiel einer Mausefalle als einfacher Analogie. Auf der Unterlage eines Holzbrettchens sind verschiedene Teile befestigt:

Ein metallener Bügel	wird die Maus festhalten und töten
Eine Feder	wird den Bügel schnell bewegen, damit dieser seine Aufgabe erfüllen kann
Ein Rückhaltestab	hält den Bügel zurück, wenn die Falle gestellt wird
Eine Falle	sie ist so empfindlich, dass sie bei kleinstem Druck der Maus, welche den Köder fressen will, niedergedrückt wird

Jeder einzelne Teil ist nötig, damit die Falle richtig funktioniert. Ohne den Bügel kann die Maus nicht gefangen werden. Sie könnte jede Nacht den Köder ungestört fressen. Ohne die Feder kann der Bügel die Maus nicht festhalten. Ohne die Falle oder den Rückhaltestab kann die Falle nicht gestellt werden, so dass man eher die Finger einklemmt, wenn man versucht, die Falle zu stellen. Ohne das Holzbrettchen als Grundlage können die Einzelteile nicht in der richtigen Lage zusammenwirken. Alle Teile müssen die richtige Grösse haben, in der richtigen Lage montiert sein, aus dem richtigen Material hergestellt sein und zusammen funktionieren. Wenn nicht, so würde man sie im Eisenwarenladen für eine andere Falle umtauschen!

Wenn ein Teil der Falle fehlt, könnte sie nicht trotzdem hin und wieder funktionieren – sie würde überhaupt nicht funktionieren oder etwas ganz Falsches machen. Wenn wir dieses Prinzip bei den lebenden Systemen anwenden, dann kann ein halbfertig entwickeltes System durch die natürliche Selektion nicht beeinflusst werden, denn es kann die erforderliche Funktion noch nicht ausüben. Behe demonstriert Planung in der natürlichen Welt, indem er verschiedene Beispiele von nicht-reduzierbarer Komplexität von biochemischen Prozessen und Strukturen in Zellen erklärt. Diese Beispiele sind: die Cilie, eine sub-zelluläre

Struktur, welche aussieht wie ein Haar und sich bewegt wie eine Geissel; die Prozesse der Blutgerinnung und des Bluttransportes im Innern der Zelle; er beschreibt auch das menschliche Auge. Er weist darauf hin, dass sich im Auge gleich mehrere nicht-reduzierbar komplexe Systeme befinden, so die Netzhaut, die Tränenkanäle und die Augenlider. Ich verstehe Darwin, der von seiner Schwierigkeit geschrieben hat, die Evolution des Auges zu begreifen, denn er war sich darüber bewusst, dass ein solch kompliziertes Organ nicht in einigen wenigen Schritten entstehen kann. Gemäss seinen eigenen Worten wäre es «im höchsten Grad absurd» (Darwin, 1859, neu herausgegeben 1959).

Trotzdem hat Darwin vorgeschlagen, dass vorteilhafte Veränderungen, die sich über viele Generationen hinweg ansammelten, zur Bildung der Augen geführt hätten. Jede Zwischenform sei dabei für das betreffende Lebewesen nützlich gewesen. Doch seit der Publikation von «Die Entstehung der Arten» hat man über die Struktur und Funktion des Auges viel Neues entdeckt. Man weiss nun Genaueres über die Physiologie und Biochemie des Sehprozesses selbst. Die Entwicklungen in der Neurowissenschaft helfen zum Verständnis der Bildverarbeitung im neurologischen Pfad und im Gehirn. Baker (1991a, b, 1992) liefert eine gut lesbare Beschreibung der Augenfunktion und eine Diskussion über die um so grösseren Schwierigkeiten für die Evolutionstheorie.

Die Tatsachen weisen den Weg

Meine wichtigsten Argumente gegen die Evolution werden durch das menschliche Auge gut illustriert:

– Woher könnte die zusätzliche genetische Information kommen, die für die neue Struktur nötig ist?
– Wie ist das nicht-reduzierbar komplexe System im Auge entstanden? Ich stimme mit Behe (1996) überein, wenn er den Schluss zieht, dass dies ein intelligenter Schöpfer gemacht haben muss. Die Veränderungen, die nötig sind, um ein Auge zu machen, sind zu komplex.
– Die Wahrscheinlichkeit einer zufälligen Entstehung dieses Organs ist daher noch unwahrscheinlicher als die Entwicklung einer neuen Art.

Die Tatsachen sprechen stärker für einen intelligenten Schöpfer, als für eine blinde Evolution. Sie sprechen für einen Schöpfer, der die grosse Vielfalt des Lebens, geschaffen hat. Viele sind zwar schon zufrieden damit, dass sie eine mögliche Existenz eines intelligenten Schöpfers hinter dem Universum sehen können. Wenn aber eine intelligente Kraft diese Welt gemacht hat, dann müssen wir als intelligente Wesen weitergehen und die Natur dieser intelligenten Kraft herausfinden.

Die Bibel sagt mir, dass die Intelligenz hinter dem Universum ein Gott ist, der die totale Kontrolle besitzt; das schliesst die Möglichkeit aus, dass er mit Hilfe von Evolution geschaffen hat. Die Basis meines Glaubens ist die Fehlerlosigkeit der biblischen Berichte, und diese liefert mir den Ausgangspunkt meines wissenschaftlichen Verständnisses – mein Paradigma, meine Voraussetzungen, wenn Sie so wollen. Ein kurzer Zeitrahmen ist sehr gut für eine Welt möglich, die von einem intelligenten Schöpfer gemacht wurde, wenn auch nicht absolut nötig. Was man nicht mehr braucht, sind die langen Zeitperioden, die man zur Erklärung einer zufälligen Entstehung von Verbesserungen nötig hat.

Wenn ich von meinen wissenschaftlichen Beobachtungen und meinem Glauben an die Bibel ausgehe, so komme ich zum Schluss, dass die Schöpfung das Resultat eines intelligenten Schöpfers ist und ohne weiteres in der kurzen Periode von sechs Tagen möglich war.

Referenzen:

E.H. Andrews, (1986) Christ and the Cosmos. Evangelical Press, Welwyn, England.

S. Baker, (1991a) Seeing and Believing. The Amazing Process of Human

T. Vision, Origins: Journal of the Biblical Creation Society, 4, (10) 9–11.

S. Baker, (1991b) Seeing and Believing 2. The Amazing Process of Human

Vision, Origins: Journal of the Biblical Creation Society, 4, (11) 16–18.

S. Baker, (1992) Seeing and Believing 3. The Amazing Process of Human

Vision, Origins: Journal of the Biblical Creation Society, 4, (12) 11–14.

M.J. Behe, (1996) Darwin's Black Box. The Biochemical Challenge to Evolution. Free Press, Simon and Schuster, New York.

N.J.B. Bell and C.H. Mudd, (1976) Sulphur dioxide resistance in plants; a case study of Lolium perenne. In Effects of Air Pollutants on Plants, ed. T.A. Mansfield, 87–103.

A.D. Bradshaw and T. McNeilly, (1981) Evolution and Pollution, Studies in Biology, No 130, Edward Arnold, London.

L.L. Cavalli-Sforza and W.F. Bodmer, (1971) The Genetics of Human Populations. Freeman, San Francisco.

C. Darwin (1859) The Origin of Species. Edited by J.W. Burrow, Penguin Books (1968), Harmondsworth, England.

R. Dawkins, (1986) The Blind Watchmaker, Penguin Books, (1998) London.

S. Dawkins, (1997) in From a Frog to a Prince Keziah; Video production T. available from Answers in Genesis, UK, Australia, USA.

V.H. Heywood, (1967) Plant Taxonomy. Studies in Biology, No. 5, Edward Arnold, London.

D.A. Horsman et al., (1978) Evolution of sulphur dioxide tolerance in perennial ryegrass. Nature, 276, 493–4.

P.E. Johnson, (1995) Reason in the Balance. The Case against Naturalism in Science, Law and Education. Inter Varsity Press, Illinois, USA.

H.B.D. Kettlewell, (1958) A survey of the frequencies of Biston betularia (L) (LEP) and its melanic forms in Great Britain. Heredity, 12, 51–72.

J. Ling, (1992) Haemoglobin – a pedagogic protein. Origins: Journal of the Biblical Creation Society, 4, (12) 20–5.

G.G. Simpson, (1967) The Meaning of Evolution, revised edition, Yale University Press, New Haven, Conn., USA. 344–45.

L. Spetner, (1997) Not by Chance. The Judaica Press, Inc., New York, USA.

T.M. Roberts, N.M. Darall and P. Lane, 1983. Effects of gaseous air pollutants on agriculture and forestry in the UK. Advances in Applied Biology, 9, 2–130.

G.E. Taylor, (1978) Genetic analysis of ecotype differentiation of an annual plant species, Geranium carolinianum L., in response to sulphur dioxide. Botanical Gazette, 136, 362–8.

A.W. Tozer, (1961) The Knowledge of the Holy. James Clarke, London.

A.E. Wlder-Smith, (1981) The Natural Science Knows Nothing of Evolution. Master Books, San Diego, USA.

Anmerkung der Autorin: Ich möchte P. Garner und M. Garton für ihre hilfreichen Kommentare zu einem früheren Entwurf dieses Artikels danken.

▋ John M. Cimbala, Maschineningenieur

Prof. Dr. Cimbala arbeitet an der Pennsylvania State University. Er studierte Weltraumtechnik (Abschluss mit höchster Auszeichnung) an der Pennsylvania State University und Aeronautik am California Institute of Technology (Cal Tech). Ebenfalls doktorierte er im gleichen Fachgebiet am Cal Tech. Professor Cimbala veröffentlichte einen ganze Reihe wissenschaftlicher Arbeiten auf dem Gebiet der Dynamik von Flüssigkeiten. Er arbeitete unter anderem als Gastwissenschaftler am Nasa Langley Research Centre und war ein Pionier in der Entwicklung von Lernförderungsmethoden im Internet. 1997 erhielt er von der Pennsylvania State University den George W. Atherton Award für «Excellence in Teaching».

Ich wuchs in einem christlichen Haus auf. Unsere Familie glaubte an Gott und seine Schöpfung. Während meines Studiums musste ich die Evolutionstheorie lernen und ich begann, an der Autorität der Bibel zu zweifeln. «Wenn Evolution wahr ist», überlegte ich, «dann kann die Bibel nicht auch wahr sein.» Wäre meine geistige Entwicklung in diesem Stil weitergegangen, hätte ich möglicherweise eines Tages die ganze Bibel abgelehnt und schliesslich geglaubt, dass wir von niedrigen Kreaturen abstammen; dann hätte es für mich kein Leben nach dem Tod mehr gegeben und keinen anderen Lebenssinn als den, die kurze Zeit, die wir auf der Erde haben, zu geniessen. Meine Studentenjahre hätte ich als Atheist verbracht oder bestenfalls als Agnostiker.

Glücklicherweise und durch die Gnade Gottes, begann ich, Artikel zu lesen und Vorträge ab Kassette zu hören über wissenschaftliche Beweise für eine Schöpfung. Über eine Zeitperiode von mehreren Jahren erkannte ich, dass die Theorie der Evolution keine legitimen Fakten aufweist und dass die wissenschaftlichen Daten aus dem Fossilbestand, der Geologie usw. mit einer jungen Schöpfung besser erklärt werden können, gefolgt von einer globalen Flut. Plötzlich realisierte ich, dass die Bibel tatsächlich wahr sein könnte! Denn erst als ich die ersten Seiten der Bibel zu glauben vermochte, konnte ich auch die anderen Berichte glauben. Nachdem ich die Tatsache akzeptiert hatte, dass es einen Schöpfer-Gott gibt, war es ein Leichtes, seinen Plan der Errettung der

Menschheit durch Jesus Christus ebenfalls zu akzeptieren. Während meines ersten Studienjahres am Technikum wurde ich ein Nachfolger Christi.

Seither habe ich viel Zeit dafür eingesetzt, die Hinweise für die Schöpfung und die weltweite Flut zu studieren. Je mehr ich mich damit auseinandersetzte, desto überzeugter wurde ich, dass es einen liebenden Gott gibt, der dieses Universum und alles Leben geschaffen hat. Gott offenbarte Details über seine Schöpfung im Buch Genesis, die ich inzwischen wörtlich nehme – sechs Tage, eine junge Erde und eine globale Flut.

Es gäbe viele Belege dafür, über die ich schreiben könnte; ich beschränke mich auf eines: das zweite Gesetz der Thermodynamik. Die formale Definition des zweiten thermodynamischen Satzes lautet: «In jedem geschlossenen System verläuft ein Prozess in eine Richtung, in der die nicht verfügbare Energie (Entropie) zunimmt.» Anders gesagt, in jedem geschlossenen System wächst mit der Zeit der Anteil an Unordnung. Dinge entwickeln sich natürlicherweise von Ordnung in Unordnung, oder vom Zustand verfügbarer Energie in einen Zustand, in dem die Energie nicht mehr verfügbar ist. Ein einfaches Beispiel: Eine heisse Tasse Kaffee kühlt in einem isolierten Raum ab. Der totale Energiewert im Raum bleibt derselbe (was den ersten thermodynamischen Satz befriedigt). Die Energie ist nicht verloren, sie ist lediglich transformiert worden (in Form vom Wärme), und zwar vom heissen Kaffee in die kalte Luft, indem sie die Luft leicht erwärmte. Wenn der Kaffee heiss ist, handelt es sich um verfügbare Energie aufgrund des Temperaturunterschieds zwischen dem Kaffee und der Luft. Kühlt der Kaffee ab, wandelt sich die verfügbare Energie langsam in unverfügbare Energie um. Zu guter Letzt: Hat der Kaffee Zimmertemperatur, das heisst gibt es keine Temperaturdifferenz zwischen Kaffee und der Luft, dann ist die Energie in einem unverfügbaren Zustand. Das geschlossene System (bestehend aus dem Raum und dem Kaffee) erleidet das, was technisch «Wärmetod» genannt wird. Das System ist «tot», weil keine weitere Arbeit mehr getan werden kann, bis wieder mehr verfügbare Energie vorhanden ist. Der zweite thermodynamische Hauptsatz besagt nun, dass keine Umkehr stattfinden kann! Zimmertemperatur wird nicht durch sich selbst heiss werden, denn das würde erfordern, dass unverfügbare Energie in verfügbare Energie rücktransferiert werden könnte.

Stellen wir uns jetzt das ganze Universum als ein gigantisches geschlossenes System vor. Sterne sind heiss, wie eine Tasse Kaffee und kühlen ab, indem sie Energie im Weltraum verlieren. Die heissen Sterne im kühleren Raum repräsentieren einen Zustand verfügbarer Energie, genau wie der heisse Kaffee im Zimmer. Das zweite Gesetz der Thermodynamik erfordert es nun, dass verfügbare Energie sich konstant in unverfügbare Energie umwandelt. Oder ein anderer Vergleich: Das Universum funktioniert wie eine gigantische mechanische

Uhr, mit jedem Ticken verliert sie verfügbare Energie. Weil Energie sich ständig von verfügbarer in unverfügbare Energie ändert, musste jemand am Anfang die verfügbare Energie zur Verfügung gestellt haben. (Mit anderen Worten: Jemand musste die Uhr des Universums ganz zu Beginn aufziehen.) Wer oder was könnte ganz am Anfang Energie in verfügbarem Zustand produziert haben? Nur jemand oder etwas, der oder das nicht dem zweiten thermodynamischen Satz unterworfen ist. Nur der Schöpfer des zweiten Gesetzes der Thermodynamik konnte es durchbrechen und ganz zu Beginn Energie in verfügbarem Zustand schaffen.

Mit der fortschreitenden Zeit (vorausgesetzt die Zustände bleiben so wie sie sind), wird sich die verfügbare Energie im Universum in unverfügbare Energie verwandeln. Ist dieser Punkt erreicht, dann wird man sagen, dass Universum habe einen Hitzetod erlitten, genau wie der Kaffee im Zimmer. Das gegenwärtige Universum, so wie wir es kennen, kann nicht für immer bestehen bleiben.

Stellen wir uns nun einmal vor, wir gingen rückwärts in der Zeit. Weil die Energie des Universums ständig von einem verfügbaren in einen weniger verfügbaren Zustand wechselt, bedeutet das, dass die Energie des Universums umso verfübarer wird, je weiter man auf dem Pfeil der Zeit rückwärts geht. Verwenden wir nochmals den Vergleich mit der Uhr: Je weiter zurück in der Zeit, desto «aufgezogener» ist die mechanische Uhr. Gehen wir genügend weit in die Vergangenheit zurück, dann wird die Uhr einmal vollständig aufgezogen sein.

Deshalb kann das Universum nicht unbeschränkt alt sein. Man kann erkennen, dass das Universum einen Anfang hatte und dass dieser Anfang verursacht sein musste durch jemanden oder etwas, der oder das ausserhalb der bekannten Gesetze der Thermodynamik wirkte. Ist das ein wissenschaftlicher Beweis für die Existenz eines Schöpfer-Gottes? Ich denke schon. Evolutionstheorien betreffend das Universum können die genannten Argumente für die Existenz Gottes nicht zu Fall bringen.

▌ Edward A. Boudreaux, Theoretische Chemie

Edward Boudraux ist emeritierter Professor für Chemie an der University of New Orleans, USA. Er hat seine Chemie-Ausbildung an der Loyola University (New Orleans) und der Tulane University (New Orleans) gemacht. Der Doktor in Chemie wurde ihm ebenfalls von der Tulane University verliehen. Professor Boudreaux lehrte und forschte während 29 Jahren auf den Gebieten der theoretischen, der anorganischen und der physikalischen Chemie. Er ist Autor und Co-Autor von vier technischen Büchern über anorganische Chemie und von zahlreichen wissenschaftlichen Artikeln in Zeitschriften und Schulbüchern.

Unter rational denkenden Menschen ist man sich mehr oder weniger einig, dass die Ursprungsfrage einzig eine Angelegenheit der Geschichte sei. Da der Anfang schon vor der Erschaffung des Menschen begonnen hat, sind die Ereignisse, die damals abgelaufen sind, nicht wiederholbar. Es spielt dabei keine Rolle, ob jemand glaubt, dieser Prozess sei der Schöpfungsakt einer übernatürlichen Intelligenz gewesen oder ein rein naturalistischer Evolutionsprozess oder eine Mischung von beiden; Tatsache ist jedenfalls, dass sich das materielle Universum in einem stabilen Zustand des statischen Gleichgewichts befindet. Die ursprünglichen Prozesse, die das hervorgebracht haben, sind für die Methoden der wissenschaftlichen Überprüfung nicht zugänglich. Es waren unbeobachtbare Ereignisse. Trotzdem behaupten einige Evolutionsvertreter, dass diese Ereignisse während der langen geologischen Zeit in Form der Fossilien ihre Spuren hinterlassen hätten. Ausserdem wird gesagt, dass die biologischen Ähnlichkeiten auf verschiedenen Ebenen der Lebewesen auf Grund eines gemeinsamen Vorfahren existieren. Ganz ähnlich meinen einige Kosmologen, dass das ganze Universum durch eine Art Urknall begonnen habe. Dieser habe mit einer einmaligen physikalischen Singularität infolge einer Quanten-Fluktuation von 10^{-43} Sekunden angefangen.

So kam es, dass sich die Mehrzahl der geologischen, biologischen und kosmologischen Wissenschaften in einem Elfenbeinturm zusammengefunden haben, aus dem nun Beweise für die Evolution hervorkommen. Die wissenschaftlichen Praktiker in diesen Disziplinen sind dabei die Anführer. Sie befürworten, predigen und publizieren all das, was zur wissenschaftlichen Unterstützung der Evolution dient. Trotzdem gibt es kein einziges Beispiel für eine erfolgreiche Bestätigung der wissenschaftlichen Gültigkeit von Evolution. Es gibt zwar Hypothesen, schöne Modelle, Annahmen und Schlussfolgerungen, die alle innerhalb des Kollektivs, der sich selbst dienenden Gruppe der evolutionären Anhänger formuliert und verstärkt werden. Trotzdem kommen keine wahrhaft wissenschaftlichen Beweise an die Öffentlichkeit.

Es war in den Jahren um 1970, als ich zu meiner grossen Überraschung, zu meiner Bestürzung und zu meinem Widerwillen das, was ich oben geschrieben habe, realisierte. Bis zu dieser Zeit hatte ich der Evolution keine grosse Beachtung geschenkt. Im Gegenteil, ich hatte angenommen, dass die Evolutions-Spezialisten dieselbe Integrität besitzen würden, wie man sie von jedem guten Wissenschaftler erwartet. Sicher ist es so, dass ich in den Elfenbeinturm-Disziplinen der Evolution nicht so gründlich ausgebildet bin, wie die bekannten «Experten», aber ich war als Wissenschaftler trotzdem mehr als genügend informiert, um die verschiedenen technischen Publikationen über Evolution lesen und verstehen zu können. Die grösste Überraschung für mich war, dass in all den vielen Publikationen, die Evolution predigen, keine gültigen wissenschaftlichen Fakten über Evolution enthalten sind.

Einige Evolutionisten geben offen zu, dass die begehrten Fossilien für alle Schemata der organischen Evolution, sei es Neo-Darwinismus, Punktualismus oder irgend etwas anderes, verheerend sind. Es wird auch klar gezeigt, dass die beobachteten Ähnlichkeiten zwischen den Organismen, ob lebend oder fossil, absolut nichts mit Beweisen für Evolution zu tun haben. Ebenso gibt es in Bezug auf die Evolution des Kosmos kein einziges Modell oder eine Kombination von solchen, welches alle beobachteten kosmologischen Daten erklären kann. In Wirklichkeit stehen die neuen Daten oft im Widerspruch zu den vorher vorgeschlagenen Modellen.

Mein Spezialgebiet ist die theoretische anorganische Chemie und die physikalische Chemie. Diese beiden Gebiete sind gegen den Einfluss der Evolution verhältnismässig immun. Erst als mein Interesse genügend geweckt war, um die Evolutionsliteratur zu studieren, wurden mir die einmaligen chemischen Eigenschaften spezieller Elemente bewusst. Diese Eigenschaften sind ein klares Resultat schöpferischer Planung.

Wenn wir das Element Kohlenstoff (C) betrachten, so finden wir, dass es unter all den Elementen des Periodischen Systems einzigartig ist. Es ist kein Metall und hat eine unbegrenzte Kapazität, um an jeder bekannten kovalenten (Elektronenpaare werden zwischen Atomen geteilt) chemischen Bindung teilzunehmen. Dies verknüpft die Atome derselben Art miteinander und ebenso mit anderen Arten. Diese Eigenschaft, die man Katenation nennt, ist nur beim Kohlenstoff praktisch unbegrenzt.

Andere Elemente wie Silizium (Si), Stickstoff (N), Schwefel (S), Phosphor (P), usw. zeigen eine sehr begrenzte Kapazität für Katenation. Sie kommen bei weitem nicht an die Fähigkeit der Katenation heran, wie sie Kohlenstoff besitzt. Ohne diese einmalige Eigenschaft wäre die Bildung der wichtigsten Biomoleküle wie Proteine, DNS, RNS, Zellulose, usw. nicht möglich. Trotz seiner Wichtigkeit ist der Gewichtsanteil von Kohlenstoff bei den Lebewesen ironischerweise nur 9 bis 10 Prozent und bezogen auf die Erde nur 0,017 Prozent. Jedenfalls gibt es kein anderes Element, das auch nur ein oder zwei Atome von Kohlenstoff in Biomolekülen ersetzen könnte, ohne dass die biologische Integrität des Systems zerstört würde.

Elemente wie Kohlenstoff (C), Stickstoff (N), Schwefel (S), Phosphor (P), und andere Nichtmetalle nennt man *Repräsentative Elemente* oder Hauptgruppenelemente. Mit Ausnahme von Sauerstoff sind die Atome dieser Elemente nur stabil, wenn eine gerade Zahl ihrer Elektronen sich in Paaren vereinigen kann; die Gegenwart von ungepaarten Elektronen führt zu chemischer Instabilität. Anderseits enthalten Metalle wie Chrom (Cr), Eisen (Fe), Nickel (Ni), usw., ungepaarte Elektronen. Man nennt sie *Übergangselemente,* sie gehören zu Elementen der Untergruppen, sind aber erstaunlicherweise chemisch sehr stabil.

Das Element Sauerstoff (O) existiert in der freien Natur als gasförmiges Molekül von zwei Atomen O_2. Es gibt weitere repräsentative Elemente, die ebenfalls als freie doppelatomige Moleküle vorkommen, z.B. Wasserstoff (H_2), Stickstoff (N_2), Fluor (F2) und Chlor (Cl_2). Immerhin ist O_2 das einzige Molekül dieser Art, das zwei ungepaarte Elektronen enthält; alle anderen haben gepaarte Elektronen. Trotzdem ist O_2 noch chemisch stabil. Diese einzige bemerkenswerte Ausnahme der Elektronenpaar-Regel für die Stabilität der Repräsentativen Elemente hat keine bekannte Erklärung. Das einzige Molekül, das genau dieselbe Elektronenanordnung hat wie O_2 ist S_2. Doch S_2 ist ein sehr instabiles Molekül. Das ist der Grund, warum es keinen Schwefel in dieser Form gibt. Wenn es das ungepaarte Elektron im Sauerstoff nicht geben würde, wäre er nicht fähig, sich an das Eisenatom (Fe) im Hämoglobin zu binden, und zwar mit genau dem Betrag der Energie, der nötig ist, um den O_2 ins Blut zu führen und ihn dann wieder frei zu geben. Es gibt einige andere Moleküle, wie CO oder NO, die O_2 in der Bindung zum Hämoglobin ersetzen können, aber sie zerstören die Funktion des Hämoglobins vollständig.

In ähnlicher Weise gibt es verschiedene Transitions-Metalle, die mit Eisen vergleichbar sind, die das Eisen im Hämoglobin ersetzen könnten und ebenso O_2 an sich binden, aber diese Bindung wäre entweder zu stark oder zu schwach.

Daher gibt es keinen Ersatz für das Eisen im Hämoglobin, der den Sauerstoff so transportieren könnte, wie das der Blut-Stoffwechsel erfordert.

Der strukturierte Teil des Hämoglobins, der das Eisen bindet, wird Porphyrin genannt. Wenn das Porphyrin in eine andere biomolekulare Umgebung gebracht wird, und man das Eisenatom durch ein Magnesiumatom (Mg) ersetzt, so entsteht Chlorophyll, eine Schlüsselkomponente im Pflanzenstoffwechsel. Es arbeitet wie eine Photozelle mit dem höchsten bekannten Wirkungsgrad. Dieser ist etwa 80 Prozent höher als bei jeder von Menschen gebauten Photozelle. Man kann das Mg im Chlorophyll durch Kalzium (Ca) oder andere Metalle ersetzen, doch dann ist der Wirkungsgrad bei weitem nicht mehr so hoch.

Proteine bestehen aus Aminosäuremolekülen, die chemisch durch Polypeptid-Bindungen miteinander verbunden sind. Die Aminosäuren selbst sind Kohlenstoff-Wasserstoff-Verbindungen, die eine Amino-Gruppe enthalten, zum Beispiel $-NH_2$, -NHR, oder $-NR_2$ (R steht für eine oder mehrere Kohlenstoff-Wasserstoff-Gruppe), welche an ein Kohlenstoffatom gebunden sind und eine Säuregruppe (-COOH), die an das gleiche Kohlenstoffatom gebunden ist. Obschon es Tausende verschiedener Aminosäuren gibt, sind nur 20 verschiedene in allen Proteinstrukturen enthalten.

Aminosäuren gibt es in zwei verschiedenen strukturellen Formen, D und L. Das sind sich nicht überdeckende Spiegelbilder. Wenn keine spezielle Steuerung erfolgt, werden in der Natur beide, die D und L-Form im wesentlichen in gleicher Anzahl auftreten; doch die Proteine sind nur aus der L-Form aufgebaut. Im Gegensatz dazu haben die Zucker (Saccharide), welche Kohle-Wasserstoff-Sauerstoff-Verbindungen sind, eine geschlossene Ringstruktur, und sie existieren in beiden Formen, der D und der L Isomere. Es gibt viele verschiedene Zuckerarten, doch nur die einfachste, nämlich der aus 5 Gliedern zusammengesetzte Ring, die Ribose, gibt es ausschliesslich in der D-Form. Sie ist in den Strukturen der DNS und RNS als eine von drei fundamentalen molekularen Komponenten vorhanden.

Beide, die DNS (Desoxyribonukleinsäure) und die RNS (Ribonukleinsäure) sind in gewisser Weise komplizierter aufgebaut als die Proteine, denn sie enthalten eine grössere Vielfalt von molekularen Einheiten, welche Nukleotide (Stickstoffbase, Zucker, Phosphorsäure) bilden. Diese Nukleotide sind in einem ganz spezifischen Muster alle miteinander verbunden, so dass sie einmalige und wichtige Funktionen erfüllen können. Die Zucker- und Phosphat- ($-PO_4$) Einheiten wechseln in einer regelmässigen Folge ab. Dadurch kommen lange Ketten zustande, die eine rechtsdrehende Spirale bilden. Jedes Nukleotid ist an ein spezifisches C-Atom der Ribose-Einheit (Zucker) gebunden. Bei der RNS ist die Struktur eine einfache rechtsdrehende Spirale, welche die vier verschiedenen Nukleotide (Adenin, Cytosin, Guanin, Uracyl) enthält. Diese sind in einer speziellen, sich wiederholenden Sequenz über die ganze Länge der Kette angeordnet. Jeder Typ von RNS hat in Bezug auf die Reihenfolge der vier Nukleotide ein anderes Muster. Die DNS-Struktur besteht aus einer rechtsdrehenden Doppelspirale, die ebenfalls vier Nukleotide enthält. Drei davon sind die selben wie in der RNS, doch eine ist anders: Thymin ersetzt Uracyl.

Die Nukleotide selber gehören zu zwei Molekül-Klassen, den Purinen und Pyrimidinen. Adenin und Guanin sind Purine, während Cytosin, Thymin und Uracyl Pyrimidine sind. Es gibt Hunderte von verschiedenen Purinen und Pyrimidinen, aber nur diese fünf bestimmen die Strukturen und Funktionen der DNS und RNS.

Ähnlich ist es mit der Ribose. Sie ist nur eine aus einer grossen Zahl von Molekülen, die man Saccharide nennt. Warum nur Ribose und ihr D Isomer, und nicht ein oder mehrere andere Saccharide in der DNS und RNS? Ebenso warum nur Phosphate und keine Sulfate oder Silikate? Nur Phosphat funktioniert.

Diese wenigen Beispiele enthalten klare Zeichen von komplexer Planung, die massgeschneiderte Funktionen möglich machen. Diese speziellen Eigenschaften lassen die Wahrscheinlichkeit eines zufälligen Evolutionsprozesses, der eine solch einmalige, spezielle Konstruktion hervorgebracht hat, als unmöglich erscheinen.

Eigentlich braucht es eine allgemeine Kenntnis der Chemie, um die volle Tragweite der hier präsentierten chemischen Beweise für kreatives Schaffen beurteilen zu können. Aber nicht nur die Beweise, die von der Chemie geliefert werden, sondern auch solche aus vielen anderen Wissensgebieten haben mich davon überzeugt, dass die Schöpfung durch Gott die einzige tragfähige, wissenschaftliche Erklärung für den Ursprung liefert. Natürlich kann die Wissenschaft weder Schöpfung noch Evolution beweisen, aber sie stimmt mit dem ersten besser überein als mit dem zweiten. Konsequenterweise braucht es wesentlich mehr Glauben, um an Evolution zu glauben als an göttliche Schöpfung.

Nachdem ich herausgefunden hatte, dass die Schöpfung durch einen allmächtigen Gott die einzige annehmbare Erklärung für den Ursprung des Lebens bildet, kam ich zur Überzeugung, dass die einzige zuverlässige Quelle für diesen Bericht vom Schöpfer selbst kommen muss. Die Bibel nimmt für sich in Anspruch, das geschriebene Wort Gottes an die Menschen zu sein. Während sie von Menschen aufgeschrieben wurde, kamen die Informationen dazu direkt von Gott. Wenn Gott tatsächlich der ist, für den er sich ausgibt, so ist er auch vollkommen in der Lage, die volle Genauigkeit und Integrität seines Wortes zu erhalten.

Gott beginnt die Bibel mit einer Offenbarung seiner selbst als dem Schöpfer. Das erste Buch Mose enthält spezielle Einzelheiten von Gottes eigenem Bericht über seine Schöpfung. Manche dieser Einzelheiten stehen in direktem Widerspruch zu den Evolutions-Szenarien. Einer der grössten Widersprüche ist die Zeit, die der ganze Schöpfungsprozess benötigt. Alle populären Evolutionsmodelle beanspruchen Milliarden von Jahren vom Beginn des Kosmos und hunderte von Millionen Jahre – die Tod, Zerstörung und das Überleben der Tüchtigsten enthalten – um die vollständige, makroskopische, biologische Evolution durchzuführen. Doch die Bibel sagt, dass all das in nur sechs Tagen geschehen ist.

Wegen den sechs biblischen Schöpfungstagen hat es schon viele Diskussionen gegeben. Manche glauben, dass diese Tage unendlich lange Zeitperioden sein könnten und gewinnen so die Zeit, die für den Evolutionsprozess nötig ist. Doch die beste und zuverlässigste Auslegung des hebräischen Wortes *jom* (Tag), wie es in 1. Mose gebraucht wird, ist ein buchstäblicher 24-Stunden Tag. In Wirklichkeit lässt es der ganze Zusammenhang der Schöpfungsgeschichte in 1. Mose nicht zu, dass *jom* eine lange Zeitperiode sein kann.

Schliesslich komme ich auf Grund dieser Überlegungen zu folgendem Schluss: Wenn die Bibel tatsächlich Gottes Wort ist (wovon ich überzeugt bin), dann ist sie auch in jeder Einzelheit wahr, inbegriffen der Darstellung der Schöpfung in sechs buchstäblichen Tagen. Die Wissenschaft sagt mir, dass die Evolution nicht wissenschaftlich ist, gleichzeitig stimmt Schöpfung mit allem überein, was wirklich wissenschaftlich ist. Also ist der Schöpfungsbericht die bessere Erklärung für den Ursprung. Weil Schöpfung einen übernatürlichen, allmächtigen Schöpfer braucht und die Bibel die einzige überzeugende Quelle ist, die über diesen Schöpfer berichtet, muss der biblische Schöpfungsbericht bis in jede Einzelheit hinein stimmen, inklusive die sechs 24-Stunden-Tage vom Beginn bis zur Vollendung.

▮ E. Theo Agard, Medizinische Physik

Dr. Agard war Direktor der Medical Physics am Flower Hospital Oncology Center in Ohio, USA. Er studierte Physik an der University of London (Abschluss mit Auszeichnung) und an der Middlesex Hospital Medical School an der University of London. Der Doktortitel in Physik wurde ihm von der University of Toronto verliehen. Vor seiner Ernennung zum Direktor am Flower Hospital war Dr. Agard Chefphysiker und assoziierter Professor für Radiotherapie am Medical College of Ohio. Er diente auch als Strahlenphysiker am Kettering Medical Center of Dayton, Ohio, und war Direktor am Puerto Rico Nuclear Centre für medizinische Physik. An den Universitäten von Puerto Rico und Trinidad, Westindien, bekleidete er verschiedene akademische Positionen. 1993 wurde Dr. Agard ins Nationale Komitee der Direktoren der Health Physics Society gewählt.

Meinen Glauben an die übernatürliche Schöpfung dieser Welt in sechs Tagen kann ich in grossen Zügen wie folgt zusammenfassen: Die Evolutionstheorie ist wissenschaftlich nicht so gut begründet, wie das viele Menschen meinen. Das Problem vom Ursprung des Lebens lässt sich mit einer bekannten Frage gut illustrieren: Was war zuerst, das Huhn oder das Ei? Jedes Ei wurde von einem Huhn gelegt und jedes Huhn wurde aus einem Ei ausgebrütet. Also war entweder das erste Huhn oder dann das erste Ei, das auf der irdischen Szene erschienen ist, so oder so etwas Unnatürliches, um es banal auszudrücken.

Die Naturgesetze, in deren Rahmen die Wissenschaftler arbeiten, genügen, um zu erklären wie die Welt funktioniert, aber sie genügen nicht, um ihren Ursprung zu erklären. Es ist etwa so, wie wenn man ein Auto nur mit den Werkzeugen fabrizieren will, die für den Service gebraucht werden. Für den Service sind sie sehr hilfreich, doch für die Autoproduktion sind sie völlig ungenügend. Es gibt zahlreiche Probleme. So habe ich gelesen, dass die Fossilien keine Zwischenformen enthalten. Doch genau solche müsste es bei einer Evolution, beim Übergang von einer Art zur andern, geben.

Ein weiteres Problem für den Nicht-Kreationisten sehe ich im ersten Hauptsatz der Thermodynamik, welcher die Erhaltung der Energie bestätigt. Energie kann durch natürliche Prozesse weder erzeugt noch vernichtet werden. Man kann sie nur von einer Form in die andere überführen. Weil die Materie eine Form von Energie ist ($E = mc^2$ wie es Einstein formulierte) kann die Naturwissenschaft die Herkunft der totalen Energie und der Materie im Universum nicht erklären. Dieses Gesetz erfordert bei der Entstehung der totalen Energie des Universums einen Einsatz des Übernatürlichen.

Jegliche Bemühung, die Evolution wissenschaftlich zu bewerten, beinhaltet Extrapolationen (Hochrechnungen). Aktuelle Beobachtungen werden benützt, um daraus Ereignisse abzuleiten, die sich in längst vergangenen Millennien abgespielt haben (sogar vor Tausenden oder Millionen von Millennien). Weil Extrapolationen eine wissenschaftlich gültige Vorgehensweise sind, ist es relevant, sich über deren Beschränkungen im klaren zu sein. Wo ihr Einsatz als wissenschaftlich eingestuft wird, hängt die Zuverlässigkeit der extrapolierten Ergebnisse davon ab, wie gut das untersuchte Gebiet mit den eingesetzten Beobachtungen übereinstimmt. Es ist auch wichtig zu wissen, dass wissenschaftliche Prinzipien und Gesetze, die unter bestimmten Bedingungen angewendet werden, nicht unbedingt auch auf andere Bedingungen übertragen werden können. Ein gutes Beispiel dafür ist das Versagen von Newtons Gesetzen der Bewegung bei der Beobachtung von Phänomenen subatomarer Partikel. Die Grenzen der Extrapolation sind gut erklärt worden von G. Tyler Miller im Buch «Energetics, Kinetics and Life: An Ecological Approach» (S. 233):

«Wir wissen so wenig über unser winziges Stück Universum, welches wir - im Vergleich zur kosmischen Zeit - lediglich während eines geringfügigen Zeitabschnitts beobachteten, dass eine Extrapolation dieser dürftigen Kenntnisse auf das gesamte Universum hoch spekulativ erscheint und auch irgendwie arrogant.»

Die genannten Punkte stellen eine wissenschaftliche Basis der Evolution ernsthaft in Frage.

▌ Ker C. Thomson, Geophysik

Dr. Thomson war Direktor des US Air Force Terrestrial Science Laboratory. Er studierte Physik und Geologie an der University of British Columbia. Der Doktortitel für Geophysik wurde ihm von der Colorado School of Mines verliehen. Dr. Thomson lehrte als Professor für Geophysik an der Baylor University (Waco, Texas) und als Professor für Wissenschaft am Bryan College Dayton (Tennessee). Er publizierte zahlreiche technische Artikel auf den Gebieten Geophysik und Seismologie.

Viele, wenn nicht die meisten, gebildeten Leute auf der ganzen Welt glauben, dass sich das Leben durch einen natürlichen Prozess aus dem Leblosen (Abiogenesis) gebildet habe. Dieses Konzept besagt, dass durch die Gesetze der Physik und Chemie und durch «natürliche Selektion» über riesige Zeitperioden hinweg zufällige vorteilhafte Ereignisse stattgefunden haben, die nach und nach immer mehr biologische Chemikalien erzeugten. Diese wiederum hätten sich zufällig oder durch eine unbekannte Eigenschaft der Materie zusammengefunden, so dass Protozellen, Zellen, lebende Kreaturen und schliesslich der Mensch selbst entstanden sei. Der Prozess der «natürlichen Selektion» sei so zu verstehen, dass die biologischen oder vorbiologischen Produkte, die in irgend einer Nische der Umgebung vorkommen, und die diese Nische bevorzugen, sich ausbreiten und vermehren. Die zufälligen Veränderungen in einem oder beidem, der Umgebung und dem Produkt, die der Veränderung besser angepasst sind, führen zu dessen Verbreitung in der Zukunft. Dies ist eine knappe Umschreibung davon, was man als die allgemeine Theorie der Neo-Darwin'-schen Evolution bezeichnet.

Diese Beschreibung kontrastiert scharf mit dem Kreationismus, der aussagt, dass die gegenwärtig beobachteten natürlichen Prozesse völlig ungenügend seien, um die Entstehung des Lebens oder die gegenwärtig beobachtete enorme Komplexität und Variabilität des Lebens zu erklären. Der Kreationismus postuliert auch, dass es einen grossen kreativen Geist geben muss, der hinter dem Ursprung des von uns beobachteten Universums und seiner Lebewesen steht. Dieser Geist und seine Kraft sind viel grösser als irgend etwas, zu dem der Mensch fähig ist. Die Fragen über die Zeitdauer des kreativen Prozesses und wann dieser stattgefunden habe, werden von Vertretern der Schöpfungslehre unterschiedlich beantwortet. Aber das Konzept eines ursprünglichen, intelligenten, kreativen Aktes durch einen Schöpfer, der etwas anderes ist, als seine Schöpfung, wird von allen Kreationisten, von denen hier die Rede ist, übereinstimmend vertreten.

Seine Glaubwürdigkeit gewinnt das Evolutionsszenario durch die angeblich enorm lange Zeit, welche auch die unwahrscheinlichsten Ereignisse in unserer Vorstellung möglich macht.

Es sollte klar sein, dass man Evolution unmittelbar einem wissenschaftlichen Test unterwerfen kann: Gibt es in der Natur einen wissenschaftlich beobachtbaren Prozess, der auf lange Sicht die Tendenz hat, seine Produkte aufwärts zu immer höherer Komplexität zu führen? Die Evolution braucht diesen unbedingt. Doch die Evolution besteht diesen Test nicht. Der Ablauf des Testes wird vom zweiten Hauptsatz der Thermodynamik regiert. Dieses Gesetz hat sich als das sicherste und fundamentalste Prinzip in der Wissenschaft bewiesen. Es wird in der Wissenschaft überall angewendet, wo man existierende Konzepte und Maschinen überprüft (zum Beispiel das Perpetuum mobile, oder eine bestimmte chemische Reaktion). Jeder Prozess, Vorgang oder jede Maschine, die dieses Prinzip verletzt, wird als unmöglich betrachtet. Der zweite Hauptsatz der Thermodynamik sagt aus, dass es einen langfristigen Zerfallsprozess gibt, der am Ende alles und jedes im Universum ergreift. Dieser Prozess führt zu einem Zerfall der Komplexität, nicht zu einem Aufbau. Das ist aber genau das Gegenteil von dem, was die Evolution braucht.

Das Argument gegen Evolution, das wir soeben angeführt haben, ist in seinem wissenschaftlichen Gewicht so verheerend, dass die Evolutionstheorie unter normalen Umständen von der wissenschaftlichen Welt sofort fallen gelassen würde. Eigenartigerweise hält man daran fest. Die Evolutionisten beanspruchen mit lauter Stimme Wissenschaftlichkeit, auch wenn ihnen diese in Wirklichkeit manchmal fehlt. Um den Glauben an die Evolution erschüttern zu können, scheint es mir nötig zu sein, einige spezielle Einzelheiten im Zusammenhang mit dem zweiten Hauptsatz zu diskutieren. Wir wollen einige Behauptungen der Evolutionisten näher prüfen.

Eines der Argumente, welches gegen die Auswirkungen des zweiten Hauptsatzes vorgebracht werden kann, ist, dass er sich auf Langzeit-Resultate beziehe, oder auf Gleichgewichtszustände, um es in einer mehr chemischen Sprache auszudrücken. Die evolutionäre Antwort dazu ist, dass die Evolution irgendwie zwischen aufeinanderfolgenden Gleichgewichtszuständen eingepackt sein muss.

Man bedenke dazu nochmals die Konsequenzen der grossen Zeitspannen, welche die Evolutionstheorie braucht. Ist es nicht offensichtlich, dass der zweite Hauptsatz der Thermodynamik hier besonders angebracht ist? Die riesigen Zeitspannen, welche die Evolution beansprucht, lassen genügend Zeit, um aufeinanderfolgende Gleichgewichtszustände zu erreichen, so dass der zweite Hauptsatz der Thermodynamik angewendet werden kann. Die schnell vorbeigehenden Übergänge haben keine Bedeutung im langen Zeitrahmen. Das Langzeit-Ergebnis jeder chemischen Reaktion wird das sein, was während der langen Evolutionszeit dominierte. Die klare und unausweichliche Erklärung des zweiten Hauptsatzes ist die, dass es abwärts geht, nicht aufwärts wie es die Evolution verlangt.

Eine weiteres Argument, das wir betrachten wollen, ist die Sache von «Mikro gegen Makro»: Könnte es sein, dass, wenn wir Evolution auf der atomaren oder molekularen Ebene (Mikro) betrachten, statt auf der Ebene der Materie, die wir fühlen, sehen und berühren können (Makro), dass dann die Evolution unabhängig wird von den kleinen Molekülen, Atomen und subatomaren Teilchen? Das ist nicht denkbar.

Als erste Überlegung dazu stellen wir fest, dass wir Atome oder Moleküle ohne Hilfsmittel weder fühlen noch sehen können. Es gibt auch kaum einen Prozess, der auf der individuellen atomaren Ebene die Erkennung von einzelnen Atomen ermöglicht.

Mit anderen Worten, unsere Kenntnisse und Wahrnehmungen auf der Mikroebene erhalten wir durch ein Labyrinth von komplexen Maschinen, welche wiederum auf Grund einer grossen Zahl von Annahmen und Theorien konstruiert sind. (An dieser Stelle wollen wir keineswegs die Atomtheorie ablehnen, wir wollen sie lediglich in die richtige Position bringen.) Anderseits beruhen die Gesetze der Thermodynamik auf direkten Beobachtungen der angehäuften Materie und sie bedürfen nur relativ einfacher und sicherer Beobachtungen, um ihre Richtigkeit feststellen zu können. Bezüglich der Zuverlässigkeit sollte es klar sein, dass im allgemeinen Erkenntnisse, die man auf Grund des zweiten Hauptsatzes erhalten hat, auf der Wahrheitsskala etwas höher gewichtet werden sollten, als Erkenntnisse, die man nur auf der atomaren oder molekularen Ebene erhalten hat. (Immerhin sei festgestellt, dass der zweite Hauptsatz nicht nur für angehäufte Materie gilt, sondern auch für die Mikroebene.)

Wenn man unabhängig von den Überlegungen in den vorhergehenden Abschnitten die wirklichen chemischen Reaktionen des Lebens betrachtet, speziell die, welche am Anfang beteiligt sind, finden wir, dass die Reaktionen unzuverlässig sind und hohe Konzentrationen von reagierenden Stoffen benötigen, um überhaupt vorwärts zu kommen. Offensichtlich führt diese Feststellung zur Forderung nach mehr zusammengeballter Materie. Das bringt uns exakt zu jenen Situationen zurück, in denen der zweite Hauptsatz unanfechtbar dominiert. Wieder führt der zweite Hauptsatz zu tieferer Komplexität, nicht zu höherer.

Eine weiteres Argument in Bezug gegen die Anwendung des zweiten Hauptsatzes der Thermodynamik besagt, dass er nur auf geschlossene Systeme anwendbar sei. Das ist nicht richtig. Jeder von uns ist mit alltäglichen Ereignissen dieses Hauptsatzes in offenen Systemen vertraut. (Die humoristische und populäre Version des zweiten Hauptsatzes ist das Gesetz von Murphy: Was immer auch falsch herauskommen kann, kommt falsch heraus.) Metalle korrodieren, Maschinen werden defekt, unser Körper zerfällt und schliesslich sterben wir. Ständiger Unterhalt und Planung gegen Abnützung ist nötig, um das Leben wenigstens während einer beschränkten Periode zu erhalten, z.b. während der Lebenszeit einer Person.

Es ist unvermeidlich, dass der zweite Hauptsatz dominiert: Unser Körper kehrt zum Staub zurück und unsere Autos landen im Abbruch. Mit Hilfe des Verstandes können wir zwar den Wirkungen des zweiten Hauptsatzes vorübergehend widerstehen. Aber die allgemeine Evolution bricht durch dieses Konzept trotzdem zusammen. Als der Evolutionsprozess in der Urzeit begann, gab es noch keine «Maschine», welche die Wirkungen des zweiten Hauptsatzes vorübergehend aus dem Weg räumen konnte. Die Idee, dass der zweite Hauptsatz nur auf geschlossene Systeme angewendet werden könne, ist nicht haltbar. Der zweite Hauptsatz sagt uns klar, dass das Leben ohne die Hilfe einer Intelligenz von aussen niemals allein durch Aktivitäten von Materie und Energie beginnen konnte. Wenn Leben nie von selbst begann, haben wir eine unglaubliche Verschwendung von intellektuellem Talent, denn viele intelligente Leute versuchen, den Weg der Evolution zu finden.

Kehren wir zurück zur Frage der geschlossenen Systeme. Wir denken an ein Experiment, mit dem wir den zweiten Hauptsatz prüfen wollen. Es wird nötig sein, ein geschlossenes System zu konstruieren, ein System, das gegen alle Einflüsse von aussen abgeschirmt ist. So werden wir in der Lage sein, unabhängig von äusseren Ereignissen zu sehen, was im System passiert. Wenn dies gemacht wird, werden wir tatsächlich finden, dass innerhalb des Systems der Trend nach unten geht, in Richtung Unordnung, wie das der zweite Hauptsatz verlangt. In einem offenen System sehen wir, dass dort an jedem Punkt die Summe aller Trends nach unten wirkt.

Wenn man glaubt, dass der zweite Hauptsatz nur für geschlossene Systeme anwendbar sei, so vermischt man die experimentelle Notwendigkeit eines geschlossenen Systems, um den zweiten Hauptsatz zu überprüfen, mit den tatsächlichen Auswirkungen des zweiten Hauptsatzes in den offenen Systemen, in denen wir leben.

Es gibt ein weiteres Argument, das gegen die Anti-Evolutions-Argumente angeführt wird. Es hat mit dem Wort «Zufall» zu tun. Siehe auch den ersten Abschnitt, wo Evolution definiert wird. Einige Evolutionisten streiten über Worte wie «Zufall» oder «zufällig», aber andere sind mit dieser Definition einverstanden.

Es gibt zwei Schulen des Evolutionsdenkens. Die erste Gruppe glaubt, dass Evolution durch zufälliges Zusammenfinden des vorhandenen Materials und durch die Gesetze von Physik und Chemie möglich sei. Dieses Konzept kann mit den mathematischen Gesetzen der Wahrscheinlichkeit behandelt werden. Verschiedene Autoren haben dies schon getan. Der bekannteste von ihnen ist Fred Hoyle. Man geht dabei so vor, dass man die Wahrscheinlichkeit jedes einzelnen Schrittes eines angenommenen evolutionären Pfades abschätzt und dann diese zusammenfügt. Das ergibt die Wahrscheinlichkeit für das Auftreten eines evolutionären Produktes entlang eines Pfades. Schon bevor man allzu weit auf dem Pfad vorankommt, fallen die Wahrscheinlichkeiten so tief, dass die angemessene Bezeichnung dafür «unmöglich» lautet. Hoyle hat es etwa so ausgedrückt: Die Wahrscheinlichkeit, dass Leben durch Zufallsprozesse entstanden ist, ist etwa gleich gross, wie die zufällige Entstehung einer funktionsfähigen Boeing 707 durch einen Tornado, der durch einen Schrottplatz gerast ist.

Dann ist da die zweite Gruppe, die glaubt, dass der Zufall bei der Evolution nur eine geringe oder gar keine Rolle spielt. Sie nehmen an, dass Evolution das zwangsläufige Ergebnis der Gesetze von Physik und Chemie sei. Diese Idee ist noch einfacher zu prüfen als das Wahrscheinlichkeitskonzept. Wir stellen einfach fest, dass das sicherste allgemein gültige Gesetz von Physik und Chemie der zweite Hauptsatz der Thermodynamik ist. Wie wir bereits gesehen haben, bedeutet das die völlige Zerstörung der Idee, dass sich Materie ohne eine intelligente Hilfe oder Führung von aussen von selbst zu höherer Organisation entwickelte.

Nun kommen wir zum Argument, dass der zweite Hauptsatz in der Vergangenheit anders gewesen sei als heute. Ein Evolutionist, der dafür eintritt, nimmt das an, was er zu beweisen versucht, er macht einen Zirkelschluss. Wissenschaft beruft sich auf Messungen. Die Messungen, die wir heute machen, widersprechen der Evolution total. Wenn man Zustände in der fernen Vergangenheit herbeizieht, die nicht mehr gemessen werden können, begibt man sich auf Glatteis. Trotz den Argumenten, die wir gegen die Evolution vorgebracht haben, wird der Evolutionist, der an seinem Glauben festhält sagen: «Nun, wir sind doch hier? Oder nicht?» Man kann ihn dann darauf hinweisen, dass das ein Zirkelschluss ist. Denn er versucht, Evolution zu beweisen, indem er sagt, dass es Evolution gegeben habe, und das habe zu seiner menschlichen Existenz geführt.

Wenn man ihm sein Zirkelschluss-Denken vorhält, so kann es sein, dass er sich auf die Fossilien beruft. Aber damit gerät er in einen weiteren Zirkelschluss. Wenn man die Fossilien mit Hilfe der Evolution interpretiert, fallen sie als Basis weg. Was immer die Erklärung für die Fossilien sein mag, es kann keine sein, welche die Wirkungen des zweiten Hauptsatzes der Thermodynamik ausschliesst.

Die auffälligste Sache mit den Fossilien ist nicht eine Aufwärtsentwicklung, sondern viel mehr Tod und Zerfall. Wir finden in der Fossilgeschichte starke Hinweise für einen ständigen Verlust von Arten. Das stimmt besser mit dem zweiten Hauptsatz der Thermodynamik überein, als mit einer Aufwärtsentwicklung gemäss Evolution.

Nicht alle Kreationisten vertreten einen sechs-Tage Kreationismus. Ich bin der Meinung, dass die Angaben der Schrift eine Sechs-Tage-Position vertreten. Die wissenschaftlichen Beweise für lange Zeiträume beruhen primär auf der Auswahl von Berechnungen, welche die Langzeit-Position stärken und nicht auf allen vorliegenden Beweisen. Um der Zeitfrage in diesem Zusammenhang gerecht zu werden, wäre eine separate Abhandlung nötig.

Ich hoffe, dass dieser Artikel den Leser dazu angeregt hat, tiefer in die Evolutions-Schöpfungs-Kontroverse einzudringen. Meine Meinung zur Kontroverse habe ich so gegeben, wie es der zweite Hauptsatz diktiert. Der interessierte Leser sollte sich an die Original-Quellen wenden.

▎ John R. Baumgardner, Geophysik

Dr. Baumgardner ist Mitglied des technischen Stabs der Theoretical Divison des Los Alamos National Laboratory. Seine Ausbildung als Elektroingenieur erhielt er an der Texas Tech University und der Princeton University. Der Doktor in Geo- und Weltraumphysik wurde ihm von der University of California Los Angeles (UCLA) verliehen. Dr. Baumgardner ist Chefentwickler des TERRA Code, eines dreidimensionalen Finite-Element-Programms zur Modellierung des Erdmantels und der Lithosphäre. Seine gegenwärtige Forschungsarbeit bezieht sich auf die planetare Manteldynamik und die Entwicklung von effizienten hydrodynamischen Methoden für Supercomputer.

Ich wohne in der Stadt Los Alamos, die in den Bergen im Norden von New Mexiko liegt. Das ist die Heimat des Los Alamos National Laboratory, welches etwa 10 000 Angestellte hat und eine der grösseren wissenschaftlichen Forschungseinrichtungen der Vereinigten Staaten ist. In den letzten Jahren habe ich die Ursprungsfrage mit einer Anzahl von Kollegen diskutiert. Einige dieser Debatten haben in Form eines Briefwechsels mit dem Herausgeber unserer lokalen Zeitung[1] stattgefunden. Was folgt, sind die wichtigsten Teile daraus.

Können zufällige molekulare Wechselwirkungen Leben erzeugen?

Viele Evolutionisten glauben, dass die Zeit von 15 Milliarden Jahren, die sie für das Alter des Kosmos annehmen, genügt, um durch zufällige Wechselwirkungen von Atomen und Molekülen das Leben hervorzubringen. Eine einfache arithmetische Rechnung zeigt, dass diese Annahme nicht realistisch ist.

Diese Berechnung ist ähnlich wie die der Wahrscheinlichkeit für einen Lotteriegewinn. Die Zahl der möglichen Lotterie-Kombinationen entspricht der totalen Zahl von Proteinstrukturen (in einem angemessenen Grössenbereich), die möglich sind, um einen der Standard-Bausteine zusammenzusetzen. Die siegreichen Lose entsprechen den kleinen Gruppen von Proteinen, welche die richtigen speziellen Eigenschaften haben, die zum Aufbau eines lebenden Organismus, sagen wir, einer einfachen Bakterie, nötig sind. Die maximale Anzahl von

Lotterielosen, die eine Person kaufen kann, korrespondiert mit der maximalen Anzahl von Proteinmolekülen, die je während der Geschichte des Kosmos in diesem existiert haben können.

Wir wollen zuerst die maximal mögliche Zahl der Moleküle abschätzen, die während der ganzen Geschichte des Universums in diesem entstanden sein könnten. Wir nehmen 10^{80} als grosszügige Schätzung für die Anzahl Atome im Kosmos[2] an, 10^{12} als grosszügige Schätzung für die obere Grenze der durchschnittlichen zwischenatomaren Wechselwirkungen pro Sekunde und Atom, und 10^{18} Sekunden (etwa 30 Milliarden Jahre) als obere Grenze für das Alter des Universums. Das ergibt 10^{110} als obere grosszügige Grenze von zwischenatomaren Wechselwirkungen, die während der langen, evolutionstheoretisch vorausgesetzten Zeit, stattgefunden haben können. Wenn wir nun die extrem grosszügige Annahme machen, dass jede interatomare Wechselwirkung jedes Mal ein neues einmaliges Molekül bildet, dann kann es höchstens 10^{110} einmalige Moleküle gegeben haben, die im Universum während seiner ganzen Geschichte existierten.

Nun wollen wir darüber nachdenken, was es bedeutet, dass ein reiner Zufallsprozess eine minimale Gruppe von 1000 Proteinmolekülen hervorbringt, die nötig ist, um die einfachste mögliche Lebensform zu bilden. Um das Problem dramatisch zu vereinfachen, nehmen wir an, wir hätten irgendwie bereits 999 der 1000 verschiedenen Proteine gefunden, die wir benötigen. Wir brauchen also nur noch die letzte magische Sequenz von Aminosäuren, um das letzte spezielle Protein zu erzeugen. Wir begrenzen ausserdem den Satz der Aminosäuren auf die 20, die in den Lebewesen vorkommen und lassen die etwa 100 übrigen beiseite. Wir kümmern uns auch nicht um die Tatsache, dass nur linksdrehende Moleküle in den lebenden Proteinen vorkommen. Ebenfalls die unglaublich unvorteilhafte chemische Reaktionskinetik, um lange Peptidketten in irgend einer unbelebten Umgebung zu bilden, auch sie lassen wir beiseite.

Wir konzentrieren uns also nur auf die Aufgabe, eine brauchbare Sequenz von Aminosäuren zu bilden, die eine dreidimensionale Proteinstruktur mit einer minimalen wichtigen Funktion erzeugt. Verschiedene theoretische und experimentelle Erkenntnisse zeigen, dass etwa die Hälfte der Aminosäure-Positionen genau spezifiziert werden müssen[3]. Für ein relativ kurzes Protein, das aus einer Kette von 200 Aminosäuren besteht, liegt die Zahl der zufälligen Versuche, um eine brauchbare Sequenz zu erhalten, in der Grössenordnung von 20^{100} (100 Aminosäurepositionen mit 20 möglichen Kandidaten an jeder Stelle), das sind 10^{130} Versuche. Das ist hundert Milliarden Milliarden (10^{20}) mal mehr als die oberste Grenze der Anzahl Moleküle, die je im Kosmos existiert haben können! Kein Zufallsprozess kann je genügen, um auch nur eine einzige solche Proteinstruktur zu finden, geschweige denn den vollen Satz von 1000, die man für die einfachste Lebensform benötigt. Es ist daher völlig wirklichkeitsfremd, wenn jemand daran glaubt, dass zufällige chemische Reaktionen aus der ungeheuren Zahl von möglichen Kandidaten jemals einen Satz von funktionellen Proteinen hervorbringen könnten.

Wie ist es möglich, dass man angesichts dieser überwältigenden Unmöglichkeit noch an zufällige Wechselwirkungen denken kann, welche die Komplexität der lebenden Systeme hervorgebracht haben sollen? Diese Art von Überlegungen gelten übrigens nicht nur für die Biogenese, sondern auch für jede Art von Makroevolution, bei der neue Gene und Proteine auftreten.

Ein pensionierter Chemiker vom Los Alamos Laboratory bemerkte, dass dieses Argument abgeschwächt werde, weil es die Einzelheiten der Reaktionskinetik nicht beachte. Ich habe jedoch die Reaktionsrate so gigantisch gewählt (im Durchschnitt eine Million Millionen Reaktionen pro Atom pro Sekunde), dass all diese Erwägungen unnötig werden. Chemie oder Physik geben uns keine Grundlage für die Vorstellung, dass es möglich ist, dass Polypeptide mit Hunderten von Aminosäuren zufällig zusammengebaut und in ihre dreidimensionalen Strukturen gefaltet werden, worauf sie ihre einzigartigen Eigenschaften entfalten, und das alles in Picosekunden.

Ein weiterer Wissenschaftler, ein Physiker der Sandia National Laboratories behauptete, ich hätte die Regeln der Wahrscheinlichkeit in meiner Rechnung falsch angewendet. Wenn mein Beispiel stimmen würde, «müsste das die wissenschaftliche Welt drunter und drüber bringen». Ich antwortete, dass die Wissenschaftler mit diesem grundlegenden Argument in der Vergangenheit schon längstens konfrontiert worden seien, aber ganz einfach mit massenhafter Ablehnung reagiert hätten. Fred Hoyle, der berühmte englische Kosmologe, publizierte vor zwei Jahrzehnten ähnliche Berechnungen[4]. Die meisten Wissenschaftler haben ganz einfach ihre Ohren zugehalten und lehnten es ab, auf ihn zu hören.

In Wirklichkeit ist diese Analyse so einfach und direkt, dass man keine höhere wissenschaftliche Ausbildung braucht, um sie zu verstehen, man kann sie sogar selbst machen. In meinem Fall habe ich lediglich die obere Grenze der chemischen Reaktionen irgend welcher Art abgeschätzt, die je in der Geschichte des Universums ablaufen konnten. Dann habe ich diese Zahl mit der Zahl von Versuchen verglichen, die nötig sind, um ein einziges Protein mit minimaler Funktionalität aus allen möglichen Kandidaten zu erzeugen. Es zeigt sich, dass die zweite Zahl viele Grössenordnungen mal höher ist als die erste. Ich habe angenommen, dass die wahrscheinlichen Kandidaten alle gleich sind. Mein Argument ist klar. Ich habe die Gesetze der Wahrscheinlichkeit nicht verletzt. Ich habe sie angewendet, wie das Physiker in ihrer täglichen Arbeit tun.

Wie entstehen codierte Sprachstrukturen?

Eine der dramatischsten Entdeckungen der Biologie im 20. Jahrhundert sind die codierten Sprachstrukturen, welche die Lebewesen regieren. Jede einzelne chemische und strukturelle Komplexität, die mit dem Stoffwechsel, der Reparatur, speziellen Funktionen und der Reproduktion jeder lebender Zelle verbunden ist, wird durch codierte Algorithmen, die in der DNS gespeichert sind, beherrscht. Die wichtigste Frage ist daher: Wie konnten solch extrem grosse Sprachstrukturen entstehen?

Der Ursprung dieser Sprachstrukturen ist die zentrale Frage für das Problem der Entstehung des Lebens. Die einfachste Bakterie hat ein Genom, das etwa eine halbe Million Basenpaare besitzt. (Jedes Basenpaar entspricht im genetischen Alphabet einem genetischen Buchstaben.) Gibt es irgend einen natürlichen Prozess, der imstande ist, spontan Algorithmen zu bilden, die aus Millionen von Buchstaben bestehen? Gibt es irgend etwas in den physikalischen Gesetzen, das die spontane Entstehung solcher Strukturen ermöglicht? Die Antwort ist einfach. Was wir gegenwärtig von der Thermodynamik und der Informationstheorie wissen, sagt uns überzeugend, dass sie es nicht können und nicht tun!

Die Sprache besteht aus einem symbolischen Code, einer Wörtersammlung und einem Satz von grammatischen Regeln. Mit der Sprache können wir Gedanken weitergeben oder aufnehmen. Viele von uns verbringen die meisten ihrer wachen Stunden damit, Sprachinhalte zu erzeugen, zu bearbeiten oder zu verbreiten. Nur selten denken wir an die Tatsache, dass die Sprachstrukturen eine klare Manifestation von nicht-materieller Realität sind.

Zu diesem Schluss kann man auch kommen, wenn man beobachtet, dass die sprachliche Information unabhängig vom Material ihres Trägers ist. Der Sinn oder die Botschaft ist nicht davon abhängig, ob sie mit Schallwellen, Tintenzeichen auf Papier, magnetischen Feldern auf einer Floppydisk oder Spannungsverhältnissen in einem Transistornetzwerk übertragen wird. Die Botschaft, dass eine Person einen Lotteriegewinn von 100 Millionen Dollar gemacht hat, ist immer dieselbe, ob sie dies von einer Person vernehmen, die an ihre Türe kommt oder über das Telephon oder die Post oder das Fernsehen oder das Internet.

Tatsächlich hat Einstein einmal darauf hingewiesen, dass der Ursprung und die Natur der symbolischen Information eine der Grundfragen über die uns bekannte Welt ist.[5] Er konnte nichts finden, das imstande war, einem Symbol durch Materie einen Sinn zu verleihen. Die klare Folgerung ist, dass symbolische Information oder Sprache eine Kategorie darstellt, welche etwas anderes ist, als Materie oder Energie. Die Sprachwissenschaftler sprechen daher heute von der Kluft zwischen Materie und sinnvollen Symbolen als von «Einsteins Kluft».[6]

Im heutigen Informationszeitalter gibt es keine Diskussion darüber, ob sprachliche Informationen nicht etwas Reales seien. Es braucht keine grossen Überlegungen, um festzustellen, dass es einen qualitativen Unterschied gibt zwischen dem Substrat von Materie/Energie und der Information, die man damit transportiert.

Von welcher Seite kommt nun diese sprachliche Information ursprünglich? Unsere menschliche Erfahrung verbindet die Worte, die wir aussprechen und verarbeiten, unmittelbar mit unserem Geist. Aber was ist die Natur des menschlichen Geistes? Wenn etwas existiert, das wie die sprachliche Information unabhängig von Materie und Energie ist, so muss man den Schluss ziehen, dass eine Entität existiert, welche imstande ist, sprachliche Information zu erzeugen und infolgedessen in ihrer Natur nicht-materiell beschaffen sein muss.

Die unmittelbare Folgerung dieser Beobachtungen bezüglich sprachlicher Information bedeutet, dass der Materialismus, der schon so lange die philosophische Perspektive der wissenschaftlichen Kreise beherrscht, samt seiner Grundannahme, es gebe keine aussermaterielle Realität, schlicht und einfach falsch ist. Erstaunlich, wie einfach diese Widerlegung ist.

Die Folgen für die Evolution sind sofort sichtbar: Die Annahme der Evolutionisten, dass die zunehmend komplexeren sprachlichen Strukturen, welche die Baupläne und Betriebsanleitungen für all die komplexen chemischen Nanomaschinen darstellen und die ausgeklügelten rückgekoppelten Mechanismen, schon in den einfachsten Lebewesen – dass diese Strukturen eine rein materialistische Erklärung haben – ist fundamental falsch. Wie aber kann man die symbolische Sprache erklären, die das Wichtigste enthält, von dem alle Lebewesen ihren Aufbau und ihre Funktion und ihre erstaunlichen Eigenschaften erhalten? Die Antwort ist naheliegend: Ein intelligenter Schöpfer ist unzweifelhaft nötig. Wie ist es nun aber mit der Makroevolution? Könnten physikalische Prozesse im Bereich von Materie und Energie nicht mindestens die vorhandenen genetischen Strukturen modifizieren, um so etwas wirklich Neues hervorzubringen, so wie es die Evolutionisten glauben?

Diese Frage hat Professor Murray Eden, ein Spezialist für Informationstheorie und formale Sprachen am Massachusetts Institute of Technology, vor einigen Jahren beantwortet: Zufällige Störungen von formalen Sprachstrukturen können solch magische Kunststücke nicht vollbringen.[7] Er sagte: «Keine der gegenwärtig vorhandenen formalen Sprachen kann zufällige Veränderungen der Symbolreihenfolgen, welche die Sätze bilden, tolerieren. Der Sinn wird dadurch fast immer zerstört. Jede Veränderung muss den syntaktischen Regeln gemäss erfolgen. Ich vermute, dass das, was man «genetische Grammatik» nennt, eine bestimmte Erklärung hat und seine Stabilität nicht vom Selektionsdruck oder von zufälligen Veränderungen erhalten hat.»

Mit anderen Worten, die Antwort ist Nein. Zufällige Veränderungen im genetischen Alphabet haben nicht die Fähigkeit, sinnvolle neue Proteinstrukturen zu produzieren, so wenig wie die zufällige Bildung von Aminosäureketten, die wir schon in einem vorangehenden Abschnitt diskutiert haben. Das ist der krasse und fatale Mangel jedes materialistischen Mechanismus für Makroevolution. Das Leben ist für seinen Aufbau im einzelnen von komplexen, nicht-materiellen Sprachstrukturen abhängig. Materielle Prozesse sind völlig unfähig, um solche Strukturen zu bilden oder um sie zu neuen Funktionen zu modifizieren. Wenn die Aufgabe, etwa 470 Gene für die zelluläre Maschine der einfachsten Bakterie zu spezifizieren, innerhalb des materialistischen Rahmens unlösbar ist, dann stelle man sich vor, wie undenkbar es für den Materialismus sein muss, die etwa 30 000 Gene für ein Säugetier zu spezifizieren!

Trotz der Millionen von evolutionistischen Publikationen – von Artikeln in Zeitschriften, Schulbüchern und Geschichten in populären Magazinen – die behaupten, dass es allein mit materiellen Prozessen möglich gewesen sei, die evolutionären Wunder zu vollbringen, gibt es in Wirklichkeit keine rationale Basis für solchen Glauben. Er ist Fantasie. Codierte Sprachstrukturen sind in ihrer Natur nicht-materiell und verlangen zwingend eine nicht-materielle Erklärung.

Aber wie steht es mit der Geologie und den Fossilien?

Gerade so, wie es im vergangenen Jahrhundert einen krassen wissenschaftlichen Irrtum in den biologischen Dingen gibt, gibt es auch einen ähnlichen Irrtum in geologischen Dingen. Den geologischen Irrtum kann man mit einem einzigen Wort benennen: Uniformitarismus. Dieser nimmt an und versichert, dass die Vergangenheit der Erde nur durch gegenwärtig ablaufende Prozesse mit etwa gegenwärtigen Geschwindigkeiten richtig verstanden werden kann. Genau so wie materialistische Biologen irrtümlicherweise annahmen, dass materielle Prozesse das Leben in ihrer Vielfalt erzeugen konnten, haben materialistische Geologen angenommen, dass die Gegenwart genüge, um die Vergangenheit der Erde zu erklären. Sie haben dadurch die vielen Gegenargumente unterdrückt, die globale Katastrophen betreffen, die über den Planeten hinweggegangen sind.

Erst in den vergangenen zwei Jahrzehnten ist das Stillschweigen über globale Katastrophen in den geologischen Formationen gebrochen worden. Erst in den letzten 10 bis 15 Jahren ist die Realität von globalen Aussterbeereignissen ausserhalb der Paläontologen allgemein bekannt geworden. Erst in den letzten 10 Jahren sind Anstrengungen unternommen worden, um Hochenergieereignisse wie Einschläge von Asteroiden, die zu weltweitem Aussterben führten, zu beachten. Doch die riesige horizontale Ausdehnung von paläozoischen und mesozoischen Sedimentformationen und die in ihnen enthaltenen Spuren von Hochenergietransport, stellen ein überaus starkes Zeugnis für eine globale Katastrophe dar, die weit darüber hinausgeht, was je in der geologischen Literatur behandelt worden ist. Die Feldbefunde zeigen von Katastrophen geprägte Prozesse, die für das meiste, wenn nicht für alles, in diesem Teil der geologischen Formationen verantwortlich sind. Der Vorschlag, dass die gegenwärtigen geologischen Prozesse für jene repräsentativ seien, welche die paläozoischen und mesozoischen Formationen gebildet hätten, ist unglaubwürdig.

Was ist unsere Alternative zur uniformitaristischen Perspektive? Es ist die einer Katastrophe, die durch einen Prozess im Erdinnern angetrieben wurde und die progressiv, aber plötzlich auf der Erdoberfläche erschienen ist. Ein ähnliches Ereignis dieser Art wurde kürzlich auf dem Schwesterplanet der Erde, nämlich auf der Venus dokumentiert.[8] Diese aufsehenerregende Feststellung basiert auf der Kartierung mit Hilfe eines hochauflösenden Radars, die man mit der Magellan-Raumsonde Anfangs 1990 gemacht hat. Sie zeigt heute den grössten Teil aller Krater auf der Venus in jungfräulichem Zustand und nur 2,5 Prozent von Lava eingeschlossen. Vor der Bildung der heutigen Krater liess ein intensiver Vulkanismus alle früheren Krater von der Oberfläche verschwinden. Seitdem die neue Oberfläche besteht, hat es nur minimale tektonische Aktivität gegeben.

Es gibt sehr starke Hinweise dafür, dass eine ähnliche Katastrophe auch auf unserem Planeten stattgefunden hat. Sie wurde wahrscheinlich durch eine beschleunigte Subduktion des vorozeanischen Meeresbodens ins Erdinnere angetrieben.[9] Dass ein solcher Prozess theoretisch möglich ist, wurde in der geophysikalischen Literatur der letzten 30 Jahre mindestens zur Kenntnis genommen.[10] Eine der wichtigen Konsequenzen dieses Ereignisses ist die progressive Überflutung der Kontinente und ein schnelles Massenaussterben allen Lebens mit Ausnahme weniger Prozente. Die Zerstörung von ökologischen Lebensräumen begann in der marinen Umgebung und setzte sich progressiv auf die Kontinente fort.

Die Spuren dieser globalen Katastrophe sind innerhalb der geologischen Formationen im ganzen Paläozoikum, Mesozoikum und in grossen Teilen des Känozoikums sichtbar. Die meisten Biologen sind sich des plötzlichen Verschwindens der meisten Tierarten im unteren Kambrium bewusst. Aber die meisten übersehen, dass die Präkambrische-Kambrische Grenze ebenfalls eine beinahe weltweite stratigraphische Diskordanz darstellt, die durch intensiven Katastrophismus gekennzeichnet ist. Zum Beispiel enthält der Tapeats-Sandstein im Grand Canyon unmittelbar über dieser Grenzschicht hydraulisch transportierte Felsbrocken, die mehrere Meter Durchmesser aufweisen.[11]

Dass diese Katastrophe in ihrem Ausmass weltweit war, ist an der extremen horizontalen Ausdehnung und Kontinuität der kontinentalen Sedimente klar sichtbar. Dass es nur eine einzige riesige Katastrophe gewesen ist und nicht viele einzelne kleinere mit langen Zwischenräumen, geht aus dem Fehlen von Erosionseinschnitten, Bodenhorizonten und Lösungsstrukturen an den Grenzflächen zwischen aufeinanderfolgenden Schichten hervor. Die ausgezeichnete Sichtbarkeit der paläozoischen Formationen im Grand Canyon bietet ein einmaliges Beispiel dieser vertikalen Kontinuität, welche keine oder nur geringe Spuren von Zeit zwischen den Schichten zeigt. Besonders wichtig in dieser Beziehung sind die Kontaktflächen zwischen Kaibab- und Toroweap-Formationen, den Coconino- und Hermit-Formationen, den Hermit- und Esplanade-Formationen und den Supai- und Redwall-Formationen.[12]

Die überall im Paläozoikum, Mesozoikum und auch im Känozoikum vorhandenen Schrägschichtungen in den Sandsteinen, sogar in Kalksteinen, sind ein starkes Zeugnis für Hochenergie-Transport dieser Sedimente. Untersuchungen von Sandsteinen, die im Grand Canyon sichtbar sind, zeigen Schrägschichtungen, die von Hochenergie-Wasserströmen gebildet wurden und Sandwellen gebildet haben, die mehrere Dutzend Meter hoch sind.[13] Der schräg geschichtete Coconino-Sandstein, der im Grand Canyon sichtbar ist, reicht weiter über Arizona, New Mexico bis nach Texas, Oklahoma, Colorado und Kansas. Er bedeckt mehr als 517 000 Quadratkilometer und hat ein Volumen von schätzungsweise 41 000 Kubikkilometer Sand. Die Schrägschichtungen neigen sich nach dem Süden und zeigen, dass der Sand vom Norden gekommen ist. Wenn man eine mögliche Quelle für diesen Sand im Norden sucht, findet man nichts besonderes. Es muss eine Quelle gewesen sein, die sehr weit weg liegt.

Das Ausmass der Wasserkatastrophe, die solche Formationen bilden konnte, übersteigt jede Vorstellungskraft. Numerische Berechnungen zeigen, dass, wenn grössere Teile der kontinentalen Oberflächen überschwemmt werden, spontan starke Wasserströme mit Geschwindigkeiten von mehreren 10 Metern pro Sekunde entstehen.[14] Solche Ströme sind ähnlich wie die planetaren Wellen in der Atmosphäre und werden von der Erdrotation angetrieben.

Das dramatische weltweite Ausmass der in den Sedimenten sichtbaren Katastrophen im Paläozoikum, Mesozoikum und einem Teil des Känozoikums, bedeutet, dass eine neue Interpretation der damit zusammenhängenden Fossilgeschichte nötig ist. Statt dass die Fossilien eine evolutionäre Folge darstellen, zeigen sie eine fortlaufende Zerstörung der ökologischen Zonen durch die weltweite tektonische und hydrologische Katastrophe. Diese Interpretation erklärt auch, warum die für Darwin so wichtigen Zwischenformen systematisch fehlen – die Fossilgeschichte dokumentiert eine kurze, intensive, weltweite Zerstörung des Lebens und nicht eine lange Evolutionsgeschichte! Die Arten von Pflanzen und Tieren, die in den Fossilien erhalten geblieben sind, bestehen aus Arten, welche schon vor der Katastrophe existierten. Die lange Zeitspanne und die Zwischenformen der Lebewesen, die sich die Evolutionisten vorstellen, sind nicht real. Die starken beobachtbaren Zeichen dieser Katastrophe verlangen nach einer radikal neuen Zeitskala.

Wie kann man die geologische Zeit berechnen?

Mit der Entdeckung der Radioaktivität vor einem Jahrhundert haben die Uniformitaristen angenommen, sie hätten nun ein zuverlässiges System, um die absolute Zeit im Bereich von Milliarden Jahren quantitativ messen zu können. Es gibt eine Anzahl von instabilen Isotopen mit Halbwertszeiten im Bereich von Milliarden Jahren. Das Vertrauen in diese Methode war aus verschiedenen Gründen sehr hoch. Die Energie, die beim radioaktiven Zerfall frei wird, ist viel grösser als die elektronische Energie im Zusammenhang mit gewöhnlicher Temperatur, Druck und Chemie, so dass Veränderungen der letzteren einen vernachlässigbaren Einfluss auf das erstere haben.

Ausserdem hat man angenommen, dass die Naturgesetze unabhängig von der Zeit seien. Die Zerfallsgeschwindigkeiten, die wir heute messen, seien seit dem Anfang des Kosmos konstant geblieben – das ist die Sicht, welche durch den materialistischen und uniformitaristischen Glauben diktiert wird. Das Vertrauen in die radiometrischen Methoden war unter den materialistischen Wissenschaftlern so absolut, dass alle übrigen Methoden, um das Alter von geologischem Material abzuschätzen, einen niedrigeren Status hatten. Sie wurden als unzuverlässig angesehen, wenn sie mit der Radiometrie nicht übereinstimmten.

Die meisten Leute, darunter die meisten Wissenschaftler, sind sich des krassen systematischen Konfliktes zwischen den radiometrischen Methoden und den nicht-radiometrischen nicht bewusst. Doch dieser Konflikt ist so gross und dauerhaft, dass ich meine, es bestehe mehr als genug Grund dafür, die Gültigkeit der radiometrischen Methoden aggressiv in Frage zu stellen.

Ein klares Beispiel für diesen Konflikt bezieht sich auf die Speicherung von Helium in kleinen Zirkonkristallen, die man im Granit findet. Das Helium entsteht durch den radioaktiven Zerfall vom Uran, welches sich im Zirkon befindet. In einer erhärtenden Magma hat Uran die Tendenz, sich bevorzugt im Zirkon zu konzentrieren, denn die grossen Lücken im Kristallgitter der Zirkonkristalle können die grossen Uranionen besser aufnehmen. Uran ist instabil und zerfällt in einer Anzahl von Zerfallsstufen zu Blei. Bei diesem Prozess entstehen von jedem Uran-238-Atom acht Heliumatome. Doch Helium ist ein sehr kleines

Atom und zugleich ein Edelgas und hat daher eine ganz geringe Tendenz zu chemischen Reaktionen mit andern Elementen. Helium kann daher leicht durch das Kristallgitter hindurch wandern.

Der Konflikt der radiometrischen Methoden liegt darin, dass Zirkone im präkambrischen Granit eine grosse Konzentration von Helium zeigen.[15] Wenn man die Anteile von Uran, Blei und Helium experimentell bestimmt, findet man Blei und Uran in Mengen, die mit Milliarden Jahren von radioaktivem Zerfall bei heutiger Zerfallsgeschwindigkeit übereinstimmen. Erstaunlicherweise ist das meiste Helium von diesem Zerfall immer noch in den Kristallen vorhanden. Die Kristalle sind normalerweise nur einige Mikrometer gross. Wenn man auf Grund der experimentell gemessenen Helium-Diffusionsrate das Alter berechnet, seitdem der grösste Teil des Zerfalls abgelaufen ist, kommt man auf eine Zeitdauer von wenigen tausend Jahren.

So muss man sich fragen, welchen physikalischen Prozess wir für die Altersbestimmung beiziehen: die Diffusionsrate des Edelgases im Kristallgitter oder den radioaktiven Zerfall eines unstabilen Isotopes? Beide Prozesse können heute einzeln im Laboratorium untersucht werden. Beide – die Helium-Diffusionsrate in einem bestimmten Kristallgitter und die Zerfallsgeschwindigkeit von Uran zu Blei – können mit grosser Genauigkeit bestimmt werden. Doch diese beiden physikalischen Prozesse ergeben für denselben Granitfelsen unglaublich unterschiedliche Alterswerte. Wo sitzt der logische Fehler dieser Untersuchung? Die einfachste Erklärung ist nach meiner Ansicht der Schritt der Extrapolation der gegenwärtig gemessenen Werte, bis in die weit entfernte Vergangenheit hinein. Wenn das der Fehler ist, dann können die radiometrischen Methoden, die auf den gegenwärtigen Zerfallsraten beruhen, keine korrekten Alterswerte für die Geologie liefern.

Wie stark ist der Zweifel, dass die radiometrischen Methoden in der Tat so falsch sein können? Es gibt Dutzende von physikalischen Prozessen, die wie die Heliumdiffusion Alterswerte liefern, die mehrere Grössenordnungen kleiner sind als die der radiometrischen Technik. Viele von diesen sind geologischer oder geophysikalischer Natur. Daher muss man sich fragen, ob die gegenwärtig beobachteten Verhältnisse auf gültige Weise bis in unbestimmte Vergangenheit extrapoliert werden dürfen.

Immerhin, wenn wir die gegenwärtige Zunahme von Natrium in den Ozeanen mit dem gegenwärtigen Natriumgehalt in Beziehung bringen, oder die gegenwärtige Zunahme von Sedimenten in den Ozeanen mit den bereits in den Ozeanen vorhandenen Sedimenten vergleichen, oder den gegenwärtigen Verlust von kontinentalem Gestein (welcher vor allem durch Erosion entsteht) mit dem Volumen der kontinentalen Kruste, oder der gegenwärtige Anstieg des Himalaya (unter Berücksichtigung der Erosion) gegen seine gegenwärtige Höhe, so kommen wir auf Zeiträume, die zu der radiometrischen Zeitskala drastisch im Widerspruch stehen.[16] Diese geschätzten Zeiträume reduzieren sich nochmals erheblich, wenn wir nicht die uniformitaristische Annahme machen, sondern den weltweiten Katastrophismus berücksichtigen, von dem wir vorher geschrieben haben.

Es gibt weitere Prozesse, welche sich nicht so leicht in quantitativer Beziehung beschreiben lassen, wie zum Beispiel der Zerfall von Protein in einer geologischen Umgebung. Dieser weist uns ebenfalls auf eine viel kürzere geologische Zeit hin. Es gilt als sicher, dass es in nicht-mineralisierten Dinosaurierknochen immer noch feststellbare Knochenproteine gibt, und das an vielen Orten der Erde.[17] Auf Grund meiner persönlichen Erfahrung mit solchem Material ist es nicht denkbar, dass Knochen, die noch gut erhaltenes Protein enthalten, länger als einige tausend Jahre in der geologischen Umgebung sein konnten, in der man sie gefunden hat.

Ich glaube daher, dass die wissenschaftlichen Argumente stark genug sind, um die radiometrischen Methoden zur Datierung von geologischem Material abzulehnen. Was gibt es an ihrer Stelle? Als Christ bin ich davon überzeugt, dass die Bibel eine zuverlässige Quelle von Informationen ist. Die Bibel spricht von einer weltweiten Katastrophe in der Sintflut, welche alle Luft-atmenden Lebewesen auf dem Planeten zerstörte mit Ausnahme derjenigen Tiere und Menschen, die Gott in der Arche am Leben erhalten hat. Die Übereinstimmung zwischen der weltweiten Katastrophe in den geologischen Formationen und der Flut, die in der Bibel beschrieben ist, ist für mich viel zu offensichtlich, um nicht zum Schluss zu kommen, dass es sich um ein- und dasselbe handelt.

Mit dieser wichtigen Verbindung zwischen der biblischen Geschichte und der geologischen Geschichte ist der nächste logische Schritt das unvoreingenommene Lesen der ersten Kapitel des ersten Mosebuches. Das führt zum Schluss, dass der Kosmos, die Erde, Pflanzen, Tiere und auch Mann und Frau von Gott geschaffen wurden, gerade so, wie es beschrieben ist, vor nur einigen tausend Jahren, ohne wenn und aber.

Aber wie steht es mit dem Licht von weit entfernten Sternen?

Es ist eine durchaus berechtigte Frage, wie es möglich sein kann, dass wir Sterne sehen, die Millionen und Milliarden von Lichtjahren entfernt sind, obschon die Erde so jung ist. Wir haben eine gewisse Vorstellung einer Antwort auf diese wichtige Frage. Das ist der Grund dafür, dass Wissenschaftler wie ich selbst das Vertrauen haben, dass gute Wissenschaft ein direktes Verständnis der Bibel rechtfertigt.[18]

Meine Antwort berücksichtigt wichtige Anhaltspunkte aus der Bibel und wendet zugleich die allgemeine Standard-Relativität an. Das Resultat ist ein kosmologisches Modell, das sich vom Standard-Urknallmodell in zwei wichtigen Punkten unterscheidet. Erstens nimmt man an, dass das kosmologische Prinzip nicht gilt und zweitens wird die Inflation an einer anderen Stelle der kosmologischen Geschichte angesetzt.

Das kosmologische Prinzip bedeutet, dass der Kosmos kein Ende, keine Grenze und kein Zentrum hat. In einer vereinfachten Weise ist es an jeder Stelle und in jeder Richtung dasselbe. Diese Annahme betreffend der Geometrie des Kosmos hat es den Kosmologen ermöglicht, zu relativ einfachen Lösungen von Einsteins Gleichungen der allgemeinen Relativität zu kommen. Solche Lösungen bilden die Basis für alle Urknallmodelle. Aber es gibt immer mehr Beobachtungen, die nahelegen, dass diese Annahme nicht stimmt. In der Zeitschrift «Nature» erschien ein Artikel, in dem eine fraktale Analyse der Galaxienverteilung bis zu grossen Distanzen im Kosmos beschrieben wurde, welche dieser wichtigen Annahme für den Urknall widerspricht.[19]

Wenn dagegen der Kosmos ein Zentrum hat, dann ist seine anfängliche Geschichte radikal anders als die der Urknallmodelle. Sein Anfang wäre dann ein massives schwarzes Loch, das die ganze Materie enthält. Eine solche Massenverteilung hat einen riesigen Gradienten des Gravitationspotentials, welcher die lokale Physik grundlegend beeinflusst, inbegriffen die Geschwindigkeit der Uhren. Uhren in der Nähe des Zentrums würden viel langsamer laufen oder sogar während der frühesten Zeit der kosmischen Geschichte stillstehen.[20] Weil die Himmel im grossen Masstab von der Erde aus gesehen isotrop sind, muss die Erde nahe am Zentrum eines solchen Kosmos sein. Das Licht von der äussersten Grenze dieses Kosmos erreicht das Zentrum in einer sehr kurzen Zeit, wenn man sie mit Uhren misst, die in der Nähe der Erde sind.

In Bezug auf die Zeit der kosmischen Inflation hat dieses Modell erst nach der Bildung von Sternen und Galaxien eine Inflation. Es ist bemerkenswert, dass innerhalb des vergangenen Jahres zwei Gruppen von Astrophysikern, welche die grossen Rotverschiebungen von Ia Supernovae studierten, zum Schluss gekommen sind, dass die kosmische Expansion heute grösser ist, als zur Zeit der Explosion dieser Sterne. Der Artikel in der Juni-Ausgabe 1998 von «Physics Today» beschreibt diese «erstaunlichen» Resultate, die «eine grosse Unruhe» unter den Astrophysikern hervorgerufen hat.[21] Man sucht den Grund für den ungewöhnlichen Befund in «einer ätherischen Instanz».

Tatsächlich spricht die Bibel wiederholt von Gott, der die Himmel ausgebreitet hat: «O Herr, mein Gott, wie bist du so gross! ... der den Himmel ausspannt wie ein Zeltdach,...» (Ps. 104, 1–2); «So hat Gott der Herr gesprochen, der die Himmel geschaffen und ausgespannt...» (Jes. 42,5); «... Ich bin der Herr der alles wirkt, der ich den Himmel ausgespannt habe...» (Jes 44, 24); «Ich bin es ja, der die Erde gemacht und die Menschen auf ihr geschaffen hat; ich bin es, dessen Hände den Himmel ausgespannt haben, und sein gesamtes Sternenheer habe ich bestellt» (Jes 45,12).

Als Christ, der zugleich professioneller Wissenschaftler ist, triumphiere ich, wenn ich an die Realität dieser Worte denke: «In sechs Tagen hat der Herr den Himmel und die Erde geschaffen» (2. Mose 20,11). Möge er für immer gepriesen sein.

Referenzen:

1 Eine Sammlung von diese Briefen ist im Internet zu finden: http://www.nnm.com/lacf.

2 C.W. Allen, Astrophysical Quantities, 3rd ed., University of London, Athlone Press, 1973, p. 293; M. Fukugita, C.J. Hogan and P.J.E. Peebles, The Cosmic Baryon Budget, Astrophysical Journal, 503 (1998), 518–30.

3 H.P. Yockey, A Calculation of the Probability of Spontaneous Biogenesis by Information Theory, Journal of Theoretical Biology, 67 (1978) 377–398; Information Theory and Molecular Biology, Cambridge University Press, 1992.

4 F. Hoyle and N.C. Wickramasinghe, Evolution from Space, J.M. Dent, 1981.

5 A. Einstein, Remarks on Bertrand Russell's Theory of Knowledge, in The Phiosophy of Bertrand Russell, P.A. Schilpp, ed, Tudor Pub, NY, 1944, p 290.

6 J.W. Oller, Jr., Language and Experience: Classic Pragmatism, University Press of America, 1989, p 25.

7 M. Eden, Inadequacies of Neo-Darwinian Evolution as a Scientific Theory, in P.S. Moorhead and M.M. Kaplan, eds., Mathematical Challenges to the Neo-Darwinian Interpretation of Evolution, Wistar Institute Press, Philadelphia, 1967, p. 11.

8 R.G. Strom, G.G. Schaber and D.D. Dawson, The Global Resurfacing of Venus, Journal of Geophysical Research, 99, 1994, 10899–926.

9 S.A. Austin, J.R. Baumgardner, D.R. Humphreys, A.A. Snelling, L. Vardiman and K.P. Wise, Catastrophic Plate Tectonics: A Global Flood Model of Earth History, pp 609–621; J.R. Baumgardner, Computer Modeling of the Large-Scale Tectonics Associated with the Genesis Flood, pp 46–62; Runaway Subduction as the Driving Mechanism for the Genesis Flood, pp 63–75, Proceedings of the Third International Conference on Creationism, Technical Symposium Sessions, R.E. Walsh, ed. Creation Science Fellowship, Inc., Pittsburgh, PA, 1994.

10 O.L. Anderson and P.C. Perkins, Runaway Temperatures in the Asthenosphere Resulting from Viscous Heating, Journal of Geophysical Research, 79, 1974, 2136–2138.

11 S.A. Austin, Interpreting Strata of the Grand Canyon, Grand Canyon: Monument to Catastrophe, S.A. Austin, ed., Institute for Creation Research, CA, 1994, 46–47.

12 ref. (11), pp 42–51.

13 ref. (11), pp 32–36.

14 J.R. Baumgardner and D.W. Barnette, Patterns of Ocean Circulation over the Continents during Noah's Flood, Proceedings of the Third International Conference on Creationism, Technical Symposium Sessions, R.E. Walsh, ed. Creation Science Fellowship, Inc., Pittsburgh, PA, 1994, 77–86.

15 R.V. Gentry, G.L. Glish and E.H. McBay, Differential Helium Retention in Zircons: Implications for Nuclear Waste Containment, Geophysical Research Letters, 9, 1982, 1129–1130.

16 S.A. Austin and D.R. Humphreys, The Sea's Missing Salt: A Dilemma for Evolutionists, Proceedings of the Second International Conference on Creationism, Vol. II, pp 17–33, R.E. Walsh and C.L. Brooks, eds., Creation Science Fellowship, Inc., Pittsburgh, PA, 1990.

17 G. Muyzer, P. Sandberg, M.H.J. Knapen, C. Vermeer, M. Collins and P. Westbroek, Preservation of the Bone Protein Osteocalcin in Dinosaurs, Geology 20, 1992, 871–874.

18 D.R. Humphreys, Starlight and Time, Master Books, Colorado Springs, 1994.

19 P. Coles, An Unprincipled Universe? Nature, 391, 1998, 120–121.

20 D.R. Humphreys, New Vistas of Space – Time Rebut the Critics, Creation Ex Nihilo Technical Journal, 12, 1998, 195–212.

21 B. Schwarzschild, Very Distant Supernovae Suggest that the Cosmic Expansion is Speeding Up, Physics Today, 51, 1998, 17–19.

❚ Arthur Jones, Biologie

Dr. Arthur Jones ist Berater für Wissenschaft und Bildung. An der University of Birmingham studierte er Biologie und schloss mit Auszeichnung ab. An der Bristol University studierte er Didaktik. Die University of Birmingham verlieh ihm den Doktor für Biologie. Dr. Jones lehrte an den Universitäten von London und Bristol Wissenschaft und Religion. Gegenwärtig arbeitet er für den Christian Schools' Trust als Berater für Lehrpläne. Er ist Mitglied des Institute of Biology in London.

Säkulare Wissenschaftler sagen oft, der Schöpfungsglaube behindere die Wissenschaft. Man will damit ausdrücken, dass der Kreationismus alles (d.h. den Ursprung der lebenden Organismen) einem direkten Handeln Gottes zuschreibe und damit jede wissenschaftliche Forschung unnötig mache. Das tönt so einleuchtend, dass man es leicht glaubt. Man kann jedoch zeigen, dass dieses Argument keineswegs stimmt.

Wir wollen zunächst einige allgemeine Feststellungen machen. Erstens übersieht man leicht, dass es verschiedene Beispiele gibt, wie der christliche Glaube die Wissenschaft beeinflusste und wie fruchtbar sich dies erwiesen hat. Viele der grossen Wissenschaftler der Vergangenheit waren hingegebene Christen und viele von ihnen haben bewusst die Auswirkungen ihres christlichen Glaubens für die Wissenschaft untersucht. Wenn eine direkte Handlung Gottes eine bestimmte Erklärung verunmöglicht, so bleiben andere übrig und könnten sogar noch wichtiger werden. Wenn man sagt, dass Gott die verschiedenen Arten von Tieren und Pflanzen geschaffen hat, so verunmöglicht das allerdings eine Erklärung im Sinne einer evolutionistischen Kontinuität. Trotzdem lässt es einen weit offenen Raum für die wissenschaftliche Untersuchung jeder anderen Beziehung (ökologisch, entwicklungsmässig, etc.) zwischen den Arten zu.

Die meisten Wissenschaftler wurden so indoktriniert, dass alle Formen nur historisch und im Sinn der Evolution erklärt werden können. Deshalb wissen viele gar nicht, dass es noch andere Erklärungsmöglichkeiten gibt. Schliesslich gibt es genügend dokumentierte Vorfälle, in denen der naturalistische Evolutionismus die wissenschaftliche Forschung aufgehalten hat. Wir erwähnen dazu nur ein Beispiel: Die auf Grund der Evolutionstheorie gemachte Annahme, es gebe verschiedene rudimentäre Organe oder Eigenschaften, hat eine (fruchtbare) Erforschung ihrer Funktionen lange behindert.

Man kann dies noch besser erklären mit einigen persönlich gemachten Erfahrungen. So sind diese Zeilen zu einem persönlichen Zeugnis für die wissenschaftliche Fruchtbarkeit auf Grund der Bejahung der Schöpfung geworden.

Während meiner ersten Studienjahre, als meine «häretischen» Ansichten bekannt wurden, machte mir mein Professor (Otto Lowenstein, Professor für Zoologie) klar, dass in seiner Forschungsabteilung kein Kreationist geduldet werde. Er erlaubte mir dann trotzdem, dort zu arbeiten. Auf Grund des Druckes, den man auf mich ausübte, konnte ich nur annehmen, dass man mich von meinem Irrtum abbringen wollte. Wenn das die Absicht gewesen sein sollte, so war das Ergebnis genau das Gegenteil. Viele Wissenschaftler wurden in mein Labor geführt, um mich auf Grund ihres Fachwissens davon zu überzeugen, dass die Evolution unzweifelhaft wahr sei. Weil ich ihr Spezialgebiet nur ungenügend kannte, konnte ich nicht sofort antworten. Doch nachdem sie gegangen waren, habe ich jeweils die betreffenden Forschungsergebnisse durchgesehen und sorgfältig analysiert. Ich fand jeweils heraus, dass das Argument der Evolutionisten viel schwächer war, als es zuerst den Anschein machte und dass die alternativen kreationistischen Interpretationen ebenso gut oder besser überzeugten. Meine Position wurde auch durch die Resultate meiner eigenen Forschung gestärkt.

Ich hatte mich entschieden, die Sache der Identität und Natur der geschaffenen Arten anzugehen. Dies sollte eine Antwort auf eine allgemeine evolutionistische Herausforderung sein. Wenn es geschaffene Arten gibt, so müssen diese identifiziert werden können. Ich wollte den Prozess der Variation innerhalb einer Art untersuchen und herausfinden, wo die Grenzen dieser Variation sind. Dazu musste ich eine grosse Zahl von Arten unterhalten und züchten können. Meine Kenntnisse lagen auf dem Gebiet der Wirbeltiere. Mein Vorgesetzter war ein Liebhaber von Buntbarschen, unter denen es auch Aquariumfische gibt, so wurden wir uns bald über das Forschungsobjekt einig! Jene Jahre der Forschungsarbeit waren faszinierend. Aus der grossen Vielfalt der Arten habe ich herausgefunden, dass die Buntbarsche (Cichlidae) ohne Zweifel eine natürliche Gruppe sind, also eine geschaffene Art. Je mehr ich mit diesen Fischen arbeitete, um so mehr erkannte ich ihre Eigenart und um so mehr wurden ihre Unterschiede zu «ähnlichen» Fischarten, die ich studierte, klar. Konversationen bei Konferenzen und das Literaturstudium bestätigten, dass dies die allgemeine Erfahrung der Fachleute in jedem Gebiet der systematischen Biologie ist. Es gibt tatsächlich unterscheidbare Arten und die Fachleute wissen das. Studien der Entwicklung der Buntbarsche zeigten dann, dass die enorme Vielfalt (mehr als 1000 «Arten») durch endlose Permutation einer relativ kleinen Zahl von Charakteristiken produziert wurde: 4 Farben, etwa 10 Grund-Pigmentmuster usw. Dieselben Charakteristiken (oder Charakter-Muster) erschienen «zufällig» in der ganzen Buntbarschgesellschaft. Die Muster der Variationen waren «modular» oder «mosaikartig»; evolutionsmässige Abstammungslinien konnte man nirgends erkennen. Diese Art der adaptiven Variation kann recht schnell auftreten (denn es betrifft nur solches, das schon da war). Einige Fälle von Buntbarsch-«Ausbreitungen» (in geologisch «jungen» Seen) waren in der Tat innerhalb von Zeitspannen von weniger als einigen tausend Jahren datierbar (durch die Evolutionisten).

In einem grösseren Zusammenhang bilden die Fossilien für die Evolutionslehre keine Bestätigung. Alle Fische, sowohl lebende als auch fossile, gehören zu speziellen Arten; «Verbindungen» fehlen. Die Kreationisten sind übrigens nicht an ein bestimmtes Klassifikationsschema gebunden oder an bestimmte Zugehörigkeit oberhalb der Artenebene. Die traditionellen «Ordnungen», «Klassen» und «Stämme» müssen nicht anerkannt werden. Sie können korrekt sein (höhere Taxa sind real), aber sie können es auch nicht sein. Einige «fehlende Zwischenformen» waren künstliche Gebilde, erfunden auf Grund eines schlechten Klassifizierungssystems. Die Morphologie (und nun die Biochemie) hat die Klassifizierung dominiert. Ökologie dürfte sich als ein besserer Führer erweisen.

Meine Fische waren vermutlich strikte Süsswasserfische. Man findet sie im tropischen Süsswasser von drei Kontinenten – von Süd- und Nordamerika durch Afrika bis nach Asien. Ich machte die Annahme, dass alle oder zum mindesten die meisten Fischarten, welche die grosse Flut überlebt hatten, in der Lage sein mussten, im Salzwasser und im Süsswasser und in Mischungen von beiden zu überleben. Nachdem sich die Arten nach der Flut diversifiziert hatten, müssten heute noch einige Meeres-Arten viel mehr Süsswasser tolerieren und einige Süsswasserfische viel mehr Salzwasser. Durch meine Buntbarsche habe ich herausgefunden, dass das tatsächlich der Fall ist. Es zeigte sich, dass einige Arten während mehr als zwei Jahren ohne Schädigungen in reinem Salzwasser überlebten – sie lebten und reproduzierten sich normal. Die Literatur zeigt, dass dies eine allgemeine Erscheinung in allen Fischklassen ist. Ich untersuchte auch die Erblichkeit und bezweifelte bereits das Dogma, dass «alles in der DNS» enthalten sei (man macht damit eine Verbindung mit einem reduktionistischen Schema). Ich entdeckte, dass es gute Beweise dafür gibt, dass die Erblichkeit nicht nur in den Genen und den Genprozessen enthalten ist.

Es ist klar, dass ein ganzes Zellsystem für die Erblichkeit eines Organismus das Minimum darstellt. Genetische Prozesse haben viel mit Variationen innerhalb der Art zu tun, aber wahrscheinlich wenig mit den Unterschieden zwischen den Arten. Gene werden am besten als Auslöser im komplizierten Entwicklungs-System betrachtet und weniger als die Schöpferinnen oder Ursachen für organische Strukturen. In dieser Beziehung fand ich, dass es noch vor Darwin ein lebendiges kreationistisches Forschungsprogramm für Entwicklungsbiologie gegeben hat, das teilweise von modernen «strukturalistischen» Biologen wieder aufgenommen wurde (z.b. Stuart Kauffman und Brian Goodwin). Diese beiden Evolutionisten sind Anti-Darwinisten und Anti-Dawkins. Ihre Arbeit kann ohne weiteres kreationistisch interpretiert werden. Es könnte zwar sein, dass sie sich als falsch erweist (unsere Wissenschaft ist immer nur annäherungsweise richtig und dem Irrtum unterworfen), aber zumindest zeigt sie, dass der Kreationismus die Wissenschaft nicht behindert. Aus meiner Sicht kann die evolutionäre Erklärung nicht stimmen.

Referenzen:

Developmental Studies and Speciation in Cichlid Fish. PhD thesis, Department of Zoology and Comparative Physiology, Birmingham University, UK, 1972, Diss S2 B72

The genetic integrity of the «kinds» (baramin) – a working hypothesis, Creation Research Society Quarterly, 19(1), 1982, pp 13–18

A creationist critique of homology, Creation Research Society Quarterly, 19(3), 1982, pp 166–75 and 20(2), 1983, p 122

▮ George F. Howe, Botanik

Dr. Howe ist Professor für Naturwissenschaften und Mathematik am Masters College, Newhall, Kalifornien. Er studierte Botanik am Wheaton College (Massachusetts) und an der Ohio State University. Als Schüler von Charles F. Kettering wurde ihm von der Ohio State University der Doktortitel verliehen. An der Washington State University absolvierte er weitere Nachdiplomstudien in Botanik, ebenso an der Arizona State University in Wüstenbiologie und an der Cornell University in Strahlenbiologie. Neben der Publikation von verschiedenen technischen Artikeln und Büchern auf dem Gebiet der Botanik veröffentlichte er zahlreiche Arbeiten in den Bereichen Schöpfung kontra Makro-Evolution sowie in Wissenschaftsphilosophie. Von 1977 bis 1983 war er Präsident der Creation Research Society.

Im Jahr 1953 begann ich das Studium der Botanik an der Ohio State University. Die darauffolgenden sechs Jahre waren mit Forschungsarbeiten in Pflanzenphysiologie, Botanikkursen, Zusammenkünften in der Kirche und der Intervarsity Christian Fellowship ausgefüllt – und 1955 mit meiner Heirat. Es blieb dabei nur wenig Zeit, mir über Theorien des Ursprungs Gedanken zu machen. Ich habe zwar die theistische Evolution nie akzeptiert, orientierte mich aber in Bezug auf die Fossilien an der Vorstellung, dass die Schöpfungstage jeweils grosse geologische Zeiträume darstellen, in welche Gott auf übernatürliche Weise Akte der Schöpfung eingestreut hat.

Eines Tages beendete C.A. Swanson (ein anerkannter Spezialist für das System des Zuckertransports in Blütenpflanzen) in einer fortgeschrittenen Pflanzenphysiologie-Klasse eine grossartige Lektion über die DNS und ihren genetischen Code – ein Thema, das 1955 noch neu und faszinierend war. Nachdem ich realisiert hatte, dass die DNS in Bezug auf die meisten Aspekte des Pflanzenlebens genaue Informationen enthält, fragte ich Swanson, wie die DNS zu ihren komplizierten Informationen gekommen sei. Mit einem wissenden Lächeln auf seinem Gesicht gab er mir die weise Antwort: «Howe, diese Frage kann die Wissenschaft nicht beantworten!»

Zwischen den Studenten wurden in der Kaffeestube viele nützliche Konversationen geführt. Bei einer solchen Gelegenheit diskutierte ich mit Bill (einem liberalen Christen, der sich voll mit der theistischen Evolution identifizierte) und Ken (einem überzeugten Atheisten, der mit göttlichen Interventionen nichts zu tun haben wollte) über den Ursprung. Jeder von uns verteidigte seine Überzeugung, und kurz bevor wir uns trennten, fasste Ken (der Atheist, der gar nicht mit mir einverstanden war) unsere Diskussion wie folgt zusammen: «George, dein System und das meinige sind philosophisch klar und verständlich. Aber die Zwischenposition von Bill ist wertlos und hoffnungslos verwirrend!»

Als ich meine Studien 1959 abschloss, bewarb ich mich an verschiedenen Colleges für die Position eines Botaniklehrers. Gemäss den Bewerbungen schickte die Vermittlungsstelle meine Unterlagen (inbegriffen eine Aufzeichnung meines Studienganges und verschiedener Empfehlungsschreiben) an jedes College. Ich setzte mich auch mit einem alten Freund und Berater in Verbindung, dem überschwenglichen John Leedy im Wheaton College, Illinois, wo ich meine ersten Studienjahre verbracht hatte. Er informierte mich, dass es eine vollzeitliche Stelle gebe, um in der Biologieabteilung des Westmont College in Santa Barbara, Californien, zu unterrichten. Diese Schule war damals als das «Wheaton des Westens» bekannt (d.h. eine renommierte Schule). Während ich mein Zuhause in Columbus, Ohio besuchte, schickte mir Roger Voskuyl, der Präsident von Westmont, einen Anstellungsvertrag.

Aus zwei Gründen unterschrieb ich ihn sofort und schickte ihn zurück: 1. hatte ich keine feste Zusage von irgend einer andern Schule und 2. fühlte ich mich dem Herrn verpflichtet, mindestens ein Jahr an einem christlichen College zu unterrichten, und zwar als Gegenleistung für die akademischen und geistlichen Segnungen, die mir das christliche College gegeben hatte. Nur wenige Tage nachdem ich den Vertrag nach Westmont zurückgeschickt hatte, erhielt ich von einem College im Staate Washington ein Telegramm, in dem man sich für eine Verwechslung entschuldigte. Zugleich lud man mich ein, bei ihnen zu unterrichten und zwar zu einem Salär, das 1200 Dollar im Jahr höher war als die Offerte von Westmont! Anstatt dass meine Unterlagen ans Washington College geschickt worden waren, hatte das Büro der Ohio State University die Bewerbung eines gewissen George Earl Howe aus Unachtsamkeit nach Washington geschickt. Das war ein Diplomand, der auf einem anderen Gebiet studiert hatte, unter anderem in Wirtschaftswissenschaft! Durch diese Verwechslung verloren die Leute in Washington Zeit bei der Behandlung meiner Bewerbung. Nachdem der Irrtum erkannt und korrigiert war, hatte ich in der Zwischenzeit schon den andern Anstellungsvertrag unterschrieben. Mir schien, dass diese eigenartige Geschichte wie ein Zeichen von Gott war, um mir zu sagen, ich solle nach Westmont gehen. Die Offerte aus Washington lehnte ich ab, und die Anstellung in Westmont dauerte schliesslich neun Jahre, nicht nur eines.

Im Hinblick auf die Tätigkeit, die Gott für mich bereit hielt, war diese kleine Unregelmässigkeit kein Fehler, sondern eine göttliche Vorsehung. In Westmont traf ich auf akademische Freiheit und ebenso auf produktive Kontakte mit den Studenten und den Lehrern. Es gab Gelegenheiten, mit bekannten Kreationisten wie John Whitcomb jr. und Walter Lammerts zu korrespondieren und sie sogar zu besuchen. Es war eine Umgebung, die es mir erlaubte, als christlicher Lehrer zu reifen und meine eigenen Ideen über die Fossilgeschichte zu überprüfen. Trotz eines vollen Unterrichtspensums fand ich Zeit, den gordischen Knoten für mich aufzulösen, nämlich die Frage: Wie bringt man die Geologie mit der Schöpfungsgeschichte auf einen Nenner?

Weil ich einen Kurs über den Ursprung der Erde gab, war ich gezwungen, mich in die Literatur sowohl der Kreationisten als auch der Evolutionisten einzulesen und die verschiedenen Ansichten der konservativen Bibellehrer zur Schöpfungsgeschichte zu studieren. Das Lehrbuch, das ich für die Evolution wählte, war «Evolution: Prozess und Produkt» von E.O. Dodson, einem hervorragenden Evolutionsgenetiker in Kanada. Zwanzig Jahre später führte Dodson mit mir während acht Jahren geduldig einen Briefwechsel über die Ursprungsfragen. Das führte zum gemeinsamen Buch (in englischer Sprache): «Schöpfung oder Evolution, Korrespondenz über den laufenden Konflikt»[1].

In den ersten Vorlesungen über den Ursprung präsentierte ich zwei oder drei Vorschläge zu der zeitlichen Folge der Schöpfungsereignisse, dann überliess ich es den Studenten, welchen sie wählen wollten. In einer jener Unterrichtsstunden sass auch ein begabter Student namens Art Hubbard. Immer wenn ich eine Langzeit-Interpretation der Schöpfungsgeschichte vorbrachte, wurde ich von Art höflich darauf hingewiesen, dass die Bedeutung jener Stelle durch meine Interpretation nicht richtig wiedergegeben werde. Ein weiterer Student, der in meinen ersten Stunden eine junge Schöpfung befürwortete, hiess David Nicholas. Dieser ist später Präsident des Shasta Bible College geworden.

1960 riet mir mein Mentor und Freund Robert Frost, die Flutgeologiebücher des autodidaktischen Geologen George McCready Price zu lesen. Ich denke, dass man nicht von vorneherein Schriften von Autoren ablehnen sollte, die keine formelle wissenschaftliche Ausbildung absolviert haben. Ich erinnere daran, dass Lyell ein Rechtsanwalt gewesen war (nicht Geologe) und Charles Darwin ein Theologe. Bob Frost lieh mir auch seine Kopie von «The new Diluvialism» (Die neue Fluttheorie), ein faszinierendes Buch, in dem der Autor, Harold Clark, die verschiedenen Fossilien in den fortlaufend höheren Schichten mit vorflutlichen ökologischen Zonen erklärte. Er machte den Vorschlag, dass diese Biozonen nacheinander überflutet wurden und durch das steigende Wasser die Fossilien gebildet werden konnten. Dieses Buch zeigte mir, dass es zum Uniformitarismus gute Alternativen gibt, welche das biostratigraphische Gesetz der Pflanzen- und Tier-Sukzessionen erklären können. Diese Interpretationen benötigen jedoch keine langen und schwer fassbaren Perioden von gradueller Sedimentation.

Einige Jahre später erschien in «Scientific American» ein aufsehenerregender Artikel[2] mit dem Titel «Krise in der Geschichte des Lebens» von Norman Newell, einem säkularen Geologen. In diesem Aufsatz stellte Newell viele Beweise dafür zusammen, dass die Fossilien nicht allmählich eingebettet worden waren, sondern durch Katastrophen. Trotzdem hielt der Autor am uniformitaristischen Rahmen fest. Er spekulierte, dass nicht nur eine, sondern viele Katastrophen im Lauf der langen Erdgeschichte aufgetreten seien. Diese Ansicht wurde später als «katastrophischer Uniformitarismus» bekannt, einer Bezeichnung, die in sich selbst widersprüchlich ist. Während ich die Werke von Price, Clark und sogar Newell las, wurde mein Horizont in Bezug auf den geologischen Katastrophismus erweitert. Die Katastrophen konnten sehr wohl die Folge der biblischen Flut sein.

In Bezug auf die biblische Interpretation schrieb Raymond Surburg ein monumentales Werk mit dem Titel «Im Anfang schuf Gott»[3]. In diesem versicherte der Hebräisch-Gelehrte, dass immer, wenn in der Bibel das Wort «Tag» (Hebräisch: jom) in Verbindung mit einer Zahl, z.B. «erster Tag, zweiter Tag», gebraucht werde, damit ein echter Tag gemeint sei, keine lange Zeitperiode. Diese exegetische Wahrheit grub sich in mir ein und begann meine Spekulationen über grosse Zeiträume der Schöpfungstage zu unterminieren. Die Beharrlichkeit mit der Surburg die Sechs-Tage-Schöpfung vertrat, erledigte all die stark betonten alternativen Ansichten in Bezug auf den zeitlichen Ablauf der Schöpfung. Dieses Buch enthielt auch einige antievolutionäre Kapitel von bekannten Schöpfungswissenschaftlern, die später meine geschätzten Kollegen in der «Creation Research Society» wurden: Paul Zimmerman, John Klotz und Wilbert Rusch, Senior.

Nun habe ich bereits bekannte Autoren genannt, welche den Kurzzeitkreationismus (d.h. eine junge Erde) schon in den frühen 60er Jahren vertraten, aber nun folgen die bekanntesten: «The Genesis Flood» (Die Sintflut)[4] von Henry Morris und John C. Whitcomb, Jr. wurde Anfangs 1961 publiziert. Doch dieses Buch fand damals den Weg zu mir noch nicht. Erst als mich einige Monate später mein Bruder Frederick, ein ausgezeichneter Theologe, dazu drängte, begann ich es zu studieren. Zwischen den beiden Buchdeckeln haben Whitcomb und Morris eine grosse Zahl von Daten zusammengetragen, die den «jungen Erde Katastrophismus» unterstützen. «Die Sintflut» war und ist unter den Auslegern der Bibel immer noch umstritten.

Ein weiterer Arbeiter, der mich zu den Kurzzeitkreationisten geführt hat, war Bolton Davidheiser, ein brillanter und kompromissloser Professor, der in Westmont Biologie unterrichtete, bevor ich dort war. Nachdem er eine Buchbesprechung von mir gehört hatte, die ich an einer Versammlung der «American Scientific Affiliation» in Los Angeles vorgetragen hatte, korrespondierte er mit mir über meine Neutralität in Bezug auf die Zeitfrage in der Schöpfungsgeschichte. In seiner direkten und arglosen Art half er mir zur Klärung meines eigenen Standpunktes.

1963 traf ich auf Walter Lammerts, einen Schöpfungswissenschaftler, der als «Vater der modernen Rosenzüchtung» bekannt wurde. Er züchtete die zunehmend populären Rosen «Charlotte Armstrong» und «Queen Elizabeth». 1964 wurde Walter zum ersten Präsidenten der Creation Research Society ernannt. Obwohl er mein Zögern betreffend einer jungen Erde kannte, erlaubte er mir, ein CRS-Mitglied zu werden.

Auf meine Einladung hin gab Lammerts in Westmont ein Schöpfungsseminar, das von den Studenten, den Lehrern und von Aussenstehenden gut besucht wurde. Er ermutigte mich, meine Studien der Keimungsrate von Sämlingen, die man wochenlang ins Salzwasser gelegt hatte, weiter zu führen. Damit wollte man untersuchen, wie die Pflanzen während und nach der Flut überleben konnten. Lammerts half Jahre später ebenso, mein Interesse an verschiedenen Forschungsprojekten am Los Angeles Baptist College in Newhall, California, zu wecken (es heisst jetzt: The Masters College).

Viele der Fachkollegen von Lammerts glaubten an eine graduelle Evolution, was auch lange Zeiträume bedeutet. Aber für den Kreationisten Lammerts geschahen alle möglichen Veränderungen in der Gegenwart und schnell. Seine Erfolge in der Pflanzenzucht sind nach seiner Ansicht auch auf Grund dieser Haltung entstanden. Seine von der Evolution überzeugten Freunde meinten, dass kurzzeitige Veränderungen kaum möglich wären. Verständlicherweise war es der Kreationist Lammerts, der diese schnellen Veränderungen gebrauchte, um neue Rosen zu züchten.

Unter den persönlichen Freunden von Lammerts fanden sich immer einige «Langzeitler» und sogar hartgesottene Makroevolutionisten, mit denen er lebhafte, aber freundliche Dialoge führte. Hier liegt, meine ich, eine wichtige Lektion für die Kreationisten: Lasst uns mit unseren Gegnern in einer freundlichen Art umgehen.

Während dem Jahr 1964 überschritt ich in meinem Denken langsam eine Grenze. Bis zu diesem Jahr schien es mir, dass es genug wissenschaftliche Beweise gebe, welche ein hohes Alter bestätigten. Ich stellte mir vor, dass der Zerfall von C14 und die Uran-238-Datierung, die Entstehung der Kohle und die des Erdöls unbezweifelbare Beweise für ein hohes Erdalter sind. Nachdem ich die «innere Kontinentalverschiebung» überschritten hatte, wurde mir zunehmend klar, dass es in der empirischen Wissenschaft nichts gibt, was irgend jemanden dazu zwingt, die Milliarden und Millionen Jahre zu akzeptieren.

Die Uran-238-Methode und andere radiometrische «Uhren» basieren auf unbewiesenen Annahmen, die in einigen Fällen sogar falsifiziert wurden. Es gibt keinen Stein oder ein anderes Objekt, von dem feststeht, dass es 40 Millionen Jahre alt ist, und das zum Eichen der Uhren gebraucht werden könnte. Die C14-Datierung hat sogar dazu geführt, dass die früheren Schätzungen der abgelaufenen Zeit seit dem Beginn der Eiszeit revidiert werden mussten. Das Ungleichgewicht zwischen der gemessenen Zerfallsrate von C14 und der Produktionsrate in der Atmosphäre ergibt ein Alter der Erdatmosphäre von weniger als 10 000 Jahren. So geht es weiter. Es gibt keinen stichfesten Beweis für ein hohes Alter. Für alle Daten findet man im Rahmen einer jungen Schöpfung eine alternative Erklärung.

Meine erste Frage hiess: «Wie können wir in unseren Interpretationen der Schrift die enormen Zeiträume, die uns die Wissenschaft berichtet, unterbringen?» Nun aber heisst meine Frage: «Gibt es irgend etwas in irgend einer Datierungsmethode, das alle normalen Kriterien von wahrer Wissenschaft erfüllt?»

Während die Auferstehung immer näher rückt, sind die Gläubigen überall genötigt, die wörtlichen Wahrheiten zu bestätigen, die Gott uns über den Anfang offenbart hat. Eines Tages müssen wir alle die eindringliche Frage Christi einzeln beantworten: «... Doch wird wohl der Menschensohn bei seinem Kommen den Glauben auf Erden vorfinden?» (Luk. 18,8).

Referenzen:

1 E.O. Dodoson und G.F. Howe, Creation or Evolution: Correspondence on the Current Conflict, The University of Ottawa Press, Ottawa, Canada, 1990.

2 Norman Newell, Crisis in the History of Life, Scientific American, Vol. 208, Nr. 2, 1963, pp 76–92.

3 Raymond Surburg, In the Beginning God Created, in Darwin, Evolution and Creation, edited by Paul Zimmerman, Concordia Publishing Haouse, St. Louis, MO, 1959, pp 36–81.

4 J.C. Whitcomb, H.M. Morris, Die Sintflut, Hänssler Verlag, 1961.

▌ A.J. Monty White, physikalische Chemie

Dr. White ist Studentenberater an der University of Cardiff, Wales. Er schloss das Studium der Gaskinetik mit Auszeichnung ab und promovierte im gleichen Fachgebiet am University College of Wales in Aberystwyth. Später arbeitete Dr. White in verschiedenen administrativen Funktionen innerhalb des Campus. In den Jahren seiner wissenschaftlichen Tätigkeit schrieb er mehrere Bücher und unzählige Artikel zu den Spannungsfeldern Schöpfung/Evolution und Wissenschaft und Bibel. Er trat auch mehrere Male im Fernsehen und in Radiosendungen zu diesen Themeninhalten auf.

Meine Eltern erzogen mich atheistisch, aber während meines ersten Jahres an der Universität kam ich aufgrund von Diskussionen mit Christen zum Schluss, dass Gott existiert, dass die Bibel sowohl als geschichtliches als auch als prophetisches Buch vertrauenswürdig ist und auch, dass der christliche Glaube eine wunderbare, lebensverändernde Überzeugung ist. Einige Monate später entschied ich mich bewusst für Jesus Christus.

Im Oktober 1964 begann ich an der Universität mein Geologie-Studium. Die erste Geologievorlesung, die ich besuchte, hielt Professor Alan Wood. Er sprach über die Weiterentwicklung des Lebens auf der Erde – die übliche Geschichte, wie sich auf der präbiotischen Erdoberfläche anorganische Chemikalien verbanden, um organische Moleküle zu erzeugen und wie diese organischen Moleküle sich zu selbst-reproduzierenden Organismen formten, die sich dann in alle die ausgestorbenen und bestehenden Lebensformen auf der Erde weiter entwickelten. Professor Wood war sorgfältig darauf bedacht, darauf hinzuweisen, dass die menschliche Spezies nicht das Endprodukt der Evolution sei und spekulierte über die zukünftige Entwicklung der Menschheit. Gegen Ende seiner Vorlesung deutete er darauf hin, dass in einigen hundert Millionen Jahren die zu jener Zeit am meisten entwickelten Wesen auf der Erde Fossilien aus dem 20. Jahrhundert finden würden, und zueinander sagten – beziehungsweise telepatisch kommunizierten –: «Wie primitiv!»

Nach dieser Vorlesung hatte ich eine ganze Menge über die Worte von Professor Wood nachzudenken. Wie konnte ich das Gehörte auf einen Nenner bringen mit dem, was die Bibel im 1. Buch Mose über die Schöpfung und die kurze

Geschichte der Erde sagt? Ich beschloss, meine christlichen Freunde zu fragen, wie sie über die Frage von Evolution und Schöpfung dachten. Ich war aber – gelinde gesagt – ziemlich überrascht von ihrer Antwort. Sie rieten mir, an die Evolution zu glauben und die ersten Kapitel des ersten Buches Mose entsprechend zu interpretieren. Dieser Glaube wird theistische Evolution genannt – und kann folgendermassen umschrieben werden: Evolution geschah und Gott kontrollierte die Prozesse. Die Konsequenz dieser Überzeugung ist, dass die ersten Kapitel des 1. Buches Mose nicht als Geschichte, sondern als Mythen, Allegorien, Legenden und Parabeln interpretiert werden. Aufgrund der Gespräche mit meinen christlichen Freunden akzeptierte ich schliesslich die theistische Evolution und glaubte während einigen Jahren daran.

Ich genoss mein Geologiestudium und kam gut voran. Nach zwei Jahren erhielt ich den Bachelor-Abschluss. Das folgende Studium der Chemie schloss ich 1967 mit Auszeichnung ab und begann danach mit der Forschung für meine Doktorarbeit auf dem Gebiet der Gas-Kinetik. Während dieser Zeit heiratete ich. Nicht lange danach forderte meine Frau meine evolutionistische Überzeugung heraus. Sie bat mich, ihr den Bibeltext aus 1. Korinther 15,22 zu erklären. Dort steht: «Denn wie sie in Adam alle sterben, so werden sie in Christus alle lebendig gemacht werden.»

Mir wurde klar, dass ich vor der grundlegenden Frage «Wer war Adam?» stand. Ich erinnere mich, wie ich darüber nachdachte, dass – sollte ich an die wörtliche Existenz von Adam glauben – ich ebenfalls an eine wörtliche Existenz von Eva, eine wörtliche Existenz vom Garten Eden und eine wörtliche Sechs-Tage-Schöpfung glauben musste. Würde ich glauben, wäre ich aber gezwungen, intellektuellen Selbstmord zu begehen, denn damals kannte ich keinen einzigen Menschen, der an eine wörtliche Schöpfung glaubte. Jeder, den ich kannte, glaubte an Evolution. Jedes Buch, das ich las, – sogar von christlichen Autoren – lehrte Evolution. Was sollte ich nur tun?

Die Frage, wer Adam war, packte mich. Um sie zu beantworten, las ich die Bücher des Neuen Testaments, um herauszufinden, welche Haltung die biblischen Personen (einschliesslich Jesus Christus) gegenüber den ersten Kapiteln des ersten Buches Mose einnahmen. Ich merkte bald, dass im Neuen Testament alle Begebenheiten der ersten Kapitel der Bibel – die Schöpfung, Adam, Eva, der Sündenfall, Noah, die Flut, usw. – als wörtlich und als historisch akzeptiert wurden. Es gibt wirklich nichts im Neuen Testament, das auf ein mythisches, allegorisches, legendenhaftes oder sogar evolutionistisches Verständnis hinweist.

Mir war klar: Würde ich diese Überzeugung ebenfalls annehmen, müsste ich aufhören, an Evolution zu glauben. Die Frage, die ich mir nun stellte, war: Ist es intellektuell möglich, Evolution abzulehnen? Innerhalb der nächsten zwei Jahre kam ich zum Schluss, dass es möglich ist, die Idee der Evolution abzulehnen und dass man auch die Historizität der ersten Kapitel der Bibel voll annehmen kann, ohne intellektuellen Selbstmord begehen zu müssen. Ich kam nicht voreilig zu diesem Schluss. Ich war äusserst beschäftigt, meinen Forschungen nachzugehen: Zuerst in Gas-Kinetik, wofür ich 1970 meinen Doktortitel erhielt, dann im Studium der elektrischen und optischen Eigenschaften von organischen Halbleitern. Dennoch schuf ich mir Zeit, um den drei Hauptgebieten in der Schöpfung/Evolutions-Frage nachzugehen: Chemische Evolution, Fossilien und Datierungs-Methoden. Ich tat dies, indem ich meine alten Geologie-Vorlesungsnotizen und Musterbeispiele, die für den Beweis der Evolution herangezogen werden, nachlas. Damals wusste ich von keinem Kreationisten und auch nicht von der Existenz von Anti-Evolution-/Pro-Schöpfung-Büchern, Artikeln oder Organisationen. Es mag deshalb erstaunen, dass ich durch das Lesen über Evolution ein Kreationist wurde!

Lassen Sie mich einige Gründe nennen, die mich dazu bewegten. Das erste Gebiet ist die chemische Evolution. Ich war – und bin es immer noch – höchst erstaunt über die Naivität der Erklärungen von Vertretern der chemischen Evolution. Sie geben vor, dass das Leben durch Zufall auf einer präbiotischen Erde entstanden sein soll und verweisen zur Unterstützung ihrer Schlüsse auf ihre Labor-Experimente. Aber ihre Experimente wurden nicht durch Zufall, sondern durch ihren eigenen Intellekt konstruiert! Was sie tatsächlich sagen, ist in etwa Folgendes: «Wenn ich das Leben hier in meinem Labor künstlich herstellen kann, dann habe ich bewiesen, dass keine Intelligenz nötig war, um am Anfang Leben entstehen zu lassen und damit habe ich ebenfalls bewiesen, dass es durch Zufall entstanden ist!»

Im berühmten Miller-Experiment von 1953 wurde eine Mischung von Aminosäuren erzeugt, indem man elektrische Blitze sich in einer Mischung aus Ammoniak, Wasserstoff, Methan und Wasserdampf entladen liess. Seit damals wurden verschiedene Mischungen von Aminosäuren, Zuckern und Nukleinsäuren in ähnlichen Experimenten erzeugt. Da diese Chemikalien die Grundbausteine lebender Systeme sind, argumentiert man, solche Experimente belegten zweifellos, dass das Leben auf der Erde durch Zufall entstanden sei. – Allerdings: Diese Experimente sagen aus verschiedenen Gründen nichts über den Ursprung des Lebens.

Erstens: Solche Experimente wurden durch intelligente Wissenschaftler konstruiert; sie haben nichts mit Zufall zu tun.

Zweitens: In Millers Beispiel wurden Aminosäuren nur darum erzeugt, weil sie gleich nach ihrer Entstehung vom Experiment-Umfeld isoliert wurden. Hätte man sie im Apparat gelassen, wären sie von derselben elektrischen Ladung, die für ihre Bildung verantwortlich gewesen war, zerstört worden.

Drittens: Die experimentell erzeugten Aminosäuren sind sowohl rechts-händig, als auch links-händig, während in lebenden Systemen nur links-händige Aminosäuren vorkommen.

Viertens: Wäre in den Gasgemischen der Experimente Sauerstoff vorhanden gewesen, hätten sich keine Aminosäuren gebildet. Dieser Punkt ist äusserst wichtig. Aus der Geologie wissen wir, dass die Atmosphäre der Erde immer Sauerstoff enthielt. Folglich ist die Mischung der Gase in solchen Experimenten keine Imitation der Gas-Zusammensetzung der Erdatmosphäre. Das bedeutet, dass diese Experimente absolut nichts zu tun haben mit dem, was sich auf der sogenannten präbiotischen Erde abgespielt haben soll.

Das zweite Gebiet betraf das der Fossilien. Ich befasste mich mit den versteinerten Überresten von Lebensformen, die in Sedimentgesteinen eingeschlossen sind. Schon ziemlich bald stellte ich fest, dass die untersuchten Fossilien keine schrittweise Weiterentwicklung von einer Lebensform in eine andere aufzeigen, so wie es die Evolutionstheorie voraussetzt. Die «Missing Links», die «fehlenden Zwischenformen», fehlen tatsächlich. Es gibt Lücken in jedem wichtigen Entwicklungsschritt: Fisch zu Amphibie; Amphibie zu Reptil; Reptil zu Vogel; Reptil zu Säugetier. Ferner wurden noch nie fossile Überreste von Übergangsformen affenartiger Vorfahren hin zum Menschen entdeckt; Wesen halb Affe/halb Mensch sind Erfindungen der Künstler, die diese Bilder im Auftrag der Buchherausgeber zeichnen. Ich war – und bin es immer noch – aufgebracht über die berühmte Piltdown-Fälschung, wo man vorsätzlich ein Schädelfragment eines modernen Menschen und den Kieferknochen eines Orang-Utans als fossile Überreste ausgegeben hat, um einen menschlichen Affen, resp. einen äffischen Menschen vorzutäuschen. Wenn die Evolutionisten Beweise für die Entwicklung vom Affen zum Menschen haben, warum benötigen sie dann Fälschungen?

Das dritte von mir untersuchte Gebiet betraf die Datierungen. Wie erkennen wir das Gesteinsalter? Das ist die entscheidende Frage. Als Chemiker weiss ich, dass die Genauigkeit jeder Datierungsmethode auf einer Reihe von Annahmen beruht, von denen einige nicht beweisbar und andere nicht bekannt sind. Um an einem Gestein radiometrische Datierungen vornehmen zu können, müssen beispielsweise drei Dinge bekannt sein:

– Die gegenwärtigen Konzentrationen von Mutter- und Tochter-Isotopen
  im Gestein
– ursprüngliche Konzentration von Mutter- und Tochter-Isotopen in
  diesem Gestein
– die Zerfallsrate vom Mutter- zum Tochter-Isotop

In den meisten Fällen ist es möglich, die aktuellen Mengen von Mutter- und

Tochter-Isotopen im Gestein zu messen. Es ist jedoch nicht immer möglich, die ursprüngliche Konzentration zu kennen. Manchmal wird angenommen, dass gar kein Tochter-Element vorhanden war, als das Gestein entstand, aber es gibt keine Möglichkeit, diese Annahme zu bestätigen; man dürfte sie so auch nicht behaupten. Es ist eine reine Hypothese. Obschon die gegenwärtige Zerfallsrate von Mutter- zu Tochter-Elementen normalerweise genau messbar ist, kann man überhaupt nicht wissen, ob sich diese Rate im Laufe der Zeit verändert. Noch einmal: es ist eine Annahme, dass die gegenwärtige Zerfallsrate auch für die Vergangenheit galt und immer unverändert blieb.

Natürlich sollte der Genauigkeitsbeweis der verschiedenen Datierungsmethoden darin liegen, dass die unterschiedlichen Methoden dasselbe Alter für die gleiche Gesteinsprobe abgeben. Als ich in der entsprechenden Literatur nachforschte, stiess ich allerdings auf Artikel, in denen berichtet wird, wie verschiedene Datierungsmethoden verschiedene Alter für dasselbe Gestein angeben. In diesen Artikeln wurde den Autoren eine ganze Menge Raum gegeben, darüber zu diskutieren, wo die Diskrepanzen herrührten und weshalb das Alter von fossilem Gesteinsinhalt oder aber des umgebenden Gesteins, bestimmt werden müsse. Aber das ist ein Zirkelschluss:

– Das Alter des Gesteins wird bestimmt vom Alter eines Fossils. Dessen Alter wird von der Evolution bestimmt.
– Als Beweis der Evolution gilt wiederum das Alter des Gesteins, in dem das Fossil gefunden wurde.

Mit anderen Worten: Ich erkannte, dass die Grundlage für die Gesteinsdatierung in der Zeitskala der Evolution liegt, dass aber der einzige Beweis für die Evolution das Alter des Gesteins ist, in welchem die Fossilien gefunden wurden. Die Voraussetzung für Evolution ist damit gleichzeitig ihr Hauptbeweisstück.

Während dieser Zeit begann ich zu verstehen, dass die Idee von Evolution im besten Fall eine Hypothese und alles andere als bewiesen ist. Ich kam zur Überzeugung (und ich bin immer noch überzeugt davon), dass Menschen an Evolution glauben, weil sie es wollen. Mit Beweisen hat das wenig zu tun. Evolution ist keine Tatsache, wie so viele Personen immer wieder behaupten. Die Beweise für die Evolution des Lebens auf der Erde fehlen.

Als ich feststellte, dass es möglich war, die Evolutionstheorie abzulehnen, ohne intellektuellen Selbstmord zu begehen, fing ich an zu verstehen, dass ich auch eine wörtliche Schöpfung akzeptieren konnte, ohne intellektuellen Selbstmord zu begehen. Zuerst realisierte ich, dass es Sinn macht, zu glauben, dass Gott am Anfang die Welt schuf, da dies die Gesetze der Thermodynamik nicht verletzt. Ich stellte fest, dass sowohl gegenwärtige Beobachtungen als auch Fos-

silfunde darauf hinweisen, dass Pflanzen wie auch Tiere sich nach ihrer Art fortpflanzen, so wie es in 1. Mose 1 geschrieben steht.

Ich verstand auch, dass es keine einfache Erklärung gibt für eine Evolution
des Informationsgehalts, der in den lebenden Systemen gefunden wurde. Das
Nachdenken über den Informationsgehalt in lebenden Systemen hat zwei Pro-
fessoren meiner eigenen Universität (Professor Chandra Wickramasinghe und
Professor Fred Hoyle) dazu veranlasst, das folgende berühmte Beispiel zu ma-
chen: Wenn Sie glauben, dass der Informationsgehalt in lebenden Systemen auf
Zufall zurückzuführen ist, dann glauben Sie auch, dass ein Tornado durch einen
Schrottplatz fegt und einen fertig montierten Jumbo zurücklässt!

I D.B. Gower, Biochemie

Dr. Dr. D.B. Gower ist Emeritus für steroide Biochemie an der University of London. Seine Ausbildung in Chemie erhielt er an der gleichen Universität. Er promovierte in Biochemie. Den Ehrendoktor erhielt er für seine Erforschung der biochemischen Steuerungsmechanismen während der Entstehung von steroiden Hormonen. Professor Gower ist Mitglied der Royal Society of Chemistry und staatlich bevollmächtiger Chemiker.

Ich war immer Kreationist (das ist jemand, der an die Schöpfungsgeschichte glaubt). Ich wuchs in einer Kirche auf, in der die Erschaffung von Himmel und Erde durch Gott als Tatsache betrachtet wurde und jeder Zweifel oder sogar jede Diskussion darüber ungewohnt war. Später, als ich Chemie studierte und speziell Biologie, tauchten immer mehr Fragen auf, die beantwortet werden mussten. Damals war ich zwischen 15 und 16 Jahren alt und ein überzeugter Christ. Ich glaubte fest, dass die Bibel das Wort Gottes sei, doch die Fragen blieben. Ich musste mit dem Vers aus Hebräer 11,3 zufrieden sein: «Durch Glauben erkennen wir, dass die Welt durch Gottes Wort ins Dasein gerufen worden ist.»

Die Zeit verging, während ich bis zum ersten Diplom Chemie studierte (mit Physik, Mathematik und Biologie). Dann, einige Jahre nachdem ich in Biochemie doktoriert hatte, erschien neue Literatur betreffend die Datierungsmethoden und verwandte Themen, welche die Genauigkeit der Schöpfungsgeschichte betrafen. Ich glaube es war etwa zu jener Zeit, in der Mitte der 60er Jahre, als meine Vorstellungen von der Grösse Gottes verändert wurden. Er war nicht mehr nur ein «Taschengott», der Dinge tat, wie ich sie mir als Mensch vorstellen konnte, sondern hatte unglaublich grosse Kraft, die weit über das hinausging, was ich möglicherweise begreifen konnte. Ich begann zu realisieren, dass die Bibel vollständig damit übereinstimmt, wie zum Beispiel in Jesaja 40, 25–26: «Wem wollt ihr mich also gleichstellen, dass ich ihm gleich wäre? Fragt der Heilige. Hebt eure Augen zum Himmel empor und schauet: Wer hat diese da geschaffen? Er ist es, der ihr Heer nach der Zahl herausführt, der sie alle mit Namen ruft, vor dem wegen der Grösse seiner Macht und der Stärke seiner Kraft kein einziges ausbleibt.»

Wenn Gott so gross ist, gibt es nichts, das er nicht tun kann. Als ich die allmächtige Kraft Gottes realisierte, begann ich, die Schöpfungsliteratur zu studieren, die zu jener Zeit vorhanden war. Während den letzten drei Jahrzehnten wurde viel gearbeitet und auf dem Gebiet der Schöpfungsforschung viel publiziert. Das hat mich dazu angeregt, die Evolutionstheorie auf drei Gebieten zu kritisieren, die für mich von speziellem Interesse sind:

1. Meine Kenntnisse in Chemie ermöglichten mir, die Kritik an der Isotopendatierung von Gesteinen zu verstehen. Ich erkannte, dass enorme Probleme bei der Interpretation der Daten entstehen. Als Folge davon kam ich zur Überzeugung, dass die Gesteine bei weitem nicht so alt sind, wie angegeben.
2. Vom biochemischen Standpunkt aus kann die Entstehung von vitalen Bausteinen, wie Aminosäuren, Zucker etc. und der Desoxyribonukleinsäure (DNS) durch elektrische Entladungen in einer primitiven reduzierenden Atmosphäre auf mehreren Ebenen kritisiert werden.
3. Meine eigenen Untersuchungen von zahlreichen biochemischen Steuerungsmechanismen, speziell die Regulierung der Bildung von steroid-Hormonen, (für die mir der Doktor verliehen wurde) überzeugten mich davon, dass all diese Prozesse einer präzisen Ordnung folgen. Diese Ordnung und die ausserordentliche Komplexität stimmen nach meiner Meinung vollständig überein mit der Existenz eines Schöpfers, der die Fähigkeit hat, solches zu planen und zu schaffen.

Man findet praktisch in allen andern Wissensgebieten hohe Komplexität, speziell auf dem Gebiet der Natur. Alle diese Befunde sind weit davon entfernt, ihre Entstehung auf Zufallsprozesse zurückführen zu können. Sie sprechen für mich klar von einem allmächtigen Schöpfer.

▌ Walter J. Veith, Zoologie

Dr. Walter J. Veith ist Professor und Vorsteher am Department of Zoology an der University of Western Cape, Südafrika. Er studierte Zoologie an der University of Stellenbosch (Südafrika). Der Doktortitel für Zoologie wurde ihm von der University of Cape Town verliehen. Er ist der Autor von «The Genesis Conflicts: Putting the Pieces together» (Die Konflikte mit der Genesis: die zusammengefügten Einzelheiten), Delta 1997.

Für die meisten Wissenschaftler ist die Evolutionstheorie nicht mehr länger nur eine Theorie, sondern sie betrachten sie als eine Tatsache. Es gibt unterschiedliche Meinungen in Bezug auf die Geschwindigkeit, den Modus und die Mechanismen der Evolution, aber die grundlegenden Konzepte der Theorie sind zu einem anerkannten Paradigma geworden. Sogar in der religiösen Welt hat man die Animositäten zwischen Religion und Wissenschaft weitgehend vergessen. Sie werden als unglückliche Geschichte abgetan, die auf Unwissenheit beruht. Die Bildungssysteme der Welt lehren die Evolution durch natürliche Selektion als die einzig mögliche Theorie über den Ursprung. Andere Theorien werden ausgeschlossen und alternative Modelle werden mit Skepsis betrachtet.

Die natürliche Selektion selbst ist kein wissenschaftliches Prinzip, weil sie auf einem Zirkelschluss basiert. Durch die natürliche Selektion werden weniger tüchtige Organismen eliminiert und die tüchtigeren überleben und pflanzen die Art fort. Es gibt also Organismen, die den Prozess überleben, weil sie tüchtiger sind, und sie sind tüchtiger, weil sie überleben. Dieser Prozess funktioniert durch das Eliminieren, nicht durch das Hinzufügen von Organismen. Wenn der Tüchtigere überlebt, muss es auch einen weniger Tüchtigen geben, der nicht überlebt. Ausserdem schafft die natürliche Selektion keine neuen Merkmale, Anpassungen oder sogar Leben; sie wählt nur Merkmale aus, die einen höheren Überlebenswert haben. Die neuen Merkmale müssen immer noch durch Zufallsprozesse oder durch Planung hinzukommen. Weil der Prozess mit Elimination arbeitet, muss er überdies zu immer geringerer Vielfalt führen. Das ist genau das, was wir in den Fossilien beobachten und in der sich heute verringernden Vielfalt der Arten.

Die Beweise für Evolution basieren hauptsächlich auf der Fossilgeschichte sowie den genetischen, biochemischen und morphologischen Ähnlichkeiten innerhalb und ausserhalb der Arten. Dazu liefern die geologischen Interpretationen und die radiometrischen Datierungen den nötigen Hintergrund für die hohen Alter, welche nötig sind, damit die Evolution stattfinden konnte. Allerdings kann jeder dieser Parameter auch anders erklärt werden. Nach meiner Meinung sind andere Erklärungen ebenso glaubhaft, und überdies stimmen sie mit der biblischen Darstellung überein.

Evolutionswissenschaftler hingegen sagen, die Schöpfungswissenschaft sei unwissenschaftlich und basiere auf einer voreingenommenen Ideologie. So etwas habe in der Wissenschaft keinen Platz. Wenn jedoch die Fakten mit der Bibel übereinstimmen, muss auch die Schöpfungsgeschichte richtig sein. Oder kann es in einer voreingenommenen Ideologie grundsätzlich nichts Richtiges geben?

Ich begegnete diesem Dilemma in meinem eigenen Leben. Schliesslich wurde ich davon überzeugt, dass die alternative Ansicht eines Ursprungs durch Planung unterstützenswert sei. Während des grössten Teils meiner akademischen Laufbahn war ich überzeugter Evolutionist und lehrte den Studenten die Evolutionstheorie als bewiesene Tatsache. Meine Ausbildung an der Universität und die anschliessenden wissenschaftlichen Tätigkeiten haben mich gründlich mit der evolutionistischen Denkart bekannt gemacht und mein Denken bestimmt. Man kann mich heute fragen, woher der Umschwung in meinem Denken gekommen sei.

Auf Grund meiner religiösen Erfahrung betrachte ich das Wort Gottes als das wahrhaftigste Buch, das ich je gelesen habe. Dieses Wort hat die Macht, Leben zu verändern, Leute aufzurichten und Hoffnung zu geben. Es macht jemanden willig, auf andere zu hören und die Argumente zu vergleichen; es fordert heraus, seine Wahrhaftigkeit zu prüfen. «Komm, lasst uns miteinander rechten», sagt das Wort. Die Veränderung meiner Ansichten über die Evolution war kein plötzlicher Vorgang, auch nicht emotional, sondern das Resultat eines langen und harten Weges auf der Suche nach der Wahrheit. Ich glaube heute, dass die bekannten Fakten das Konzept einer geplanten Schöpfung unterstützen.

▌ Ben Clausen, Kernphysik

Dr. Clausen ist Forscher am Geoscience Research Institute von Loma Linda, Kalifornien. Er studierte Geologie an der Loma Linda University, der Doktortitel der Kernphysik wurde ihm von der University of Colorado in Boulder (USA) verliehen. In der Abteilung für Physik der University of Virginia war er mitarbeitender Forscher.

Ich glaube an den Schöpfer-Gott der Bibel, unter anderem auch deshalb, weil die wissenschaftlichen Daten ein übernatürliches Element verlangen – nämlich einen intelligenten Planer. Gemäss einem Leitartikel von «Newsweek» mit dem Titel «Die Wissenschaft findet Gott» (20. Juli 1998), haben bekannte Wissenschaftler herausgefunden, dass Daten aus der Natur mit einem Glauben an Gott übereinstimmen.

Der Astronom Allen Sandage sagt: «Es war meine Wissenschaft, die mich zur Schlussfolgerung führte, dass die Welt viel komplizierter ist, als es durch die Wissenschaft erklärt werden kann. Nur durch das Übernatürliche kann ich das Geheimnis unserer Existenz verstehen.» Die Physiker John Polkinghorne und Charles Townes sehen Beweise für fein aufeinander abgestimmte Naturgesetze, die das Leben dadurch erst möglich machen. Dies kann man nicht mit Wissenschaft allein erklären.

In seinem Buch «Darwin's Black Box» (Free Press, 1996) schreibt der Biochemiker Michael Behe von Beispielen zusammengesetzter Systeme in lebenden Organismen, welche man mit einem intelligenten Planer am besten erklären kann. Die genannten Wissenschaftler sind nicht allein. Gemäss einer Umfrage in der Zeitschrift «Nature» (3. April 1997, S.435 und 23. Juli 1998, S.313) glauben 40 Prozent der amerikanischen Wissenschaftler an einen persönlichen Gott. Die Tatsachen, welche von diesen Wissenschaftlern angeführt werden, sind zwar keine Beweise, stimmen aber gut mit dem biblischen Schöpfer Gott überein.

Empirische Tatsachen sind nötig, wie Robert Russel in «Newsweek» betont, denn «Religion ist nicht fähig, mit ihren moralischen Ansprüchen zu überzeugen oder ihren spirituellen Trost wirksam zu spenden, es sei denn, ihre erkenntnishaften Ansprüche sind glaubwürdig.»

Eine wissenschaftliche Bestätigung von Details, wie sie im ersten Kapitel im ersten Buch Mose beschrieben werden, ist schon schwieriger. Zum Beispiel glaubt niemand, dass die Wissenschaft die genaue Länge der 6-Tage-Schöpfung unabhängig demonstrieren kann. Es stimmt, dass gewisse wissenschaftliche Tatsachen eine kurze Zeitskala und eine weltweite Flutkatastrophe unterstützen. Weitere Tatsachen können so interpretiert werden, dass sie beide, die kurze und die lange Zeitskala gleichermassen bestätigen. Es gibt auch wichtige Tatsachen, welche lange Zeiträume stützen. Die Tatsachen für eine kurze Zeit sollten mit Vorsicht gebraucht werden, denn:

1) Die wissenschaftlichen Argumente sind kompliziert und zweideutig.
2) Wenn man für gewisse Daten keine grossen Zeiträume braucht, ist das noch kein Beweis dafür, dass das Kurzzeitmodell das beste ist.
3) Von der Summe wissenschaftlicher Daten lassen sich gegenwärtig mehr mit dem Langzeitmodell erklären, als mit dem Kurzzeitmodell.
4) Kein umfassendes geologisches Modell erklärt alle Daten. Die Probleme mit dem Langzeitmodell bedeuten nicht zwangsläufig, dass das Kurzzeitmodell stimmt.
5) Es gibt noch kein umfassendes Kurzzeitmodell, das besser ist als das Langzeitmodell.
6) Von jedem biblischen Modell erwartet man, dass es gewisse übernatürliche Ereignisse enthält. Dadurch wird es als wissenschaftliches Modell unannehmbar.
7) Wenn man die Bibel akzeptiert, weil sie mit gewissen wissenschaftlichen Modellen übereinstimmt, erhöht das die Wahrscheinlichkeit, dass man sie verwirft, sobald jene bestimmten Modelle als ungenügend erfunden werden.

Die wissenschaftlichen Einzelheiten der Ursprungsfragen sind interessant, aber zweideutig. Für mich sind die Beweise für eine junge Schöpfung nicht überzeugend. Der Hauptgrund dafür, dass ich die biblische Geschichte anerkenne, liegt in ihrem Beitrag, den sie zur Charakterisierung des Schöpfers leistet. Seine Eigenschaften führen mich beim Studium seiner Schöpfung.

In einer Fussnote im «Newsweek»-Artikel hiess es, dass der Mythos der biblischen Schöpfungsgeschichte ... die Wissenschaftler möglicherweise dazu führte, dass sie realisierten, dass die Natur empirisch entdeckt werden muss. Dies begünstigte die Entwicklung der Wissenschaft im christlichen Westen.» In «The Soul of Science: Christian Faith and Natural Philosophy» (Crossway Books 1994) haben Pearcey und Thaxton mehrere Eigenschaften des christlichen Gottes vorgeschlagen, die zur modernen Wissenschaft geführt haben. Der Herr, unser Gott, ist einziger Gott; die Schöpfung ist nicht das Resultat von polytheistischen, launenhaften, sich bekämpfenden Splitterparteien. Gott ist ein

Gesetzgeber. Seine Schöpfung kann durch rationale Fragen nach dem Verhältnis von Ursache und Wirkung studiert werden. Der christliche Gott ist ein persönlicher Gott, getrennt von der Natur; abstrakte Gesetze sind vernünftig, und experimentieren mit der Natur ist nicht etwas, das die Gottheit erzürnt. Der christliche Gott war frei, auf irgend einem von vielen Wegen Neues zu schaffen. Der Mensch muss die Natur studieren, um herauszufinden, wie sie funktioniert, und nicht die Philosophie gebrauchen, um herauszufinden, wie sie sich verhalten sollte. Der Gott des ersten Mosebuches ist ein guter Gott einer guten Welt; es lohnt sich, diese zu studieren. Gott ist der Besitzer der Schöpfung; wenn wir dieser Schöpfung Sorge tragen wollen, müssen wir sie studieren.

Der Gott der Schrift ist ein Gott der Liebe. Er kann zu gewissen Zeiten auch Leid und Tod gebrauchen, um seine Ziele zu erreichen, aber das ist nicht seine bevorzugte Methode. Ein Gott, der lange Zeitperioden der Konkurrenz braucht, das Überleben des Tüchtigsten, Schmerzen, Leid und Tod, um seinen Willen zu vollziehen, ist nicht derselbe Gott, der das Paradies schuf, in dem der Wolf und das Lamm nebeneinander wohnen werden. Jack Provonsha schreibt in «A Remnant in Crisis» (Review & Herald 1993) «Wenn man die wichtigsten Eigenschaften der Evolutionstheorie einem Gott zuschreibt, so ist das der falsche Gott!» (S.75). Gott arbeitet mit seiner Schöpfung zusammen. Das physikalische Universum ist kein unabhängiger Mechanismus; die Menschheit wurde speziell im Bilde Gottes geschaffen, um zu einer persönlichen Beziehung mit ihm zu kommen. Damit das geschehen kann, braucht die Menschheit Vernunft und die Möglichkeit der freien Entscheidung. Gott will, dass alle die Vorteile und Nachteile von beiden Seiten der Kontroverse sehen, die zwischen Gut und Böse abläuft, und er will, dass wir auf Grund der Tatsachen frei entscheiden. Daher ist auch ein richtiges Verständnis und eine Diskussion über beide Seiten der Evolutions-/Kreationsdebatte nötig. Del Ratzsch gibt uns in seinem Buch «The Battle of Beginnings» (Inter Varsity Press, 1996) Beispiele von Missverständnissen auf beiden Seiten, die neu beachtet werden müssen.

Gott ist allwissend. Die menschliche Vernunft ist wichtig, aber sie hat ihre Grenzen. Gott ist viel grösser, als es die menschliche Vernunft verstehen oder sich vorstellen kann. Provonsha (S. 73) schreibt: «Der Herr spricht zu den Menschen in einer unvollkommenen Sprache, so dass die degenerierten Sinne, die dumpfe, erdenhafte Erkenntnis der Erdenbürger seine Worte begreifen können. Das zeigt Gottes Herablassung. Er begegnet den gefallenen Menschen dort, wo sie sind. Die Bibel ist vollkommen in ihrer Einfachheit. Sie beantwortet die übergreifenden Ideen Gottes nicht, denn unendliche Ideen können nicht mit begrenzten Mitteln des Denkens ausgedrückt werden.»

Gott ist ewig und zeitlos. Zeit ist für Gott nicht dasselbe, wie für die Menschen (Psalm 90,4; 2. Petr. 3,8). Er kennt das Ende des Anfangs. Kann Gott, der die Zeit geschaffen hat, nicht ausserhalb der Zeit existieren und sich in der Zeit bewegen? Robert Jastrow betont im letzten Kapitel seines Buches «God and the Astronomers» (Norton, 1978), dass der Urknall auf einen Anfang der Zeit hinweise und demzufolge auf einen «Beginner». Paul Davies beschreibt einige der einmaligen Eigenschaften der Zeit in seinem Buch «About Time: Einstein's Unfinished Revolution» (Simon & Schuster, 1995). Nur für die Schöpfung bedeutet die Zeit ein Symbol für Begrenzungen.

Wenn wir Gott verstehen wollen, auch das, was er in der Vergangenheit für uns getan hat, dann brauchen wir das Element des Glaubens; Tatsachen sind zwar vorhanden, aber keine Beweise. Der Zustand des Menschen ist ungenügend, um alle Aktivitäten Gottes zu verstehen. Weil wir nur unvollkommen verstehen, entstehen scheinbare Widersprüche.

In der Theologie fragen wir uns, wie Christus zugleich Gott und Mensch sein konnte (Schöpfer und Geschöpf). Wie kann die Menschheit freien Willen haben, wenn Gott allwissend ist? In der Wissenschaft fragen wir uns, wie das Licht zugleich teilchenförmig und wellenförmig sein kann. In beiden, der Theologie und der Wissenschaft stossen wir in der Ursprungsfrage auf Widersprüche. Während ich mein Verständnis für den Ursprung weiter entwickle, brauche ich dazu Überlegungen, die auf den Tatsachen und der Schrift basieren, aber auch auf Glauben an einen liebenden, allwissenden und ewigen Gott.

▌ Edmond W. Holroyd, Meteorologie

Dr. Edmond Holroyd arbeitet als wissenschaftlicher Physiker für das US Bureau of Reclamation in Denver, Colorado. Er studierte Astrophysik an der University of Rochester, New York. Der Doktortitel in Atmosphärischen Wissenschaften wurde ihm von der University of New York in Albany verliehen. Dr. Holroyd hat sich während mehr als 30 Jahren in der Wolkenphysik, den Wetterveränderungen und auf Fernmessungen basierende Forschung spezialisiert.

Die biblische Geschichte berichtet von einer Schöpfung, in der alles von Anfang an voll funktionierte. Die ersten Bäume sind nicht aus Samen entstanden. Die ersten Säugetiere sind nicht aus Embryos gewachsen. Adam war am ersten Tag kein Kind. Alle Dinge schienen schon lange vor dem Schöpfungstag da gewesen zu sein. Alles hatte ein «scheinbares Alter». Die Unterhaltungsindustrie liefert uns in unserer heutigen Kultur ständig neue Produktionen, in denen eine Aktion an einem bestimmten Punkt beginnt und dann bis zum Ende des Programms weiter geht. Es gibt eine scheinbare Vorgeschichte, die vor den Anfangsszenen abgelaufen ist. Dieses «scheinbare Alter» akzeptieren wir in unseren Filmen und Fernsehprogrammen ohne weiteres. Wir sagen nicht, der Drehbuchautor oder der Produzent hätten uns getäuscht. Ebenso meine ich, dass wir eine Schöpfung mit einem «scheinbaren Alter» akzeptieren sollten, ohne Gott der Täuschung zu bezichtigen. Er sagt uns, wie er alles gemacht hat. Also täuscht er uns nicht. Wir kennen nur nicht alle Einzelheiten, die wir gern kennen möchten, gerade so, wie in einer Filmgeschichte.

Astronomische Anhaltspunkte

Wenn wir den Sternenhimmel betrachten und an die Lichtgeschwindigkeit denken, dann werden wir mit einer Geschichte konfrontiert, die länger als einige tausend Jahre gedauert hat. Aufgrund der vielen Stunden, die eine Radiobotschaft zu den Raumsonden bei den äusseren Planeten braucht, z.B. die Voyager, können wir die immensen Distanzen heute besser erkennen. Während die Erde die Sonne umkreist, verschieben sich die uns am nächsten liegenden Sterne gegenüber dem Hintergrund. Die Messung dieser Verschiebung erlaubt eine Berechnung der Distanz zum betreffenden Stern. Wir können die absolute Helligkeit verschiedener Klassen von Sternen kalibrieren und dann ihre Distanz auf Grund des Helligkeitsverlusts abschätzen. Schon in unserer eigenen Galaxie, der Milchstrasse, und in unserer lokalen Gruppe von Galaxien kommen wir zu scheinbar durchlaufenen Zeiten für das Sternenlicht, die viel grösser sind, als die biblische Zeit für die Schöpfung. In diesem Teil des Universums befinden wir uns noch in einer Region, in der unsere Interpretationen von der Standardphysik geleitet werden, nicht von der relativistischen Physik. Die Befürworter einer jungen Erde haben daher ein scheinbares Problem.

Vor mehr als einer Dekade gab es eine Supernova in den Magellanschen Wolken, das ist eine kleine Satellitengalaxie. Zur Milchstrasse hat sie eine scheinbare Distanz von etwa 150 000 Lichtjahren. Ist dieser Stern tatsächlich vor so vielen Jahren explodiert? Oder hat Gott vor wenigen tausend Jahren ein sich selbst erhaltendes Feld von elektromagnetischen Wellen (eingeschlossen das Licht) gemacht, das uns erst kürzlich den Eindruck eines explodierenden Sternes vermittelte? Das ist ein weiteres Beispiel eines scheinbaren Alters. Wissenschaftlich scheint es, dass der Stern so alt war, als er explodierte, gerade so, wie Adam am siebten Tag viele Jahre alt erschien. Um biblisch zu bleiben, sollten wir in Ehrfurcht Gott vertrauen, der imstande ist, den ganzen Himmel in allen Einzelheiten zu orchestrieren!

Das Hubble-Weltraumteleskop zeigt jetzt Galaxien, die unglaublich weit weg sind. Die Distanzen hat man auf Grund einer Theorie berechnet, in der man annimmt, dass sich das Universum ausdehnt. Die Verschiebungen im Spektrum werden als Rotverschiebungen betrachtet und als Fluchtgeschwindigkeit gedeutet. Auf Grund einer ganzen Serie von Annahmen kommt man dann auf scheinbare Distanzen von bis zu 10 Milliarden Lichtjahren. Wir können die Annahmen in Frage stellen. Wir können auch annehmen, dass die Rotverschiebung auf Grund einer Rotation des Kosmos entsteht. Denn auch tangentiale, nicht nur radiale, Geschwindigkeit kann eine Rotverschiebung hervorrufen. Doch es gibt keine Möglichkeit, tangentiale Geschwindigkeit von entfernten Galaxien zu messen. Wir können die Theorie von Humphries in Betracht ziehen, in der er von einer Expansion durch ein «weisses Loch» spricht. Das ist eine Möglichkeit, das scheinbare Alter des Universums im Licht der jungen biblischen Erde und des Sternenhimmels zu erklären. Die Bibel lehrt uns tatsächlich, dass Gott den «Himmel ausgespannt hat» (Psalm 104,2 und mindestens acht weitere Bibelstellen in Jesaja, Jeremia und Sacharja). Vielleicht ist die Rotverschiebung das Resultat dieses Ausspannens des Universums. Auf alle Fälle «verkünden die Himmel die Ehre Gottes» (Psalm 19,1). Wir haben immer noch viel von ihnen zu lernen, so dass der Konflikt der Zeitmodelle uns noch lange beschäftigen wird.

Immerhin gibt es in den Sternen eine interessante Erscheinung, deren Zeitskala mit der biblischen übereinstimmt. Wenn wir andere Galaxien beobachten, die eine ähnliche Zusammensetzung haben wie die unsrige, können wir feststellen, wie viele Supernova-Explosionen stattfinden; es gibt etwa alle 25 Jahre eine Explosion. In der Milchstrasse sehen wir nicht so viele Explosionen, weil dunkler Staub die Sicht in einem Teil behindert. Man kann ausserdem die allgemeine Ausdehnungsgeschwindigkeit der Supernova-Überreste messen. Man berechnete, dass man diese Überreste noch Millionen Jahre später feststellen kann, bevor sie sich im Hintergrund auflösen. Die Radioteleskope können durch den Staub hindurch sehen und so viele zusätzliche Supernova-Überreste feststellen, die in optischen Wellenlängen unsichtbar sind. Wie viele Supernova-Überreste hat man nun in unserer Galaxie (d.h. der Milchstrasse) gefunden? Nur so viele, wie in den letzten 7000 Jahren entstanden sind, nicht in Millionen Jahren. Hier liegt ein wichtiger Widerspruch zu den langen Zeitangaben, der schon seit Jahrzehnten bekannt ist. Dieses Thema muss weiter verfolgt werden.

Kehren wir zu unserem Sonnensystem zurück. Die Bilder der äusseren Planeten und deren Monden, aufgenommen von den Raumsonden, machen mir Freude. Sie zeigen eine ausserordentliche Vielfalt dort draussen, die von keiner Theorie der Evolution des Sonnensystems vorausgesagt wurde. Die einzige wichtige Voraussage, die sich bestätigte, waren die von Humphries vorausgesagten magnetischen Momente von Uranus und Neptun. Humphries ist ein Schöpfungswissenschaftler. Er hat seine Berechnungen auf Grund biblischer Angaben gemacht. Was die übrigen vielfältigen Entdeckungen betrifft, scheint es so zu sein, dass Gott diese Vielfalt schuf, um uns demütig zu halten. Wir haben noch einen weiten Weg im Verständnis von Gottes Schöpfung zu gehen. Doch die atheistischen Theorien werden sich zunehmend als falsch erweisen.

Es ist auch interessant, dass die Wissenschaftler eine Flut auf dem Mars anerkennen, die den halben Planeten überdeckte, obschon es heute kein Wasser mehr auf der Oberfläche gibt. Man sieht auch auf der Venus heute eine relativ junge Oberfläche, die durch Überflutungen von Lava entstanden ist. Europa, der grosse Mond des Jupiter, ist vollständig mit Wassereis überdeckt, und es gibt Anhaltspunkte dafür, dass unter dem Eis ein flüssiger Ozean liegt. Trotzdem sind die meisten Wissenschaftler nicht bereit, eine globale Flut in der jungen Vergangenheit auf der Erde anzuerkennen. Die Erde ist heute immer noch zu über 70 Prozent mit Wasser bedeckt und der grösste Teil der Kontinente ist bedeckt mit riesigen Schichten von Sedimenten, die durch Wasser transportiert worden sind. Diese Feststellungen weisen stark darauf hin, dass die biblische

Flut stattgefunden hat. Sie stützen damit die Glaubwürdigkeit der ersten Kapitel der Bibel, also auch der 6-Tage-Schöpfung.

Geologische Hinweise

Die meisten kreationistischen Arbeiten, die sich auf die Geologie der Erde beziehen, befassen sich mit dem Flutereignis und der Neugestaltung der Erdoberfläche durch diese Katastrophe. Die Polonium-Strahlungshöfe, die vom Alpha-Zerfall der radioaktiven Isotope erzeugt werden, sind eine der wenigen Erscheinungen, die auf die Schöpfungswoche hinweisen. Die Strahlungshöfe von 218Po in Biotit scheinen Gesteinsspuren zu sein, die drei Minuten nach deren Erschaffung aufgetreten sind. (Jemand könnte auch sagen, dass es drei Minuten nach der Aktivierung des zweiten Hauptsatzes der Thermodynamik passierte.) Die Hitze bei Vulkanausbrüchen, die traditionelle Interpretation für die Entstehung von Biotitkristallen, würde diese Strahlungshöfe innerhalb von Stunden zerstören, wie man das in Laborversuchen nachgewiesen hat.

Die stärksten Argumente für hohe geologische Alter kommen von radiometrischen Altersbestimmungen. Man sagt uns, dass gewisse Gesteine Millionen bis Milliarden Jahre alt seien. Es gibt eigenständige regionale Muster von Daten, die das Vertrauen in diese Messungen rechtfertigen. Diese Daten stimmen jedoch nicht mit der biblischen Zeitskala von wenigen tausend Jahren überein. Auf diesem Gebiet werden weitere Studien gemacht; sie sind wichtig und nötig. Bis jetzt kennen wir zahlreiche Beispiele dafür, dass radiometrische Datierungen falsche Werte ergeben können. Zum Beispiel die Lavasteine des Mount St. Helens, die zehn Jahre alt sind, aber mit 1/3 bis 3 Millionen Jahre datiert wurden. Die meisten der geologischen Formationen werden mit der Kalium-Argon-Methode datiert, speziell die menschlichen Fossilien. Diese Methode ist besonders anfällig für «überschüssiges Argon», das zu einem übermässigen Alter führt.

Es scheint, dass bei den üblichen Messungen eine oder mehrere der Grundannahmen der radiometrischen Altersbestimmung verletzt werden. Die erste Annahme ist die, dass die Anteile von «Mutter-» und «Tochter-Isotop» am Anfang bekannt sind, wobei der Anteil der Tochter-Isotope zu Null angenommen wird. Doch die Gesteine könnten auch mit einem bereits bestehenden Anteil von Tochter-Isotopen entstanden sein, so dass diese Annahme falsch wäre. Zweitens können Lösungsvorgänge die Mengen der verschiedenen Mutter- und Tochterisotope verändern, so dass die Annahme eines «geschlossenen Systems» nicht zutrifft. Die Datierung kann nicht stimmen, wenn die radiometrischen Uhren verstellt werden. Die dritte Annahme ist die, dass die Zerfallsgeschwindigkeit während der ganzen geologischen Zeit konstant geblieben sei. Wir haben diese aber erst während etwa hundert Jahren beobachtet. Es ist riskant, Extrapolationen auf bis zu acht Grössenordnungen hinaus zu machen, obwohl es momentan scheint, dass diese dritte Annahme richtig sein könnte. Was wir heute gut und genau kennen, sind die jetzigen Verhältnisse von Mutter- zu Tochterisotopen und die gegenwärtigen Zerfallsraten. Soweit ich orientiert bin, haben die kreationistischen Wissenschaftler noch keine gute Ersatztheorie für die Radiometrie, so dass diese wichtige Arbeit fortgesetzt werden muss.

Es gibt viele Altersangaben, welche viel geringere Werte zeigen als die radiometrischen Uhren. Der Anteil von Helium in der Atmosphäre stimmt mit der biblischen Zeitskala besser überein, als mit Millionen und Milliarden von Jahren. Der Salzgehalt der Ozeane ist viel geringer als er sein müsste, wenn seit den angeblich riesigen geologischen Zeiten Salz durch die Flüsse in die Ozeane gekommen wäre. Die gegenwärtigen Erosionsraten würden die Berge des Himalaya schon in 10 Millionen Jahren bis auf Meereshöhe abtragen. Es ist daher nicht möglich, dass die Rocky Mountains in Nordamerika seit mehr als 50 Millionen Jahren hoch über dem Meeresspiegel gestanden haben, denn viele der Gipfel befinden sich heute in einem relativ jungen Zustand der Erosion.

Die kreationistischen Wissenschaftler haben noch keine allgemein anerkannten Kriterien, nach denen zwischen den Gesteinen der Schöpfungswoche und den durch die Flut abgelagerten unterschieden werden kann. Es gibt auch noch keine allgemeine Übereinstimmung darüber, welche Gesteinsformationen in der Nachflutzeit entstanden sind. Es gibt dazu verschieden gute Modelle.

Wenn man über die grosse Flut nachdenkt, so glaube ich, dass man einen oder mehrere Mechanismen in Betracht ziehen muss, welche hartes kristallines Gestein schnell zerstören können. Gewöhnliches Überfluten genügt nicht, denn Felsen kann während Jahrhunderten unter Wasser liegen, ohne dass er zerstört wird. Das kann durch archäologische Funde bewiesen werden, die unter Wasser gemacht wurden. Der Prozess der Aushöhlung benötigt eine hohe Wassergeschwindigkeit (mehr als 30 Meter pro Sekunde) und niedrigen Wasserstand (weniger als 10 Meter tief), aber er kann harten Stahl zerstören. Direkter hydraulischer Druck mit hoher Wassergeschwindigkeit wirkt eher zerstörerisch. Man muss irgendwie erklären können, wie grosse Bergformationen innerhalb von Bruchteilen eines Jahres abgetragen werden konnten.

Meiner Ansicht nach muss auch erklärt werden, woher das Sedimentmaterial gekommen ist. Wir müssen den Ursprung dieser riesigen Mengen angeben können. Die Ablagerunsgeschwindigkeiten von heute scheinen viel zu langsam zu sein. Die Erhaltung der Fossilien zeigt, dass sie sehr schnell von den Sedimenten eingebettet worden sein mussten. Die Topographie der Erosions- und Ablagerungsoberflächen der Vergangenheit scheinen anders zu sein, als das was wir auf den heutigen Oberflächen beobachten. Die alten Oberflächen sind über grosse Gebiete hinweg flacher, was mit einer globalen Erneuerung der Oberflächen während der Flut übereinstimmt. Man könnte in Bezug auf die Flut noch vieles schreiben, doch dieses Buch soll hauptsächlich von der Schöpfungswoche handeln.

Archäologische Merkmale

Wir besitzen keine archäologischen Fundstücke, welche sich auf die Schöpfungswoche beziehen. Immerhin kommen ständig neue Funde an den Tag, welche die Glaubwürdigkeit der biblischen Geschichten unterstützen.

Ich habe alle Typen von Münzen, die in der Bibel erwähnt sind. Das zeigt mir, dass deren Benennungen stimmen. Ich habe verschiedene Münzen, welche verschiedene Namen von Regenten enthalten, die in der Bibel genannt werden. Also haben diese wirklich gelebt. Ausserdem wurden in über 80 Prozent der Ortschaften, die in der Apostelgeschichte genannt werden, Münzen geprägt, so dass wir ihre Namen auf ihren Münzen lesen können. Das beweist, dass sie wirklich existierten. Der geschichtliche Teil der Bibel ist glaubwürdig.

Weil wir die Glaubwürdigkeit der Bibel auf verschiedene Art überprüfen können, haben wir Grund, ihr auch dort Glauben zu schenken, wo sie von der Schöpfung spricht. Weil Gott in der Bibel sagt, dass er das Universum in sechs Tagen gemacht hat, glaube ich ihm.

▌ Robert H. Eckel, medizinische Forschung

Dr. Eckel ist Professor für Medizin, Physiologie, Biophysik und Programm-Direktor am General Clinical Research Center des Health Science Center der University of Colorado in den USA. Seine Ausbildung in Bakteriologie an der University of Cincinnati schloss er mit Auszeichnung ab. Der Doktortitel in Medizin wurde ihm von der University of Cincinnati am College of Medicine verliehen. Dr. Eckel veröffentlichte mehr als 80 Forschungsberichte, schrieb 17 Buchbeiträge und erhielt 20 Auszeichnungen. Er ist Lektor von 50 medizinischen Zeitschriften, Mitglied der American Society for Clinical Investigation und der Association of American Physicians, sowie Vorsitzender des Nutrition Comitee der American Heart Association.

Vor einigen Jahren wurde ich von einem Oberschüler angesprochen, der mit seinen Kenntnissen der Schöpfungswissenschaft und seiner Hingabe für diese bei der lokalen Erziehungsbehörde vorstellig geworden war. Sein Anliegen war die Art, wie die Wissenschaft über die Anfänge des Lebens im Klassenzimmer unterrichtet (und nicht unterrichtet) wurde. Als Wissenschaftler und bekennender Sechs-Tage-Kreationist und Mitglied des Technical Advisory Board vom Institute for Creation Research war ich vermutlich in der Lage, ihm mit akademischer Weisheit beizustehen. Doch ich war erstaunt, wie weit fortgeschritten bei diesem 16-Jährigen der wissenschaftliche Scharfsinn schon gediehen war. Ich hatte nicht viel beizufügen.

Die Kritik, die dieser junge Mann vorbrachte war, dass die biologische Entstehung des Lebens als Tatsache gelehrt werde, nicht als Theorie. Das stand so im Lehrbuch und wurde auch so vom Lehrer vorgetragen. Dieser Schüler hingegen hatte den Glauben, dass die Anfänge des Lebens nicht nach dem Schema der Evolution abgelaufen sind, sondern das Resultat des höchsten und unbezweifelbaren Willens Gottes darstellen. Obwohl seine Position und seine Verteidigung der Bibel klar war, hatte ich den Eindruck, dass er noch etwas mehr erreichen wollte, als nur die Denkweise der Welt um ihn her weiter zu öffnen; es gab auch eine evangelistische Hoffnung, dass die Botschaft der Schöpfung sich schliesslich als Mittel zum Säen erweisen würde, um dann verlorene Seelen zu ernten.

Der Rat, den ich ihm geben konnte, war der eines Wissenschaftlers, der an die Sechs-Tage-Schöpfung glaubt, die sich allerdings nur teilweise auf vorhandene Tatsachen abstützen kann. Schöpfung in sechs Tagen ist kein intellektuelles Argument, das man durch tiefes und wiederholtes Studium der vorhandenen wissenschaftlichen Tatsachen gewinnen kann. Den Evolutionisten und den Kreationisten stehen dieselben Daten zur Verfügung. Der Streitpunkt ist ein einzelnes Experiment, das nicht wiederholt werden kann, wobei zwei grundsätzlich verschiedene Theorien in Betracht gezogen werden. Hinzu kommt, dass in dieser Sache der Entstehung des Lebens auf der Erde die Hypothese erst nach dem Experiment entstanden ist, nicht vorher, wie das üblich wäre.

Die Evolutionisten glauben, dass das biologische Leben mit den Atomen in einer Ursuppe begonnen habe. Während Milliarden von Jahren hätten sich schliesslich Moleküle, Organellen, Zellen und mehrzellige Organismen gebildet.

Verschiedene Beweise aus der Fossilgeschichte, meistens durch die Isotopendatierung unterstützt, werden vorgebracht. Doch dieselben Fossilien sind von den Sechs-Tage-Kreationisten ebenfalls als Beweismittel gebraucht worden: Weil man in der Isotopendatierung Fehler festgestellt hat, benützen die Sechs-Tage-Kreationisten die Fossilien als Beweise für eine junge Erde.

In der Wissenschaft werden Hypothesen normalerweise zuerst formuliert. Anschliessend überprüft man sie mit wissenschaftlichen Methoden, die man vorher als gültig erklärt hat. Diese sind von den meisten, wenn nicht von allen Experten in einem bestimmten Forschungsgebiet anerkannt. Mit der Annahme, dass das Experiment in der Lage sei, die zu prüfende Hypothese zu bewerten, wird eine Serie von Beobachtungen gemacht, die entweder zur Bestätigung oder Verwerfung der Hypothese führen. Auf den meisten Gebieten der Wissenschaft werden die Beobachtungen zunächst von einem Wissenschaftler mehrere Male gemacht. Diese werden von anderen Wissenschaftlern wiederholt und bestätigt, bevor man die «Wahrheit» der betreffenden Hypothese anerkennt. Ausserdem ist es oft schwierig, wenn nicht unmöglich, aus nachträglichen Beurteilungen der Daten Folgerungen zu machen. Für die Ursprungsfrage gilt das ganz besonders. Daher sind wir in der Evolutions-/Schöpfungsfrage in einer wissenschaftlichen Sackgasse, die historisch, gegenwärtig und für immer zu unsicheren Interpretationen führte und führen wird. Wie sollte nun unser Schüler vorgehen?

Die ungläubige Welt beachtet die Sache Gottes nicht. Es war auch nicht die Absicht, dass sie dies täte, denn sie kann Geistliches nicht erkennen (1. Kor. 1,18–29). Daher wird von den Evolutionisten jedes Argument, das eine Sechs-Tage-Schöpfung unterstützt (oder irgend eine Art von Schöpfung) und auf der Basis von Glauben vorgebracht wird, abgelehnt und als Religion bezeichnet, nicht als Wissenschaft. Die Position des Schöpfungsbefürworters muss daher wissenschaftlich sein und akademisch genügend entwickelt, so dass der Austausch von Informationen mit dem Wortschatz der Wissenschaftswelt erfolgen kann. Nachdem die Diskussion beginnt, ist es wichtig, zu betonen, dass der Ursprung des Lebens auf der Erde ein einmaliges Experiment in der Geschichte war, das nicht wiederholt werden kann. Weder die eine noch die andere Seite kann daher einen echten Beweis vorlegen.

Wenn man die Argumente der einen oder andern Seite bewertet, ist es wichtig, die Genauigkeit und wissenschaftliche Korrektheit der Methoden zu analysieren. Hier werden die Werkzeuge der Evolutionisten manchmal fragwürdig. Die radiometrische Datierung macht viele Annahmen, die unbewiesen sind, z.B. die Linearität des Isotopenzerfalls über die Zeit. Wenn sie Experimente in ihren eigenen Laboratorien machen, müssen alle Wissenschaftler (Evolutionisten und Kreationisten gleicherweise) einen anerkannten Standard für ihre Methoden anwenden, der in der Wissenschaft üblich ist. Es ist erstaunlich, dass man bei der Beurteilung der Daten, die sich auf den Ursprung beziehen, feststellen muss, dass manche Evolutionisten manchmal ungenügende wissenschaftliche Masstäbe bei ihren Methoden anwenden. Man ist bei der Bewertung der Daten leicht versucht, nicht ganz objektiv zu bleiben.

Die Kritik des Schülers an den Methoden des lokalen Schulsystems über die Ursprungsfragen führte schliesslich in seinem Quartier zur Organisation eines öffentlichen Forums. Obschon beide Positionen von Bürgern unterstützt wurden, hat die Mehrzahl der Fachleute, die sich äusserten, daran festgehalten, dass Evolution eine Tatsache sei. Es war daher keine Überraschung, dass die letzte Entscheidung lautete, man solle wie bisher weiterfahren und die Schöpfungslehre aus dem Klassenzimmer ausschliessen. Schliesslich ist die Sache des Ursprungs nicht eine Schlacht, die wir gewinnen müssen, sondern im Grunde geht es darum, dass das Leben unseres Herrn Jesus Christus gesehen wird (Phil. 1,21). Ein gut informierter, geistgeführter Glaubender ist in der besten Lage, dass dies geschieht.

▌Jack Cuozzo, Zahnheilkunde

Dr. Cuozzo ist Forscher der Zahnheilkunde und Vorsteher der Zahnheilabteilung des Mountainside Hospital, Montclair (New Jersey, USA). Er studierte Biologie an der Georgetown University, Washington D.C. Der Doktortitel in der Zahnheilkunde wurde ihm von der University of Pennsylvania verliehen. Eine Ausbildung in Oral Biology erhielt er von der Loyola University in Chicago. Jack Cuozzo hat die ersten cephalometrischen (orthodontischen) Röntgenbilder der Neandertaler-Fossilien in Frankreich und anschliessend in vielen anderen Ländern gemacht. Er hat in Verbindung mit der Ursprungsfrage aus der biblischen Perspektive mehrere Artikel veröffentlicht. Er ist der Autor des Buches «Buried Alive» (Lebendig begraben), das 1998 von Master Books herausgegeben wurde. Er war während mehr als 30 Jahren Mitglied der American Association of Orthodontists.

Als ich mit Francis Schaeffer im Sommer 1977 zusammen studierte, lernte ich den Ausdruck «wahre Wahrheit». Dr. Schaeffer hat diesen Ausdruck geprägt, weil das Wort «Wahrheit» in unseren Tagen keinen Respekt mehr auslöst. Er sagte, es sei nicht eine Tautologie, sondern eine Notwendigkeit. Die Absolutismen, inbegriffen jene in den ersten Kapiteln des ersten Buches Mose, sind nicht frei wählbar. Sie stellen sich nicht einer Wahl, ausser in den imaginären Vorstellungen des menschlichen Geistes. Ich kannte das gut, denn in meinem Kopf schwirrten 1975 eine ganze Anzahl solcher geistiger Bilder umher. In jenem Jahr hat mich die Wahrheit frei gemacht von Sünde, und sie begann, mich frei zu machen von diesen geistigen Bildern, die von den Anfängen der Menschheit handelten.

Ich verstand diese Tatsachen 1975 nur unvollständig, habe aber trotzdem meine Knie gebeugt, meinen Kopf gesenkt und Jesus mein Herz gegeben. Erst dann begann der Kampf in meinem Geist. Die evolutionären Ideen aus meiner Vergangenheit begannen Druck auf mich auszuüben. Es schien, als ob meine ganze wissenschaftliche Ausbildung aufstand und mein wörtliches Verständnis von der Schöpfungsgeschichte in Frage stellte. Dies wird sicher jedem passieren, der eine starke Dosis an moderner Wissenschaft inhaliert hat und dann die

Bibel so liest, wie sie geschrieben wurde. So begann der Krieg in meinem Kopf, und ich denke nicht, dass ich der erste war oder der letzte sein werde, der diesen Weg geht. Die friedliche biblische Wiedergabe der Schöpfung des Menschen steht in direktem Kontrast zu den Millionen von Jahren von Blutvergiessen und Gewalt, welche die Welt in den Geburtswehen der Evolution gekennzeichnet haben müsste. Mein Dilemma war real und mein Glaube wurde herausgefordert. Gab es tatsächlich während Millionen von Jahren vor dem Sündenfall Blutvergiessen im Garten Eden? Die Bibel ist in diesem Punkt sehr klar: ihre Antwort ist nein, denn es gab sechsmal einen Morgen und sechsmal einen Abend und das Geschaffene war «sehr gut».

Trotzdem fuhr ich fort, meinen Glauben an die wörtliche Interpretation der Bibel zu hinterfragen. 1979, zwei Jahre nach dem Studium der Paläoanthropologie und der Bibel und mit der Hilfe und der Ermutigung von Dr. Wilton M. Krogman, beteiligte ich mich an einer Studie über fossile Menschen in Europa. (Dr. Krogman war der Gerichts-Anthropologe, der Hitlers Überreste in Berlin am Ende des zweiten Weltkrieges identifizierte.) Meine erste Station war Paris im Jahr 1979. Hier werden viele Neandertaler-Fossilien aufbewahrt. Wir mieteten uns eine ausgeklügelte Röntgeneinrichtung und eine Wohnung. Glücklicherweise erlaubte mir der stellvertretende Direktor des Musée de l'Homme, mit den wertvollen Neandertaler-Überresten zu arbeiten. Seine Eltern waren von amerikanischen Soldaten nach der Invasion in der Normandie gerettet worden. Er sagte, er schulde den Amerikanern einen Gefallen – ich war der Empfänger dieser Gunst. Nach neunzehn Jahren und viele Museen später, bin ich immer noch schockiert darüber, was ich vorfand. Viele Paläoanthropologen hatten etwelche Anstrengungen unternommen, um die Fossilien so zu «justieren», dass die Ehre der Evolution verkündet wurde, statt die Ehre Gottes.

Ich fand heraus, dass die Neandertaler länger gelebt hatten als wir Menschen von heute, und dass ihre Kinder später erwachsen waren als die modernen Kinder[1]. Es ist auch sehr wahrscheinlich, dass diese Leute, die Europa und den nahen Osten bewohnten, dies viel später taten, als man anfänglich angenommen hat und nicht vor 200 000 bis 30 000 Jahren. Durch anatomische Untersuchungen und eine Serie von Röntgenbildern, ähnlich wie jene, welche die Zahnärzte in der ganzen Welt machen, war ich in der Lage, die Lebenszeit der Neandertaler zu berechnen. Für den Südwesten von Frankreich ergab dies zwischen 250 und 300 Jahre. Ich habe auch einige falsche Interpretationen der Knochen aufgedeckt, welche eine gute wissenschaftliche Deutung dieser Überreste verhinderten[2]. Diese Informationen können in meinem Buch «Buried Alive»[3] nachgelesen werden.

Die meisten Menschen sind sich bewusst, dass die Bibel von den ersten Menschen sagt, sie hätten Hunderte von Jahren gelebt. Ob mit oder ohne meine Forschungen: dies ist richtig. Ich hoffe, dass das Wissen, dass die Überreste derart alt gewordener Menschen immer noch existieren, unserer gebildeten Generation dazu verhilft, Gott mehr zu lieben. Wir wollen uns den Herausforderungen unseres Glaubens stellen. Ich habe herausgefunden, dass die Bibel genau ist, wenn sie von Zeit, Geschichte oder wissenschaftlichen Tatsachen handelt. Daher glaube ich an eine buchstäbliche Sechs-Tage-Schöpfung.

Referenzen

1   J. Cuozzo, Earlier Orthodontic Intervention: A view from prehistory, Journal N.J. Dental Association, Vol. 58, N0. 4. Autumn, 1987.

2   J. Cuozzo, Neanderthal Children's Fossils; Reconstruction and Interpretation Distorted by Assumptions, Creation Ex Nihilo Technical Journal, 8: part 2, 1994, pp 166–78.

3   J. Cuozzo, Buried Alive, Master Books, 1998.

▌ Andrew Snelling, Geologie

Dr. Snelling ist der frühere Herausgeber des Creation Ex Nihilo Technical Journal in Australien. Seine Ausbildung in Geologie erhielt er an der University of New South Wales. Der Doktortitel in Geologie wurde ihm von der University of Sydney verliehen. Während mehr als 15 Jahren arbeitete Dr. Snelling auf dem Gebiet der Schöpfungsforschung, zuerst mit Answers in Genesis in Australien und nun mit dem Institute for Creation Research in den USA. Er ist Autor einer ganzen Anzahl von technischen Artikeln, die sich mit der Ursprungsfrage befassen, speziell in Bezug auf die radiometrischen Datierungsprobleme.

Warum glaube ich an die biblische Schöpfungsgeschichte, an die Schöpfung in sechs buchstäblichen Tagen, während denen das Leben auf der Erde entstanden ist, gefolgt von einer globalen Katastrophe, die ein Jahr lang dauerte und welche die Erdoberfläche vollständig erneuerte, so wie das in der Geschichte von Noah beschrieben wird? Der Grund liegt darin, dass die Bibel eindeutig eine Sechs-Tage-Schöpfung lehrt, genauso eine weltweite Flut, und zwar nicht nur im ersten Mosebuch, sondern durch das ganze alte und neue Testament hindurch. Selbst Jesus Christus nimmt darauf Bezug.

Unabhängig davon, wie gescheit wir Wissenschaftler unsere Arbeit betreiben – wir können immer nur die heute vorhandenen Dinge studieren (so wie sie heute sind), um sie dann rückwärts in die Vergangenheit zu extrapolieren. Wenn wir das tun, müssen wir Annahmen machen. Wir sind nie absolut sicher, dass unsere Annahmen wirklich stimmen. Was tatsächlich in der Vergangenheit abgelaufen ist, wissen wir nicht mit Sicherheit. Anderseits berichtet uns die Bibel an 3000 Stellen von einem übernatürlichen persönlichen Gott, der immer existierte, der alles weiss und der völlig wahr ist.

Wenn wir die biblische Schöpfungsgeschichte von der Erschaffung des Lebens und der weltweiten Flut mit der Evolutionstheorie vergleichen, die während Millionen von Jahren durch zahllose geologische Zeitalter Milliarden von Lebewesen sterben liess, wird jedem denkenden Menschen sofort klar, dass es da unüberbrückbare Widersprüche gibt. Wenn die Sicht der Evolutionisten stimmt, kann Gott die Welt nicht in sechs buchstäblichen Tagen geschaffen haben. Dann muss es schon am Anfang Tod durch Blutvergiessen gegeben haben. Dann können nicht alle Menschen und die auf dem Land lebenden Tiere von den acht Menschen und den Tieren abstammen, die sich in der Arche befunden haben. Also müssen die ersten Kapitel der Bibel voller Fehler sein. Man kann sie natürlich zurückweisen, wie auch die Stellen in den übrigen Büchern der Bibel, in denen von der Schöpfung Gottes oder von der grossen Flut die Rede ist. Es bedeutet auch, dass Gott dem Mose und den Kindern Israel eine Lüge erzählte, als er ihnen die zehn Gebote gab und sie angewiesen hat, eine Sieben-Tage-Woche zu befolgen, so wie er selbst eine buchstäbliche Schöpfungswoche eingehalten hat. Es würde auch bedeuten, dass er damit schon sein eigenes neuntes Gebot gebrochen hätte. Auch Jesus Christus hätte dann gelogen, als er vom «Schöpfer-Gott» und den «Tagen Noahs», der Arche und der Flut gesprochen hat. Also konnte er nicht sein, was er behauptete zu sein («der Weg, die Wahrheit und das Leben»), er wäre dann auch nicht der Sohn Gottes.

Auch wenn man sich entschieden hat, an die Zuverlässigkeit und Wahrhaftigkeit der Bibel zu glauben und an all das, was uns Gott darin berichtet, gibt es trotzdem keinen Grund, warum wir die historische und wissenschaftliche Wahrheit der Bibel nicht untersuchen dürften. Das will nicht heissen, dass die Bibel ein Lehrbuch für Wissenschaft und Geschichte ist. Sie ist die Wahrheit, und wo immer sie historische oder wissenschaftliche Dinge erwähnt, können wir diese mit unseren normalen Mitteln der historischen und wissenschaftlichen Untersuchungsmethoden studieren. Mit anderen Worten, wenn das, was wir in der Bibel lesen, wahr ist, dann stimmen unsere Beobachtungen von Schöpfung in der Welt und von Gottes Gericht durch eine weltweite Flut mit den Ereignissen überein, die uns die Schrift berichtet. So ist es auch. Ich bin davon überzeugt, wie das auch viele andere Wissenschaftler sind, dass die Tatsachen all das, was die Bibel über den Ursprung des Lebens und die Erdgeschichte sagt, überwältigend bestätigen.

Zum Beispiel treffe ich als Geologe auf viele Fossilien, die sich auf der Erdoberfläche in den Gesteinsschichten befinden. Es sind die Überreste von Pflanzen und Tieren, die einmal auf der Erde gelebt haben, heute aber tot sind, eingebettet und in den Gesteinen erhalten. So wie die Biologen, welche die lebenden Kreaturen studieren, kann ich in den vorhandenen Überresten der toten Kreaturen immer noch die Spuren von Gottes kreativem Handwerk sehen. Wenn das Leben tatsächlich von einem unsichtbaren persönlichen Gott geschaffen wurde, und nicht von einem unpersönlichen Zufallsmechanismus der Evolution, dann sind sowohl tote als auch lebende Organismen Zeugnisse dafür, dass sie von einem Planer geplant wurden. Und so ist es auch.

Beweise für Planung

Mein bevorzugtes Beispiel sind die Trilobiten. Diese ausgestorbenen Arthropoden (wirbellose Tiere mit mehrgliedrigen Beinen) werden auf der ganzen Erde nur noch als Fossilien gefunden. Sie gehören zu den frühesten Fossilien in den sogenannten kambrischen Gesteinsschichten. Im Grand Canyon sind sie die am tiefsten liegenden mehrzelligen Fossilien mit harten Teilen. Oft wurden sie als primitive Kreaturen betrachtet, doch ihre Anatomie zeigt, dass sie möglicherweise die kompliziertesten wirbellosen Geschöpfe sind. Man glaubte, sie seien Meeresbewohner, weil man ihre Fossilien zusammen mit anderen gefunden hat, die heute immer noch in den Meeren leben. Ausserdem haben sie an jedem Bein einen Satz Kiemen. Die Schale dieser Tiere lässt sich normalerweise in drei Teile teilen – den Kopf, die Brust und den Schwanz. Daher ihr Name *Tri* für drei und *lobiten* für lobes (Teile). Wegen ihren gegliederten Beine und den Antennen zählt man die Trilobiten zur selben Klasse wie die Hummer, Krebse, Skorpione, Spinnen und Insekten. Die Beine erfordern ein kompliziertes Muskelsystem und wegen ihrer Ähnlichkeit zu den modernen Arthropoden glaubt man, dass sie einen Kreislauf mit einem Herzen hatten. Sie besassen auch ein sehr kompliziertes Nervensystem, was ihre Antenne zeigt, die wahrscheinlich eine Fühlerfunktion hatte. Auch die Augen bei manchen Arten bedingen ein komplexes Nervensystem.

Tatsächlich glauben einige Wissenschaftler, dass die zusammengesetzten Augen von Trilobiten das raffinierteste optische System darstellen, das man je bei einem Lebewesen beobachtet hat. Das zusammengesetzte Auge besteht aus vielen einzelnen Linsen, jede ist speziell so gemacht, dass keine sphärische Aberration entsteht, so dass der Trilobit unter dem Wasser kein verzerrtes Bild sieht. Der elegante physikalische Bau des Trilobitenauges berücksichtigt auch Fermat's Prinzip des kürzesten Lichtweges, Abbe's Sinusbedingungen, Snell's Brechungsgesetz und kompensiert optisch mit doppelbrechenden Kristallen. Ein solches System trägt alle Merkmale eines Schöpfers, der ein überaus brillanter Planer sein muss!

Die ausserordentliche Komplexität der Trilobiten rechtfertigt es nicht, diese als primitiv zu bezeichnen, doch liegt gerade hier für die Evolutionisten ein Dilemma: In den tieferen Schichten, die *unter* denjenigen liegen, welche Trilobiten enthalten, z.B. im Grand Canyon, gibt es keine möglichen evolutionären Vorfahren für die Trilobiten. Ohne eine Spur eines Vorfahren in den vielen darunter liegenden Felsformationen erscheinen die Trilobiten in Wirklichkeit in den geologischen Formationen plötzlich, voll ausgebildet und mit dem raffiniertesten optischen System, das je ein Lebewesen angewendet hat. Es gibt absolut keinen Anhaltspunkt dafür, wie sich die erstaunliche Komplexität der Trilobiten entwickelt haben könnte. Sie bilden daher ein klares Argument für Planung und plötzliche Schöpfung, gerade so, wie man es auf Grund der biblischen Schöpfungsgeschichte voraussagen würde.

Beweise für die Flut

Als Geologe bin ich auch an der biblischen Darstellung der Erdgeschichte interessiert, speziell an der weltweiten Katastrophe in den Tagen Noahs, welche die Erdoberfläche total umgeformt haben muss. Auf Grund der biblischen Beschreibung des Flutereignisses ist es logisch, vorauszusagen, dass Milliarden von toten Tieren und Pflanzen in den Sedimenten eingebettet werden mussten, die dann von den bewegten Fluten wieder erodiert und abgelagert wurden. Sie mussten schliesslich alle als Fossilien in den Gesteinsschichten enden, welche weltweit vom Wasser abgesetzt wurden. Das ist genau das, was wir finden – viele Schichten von Sedimenten, die vom Wasser auf der ganzen Erde abgelagert wurden und Fossilien enthalten.

Es gibt eindrückliche Fakten dafür, dass die Fossilien und die Gesteinsschichten durch Katastrophen entstanden sind. Es gibt auch nicht wenige Anhaltspunkte dafür, dass nicht Millionen Jahre oder auch nur tausende zwischen verschiedenen Gesteinsschichten abgelaufen sind. Die Gesteinsabfolge im Grand Canyon ist ein solcher Fall. Man kann nicht nur zeigen, dass jede Schicht, die in der Wand des Canyons sichtbar ist, sehr schnell in einer Katastrophe entstanden ist, sondern auch, dass die Zeit zwischen den einzelnen Schichten fehlt. Daher ist die totale Zeit, die es brauchte, um eine 1200 Meter (4000 Fuss) dicke Formation abzusetzen, durchaus innerhalb der Grenzen, die auf Grund der Bibel für das Flutereignis angenommen werden kann.

Was im Gebiet des Grand Canyon in Nordarizona auch spektakulär ist, ist das Ausmass der Felsen und der überwältigende Anblick der riesigen Schlucht. Man kann tatsächlich die Sequenzen der Gesteinsschichten abschreiten, die bis in die Zeit vor der Flut gehen und dann direkt durch das Flutereignis hindurch bis zur Nachflutzeit. Die Sequenz ist zwar nicht vollständig, aber es gibt einige Stellen, an denen vollständige Abfolgen sichtbar sind. Sie dokumentieren damit die katastrophische Natur der Flut ganz klar.

Kein Geologe bestreitet, dass die Ozeane einmal das Land bedeckt haben, denn man findet Gesteine, die bis auf Höhen von 1,6 bis 8 Kilometer marine Fossilien enthalten. Dass das Land einmal von den Ozeanen bedeckt war, ist genau das, was man von einer weltweiten Flut erwartet. Erdbewegungen, die mit der zurückweichenden Flut zusammenwirkten, haben erwartungsgemäss Schichten mit marinen Fossilien zurückgelassen. Diese thronen jetzt hoch oben in trockener, erheblicher Höhe; wir beobachten sie sogar im Himalaya.

In Australien gibt es freilich das eindrücklichste Beispiel einer katastrophischen Ablagerung. Es ist der Ayers-Rock (oder Uluru). Das Ausmass der Sandsteinschichten, die dort aufgetürmt wurden und jetzt den Felsen bilden, sind ein klares Zeugnis für die riesigen Mengen von Ablagerungen während der Flut. Die Mineralien, welche die Sandkörner bilden, sind ein Zeugnis für die Geschwindigkeit des Ablagerungsprozesses und des jungen Alters für diese eindrückliche Wüstenlandform.

Forschung

Forschung ist für mich immer eine wichtige Angelegenheit gewesen. In den vergangenen Jahren war es möglich, die Forschungstätigkeit durch Zusammenarbeit zu vergrössern, auch durch eine Konzentration auf die radiometrischen Datierungsmethoden, durch Sammeln von Proben und eigene Laborarbeit. Auf diese Art haben wir umfassende Daten gesammelt. Sie zeigen völlige Übereinstimmung mit der biblischen Geschichte einer Schöpfung in sechs Tagen und einer weltweiten Flutkatastrophe.

Es gibt drei Projekte mit internationaler Zusammenarbeit. Das erste ist das Projekt eines Flutmodells mit den amerikanischen Kreationisten Dr. Steve Austin, Dr. John Baumgardner, Dr. Russ Humphreys, Dr. Larry Vardiman und Dr. Kurt Wise. Wir versuchen, die geologischen Daten von der biblischen Perspektive der Erdgeschichte aus umfassend zu verstehen: Was geschah während der Flut, vorher und nachher, bis zur heutigen Zeit? Wir haben eine katastrophische Plattentektonik vorgeschlagen, welche einen möglichen Mechanismus für die Erdbewegungen und die tektonische Aktivität bietet. Wir sprechen dabei von kontinentalem «Sprint» statt Drift, von Sedimentationsereignissen und vulkanischer Aktivität während der Flut. So haben wir an der dritten Internationalen Konferenz der Kreationisten in Pittsburgh (1994) eine vorläufige Arbeit präsentiert. Unser Modell enthält zwar immer noch ungelöste Probleme, aber wir sind zuversichtlich, dass es sich als brauchbar erweisen wird und zur Einigung beiträgt.

In einem anderen, verwandten Projekt entwickeln Dr. Kurt Wise und ich mit technischer Computerunterstützung von Donna Richardson und der Hilfe von anderen mittels Datensammlungen eine globale geologische Datenbasis. Wir brauchen dazu spezielle Software, welche uns grösstenteils für diesen Zweck geschenkt wurde. Mit diesem Projekt wollen wir alle bekannten geologischen Daten von jedem Gebiet der Erde sammeln – eine so riesige Aufgabe, dass sie entmutigend sein könnte. Die Datenbasis wird uns erlauben, globale geologische Merkmale für verschiedene Gesteinsarten, Fossilien, radiometrische Daten, Anzeichen in den Felsen über die Richtung von früheren Wasserströmen und vieles mehr anzusehen. Wenn wir ein grösseres Bild betrachten können, hoffen wir, ein besseres Verständnis von dem zu bekommen, was während der Flut geschah. Schliesslich war die Flut ein weltweites Ereignis; also müssen wir für Sedimentation, vulkanische Tätigkeit, Ablagerung von Mineralien usw. weltweite Merkmale finden. Es handelt sich um ein langfristiges Projekt, aber es ist strategisch wichtig, denn es ermöglicht uns, wichtige Erklärungen abzugeben, die auf Fakten beruhen.

In einem Nebenprojekt haben wir uns mit dem Astronomen Dr. Danny Faulkner zusammengeschlossen, um nach Kratern zu suchen, die von Meteoreinschlägen herkommen oder von explosiven Vulkanen, die im Verlauf der geologischen Geschichte der Erde entstanden sind. Wir ziehen Vergleiche mit dem Mond und den benachbarten Planeten Venus und Mars. Es bestehen Hinweise, dass solche Einschläge und Explosionen während der Flut Zyklen von katastrophischer Sedimentation ausgelöst haben, ebenso vulkanische Aktivität im Zusammenhang mit der Bewegung der kontinentalen Platten und anderes.

Ein drittes Projekt mit internationaler Zusammenarbeit betrifft die radioaktiven Datierungsmethoden. Obwohl sie wegen ihrer grundsätzlichen Schwächen und den abnormalen Resultaten leicht in Frage gestellt werden können, bilden Sammlungen von Daten, die mit der Zeitskala der Evolutionstheorie übereinstimmen, immer noch eine der grössten Herausforderungen für die biblische Erdgeschichte. Es wäre ein kräftiger Fortschritt, wenn die guten Daten der Evolutionisten und die abnormalen Daten, die sie zurückweisen, anders gedeutet werden könnten als durch «Jahrtausende». So arbeite ich mit Drs. Steve Austin, John Baumgardner, Eugene Chaffin, Don deYoung, Russ Humphreys und Larry Vardiman am RATE (Radioisotopes and the Age of The Earth) Projekt. Bis jetzt haben sich zwei Möglichkeiten gezeigt – der radioaktive Zerfall könnte zur Zeit der Schöpfung, oder während der Flut, sehr schnell abgelaufen sein, und/oder die «Jahrtausende» repräsentieren den geochemischen Urzustand des Erdinnern, speziell des Mantels und der Prozesse von Recycling von Gesteinen während der Flut.

Eine grössere Zahl von Fallstudien, wo aus speziellen geologischen Aufschlüssen Proben genommen werden, die man im Labor untersucht, um eine mögliche geochemische Erklärung für die Verhältnisse der Radioisotope zu überprüfen, ist mit meiner Mitarbeit verbunden. Diese Fallstudien beziehen sich bisher auf Proben von Australien, Neuseeland, England, dem Grand Canyon und anderen Orten in den USA. Die ersten Resultate zeigten, dass sie bei unseren Fragestellungen sehr hilfreich sind. Zum Beispiel hat man für eine Lava, die

1954 am Mt. Ngauruhoe auf der Nordinsel von Neuseeland ausgeflossen ist, abnormale Alter von über 3,5 Millionen Jahren gefunden. Man konnte zeigen, dass diese durch überschüssiges radiogenes Argon verursacht wurden, das aus dem Gebiet des Mantels stammte, aus dem diese Lava strömte. Das Argon wurde während der Abkühlung der Lava eingeschlossen. Eine Sichtung der Literatur zeigt ausserdem, dass das Argon den Urzustand der Argonkonzentration im Erdmantel reflektiert und nicht vom radioaktiven Zerfall herrührt, obschon man es nicht vom Argon unterscheiden kann, das so entstanden ist. Das bedeutet anderseits, dass man bei einem alten Lavaerguss, dessen wahres Alter man nicht kennt, nicht sicher weiss, ob das Argon, das er enthält, vom radioaktiven Zerfall des Kalium stammt. Also kann das gemessene Argon nicht ein wahres Mass für das Alter sein, im Gegensatz zu den Prinzipien der Kalium-Argon- und Argon-Argon-Altersbestimmungsmethoden. Diese Untersuchung wurde 1998 anlässlich der vierten Internationalen Kreationistenkonferenz in Pittsburgh bekannt gemacht und erhielt eine Auszeichnung für hervorragende Technik.

Andere Forschungsprojekte haben sich mit speziellen geologischen Problemen befasst, die seit langer Zeit mit der biblischen Erdgeschichte in scheinbarem Widerspruch standen und nun überraschend gelöst werden konnten. Zwei solche Probleme beziehen sich auf die metamorphen Veränderungen in den Gesteinen über weite Gebiete der Erdkruste infolge erhöhter Temperaturen und Drücken und die Kühlung von grossen geschmolzenen Felsmassen, wie z.B. Granit innerhalb der Erdkruste. Bei beiden geologischen Prozessen wurde bisher geglaubt, dass sie Millionen von Jahren benötigen. Die Gegner der biblischen Zeitrechnung für die Erschaffung des Lebens haben dies daher immer wieder als Gegenargument zitiert. In den Artikeln des «Creation Ex Nihilo Technical Journal» und an der dritten Internationalen Konferenz für Kreationismus wurde 1994 bekannt, wie regionale metamorphe Veränderungen in der Gegenwart von hydrothermalem Wasser während kurzen Zeiträumen nur moderate Temperaturen brauchen. Sie reflektieren die Zusammensetzung in den Zonen der ursprünglichen Sedimente und den darin enthaltenen Mineralien.

Anlässlich der vierten Internationalen Konferenz für Kreationismus 1998 wurde ein Beitrag bekannt, der sich mit dem Eindringen und der Abkühlung von grossen Körpern granitischer Magma befasste. Man konnte demonstrieren, dass die Kühlung nur einige hundert bis wenige tausend Jahre benötigt. Das Austreten von magmatischem Wasser erzeugt Risse und durch das Mischen mit zirkulierendem Grundwasser entsteht anschliessend ein rascher Wärmeverlust. Die Forschungsarbeiten an diesen und anderen geologischen Fragestellungen gehen weiter und damit wird die Genauigkeit der biblischen Erdgeschichte und des Lebens weiterhin untersucht.

Fazit

Zwei Hauptgründe lassen mich an die Erschaffung des Lebens durch Gott in sechs buchstäblichen Tagen glauben und ebenso an die Zerstörung des Lebens und der Erde durch die einjährige weltweite Flut – zuerst und vor allem, weil die Bibel dies uns als wahre und reale Ereignisse, als buchstäbliche Geschichte beschreibt. Und zweitens, weil die wissenschaftlichen Fakten, wenn man sie richtig interpretiert, mit der biblischen Schilderung übereinstimmen. Immer wieder stelle ich fest, dass die Tatsachen in Gottes Welt mit dem, was ich in Gottes Wort lese, übereinstimmen. Die wissenschaftliche Untersuchung von Gottes Welt, die ich als Geologe mache, ist daher sehr befriedigend und erhebend.

▮ Stephen Taylor, Elektroingenieurwesen

Dr. Taylor ist Dozent für Elektrotechnik an der University of Liverpool. Er studierte Elektrotechnik und Elektronik am Imperial College of Science and Technology (University of London). Er erhielt den Titel eines Master of Engineerings und den Doktortitel – beide in Elektrotechnik – von der University of Liverpool. Stephen Taylor ist Autor von über 80 wissenschaftlichen Artikeln und Fachberater der Zeitschriften «IEE Electronic Letters», «Solid State Electronics», «Journal of Applied Physics» und «Applied Physics Letters».

In diesem Beitrag will ich die Gründe nennen, weshalb ich als Wissenschaftler und Ingenieur an einen ewigen, allmächtigen und allwissenden Schöpfer-Gott glaube. Es geht um einen Gott, den man kennen lernen und dem man vertrauen kann, um einen, der in der Bibel seinen Willen kundgetan hat und der seine Persönlichkeit in seinem Sohn Jesus Christus geoffenbart hat.

Ich möchte aber ebenfalls einige der Probleme der naturalistischen (evolutionären) Sicht wissenschaftlich beleuchten und erklären, warum meiner Meinung nach die wissenschaftlichen Fakten den biblischen Rahmen eher unterstützen als das evolutionäre Glaubenssystem.

Das Design verlangt nach einem Designer

Auf dem Tisch vor mir steht die Reproduktion eines wunderschönen Gemäldes einer ländlichen Szene. Es wurde etwa um 1770 von Paul Sandby geschaffen. Im Vordergrund erfasste der Künstler das Sonnenlicht, das auf einen Baum in einer Wiese fällt. In der Nähe sind ein Pferd und einige Kinder abgebildet, und im Hintergrund sehen wir einen Fluss, der sich seinen Weg durch die Hügellandschaft zum Meer schlängelt. Weit weg schaffen graue Wolken einem hellblauen Himmel Raum. Würde ich darauf bestehen, dass plötzlich und ohne ersichtlichen Grund Ölfarben auf einem Stück Leinwand erschienen sind, und zwar in der vollkommenen Art und in genau jenen Proportionen, die letztlich dieses Kunstwerk ergaben – so würden Sie mich für verrückt halten! Das ist eine unmögliche Vorstellung. Ich hätte noch mehr Schwierigkeiten beim Versuch, Sie von meiner Erklärung für die Existenz der Leinwand und der Farben zu überzeugen. Diese mussten ja vorher schon da gewesen sein.

Evolutionärer Naturalismus fordert von uns, an eine solche Vorstellung zu glauben. Ein Bild ohne Maler, Kunst ohne Künstler. Dabei sollten wir bedenken, dass ein Gemälde nur eine tote, zweidimensionale Darstellung einer viel wunderbareren, lebendigen Realität ist – der wirklichen Landschaft, der wirklichen Bäume, Pferde, Kinder, Himmel, Sonne und Wolken! Wie falsch und töricht ist es doch, das Werk menschlicher Hände zu loben, aber das Werk des göttlichen Künstlers zu ignorieren. Er, der alle Dinge an seinen Ort stellte und der unseren Händen Existenz und Geschicklichkeit gab!

Ein Design verlangt nicht nur nach einem Designer, ein Design sagt auch etwas über seinen Designer aus. Aus dem gewaltigen Weltall, dem komplizierten Gehirn, den mächtigen Kräften, die den Atomkern zusammenhalten, können wir schliessen, dass Gott wirklich immens, unendlich gross an Intelligenz und Kraft ist. Wenn Gott so ist, warum sollte die Schöpfung nicht in sechs 24-Stunden-Tagen stattgefunden haben? Er hätte dasselbe ebenso gut in sechs Stunden oder sechs Sekunden vollbringen können. Solch ein Gott kann tun, was immer er will, wann immer er will, übereinstimmend mit seiner eigenen Natur.

Ein Mann der behauptet, Gott zu sein

Der zweite und vielleicht überzeugendste Grund für den christlichen Glauben und eine wörtliche 6-Tage-Schöpfung im Speziellen, ist die Person Jesus Christus. Auch wenn wir schon im dritten Millennium leben, so ist er immer noch die zentrale Figur der menschlichen Geschichte. Jede Zeitung, jeder Computer und jede Münze, die das heutige Datum tragen, erinnern uns daran, dass er es war, der die Zeit in zwei Abschnitte teilte: Die Zeit vor Christus und die Zeit nach Christus. Er schrieb nie ein Buch oder ein Lied und trotzdem sind Millionen von Büchern und einige der grössten Musikstücke über ihn geschrieben worden. Er baute nie ein Monument und doch wurden Zehntausende von Gebäuden zu seiner Ehre erstellt. Er führte nie eine Armee und zog nie ein Schwert und trotzdem hat er durch die Jahre mit seiner Liebe Millionen von Herzen erobert.

Einige seiner ärgsten Feinde wurden nach einer Begegnung mit ihm verändert in Menschen, die später ihr Leben für ihn hingaben. Sein Vorbild und seine Lehren hatten grössten Einfluss zum Wohle der Menschheit. Universitäten, Schulen, Spitäler, Waisenhäuser, Wohltätigkeitsvereine und soziale Reformen wurden in seinem Namen gegründet und weitergeführt – was sonst unter keinem anderen Namen geschah!

Seine Lebensgeschichte wird uns in den Augenzeugenberichten der Autoren des Neuen Testaments erzählt. Diese Männer waren anwesend, als Jesus Blinde heilte, Hungrige sättigte, Stürme stillte, auf dem Wasser ging und Menschen vom Tod auferweckte. Sie hörten ihn sprechen und sahen, wie er lebte. Sie beobachteten, wie er starb. Sie gingen, sprachen und assen mit ihm, nachdem er – wie er selbst vorausgesagt hatte – vom Tod auferstanden war. Er tat und erhob Anspruch auf Dinge, die nur Gott tun und beanspruchen kann. Jesus sprach von Gott als seinem Vater und sagte: «Ich und der Vater sind eins» (Joh. 10,30); und «Wer mich sieht, der sieht den Vater» (Joh. 14,9).

Es ist wichtig zu erkennen, dass die ersten Kapitel vom 1. Buch Mose für Jesus Christus eine historische Tatsache waren. Seine Meinung vom Alten Testament war sogar so hoch, dass er es das «Wort Gottes» nannte, welches «Wahrheit» ist und unterstrich, dass « ... die Schrift nicht gebrochen werden kann» (Joh. 10,35; 17,17).

Dass Jesus Christus an Adam und Eva, Kain und Abel, Noah und eine weltweite, verheerende Flut glaubte, geht aus Passagen wie Matth. 19,4; 23,35; und 24,37–39 klar hervor. In Markus 10,6 sagt Jesus: «Aber von Beginn der Schöpfung an hat Gott sie geschaffen als Mann und Frau.» In diesen Worten Jesu erkennen wir seine Lehre, dass Adam und Eva «zu Beginn der Schöpfung» geschaffen wurden und nicht Millionen von Jahren nach dem Beginn! Daraus lässt sich schliessen, dass Gott die Welt kurz vorher für sie vorbereitet hat.

In der ganzen Bibel finden wir die Übereinstimmung mit einer wörtlichen, «jungen» 6-Tage-Schöpfung. Dies wurde auch – bis vor wenigen hundert Jahren von praktisch allen christlichen Kirchen vertreten.

Das Zeugnis anderer

Viele der grössten Wissenschaftler waren überzeugte, an die Bibel glaubende Christen. In meinem eigenen Gebiet der Elektrotechnik beweisen das Namen wie Michael Faraday, James Joule, Lord Kelvin und James Clerk Maxwell (der kritische Beiträge zur Evolution veröffentlichte). Die «Creation Research Society» hat eine Mitgliedschaft von 650 Wissenschaftlern, die jeder einen Magister oder höheren Titel in einem anerkannten Wissensgebiet innehaben. In einem kürzlich veröffentlichten Artikel[1] schätzt Dr. Russell Humphreys, Physiker der Sandia National Laborarories in New Mexico, dass es allein in den USA an die 10 000 Wissenschaftler gibt, die offen an eine 6-Tage-Schöpfung glauben.

Persönliche Erfahrung

Ich begann im Alter von 16 Jahren an Gott zu glauben, indem ich Vergebung für meine Sünden suchte und mein Leben Jesus Christus in einem einfachen Gebet anvertraute. Zwar war ich mir des scheinbaren Widerspruchs von Wissenschaft und Bibel bewusst. Aber das Wissen, dass Jesus die Genesis-Berichte als historische Tatsachen anerkannte, überzeugte mich, es ihm gleich zu tun. Der Jünger ist nicht grösser als sein Herr. Heute, viele Jahre später, bin ich mehr denn je nicht nur von der Wahrheit des christlichen Evangeliums, sondern auch von der Harmonie der biblischen Offenbarung und wahrer Wissenschaft überzeugt.

Es ist äusserst wichtig zu erkennen, dass es – entgegen der offenen Behauptung – keine einzige bewiesene, wissenschaftliche Tatsache gibt, die dem biblischen Bericht widerspricht. Wenn wissenschaftliche Theorien sich scheinbar widersprechen, ist es wichtig, die Beweise und Interpretationen hinter solchen Ideen zu untersuchen. Wissenschaftler unterliegen Fehlern und Vorurteilen, wie die Geschichte der Wissenschaft zeigt. Im abschliessenden Abschnitt dieses Artikels werde ich einige der schweren wissenschaftlichen Probleme untersuchen, die das evolutionäre Modell beinhaltet.

Was knallte und wie?

Gemäss der «Urknall»-Theorie begann das Universum etwa vor 10 bis 20 Milliarden Jahren als eine unvorstellbar kleine Einheit aus Raum und Materie/Energie, das sich seither ausdehnt. Wie dem auch sei, die Frage ist doch: Was knallte eigentlich? In einfachen Worten: Was nichts ist, kann auch nicht knallen! Damit hängt die folgende Frage zusammen: Wann begannen die Naturgesetze, welche die physikalische Welt beherrschen, zu existieren? Müssen wir glauben, dass diese Gesetze auch ein Produkt des Zufalls sind? Professor Werner Gitt, der die «Urknall-Theorie» besprochen hat, schreibt, dass «viele Entdeckungen in vergangenen Jahren mit verbesserten Instrumenten und verbesserten Beobachtungsmethoden diese Theorie wiederholt erschüttert haben ...»[2]

Wie entstand Leben?

Die Evolution hat das grundsätzliche Problem, erklären zu müssen, wie Leben aus dem Nichts entstanden sein soll. In seinem Buch «Evolution, a Theory in Crisis»[3], sagt der Molekularbiologe Dr. Michael Denton offen, sein Fachgebiet eigne sich nicht für die Unterstützung der Evolutionstheorie. Denton weist darauf hin, dass es so etwas wie eine einfache Zelle nicht gibt. Er stellt die folgende Frage: «Ist es wirklich glaubwürdig, dass zufällige Prozesse eine Realität konstruiert haben können, in der das kleinste Element – als zweckmässiges Gen oder Protein – so komplex ist, dass es über unsere kreativen Kapazitäten geht? Eine Realität, die eine eigentliche Antithese von Zufall ist, welche in jeder Hinsicht alles übersteigt, was je die menschliche Intelligenz produzierte?»

Professor Sir Fred Hoyle, der ehemalige Cambridge-Astronom, benützte das folgende Beispiel, um die Schwierigkeit der zufälligen Lebensentstehung zu illustrieren:[4] « Stellen Sie sich 10^{50} blinde Personen vor, jede mit dem gleichen 'ungeordneten' Rubik-Zauberwürfel. Und dann versuchen Sie sich vorzustellen, wie jede von ihnen gleichzeitig die Lösung herausarbeitet. Damit haben Sie dieselbe Wahrscheinlichkeit, wie wenn durch zufälliges Mischen (zufällige Variation) nur eine der vielen Biopolymere, von dem das Leben abhängt, entstünde ... ein grosser Unsinn.»

Michael Behe, Assistenz-Professor für Biochemie an der Lehigh Universität, argumentiert ähnlich, wenn es um die intelligente Konstruktion als eine offensichtlich logische Erklärung für die Kompliziertheit der biochemischen Maschinen geht, die in allen Lebewesen gefunden wurden.[5] Er gibt Beispiele von biologischen Systemen, wie beispielsweise Blutgerinnseln, die «nicht reduzierbar komplex» sind und alle Teile brauchen, um funktionieren zu können. In solchen Systemen führt kein direkter, stufenweiser Weg zu ihrer Entstehung, denn fehlt ein Teil, so ist das ganze System unbrauchbar.

Woher kam die neue Information?

Die Entwicklung von der Amöbe bis zum Menschen erfordert eine massive Zunahme an genetischer Information über lange Zeit. Evolution soll durch den Prozess von natürlicher Selektion (das Überleben des Stärkeren) und/oder Mutation stattfinden. Die Schlüsselfrage für beide diese Prozesse ist jedoch: Woher kommt die neue Information? Wenn aus einem Reptil ein Vogel werden soll, braucht es zusätzliche Information für Flügel, Federn etc. Natürliche Selektion ist einfach zu beobachten, aber sie kann nicht von sich aus neue Information herstellen, da es keine Höherentwicklung in der genetischen Vielschichtigkeit der Organismen gibt.

Eine andere angebliche Quelle von Informationen sind Mutationen. Für die Entstehung von neuen Arten, muss im Allgemeinen Information hinzugefügt werden. Der Mathematiker Dr. Lee Spetner zeigte anhand einer detaillierten Wahrscheinlichkeitsanalyse, dass dies völlig ausgeschlossen ist.[6] Er untersuchte die klassischen Schulbuchbeispiele von Mutationen, die zugunsten der neo-darwinistischen Evolution zitiert werden und zeigt schlüssig, dass alle von ihnen – ohne Ausnahme – Einbussen von Informationen aufweisen. Es gibt keinen mutationsähnlichen Vorgang, der Information hinzufügt. Spetner weiss, wovon er spricht: Als Absolvent der Johns-Hopkins-Universität ist er ein Spezialist für Kommunikation und in der Informations-Theorie.

Den Argumenten gegen Evolution können die Aussagen des Juristen Philip Johnson,[7] (Berkeley-Universität), hinzugefügt werden. Der Rechtsprofessor zeigt die folgenden Punkte auf:

1) Evolution ist nicht auf wissenschaftlichen Fakten, sondern auf einem philosophischen Glauben namens Naturalismus gegründet
2) Der Glaube, dass eine grosse Fülle von empirischen Beweisen Evolution unterstütze, ist eine Illusion
3) Evolution selbst ist eine Religion
4) Hätte man die wissenschaftliche Hypothese der Evolution einer strengen Beweisprüfung unterzogen, hätte man sie schon lange aufgegeben

In diesem Artikel haben wir die Aussagen der Heiligen Schrift betrachtet und begründet, warum man sie für bare Münze nehmen kann. Wir haben eine andere Theorie, die den Beginn der Welt auf Evolution zurückführt, unter die Lupe genommen, und die wissenschaftlichen Schwierigkeiten, denen sie gegenübersteht, erwähnt – Schwierigkeiten, die mit der Zeit grösser werden. Aufgrund dieser und anderer Überlegungen zögere ich keinen Augenblick, die evolutionäre Hypothese abzulehnen und die biblische Alternative zu bestätigen, die besagt, «dass der Herr in sechs Tagen den Himmel und die Erde, und alles, was in ihnen ist, erschuf».

Referenzen

1 Creation ex nihilo, 20(1) 1997 p 37

2 Creation ex nihilo, 20(3) 1998 p 42

3 M. Denton, Evolution, a theory in crisis, Adler and Adler, 1985

4 Nature, 294, 1981, p 105

5 Michael J. Behe, Darwin's Black Box: Free Press, 1996

6 L. Spetner, Not by chance: shattering the modern theory of evolution, Judaica, 1997

7 P.E. Johnson, Darwin on Trial, Regenery Gateway, Washington, DC, 1991

John Morris, Geologie

Dr. Morris ist Präsident des Institute for Creation Research in den USA. Seine Ausbildung als Bauingenieur erhielt er am Virginia Tech, Blacksburg. Geologie studierte er an der University of Oklahoma, die ihm ebenfalls den Doktortitel in Geologie verlieh. Er ist Mitglied der American Association of Petroleum Geologists und der Society of Petroleum Engineers. John Morris ist Autor verschiedener Bücher zu den Themen Ursprung und Bibel.

Wenn ich Bestätigungen für die Schöpfung zeigen soll, gibt es zwei Kategorien von Tatsachen, zu denen ich immer wieder zurückkehre:

1. die unglaubliche Planung und Ordnung in den lebenden Systemen
2. die Unterschiede in den Grundbauplänen der fossilen Pflanzen und Tiere

Beim Betrachten der Planung stellen wir fest, dass schon der einfachste einzellige Organismus (von dem Evolutionisten sagen, er gleiche jener Urzelle, die sich spontan aus nicht lebenden Chemikalien entwickelte) so kompliziert ist, dass wir ihn nicht völlig verstehen, geschweige denn «nachbauen» können. Die Wissenschaftler beginnen erst jetzt zu verstehen, wie eine Zelle arbeitet und welches Gen welche Funktionen ausübt. Doch sie haben keine Anhaltspunkte dafür, wie diese Systeme durch natürliche Prozesse entstanden sein könnten. Schon die einfachste Zelle ist komplizierter als ein Supercomputer, und trotzdem schreiben die Evolutionisten im Namen der Wissenschaft einer zufälligen Entstehung grössere Planungsfähigkeit zu, wenn es um den Ursprung und die Evolution des Lebens geht.

Die Zelle wurde nicht nur mit einem Supercomputer verglichen, sondern mit einer wachsenden Stadt, die voller Industrie, Gebäude und Fabriken ist. Damit diese Stadt funktioniert, enthalten alle Gebäude Supercomputer, die wiederum alle zusammenarbeiten. Die Fähigkeit einer Zelle, die verschiedene Funktionen ausführen kann, die sich selbst repariert, wenn sie beschädigt wurde und die Nachkommen mit der selben Komplexität hervorbringt, übertrifft jede mögliche Einrichtung, die von menschlichem Scharfsinn geschaffen werden kann. Die lebenden Systeme tragen offensichtlich den Stempel von Gottes kreativer Aktivität und können nicht das Resultat von Zufallsprozessen sein.

Das Studium der Lebewesen zeigt uns, dass das Leben von heute nicht aus Zufall entstehen konnte. Das Studium der Fossilgeschichte zeigt uns etwas vom Leben in der Vergangenheit. Einmal mehr sehen wir unglaubliche Komplexität und Vielfalt, finden aber keine Anhaltspunkte für evolutionäre Anfänge. Wenn Evolution stattgefunden hätte, müssten wir unzählige Zwischenformen zwischen den verschiedenen Pflanzen- und Tierarten finden. Doch die Fossilgeschichte enthält keine solchen Übergangsformen. Die Evolutionisten müssten erklären, wie die Tiere von angeblichen Vorfahren abstammen können, ohne dass sie irgendwelche fossile Spuren hinterliessen.

Die Fossilgeschichte zeigt:
1. dass die Lebensformen während ihrer Geschichte nur geringe oder keine Veränderungen zeigen
2. dass die meisten fossilen Arten praktisch identisch mit ihren lebenden Nachkommen sind
3. dass die fossilen Arten in der Fossilgeschichte ohne Stammbaum auftreten
4. dass die fossilen Organismen entweder ausgestorben sind oder bis zur Gegenwart überlebten

Das ist genau das, was wir auf Grund von Schöpfung erwarten. Die Fossilgeschichte stimmt zwar oberflächlich betrachtet mit der Evolutionstheorie überein, aber die kreationistische Interpretation ist besser.

Der eigentliche Schlüssel zur Lösung der Evolutions/Schöpfungs-Kontroverse liegt im Studium des Erdalters. Die Evolution verlangt lange Zeitperioden. Wenn die Erde aber jung ist, so wie es die Bibel lehrt, dann kann Evolution nicht stimmen. Natürlich sind die Wissenschaftler in ihren Untersuchungen auf die Gegenwart begrenzt, sie können nicht in die Vergangenheit zurückgehen und abgelaufene Prozesse beobachten. Wir können nur die Resultate dieser abgelaufenen Prozesse studieren.

Als Geologe bin ich überzeugt davon, dass die Erdoberfläche heute so aussieht, weil sie durch eine unglaublich dynamische und wasserreiche Katastrophe geformt und umgestaltet worden ist. Die biblische Flut liefert den Schlüssel dazu. Eine solche Flut musste grosse geologische Folgen gehabt haben. Sie müsste an bestimmten Stellen Material abgetragen und an anderen Stellen wieder abgelagert haben. In den schlammigen Sedimenten müssten die Tiere und Pflanzen während der Flut umgekommen sein. Nach einiger Zeit müssten diese Sedimente erhärtet und zu Sedimentsteinen geworden sein. Die toten Lebewesen verhärteten zu Fossilien. Vom flutgeologischen Standpunkt aus könnten die Gesteine und Fossilien das Resultat von Noahs Flut sein.

Evolutionisten hingegen betrachten die Fossilien als Beweise für eine evolutionäre Entwicklung. Sie meinen, die Gesteine seien Millionen und Milliarden Jahre alt. Ich habe den Eindruck, dass sie die Befunde nicht richtig interpretieren und so versuchen, die Evolution und eine alte Erde zu stützen. Ohne die Gesteine und die Fossilgeschichte verlieren die Evolutionstheorie und das «alte Erde Konzept» ihre Grundlage. Also ist Noahs Flut eine grundlegende Angelegenheit.

Während die Wissenschaftler in der Gegenwart gefangen sind, sich aber für die unbeobachtbare Geschichte interessieren, sind sie nicht ohne Hilfsmittel. Die korrekte Technik, um konkurrenzierende Modelle der Erdgeschichte zu beurteilen, liegt darin, dass ihre Vertreter ihre Modelle möglichst gut formulieren, so dass sie anschliessend «Voraussagen» über die Befunde machen können. Damit meint man nicht Voraussagen über die Zukunft, sondern Voraussagen über die Natur der Befunde. Wenn die biblische Flut tatsächlich so geschah, wie es die Bibel beschreibt, dann würden wir geologische Resultate erwarten, welche ihren katastrophischen Anfang zeigen. Es müssten dies Resultate von Prozessen sein, deren Ausmass und Intensität weit über das hinaus gingen, was heute abläuft. Sie müssten auch in einem regionalen Masstab ablaufen. Meine evolutionären Kollegen befürworten langsame und graduelle Prozesse, die für die Bildung der geologischen Formationen verantwortlich sein sollen. Diese hätten im regionalen Masstab gewirkt. Wir haben nun die beiden sich konkurrenzierenden Modelle beschrieben und können zu den Befunden gehen, um zu sehen, welche Voraussagen am besten zu den Modellen passen.

Kreationisten betonen schon seit Jahrzehnten, dass wir in den geologischen Formationen viele Hinweise für Katastrophen finden; das wird jetzt zunehmend auch von weltlichen Geologen anerkannt. Von Turbiditen zu Tempestiten zu Spuren von Wirbelstürmen usw. wird der Katastrophismus in der Geologie langsam zur Regel. Ausserdem sehen wir, wenn wir die Ausdehnungen dieser Ablagerungen aufzeichnen, dass diese Produkte von katastrophischen Ereignissen in der Vergangenheit eine regionale oder kontinentale Verbreitung hatten, mit Hinweisen auf eine globale Kontinuität.

Obwohl wir die Ereignisse nicht selbst beobachten konnten, sehen wir doch, dass deren Resultate die Lehre einer katastrophalen biblischen Flut unterstützen, jedoch dem Standard der Evolution widersprechen. Wenn die Gesteine und die Fossilien das Resultat einer weltweiten Flut sind, dann bilden sie keine Beweise für Evolution und eine alte Erde.

Manchmal gibt es Fragen, die ich auf wissenschaftlicher Basis nicht sofort beantworten kann. Wann immer solche auftauchen, gehe ich zu den Gesteinen und Fossilien zurück und erinnere mich, dass die Flut in den Tagen Noahs die Ursache ihrer Existenz ist. Darüber hinaus verstehe ich nicht alle Einzelheiten, aber ich bin überzeugt davon, dass das weltliche Modell eines langsamen und graduellen Prozesses nicht im Stand ist, die grossen Umrisse der vergangenen Ereignisse befriedigend zu erklären.

Mein eigentliches Vertrauen in Schöpfung und eine junge Erde kommt letzten Endes aus der Schrift. Nur wenige Lehren werden in der Bibel so klar beschrieben, wie die der jungen Schöpfung und der weltweiten Flut. Das Wort «Tag» in 1. Mose 1 und in 2. Mose 20,11, usw. kann nur die Bedeutung eines Sonnentages haben. Die Tatsache, dass Gott die verschiedenen Pflanzen und Tierarten «nach ihrer Art» geschaffen hat, was zehnmal in 1. Mose 1 wiederholt wird, verunmöglicht es, dass die Arten durch Veränderungen voneinander abstammen. Die fortlaufende Wiederholung von globalen Ausdrücken in der Flutgeschichte macht jede Möglichkeit einer lokalen Flut zunichte. Jesus bejahte die Schöpfung, die Flut und die junge Erde, genauso tun es verschiedene Autoren des neuen Testaments, speziell Petrus und Paulus.

Wenn ich die wissenschaftlichen Befunde betrachte, wird mein Vertrauen als Christ und als Wissenschaftler in Gottes Wort jedesmal gestärkt. Und jedesmal, wenn ich die wissenschaftlichen Befunde betrachte, wird mein Verständnis von Gottes Wort verbessert. Tatsächlich sind Gottes Wort und Gottes Welt gute, sich selbst und sich gegenseitig bestätigende Geschichten der unbeobachtbaren Vergangenheit.

▎ Elaine Kennedy, Geologie

Dr. Kennedy arbeitet als Forscherin am Geoscience Research Institute der USA. Sie studierte Geologie an der Phillips University, Enid (Oklahoma), und an der Loma Linda University sowie Fachdidaktik an der Phillips University. Sie erlangte den Doktortitel für Geologie von der University of Southern California, Los Angeles. Zur Zeit beschäftigt sich Elaine Kennedy in ihrer wissenschaftlichen Arbeit mit einem ungewöhnlichem Auftreten von Dinosaurier-Eischalenbruchstücken in Sturmsedimenten von Patagonien (Argentinien).

Als Geologin finde ich kaum Hinweise für das Auftreten zufälliger Schöpfung. Genauso wenig fand ich irgendwelche geologische Daten, die mich überzeugten, dass «Gott sprach und es so ward». Deshalb mag es einige überraschen, dass ich daran glaube, dass Gott diese Welt in sechs wörtlich zu verstehenden Tagen geschaffen hatte. Das erstaunt schon deshalb, weil Wissenschaftler ihre Schlussfolgerungen in der Regel aus harten Fakten ziehen. Sie vertrauen ihren fünf Sinnen als Massstab absoluter Wahrheit. Leider lässt sich die Wahrheit über den Ursprung der Erde nicht ganz so einfach ergründen. Die Prozesse, die zur Ablagerung der meisten Gesteinsschichten führten, lassen sich nicht richtig im Labor nachvollziehen, weil die Ereignisse zu gross und komplex zum Modellieren sind. Geologen benützen aktuelle Analogien, um die grosse Zahl der beobachteten Ablagerungen zu erklären, aber viele der einzigartigen Ablagerungen lassen sich gar nicht mit heute auftretenden Prozessen beschreiben. Diese rätselhaften geologischen Einheiten rufen neue Fragen zur Erdgeschichte hervor. Unzählige Hypothesen wurden aufgestellt, um diese Fragen zu lösen, eingeschlossen sind auch solche, die sich mit dem biblischen Bericht decken.

Als Christ finde ich zahlreiche Belege für die Existenz eines Schöpfers. Der grösste Beweis findet sich in meiner persönlichen Beziehung zu Jesus Christus. Das ist meine Erfahrung und von der Ebene des Glaubens aus betrachte ich auch die geologischen Daten. Aus dieser vorteilhaften Sicht sehe ich deutliche Hinweise auf eine weltweite Flut, wie sie in der Genesis beschrieben wird. Die Tatsache, dass dieses Ereignis stattgefunden hat, löst für mich viele Konfliktbereiche zwischen den Interpretationen der Geologen und dem biblischen Bericht.

Der Schlüssel zum Verständnis liegt im Unterscheiden von geologischen Fakten und den landläufigen geologischen Interpretationen.

Bei mir brauchte es mehrere Jahre, bis ich zwischen Fakten und Interpretationen zu unterscheiden lernte. Das ist ein sehr wichtiger Grundsatz, und trotzdem denkt man oft, Fakten zu identifizieren sei einfach. Leider sind viele Informationen, die wir von Forschern erhalten, viel eher Interpretationen denn Fakten oder alternative Sichtweisen. Und leider brauchen Wissenschaftler oft Interpretationen oder Schlussfolgerungen, um ihre Argumente zu belegen. Der Weg zurück zu den Daten als Beweis für Ideen wird leider nur allzu oft gemieden. Nehmen wir ein Beispiel: Altersangaben im Zusammenhang mit verschiedenen Gesteinen und Fossilien sind keine Fakten. Alter können nicht direkt bestimmt werden, sondern enthalten Berechnungen, die auf Annahmen beruhen, welche ein sehr komplexes System beschreiben. Das zugrunde liegende Faktum ist die Verteilung der radioaktiven Isotope in der Probe. Die Faktoren, die zu der beobachteten Verteilung führen, sind äusserst kompliziert und nur schlecht verstanden. Jene, die an ein junges Alter der Erde und eine 6-Tage-Schöpfung glauben, verfügen über keine ausreichende Erklärung für radiometrische Fakten. Aber wir wissen, dass noch viel Grundlagenforschung betrieben werden muss. Und wir kennen viele mögliche Interpretationen, die jene Prozesse beschreiben, die zur Isotopenverteilung führen. Trotz dieser Möglichkeiten werden Fakten oft missbraucht, um die biblischen Alter zu bekämpfen.

Wenn ich wissenschaftliche Daten interpretiere, brauche ich die gleichen Techniken und Näherungen wie meine Kollegen. Nur sind meine Annahmen von den biblischen Aussagen geprägt. Ich entdecke oft Konflikte. Die geologische Literatur erinnert mich täglich daran. Viele Aspekte der geologischen Aufzeichnungen sind nur schwer gänzlich befriedigend zu erklären. Das will nicht heissen, dass ich falsch liege und meine Kollegen im Recht sind. Es bedeutet vielmehr, dass noch riesige Forschungsarbeit auf uns wartet. Diese Haltung scheint eine inakzeptable Voreingenommenheit zu beinhalten. Ich denke aber, dass mein Glaube mich offen hält für Alternativen, während ich die Interpretationen meiner Arbeiten laufend hinterfrage.

Die meisten Fakten in der geologischen Datenbank können hinsichtlich einer langen (viele Millionen Jahre) oder einer kurzen (einige Tausend Jahre) Geschichte des Lebens auf der Erde interpretiert werden. Einige Daten unterstützen eher eine langsame Entwicklung, andere passen besser zu einem kurzen Zeitraum. Als ich erkannte, dass die Fakten allein keine der beiden Theorien bevorzugen, fand ich innere Ruhe im Konflikt zwischen wissenschaftlichen Interpretationen und den Grundlagen der Bibel. Ich glaube, dass unser Schöpfer in der Schrift uns eine ehrliche und exakte Geschichte unseres Lebens offenbarte und ich freue mich wöchentlich an der 6-Tage-Schöpfung. Innerer Friede bezüglich unserer Herkunft ist für jeden wissenschaftlich tätigen Christen wichtig. Doch dieser Friede ist nicht einfach zu erlangen.

Obwohl ich seit meinem sechsten Lebensjahr Christ bin, brauchte es viele Jahre der geologischen Ausbildung, bis ich mich entschied, die geologischen Annahmen im biblischen Weltbild zu sehen. Ich erkannte, dass Gottes Offenbarung wertvoller ist als menschlicher Verstand, zumal ich seine belebende Kraft in meinem persönlichen Leben täglich erfahre.

▌ Colin W. Mitchell, Geographie

Dr. Mitchell war früher ein international tätiger Berater in der Entwicklung von Wüstengebieten des Britischen Königreichs. Er studierte an der Harvard University und an der Oxford University. Er schloss mit Auszeichnung in Geographie ab. An der University of Liverpool studierte er auch Stadtplanung. Den Doktortitel in Wüstengeographie erhielt er von der Cambridge University. Mitchell wirkte in 16 Ländern als Spezialist für Trockengebiete, darunter für langfristige Projekte in Irak, Sudan, Pakistan, Marokko und eine Studie der Vereinten Nationen zur Schätzung der Landnutzung in Äthiopien.

Ich wurde in London geboren und besuchte in meiner Kindheit die lokale Kirche. Während den Teenagerjahren wurde ich zum Agnostiker, worin ich im Militärdienst noch bestärkt wurde. Darauf folgte das Geographiestudium an der Universität in Oxford. Während dieser Zeit besuchte ich auch die christlichen Veranstaltungen an den Hochschulen in Oxford und wurde schliesslich Christ.

Wie viele andere hatte ich Mühe, die Theorie der mich gelehrten biologischen Evolution mit der biblischen Grundlage des christlichen Glaubens auf einen Nenner zu bringen. Die Fragen beschäftigten mich teilweise stark, vor allem weil das Geographiestudium viele Geologievorlesungen auf dem Gebiet beinhaltet. Ich las Bücher, die versuchten, die beiden Ideen in Einklang zu bringen. Aber ich merkte, dass ich immer mehr Probleme mit diesem Thema bekam, je mehr mein Glaube auf der Bibel basierte. Der kritischste Punkt war die Frage der Schöpfung kontra Evolution und im direktem Zusammenhang damit die sechs Tage im ersten Buch Mose. Es war mir klar, dass ich weder die Abfolge der Ereignisse, noch die zeitlichen Angaben mit den wissenschaftlichen Theorien über den Ursprung zusammen bringen konnte. Es war nicht nur eine Frage der Interpretation. Die eine oder die andere Erklärung (oder sogar beide) mussten falsch sein. Eine Entscheidung war notwendig. Und davon hing sehr viel der persönlichen Orientierung im Leben ab. Wenn die Wahl nur von intellektuellen Dingen abhängig gewesen wäre, wäre der Entscheid viel schwieriger, da es starke Argumente sowohl für als auch gegen eine junge Erde gab. Ich kam aber durch mein Gewissen und mein geschichtliches Wissen zur Überzeugung, dass die Antwort mit ethischen Prinzipien beginnen muss. Unsere ganze westliche Kultur und Zivilisation basiert auf der Bibel, vor jeder anderen Quelle der Weisheit. Das schien der Grund zu sein für ihren moralischen Wert und die Grundlage für ihren globalen Einfluss.

Kritik an der wissenschaftlichen Lösung

Die wissenschaftlichen Argumente für eine alte Erde scheinen unwiderlegbar. Wie verlässlich sind sie? Wie sicher ist die Idee, dass es eine ununterbrochene schöpferische Abfolge gibt vom Urknall über die Bildung der Sternsysteme, die Verfestigung der Erde, die spontane Entstehung des Lebens, und die Evolution der Pflanzen, Tiere und des Menschen bis zur heutigen Umwelt? Ist dieses Schema unangreifbar? Auf keinen Fall! Es beinhaltet fatale Lücken und ist widersprüchlich. Einige Fragen können diese Mängel aufdecken. Wer oder was stellte das Material für den Urknall zur Verfügung? Wieso implodierte das Ganze und wieso erfolgte keine Explosion? Wie konnte sich die zufällig verteilte Masse zu Sternen koagulieren und wie konnten diese Planeten erzeugen? Wie konnte Leben zufällig auftreten? Wie kann sich eine Art in eine andere wandeln, wenn in den Fossilfunden keine Übergänge sichtbar sind? Wie kann sich Intelligenz und Wissen bilden, wenn das zweite thermodynamische Grundgesetz solche Möglichkeiten verbietet? Keine dieser Fragen kann befriedigend beantwortet werden.

Es bleiben auch viele Fragen zur Zeitenfolge offen. Neue Berechnungen des Erdalters beruhen auf Messungen, welche eine uniformitaristische Evolution voraussetzen. Dabei werden die Raten von Sedimentation, radioaktivem Zerfall oder der organischen Evolution an heutigen Beispielen gemessen und weit in die Vergangenheit zurück extrapoliert. Jeder muss aber auch die Mess- und Rechenfehler berücksichtigen. Gerade hier werden grosse Unterschiede festgestellt, welche zu gegensätzlichen Aussagen der gleichen Methode führen können. Die radiometrische Datierungen werden in der Fachwelt als die sichersten betrachtet. Wenn wir diese Methode verwenden wollen, müssen wir von nicht beweisbaren Annahmen ausgehen. Dazu gehören das ursprüngliche, natürliche Verhältnis zwischen Mutter- und Tochterisotopen, die Konstanz der Zerfallsrate, das Auftreten von Isotopen mit extrem kleinen Halbwertszeiten, die Möglichkeit des Neutron-Flusses und das Entweichen von chemisch mobilen Atomen.

Schlussfolgerung

Die Diskussion zwischen dem Glauben an eine biblische Schöpfung in sechs wortwörtlichen Tagen und einer alten Erde haben weitreichende Konsequenzen. Die Bibel lehrt durchwegs die Schöpfung, schon vom ersten Kapitel der Genesis an. Die Lösung des religiösen Problems des Menschen verlangt zwingend die Geschichte von Adam und Eva. Adams Beziehung zu seinem Schöpfer als der göttlichen Autorität und dem geltenden Gesetz ergibt einen Rahmen für alle Aspekte des Lebens. Wenn das Gewissen über die materiellen Interessen gestellt wird, unterstützt diese Geschichte die vernünftige Basis für soziale, wirtschaftliche und politische Einrichtungen. Adams Verantwortung für die natürliche Welt unterstützt ein Modell für die Herausforderungen der Umwelt von heute.

Aber es geht noch weiter. Die Schöpfung-kontra-Evolution-Debatte ist nur ein Bruchteil einer noch viel grösseren Diskussion: Es geht um unser Verständnis des Übernatürlichen. Unsere Sicht der Herkunft beeinflusst nämlich zutiefst unser Verständnis, wer Gott ist und wie er mit der Welt umgeht. Sie bestimmt unsere Sicht seiner Natur. Das Prinzip der Sühne wurde erstmals im Garten Eden eingeführt. Sie führt zur Eingebung und moralischen Leitlinien für das menschliche Zusammenleben. Dadurch wird auch unsere Annäherung an Wissenschaft, Kunst, Lehre und Theologie geprägt. Adams Beziehung zu seiner Familie und seiner Umgebung übernimmt eine führende Rolle zu all seinen religiösen und sozialen Kontakten. Seine Beziehung zu Eva symbolisiert jene zwischen Christus und der Gemeinde und ebenso jene in der Dreieinigkeit. Die Evolutionstheorie bedroht dieses Verständnis mit der Verneinung der geschichtlichen Tatsache der Schöpfung

Darüber hinaus leitet unsere Antwort auf die Idee der Schöpfung in sechs Tagen unseren Blick auf den Kosmos und darüber hinaus auf unsere endgültige Bestimmung. Die Unmöglichkeit, den aktuellen, wissenschaftlichen Standpunkt mit der Heiligen Schrift zu harmonisieren, führt zu einer deutlichen Scheidung zwischen zwei Alternativen: Auf der einen Seite steht die Entwicklung des Menschen aus einem primitiven Etwas und damit verbunden eine Weltsicht ohne Sinn und Zweck. Gegen diese Idee wehrt sich eine Sicht mit gleicher Grundlage: Sie sieht eine Zukunft, welche im besten Fall zum materiellen und kulturellen Fortschritt und im schlechtesten Fall zu dessen Zusammenbruch führt. Auf der einen Seite steht eine Weltsicht ohne Sinn und Zweck, gekoppelt mit der Entwicklung des Menschen aus einem primitiven Etwas. Diese Idee kämpft mit der Aussicht auf eine Zukunft, welche im besten Fall zum materiellen und kulturellen Fortschritt oder im schlechteren Fall zu deren Zusammenbruch führt. In beiden Fällen jedoch gerät das Individuum in der grossen Masse in Vergessenheit. Auf der anderen Seite kann die Natur als Teil eines wohlwollenden, göttlichen Plans gesehen werden. Unser Leben, sowohl hier auf der Erde als auch im Jenseits, hängt von unserer Antwort auf diese Frage ab.

▌Stanley A. Mumma, Architektur

Dr. Mumma ist Professor für Hochbautechnik an der Pennsylvania State University. Er studierte Maschinenbau an der University of Cincinnati. Der Doktor in Maschinenbau wurde ihm von der University of Illinois verliehen. Dr. Mumma ist auch Direktor des Building Thermal Mechanical Systems Laboratory der Pennsylvania State University, Dieses Labor ist spezialisiert für die Optimierung von mechanischen Gebäudekomponenten, die Anwendung von Solar- und alternativer Energie und die Forschung an neuen mechanischen Technologien.

Wie kam es, dass ich als Maschineningenieur mit beinahe dreissig Jahren Erfahrung in der Industrie und im Universitätsunterricht und in der Forschung zum Schluss kam, dass die Welt und alles was wir sehen, in sechs buchstäblichen 24-Stunden-Tagen geschaffen wurde? Mein akademisches Forschungsgebiet ist mit dem Energieverbrauch von Gebäuden und der Belüftung von Innenräumen verbunden. Diese Forschungsarbeit hat mit der Erforschung des Ursprunges nicht viel zu tun, sie basiert auf den fundamentalen, beobachtbaren und zuverlässigen Prinzipien der thermischen Wissenschaften. Daher wird im folgenden keine Verbindung zwischen den Ursprungsfragen und meiner Forschungsarbeit zur Sprache kommen. Was ich mitbringe, ist das Denken eines Forschungsingenieurs über die Dinge, die ich lese und um mich her beobachte. Ingenieure brauchen oft ein Vertrauen in die buchstäbliche Genauigkeit der Schöpfungsgeschichte, während Leute, die in vielen anderen Disziplinen ausgebildet sind, mit einem sinnbildlichen Verständnis zufrieden sind.

Ich betrachte das Schöpfungsmodell mit sechs buchstäblichen 24-Stunden-Tagen als grundlegend für mein Weltbild. Ich war aber nicht immer dieser Meinung. 1978, als ich schon eine Professur innehatte, begab ich mich auf eine Reise durch die Bibel. Jeden Morgen vor dem Frühstück las ich 15 bis 20 Minuten in der Schrift. Ich begab mich auf diese Reise, weil ich als eine «gebildete Person» nicht unwissend sein wollte über den Inhalt dieses am meisten verkauften Buches aller Zeiten. Meine Studien wurden durch eine Anzahl von zusätzlichen Quellen ergänzt, von denen die wichtigste das Buch von Henry Morris «Many Infallible Proofs» (viele unwiderlegbare Beweise) war. Mir schien dieses Buch, das von einem Kollegen und Universitätsprofessor geschrieben worden war, als zuverlässig, gelehrt und durch Referenzen unterstützt. Vor der einjährigen Reise durch die Bibel war für mich weder die Ursprungsfrage, noch der Schöpfer von Bedeutung. Nachher verstand ich vieles über mich und die Menschen besser. Ich entdeckte, dass nicht ein einziger archäologischer Fund dem geschichtlichen Inhalt der Bibel widersprach, sondern diesen eher bestätigte. Obwohl die Bibel kein wissenschaftliches Buch ist, spricht sie doch viele wissenschaftliche Themen oder Prozesse an, zum Beispiel auf den Gebieten der Hydrologie, Geologie, Astronomie, Meteorologie, Biologie und Physik. Trotzdem hatte ich immer noch Zweifel an der Zuverlässigkeit der Schöpfungsgeschichte. Daher war es für mich nötig, die beiden Ansichten über den Ursprung – die Evolution und die biblische Schöpfung samt der weltweiten Flut – genauer zu studieren. Weil es keine Augenzeugen des Anfangs gibt, ist ein legaler historischer Beweis nicht möglich. Zudem gibt es keine wissenschaftlichen Prozeduren in den Labors, mit denen man die eine oder andere Theorie des Anfangs beweisen könnte. So verblieb mir nur eine Möglichkeit: das Studium der Befunde. Einige der überzeugenden Beweise zur Widerlegung des Evolutionsmodells (und Bestätigung des Junge-Erde-Schöpfungs-Flutmodell) möchte ich im Folgenden wiedergeben:

– die Lebensdauer der Kometen ist zu kurz
– es gibt zu wenig Sedimente auf dem Meeresboden
– es gibt zu wenig Salz im Meerwasser
– das Magnetfeld der Erde zerfällt zu rasch
– viele Gesteinsschichten sind zu eng gefaltet
– eingedrungene Sandsteine verkürzen das geologische Alter
– fossile Radioaktivität verkürzt geologische Alter auf wenige Jahre
– Helium wird an falschen Orten gefunden
– zu wenig Skelette von Steinzeitmenschen
– die Urknalltheorie kann nicht erklären, woher all die Informationen um uns herum und in uns gekommen sind
– die Zeit für den Rückzug des Mondes von der Erde bis zu seiner gegenwärtigen Position und das Fehlen einer erheblichen Staubschicht sowie von Meteorbruchstücken auf dem Mond nach 4,6 Milliarden Jahren.

Ich komme zum Schluss, dass die Bibel wahr und zuverlässig ist, inbegriffen ihre Beschreibung des Anfangs und des Genesis-Buches. Die Tatsache der sechs 24-Stunden-Schöpfungstage ist wichtig für mich, denn keine Person, deren Geist ähnlich funktioniert wie der meinige, würde irgend etwas aus der Bibel akzeptieren, wenn der allererste Teil falsch wäre. Ich glaube, dass man ohne Bibel keine wahren und zuverlässigen Antworten auf die wichtigsten Fragen des Lebens erhalten kann.

▌ Evan Jamieson, Hydrometallurgie

Dr. Jamieson ist Chemiker und arbeitet als Forscher für die «Alcoa World Alumina» in Australien. Er studierte Angewandte Chemie an der Curtin University, Perth (Australien). Der Doktortitel für Hydrometallurgie wurde ihm von der Murdoch University, Perth, verliehen. Er arbeitete auch als beratender Wissenschaftler und als Forscher in der Keramikindustrie, in der Konstruktion von Batteriezellen und in der Verarbeitung von Mineralien.

Ich kann mich an keine Zeit in meinem Leben erinnern, in der ich nicht an Gott oder Jesus Christus als persönlichen Retter geglaubt hätte. Anders war es in der Schöpfungs/Evolutions-Debatte.

In meiner Kirche war das kein Thema. Wenn man Schöpfung/Evolution überhaupt erwähnte, dann war es die «Lückentheorie» (auch: Gaptheorie genannt: Am ersten Schöpfungstag denkt man sich eine zeitlich ausgedehnte Lücke zwischen dem ersten und zweiten Vers der Schöpfungsgeschichte), aber man sagte nicht viel darüber. Dies und mein starkes Interesse an der Wissenschaft führten bei mir zu einer Kombination der beiden Theorien, also wurde aus mir ein weiterer «Theistischer Evolutionist» oder «Progressiver Kreationist». Während ich mich auf den Studienabschluss vorbereitete, musste ich feststellen, dass die Lehrer mit geradezu religiösem Eifer die Evolutionstheorie diskutierten. Wenn ich auf eine wissenschaftliche Unstimmigkeit hinwies (z.B. Fossilien, die durch mehrere Schichten hindurchgehen, Altersbestimmungen mit nicht-radioaktiven Methoden und die Komplikationen bei den Miller-Experimenten zur Entstehung des Lebens), gab es oft eine böse Reaktion oder schwache Erklärung, wenn überhaupt. Ich fragte einmal, wie man das Alter von Sedimentgesteinen bestimme und bekam die Antwort: durch Leitfossilien. Ich fragte weiter: Wie wird das Alter der Leitfossilien bestimmt? Die Antwort lautete: Durch die Gesteinsformationen, in denen sie gefunden werden. Der Lehrer konnte nicht sehen, dass diese Argumentation ein Zirkelschluss ist.

Das Fehlen treffender Antworten machte mich dann gegenüber der Evolutionstheorie recht skeptisch. Schliesslich handelte es sich hier nicht um eine obskure

Theorie; die Evolution gilt als im Grundsatz als weltweit anerkannt und ist während vielen Jahren erforscht worden. Trotzdem: Auf einfache Fragen sollten einfache und treffende Antworten möglich sein – aber wo sind sie? Ungefähr zur selben Zeit stellte ich Unstimmigkeiten zwischen der Bibel und der Evolutionstheorie fest. Beispielsweise folgendes:

1. Wie konnte ein Gott der Liebe alles als «sehr gut» bezeichnen (1. Mose 1,31), wenn er den Menschen durch eine so grausame und hartherzige Methode wie die der Evolution geschaffen hatte?
2. Die Bibel lehrt klar, dass der Tod auf Grund der Sünde des Menschen gekommen ist (Röm. 5,12; 1. Kor. 15,21). Die Evolution lehrt hingegen, dass der Mensch nur dank des Todes entstehen konnte.
3. Jesus hat die Schöpfungsgeschichte buchstäblich verstanden. Er zitierte sie so (Matth. 19,4).

Als ich zur Universität ging, war ich ein keimender Kreationist. Ich erwartete ernsthafte Argumente von den Experten, aber ich erhielt von ihnen nichts, was mich wirklich überzeugte. Ein Lehrer sagte mir, dass sich der Mensch entwickelte, weil er intelligenter gewesen sei, als seine Vorfahren. Er meinte sogar, dass wir grössere Ohren (zum Lernen) entwickeln würden, und dass wir unsere Zehen verlören, weil wir alle Schuhe tragen. Ich sagte ihm, dass ich hier keine Zusammenhänge sehen könne. Angesammeltes Wissen bedeutet noch nicht erhöhte Intelligenz (denn es ist das Produkt von Zusammenarbeit), und sogar Leute ohne Ohrmuscheln können hören und daher auch lernen (also sind kleine Ohren nicht ein Zeichen von schwacher Intelligenz). Was die Zehen betrifft, so mache man das Experiment, sie zu verlieren. Ohne Zehen dürfte man enorme Mühe haben, das Gleichgewicht zu halten, unabhängig von der Schuh-Art, die man trägt (das war noch die alte und widerlegte Debatte der überflüssigen Organe)[1].

Anstelle einer rationalen Debatte wurde ich mit emotionalen Erklärungen bombardiert, die auch so lauten konnten: «Leute, die nicht glauben, dass die Evolutionstheorie eine Tatsache ist, haben nicht das Recht, Wissenschaft zu studieren.» Das wurde mit der Aussage «begründet», ein Nicht-Evolutionist sei nicht in der Lage, rational zu denken.

Während den vergangenen Jahren wurden in Bezug auf die Gültigkeit der Schöpfung viele Fragen gestellt. Immer wieder konnten sie befriedigend beantwortet werden, wodurch meine Fundamente gestärkt wurden.

Ich glaube, dass die Bibel ein Buch ist, das zu einem erprobten oder vernünftigen Glauben führen kann. Sie verkündet für die Menschen ein kommendes endgültiges Gericht, es sei denn, man bereue seine Sünden. Christen glauben, dass Jesus uns unsere Sünde vergeben will, wenn wir ihm vertrauen (Joh. 3,16–18; Röm. 10,9; Joh. 5,24; 1. Joh.5,13, Joh. 20,21).

Wenn Gott der absolute Gott ist, muss das, was er sagt, wahr sein. Wenn wir diese Aussage prüfen, bin ich überzeugt, dass unser Glaube gestärkt wird (1. Petr. 3,15).

Referenz:

1   Dr. J. Bergman, Dr. G. Howe, Vestigal Organs are fully functional, Creation Research Society Books, 1990

∎ Larry Vardimann, Meteorologie

Dr. Vardimann ist Professor am Department of Astro-Geophysics am Institute for Creation Research in den USA. Er studierte Physik an der University of Missouri und Meteorologie an der St. Louis University. Den Doktortitel erlangte er in Atmosphärenwissenschaften an der Colorado State University. Er ist Mitglied der American Meteorological Society und Autor zahlreicher wissenschaftlichen Publikationen im Bereich der Wolkenphysik und Meteorologie.

Ich lehne die Evolutionstheorie ab, weil sie auf mehreren falschen Prämissen basiert, die den Beobachtungen widersprechen. Evolution beinhaltet Chaos und Bedeutungslosigkeit. Schöpfung hingegen besagt Ordnung und Wert.

Die natürliche Welt enthält unglaubliche Belege für einen geplanten Ursprung. Jedes System wird reguliert durch Gesetze, welche durch Worte oder mathematische Beziehungen beschrieben werden können. Das DNS-Molekül ist ein Beispiel für eingebaute Informationsquellen, welche die Lebensprozesse und erblichen Charakterzüge beschreiben.

Das Gravitationsgesetz ist ein Beispiel für die Steuerung der natürlichen Prozesse durch den Schöpfer. Naturgesetze und eingebaute Informatioen bedingen einen Planer, der die Systeme und Prozesse geschaffen hat. Die Evolution kann keine Erklärung abgeben zur Existenz solcher Planung.

Die Evolutionstheorie sieht den Ursprung der Erde und jeglichen Lebens in einem Gas vor mehreren Milliarden Jahren. Durch zufällige Ereignisse und Prozesse entstand in grossen Zeiträumen eine allmähliche Komplexität. Der Mensch ist das Finale von Abermilliarden zufälliger Mutationen des genetischen Materials während die Erde alterte. Dennoch beschreibt der zweite Hauptsatz der Thermodynamik, dass geordnete Systeme mit der Zeit in einen ungeordneten Zustand übergehen. Dieses Gesetz wird von allen achtbaren Wissenschaftlern anerkannt. Es verbietet jedoch die Grundannahmen der Evolution.

Die fossilen Aufzeichnungen legen eine Evolution nahe, dennoch präsentieren sie keine komplette Kette der Entwicklung von einfachen Lebensformen zu komplexen Arten. Es gibt viele Lücken, die nicht auftreten dürften, wenn eine sanfte Entwicklung von Art zu Art stattgefunden hätte. Tatsächlich wurden diese Diskontinuitäten von einem grossen Teil der evolutionistischen Gemeinde anerkannt, indem sie die hoffnungsvollen Missgeburt-Mechanismen übernahmen.

Das wichtigste Argument, die Evolutionstheorie abzulehnen, liegt in der Bedeutungslosigkeit und im Mangel an Werten. Sollte Evolution tatsächlich auftreten, so ist meine Existenz kein spezielles Ereignis im Plan des Schöpfers. Aber genau davon spricht die Bibel. Ich wurde mit einer speziellen Absicht – einem Ziel – geschaffen.

▌Geoff Downes, Forstwissenschaft

Dr. Downes ist leitender Forscher bei der Commonwealth Scientific and Industrial Research Organisation (CSIRO) in der Division of Forestry and Forest Products in Australien. Das Studium schloss er mit Auszeichnung an der Monash University ab. Der Doktortitel in Baumphysiologie wurde ihm von der University of Melbourne verliehen. An der University of Aberdeen, Schottland, arbeitete er ein Jahr als Postdoc. Bei CSIRO arbeitet Dr. Downes in der Erforschung von Klima- und Umwelteffekten bei der Waldbildung.

Meine letzten vier Jahre der höheren Schulbildung absolvierte ich an einer führenden religiösen Schule in Melbourne, Australien. Im elften Jahr besuchte ich einen Kurs mit dem Titel «Biblische Studien». Es war eine kleine Klasse, die vom Schulkaplan unterrichtet wurde. Das Studium begann mit der Schöpfungsgeschichte. Wir wurden unzweideutig gelehrt, dass die Schöpfungsgeschichte ein Mythos und keine reale Geschichte sei. Ich war erstaunt, doch ich hatte diese Angelegenheit noch nie genauer studiert. So war ich auch nicht speziell schockiert. Anders als meine Klassenkameraden war ich zu jener Zeit bereits Christ. Mit 13 Jahren wurde ich der Realität Gottes gegenübergestellt, so dass mich Gott zu einer persönlichen Entscheidung und Hingabe gebracht hatte.

1989 begann ich mit dem Studium an der Monash University. Ziemlich rasch spürte ich ein Unbehagen gegenüber der von mir geglaubten theistischen Evolution. Wenn ich zurückblicke, würde ich mich als «zögernd-theistischen» Evolutionisten beschreiben. «Theistisch», weil ich so gelehrt worden war und «zögernd», weil es ein Widerspruch ist, die Bibel in jenen Stücken zu akzeptieren, in denen es um das einfache Evangelium geht, hingegen den Teil zurückzuweisen, auf den sich unsere ganze christliche Position gründet. Ich wusste, dass – würde ich wegen meines Glaubens herausgefordert – meine Unfähigkeit, die historische Wahrheit der Bibel zu bestätigen – meinen eigenen Glauben unterminieren würde. Ich wäre in meinem Glauben inkonsequent. Wenn ich das erste Buch nicht glauben konnte, was war dann die Basis für den Rest? In verschiedenen Diskussionen, die ich in jener Zeit führte, kam ich zur Überzeugung, dass dies keine wirksame Form der Evangelisation war. Was ich im Grunde wollte, war eine Weltanschauung, die so gut wie möglich mit der Welt um mich her übereinstimmte. Ich nehme an, dass dies das höchste Ziel jeder Philosophie ist. Das Problem war nur, dass ich nicht dazu angeleitet wurde, biblisch zu denken. Obwohl ich eine christliche Schule besucht hatte, während der meisten Zeit meines Lebens in der Kirche aktiv war und die Sonntagsschule besuchte, war ich immer noch nicht gelehrt worden, von der christlichen Weltanschauung her zu denken.

Im Mai 1980 sass ich in einer Vorlesung über physikalische Chemie. Der Professor erklärte das Gesetz der Entropie. Ich kann mich immer noch erinnern, wie beeindruckt ich war und wie das Gelehrte in mich eindrang. Er lehrte uns, dass das Universum als Ganzes von einem geordneten Zustand zu einem weniger geordneten Zustand fortschreite. In einem geschlossenen System würden dies die Naturgesetze immer bewirken. Natürlich extrapolierte ich zurück zu dem Punkt, als das Universum begann, also zur Zeit der höchsten Ordnung. Ich folgerte für mich, dass falls in einem geschlossenen System die Naturgesetze dafür sorgen, dass sich die Entropie immer vergrössert, es unbekannte natürliche oder übernatürliche Gesetze geben müsste, welche die Ordnung erhöhten.

Mich lehrte die Vorlesung, dass an einem gewissen Punkt die Wissenschaftler gezwungen sind, inkonsequent zu sein. Sie wissen nicht alles und sind manchmal gezwungen, Theorien aufrecht zu halten, die wissenschaftlichen Tatsachen widersprachen, wollten sie ihre Glaubenssysteme beibehalten. Dieser Professor lehrte uns, dass man mit den Naturgesetzen nicht erklären kann, wie das Universum als Ganzes seine Ordnung vergrössern könnte. Also kann die Wissenschaft nicht erklären, wie diese Ordnung entstanden war. Immerhin glaubte er auch an Evolution (das habe ich jedenfalls angenommen). Niemand hatte mich je gelehrt, dass es Aspekte der Evolution gibt, welche die Wissenschaftler nicht erklären können. Ich meinte, wenn ich einer Schöpfung, wie sie in der Schöpfungsgeschichte dargestellt ist, vertraute, dann sei das eine Glaubenshaltung; die Wissenschaftler hingegen hätten solide Fakten, welche ihre Position beweisen würden. Diese Lektion half mir zu realisieren, dass die Wissenschaftler nicht alles in der Evolution mit Fakten belegen können, deshalb musste auch ich nicht alle Antworten für die kreationistische Position haben.

Bis zu diesem Tag war mein Denken völlig humanistisch geprägt. Die Basis bildete die Annahme, dass ich die Fähigkeit hätte, alle Dinge logisch zu beurteilen. Ich hatte das evolutionistische Weltbild bejaht und konsequenterweise auch seine Voraussetzungen. Dieses Weltbild verneint jede Rolle einer Offenbarung als Grundlage dafür, dass die Welt um uns her sinnvoll ist.

An diesem Tag verliess ich mein evolutionäres, langzeitliches Weltbild und begann, andere Vorlesungen zu besuchen. Ich versuchte, die Fakten von beiden Gesichtspunkten aus zu bewerten und entdeckte, dass der überwiegende Teil der gelehrten, wissenschaftlichen Daten keinen direkten Bezug weder zur Schöpfung noch zur Evolution haben. Die Tatsachen, die innerhalb eines evolutionistischen Rahmens präsentiert wurden, liessen sich ebenso gut in einem kreationistischen Rahmen interpretieren. Als Folge dieser Erkenntnis entschied ich mich, ein Kurzzeit-Kreationist zu werden. Ich wählte die Bibel als Basis für mein Denken. Ich verstehe jetzt die Schöpfungsgeschichte genau so, wie sie geschrieben wurde. Ich konnte nicht alle Dinge, die wir in der Natur beobachten, innerhalb dieses Rahmens erklären – und kann es immer noch nicht. Aber ich wusste, dass wenn diese Vorlesungen in dem Sinn unbefriedigend waren, dass sie nicht imstande waren, das evolutionäre Weltbild in jedem Punkt stimmig zu machen, dann konnte ich auch die Spannung jener wissenschaftlichen Fragen ertragen, die ich im Rahmen des Kreationismus nicht zu beantworten vermag. Mein Verständnis der kreationistischen Perspektive wurde ständig stärker. Meine Fähigkeit wuchs, die wahren wissenschaftlichen Fakten einzuordnen und zu erklären.

1984 begann ich mit einer Dissertation in Baumphysiologie. Ich wundere mich immer mehr, wie jemand die Komplexität eines lebenden Organismus studieren kann und zugleich glaubt, dass dieser durch natürliche Prozesse entstanden sei. Die ganzen biologischen Wissenschaften führen zum Schluss, dass ein Schöpfer nötig ist. Wenn jemand meint, die Evolution werde durch die Wissenschaft eindeutig unterstützt, so ist er mangelhaft orientiert. Die Komplexität nicht nur der lebenden Organismen, sondern der gesamten Lebensgemeinschaften, innerhalb derer sie existieren, können nicht befriedigend erklärt werden, ohne zur Schlussfolgerung eines existierenden Schöpfers zu gelangen.

Oft hört man das Argument, dass die Wissenschaft die Annahme nicht erlauben könne, dass ein Schöpfer existiere. Im Moment, wo ich das tue, überschreite ich jedoch den Bereich der Naturwissenschaft und gerate in die Philosophie. Ein grosser Teil meiner Forschungsarbeit im Forstwesen besteht darin, Ursache und Wirkung zu trennen. Das Kambium ist kein Gewebe, das sich ohne weiteres durch traditionelles, reduktionistisches Vorgehen in seiner Funktion verstehen lässt. Manchmal enthalten unsere Datensammlungen menschliche Einflüsse, die nur dadurch entstanden sind, weil wir einen Baum oder einen Wald messen oder beobachten. Eine der zwingenden, fundamentalen Aktivitäten bei der Datenanalyse, ist der Versuch herauszufinden, ob die Daten durch die Messungen und nicht durch Prozesse, die in der Natur ablaufen, beeinflusst wurden. Das würde bedeuten, dass wir Ereignisse beobachten, die nicht der Natur zugeschrieben werden können, sondern von unserer «intelligenten» Beteiligung her kommen. Das ganze Gebiet der kriminalistischen Wissenschaft ist auf diesen Aspekt fokussiert.

Angenommen, wir finden einen toten Körper im Park. Starb dieser Mensch infolge natürlicher Umstände oder waren andere Faktoren daran beteiligt? Findet man ein Messer in seinem Rücken, so ist die folgerichtige Annahme, dass ein intelligentes Wesen beteiligt war. Geht man jedoch davon aus, dass der Tod nur auf Grund natürlicher Umstände eintreten konnte, wird man nie zur richtigen Schlussfolgerung gelangen. Es ist nicht eine Frage der Wissenschaft, sondern eine Frage der Grundannahmen, die bei der Interpretation der Daten mitspielen.

Während der letzten 15 Jahre meiner Forschungstätigkeit veränderten sich meine Ansichten immer mehr. Ich bin zur Überzeugung gekommen, dass die Evolution eine religiöse Sicht ist. Sie basiert auf der Annahme, dass wir durch den Gebrauch unserer Logik über die Wahrnehmung der Fakten die Wahrheit erkennen können. Wenn wir aber diese Überlegung weiter verfolgen, kommen wir zuletzt zum Schluss, dass wir auch keine logische Basis für die Überzeugung haben, dass wir logisch denken können. Wir können nicht beweisen, dass unsere Denkprozesse mehr als zufällige chemische Reaktionen in unserem Gehirn sind. Wir können nicht endgültig beweisen, dass wir tatsächlich existieren. Descartes lag falsch, als er sagte «Ich denke, darum bin ich». Die Entscheidung, unserer Fähigkeit dem logischen Denken zu vertrauen, ist ein Glaubensschritt. Sogar um die Fähigkeit zu erlangen, im Vertrauen meine Fähigkeit zum Denken zu investieren, muss ich mit einer Offenbarung von dem Einen anfangen, der mich gemacht hat.

C.S. Lewis sagte: «Ich bin im Glauben an diesen Mythos (Evolution) aufgewachsen. Und ich habe gefühlt – ich fühle es immer noch – es ist beinahe perfekte Erhabenheit. Niemand sage, wir seien ein phantasieloses Geschlecht: Weder die Griechen noch die Nordländer haben je eine bessere Geschichte erfunden. Aber dieser Mythos verlangt von mir, dass das Denken nur ein unvorhergesehenes und unbeabsichtigtes Nebenprodukt eines endlosen Prozesses sei, der sich irgendwo in seinem endlosen und ziellosen Zustand befindet. Der Inhalt dieses Mythos reisst mir daher jenes einzige Fundament unter den Füssen weg, das mir möglicherweise den Glauben an den Mythos ermöglicht. Wenn mein eigener Geist das Produkt des Irrationalen ist, wie sollte ich ihm dann Glauben schenken, wenn er mir von Evolution berichtet?» (C.S. Lewis, Christian Reflections, Eerdman, 1975, S. 89).

▌ Wayne Frair, Biologie

Professor Frair ist emeritierter Professor für Biologie am The King's College in Tuxedo, New York. Seine Ausbildung in Zoologie erhielt er am Houghton College (New York) und am Wheaton College, ebenfalls New York. Embryologie studierte an der University of Massachusetts. Der Doktortitel in Biochemischer Taxonomie wurde ihm von der Rutgers State University, New Jersey, verliehen. Er ist Autor zahlreicher Forschungsberichte über Schildkröten und über Schöpfungs-Evolutions-Themen. Zudem ist er Autor des Buches «A Case for Creation». Er war ein Zeuge für die Verteidigung im berühmten Prozess von 1981 «creation vs evolution» in Little Rock, Arkansas. Professor Frair ist Mitglied der American Association for the Advancement of Science (AAAS) und präsidierte in den Jahren 1986 bis 1993 die Creation Research Society.

Als ich im Januar 1945 Christ wurde, verstärkte sich mein Interesse an biblisch/wissenschaftlichen Themen. Das war während des zweiten Weltkrieges, als ich in der US Navy diente. Meine persönliche Reise in die Geheimnisse der Entstehung des Lebens begann 1946, als ich die Navy verlassen hatte und die University of Massachusetts in Amherds besuchte. Wir wurden mit Evolution gefüttert. Doch ich interessierte mich, ob es in diesem Bereich nicht auch eine andere Position geben könnte.

In den ersten Studienjahren wechselte ich zu einer christlichen Schule (Houghton College), wo ich im Hauptfach Zoologie und den Nebenfächern Chemie und Bibel weiter studierte. Mein Zoologieprofessor, Dr. George Moreland, war ein bibelgläubiger Kreationist; so konnte ich mein Wissen unter seiner Führung vermehren. Nach dem ersten Abschluss des Studiums trat ich ins Wheaton College in Illinois ein, wo ich den höheren Abschluss in Zoologie mit Auszeichnung bestand. Während ich mit Professoren arbeitete, die Kreationisten waren, drang ich tiefer in die Bibel, in die Theologie und in verschiedene Gebiete der Wissenschaft ein.

Während eines Jahres unterrichtete ich Naturkunde an der christlichen Schule von Ben Lippen. Dann kehrte ich an die Universität von Massachusetts zurück und vervollständigte meine Ausbildung in Embryologie. Ich machte eine Forschungsarbeit über die Wirkungen von 8-Azaguanin (dem ersten Mittel gegen Krebs), während des Wachstums von Hühnerembryos[1]. Mein Berater, Dr. Gilbert Woodside, war Vorsitzender der Abteilung für Zoologie an der Universität von Massachusetts, er war Evolutionist und galt als internationale Kapazität für Embryologie. Eine wissenschaftliche Alternative zur Evolution schätzte er offensichtlich nicht, aber er erklärte mir eindeutig, dass auf dem Gebiet der Embryologie die Evolutionstheorie nicht anwendbar sei. Es war für ihn klar, dass die Evolution der embryologischen Disziplin eigentlich geschadet hat, denn viele gute Wissenschaftler hätten ihre Zeit vergeudet, indem sie versuchten, die Daten ihrer Studien einem unwirklichen Evolutionsschema anzupassen.

Nach dem Abschluss erhielt ich eine Position als Instruktor für Biologie am King's College in New York. Vier Jahre später nahm ich einen Urlaub, um meine Doktorarbeit an der Rutgers-Universität zu vervollständigen. Mein Berater dort war Dr. Alan Boyden, Vorsitzender der Abteilung für Zoologie und eine Weltkapazität für Serologie. Indem sie Proteine aus Blutserum verwendeten, klassifizierten die Professoren und Studenten in jener Abteilung Pflanzen und Tiere. Ein anderer Name für dieses Forschungsgebiet ist «biochemische Taxonomie». Bei der Verwirklichung einer chemischen Methode zur Taxonomie (Klassifizierung und Namensgebung) gehörte die Rutgers-Gruppe zu den Pionieren.

Professor Boyden neigte dazu, die Evolution anzuerkennen, aber er war sehr enttäuscht über den Wert der Evolution für sein eigenes Forschungsgebiet. Er bemühte sich, die Studenten so zu lehren, dass sie bei ihren Studien über Systeme der Taxonomie von Pflanzen und Tieren nicht im Sinne von Makroevolution überlegten. Er veröffentlichte sogar ein Buch, das sich gegen populäre Positionen der Evolution wandte [2]. Ich machte eigene Forschungen und schrieb eine Dissertation über biochemische Taxonomie von Schildkröten, welche ich 1962 vollendete. Dann kehrte ich ans King's College zurück, wo ich die meiste Zeit Vorsitzender der Abteilung für Biologie war. 1994 ging ich in Pension.

Meine beinahe 40-jährige Forschungstätigkeit an Schildkröten erhöhte meine Hochachtung von Gott als Schöpfer. Zusammen mit anderen Wissenschaftlern glaube ich nicht, dass Evolution die Methode Gottes war, die er zur Erschaffung der verschiedenen Typen der Lebens brauchte[3]. Zum Beispiel gibt es keine klaren Anzeichen dafür, dass die Schildkröten von irgend einem anderen Tier abstammen. Freilich gibt es innerhalb der Schildkröten Veränderungen. Der Zweck meiner Forschung war eigentlich, herauszufinden, wie sich die Schildkröten diversifiziert hatten[4].

Die Evolutionslehre ist sehr beliebt. Ich schätze, dass es in den Vereinigten Staaten trotzdem mehr als 25 000 Wissenschaftler gibt, welche die Lehre, dass alle Lebewesen miteinander verwandt seien – also Evolution – ablehnen. Es gibt zudem tausende von Wissenschaftlern auf der ganzen Erde, welche ähnliche Gefühle haben. Viele von denen, die Evolution nicht unterstützen, sondern eine kreationistische Position einnehmen, sind Christen. Aber auch Juden, Moslems und andere Glaubensangehörige (inbegriffen Atheisten) sind gegen Evolution und haben eine Vielfalt von Ansichten darüber, wie das Leben auf der Erde entstanden sei und seine gegenwärtigen Merkmale auf diesem Planeten entwickelte.

Als Christ anerkenne ich die Geschichtlichkeit der Bibel. Dies wird durch viele externe empirische Beobachtungen unterstützt, so dass ich keine wissenschaftlichen Gründe gefunden hätte, die Bibel abzulehnen. Natürlich gibt es Bilder in der Sprache, zum Beispiel «die Ströme sollen in die Hände klatschen» (Psalm 98,8), oder als Jesus Herodes einen Fuchs nannte (Luk. 13,32). Seit mehr als 40 Jahren ist es meine Gewohnheit – ich stimme mit konservativen Bibel-Gelehrten überein –, einen induktiven historischen Zugang zur Bibel zu nehmen. Das bedeutet, dass wenn wir unsere Theologie formulieren, wir damit beginnen, die Bibel buchstäblich und als historisch wahr zu verstehen. Um den Konsens ihrer Bedeutung zu finden, vergleichen wir die einzelnen Passagen miteinander.

In Bezug auf die Grundfragen, wie wir es im apostolischen und in anderen Glaubensbekenntnissen finden, ist die Bibel klar, aber sie beantwortet nicht jede Frage, die wir uns ausdenken können. Zum Beispiel erklärt sie nicht klar, ob es ausserhalb der Erde anderes physisches Leben gibt. In 1. Kor. 13,12 sagt uns die Bibel, dass wir in diesem Leben nur eine begrenzte Erkenntnis haben; also ist es möglich, dass wir hier auf dieser Erde mit gewissen Fragen leben müssen, hingegen in der Ewigkeit werden wir es einmal wissen. Um zu einem besseren Verständnis von Gottes Offenbarung in der Bibel zu kommen, habe ich während etwa 40 Jahren beide, das alte und neue Testament einmal im Jahr vollständig durchgelesen.

Es gibt viele objektive Tatsachen (zum Beispiel in der Archäologie), welche die Bibel als Gottes offenbarte Wahrheit bestätigen. Es ist aber auch sehr wichtig zu realisieren, dass die Schrift mit der menschlichen Natur realistisch umgeht. Die Bibel sagt, dass wir alle gesündigt haben (Röm. 3,23) und die Erlösung erleben müssen, die durch den Tod Jesu für uns (Röm. 5,8) möglich wurde. Wir können die biblischen Wahrheiten selbst erleben. Zum Beispiel indem wir realisieren, dass sich unsere Einstellung zu Dingen des Lebens markant verändert hat, nachdem wir Christus als Retter angenommen haben (2. Kor. 5,17). Ich erinnere mich an die Zeit nach meiner Errettungserfahrung, dass ich die Verse in Röm. 8,16 las. Dort heisst es, dass Gottes Geist unserem Geist Zeugnis gibt, dass wir Gottes Kinder sind. Es war erhebend für mich, als ich realisierte, dass ich diese grossartige Wahrheit bereits erlebt hatte.

In unseren wissenschaftlichen Studien lernen wir viel über die Natur, welche

Gottes Schöpfung ist. Gott offenbart sich auch in der Geschichte und in unserem Gewissen, aber am wichtigsten in seinem inspirierten Wort, der Bibel. Ich glaube, um ein volles und fruchtbares Leben leben zu können – unabhängig von der Art des Berufes – müssen wir mit diesem Buch in Übereinstimmung leben.

Referenzen:

1 Frair, W., Effects of 8–azaguanine on early chick embryos grown in vitro, Growth, 1956, 20:9–18.

2 Boyden, A. Perspectives in zoology. Pergamon Press, New York, 1973.

3 Frair, W. and Davis, P. A case for creation, 3rd edition, School of Tomorrow, Lewisville, Texas, 1983

4 Frair, W. Original kinds and turtle phylogeny, Creation Research Society Quarterly, 1991, 28(1):21–24. Also see Wise, K.P. Practical baraminology, Creation Ex Nihilo Technical Journal, 1992, 6(2):122–137 and Robinson, D.A. A mitochondrial DNA analysis of the testudine apobaramin, Creation Research Society Quarterly, 1997, 33(4):267–72.

■ Sid Cole, Physikalische Chemie

Dr. Cole ist wissenschaftlicher Mitarbeiter bei der australischen Firma The Sanitarium Health Food Company. Er studierte Chemie an der Melbourne University und erhielt den Doktortitel von der Newcastle University (Australien) für seine Studien an Ligandverbindungen der metallischen Porphyrine. Vorher war er Direktor der Australischen Forschungslaboratorien für Lebensmittel und Mitglied des Australian Institute of Food Science.

―――――――――

Ich bin praktizierender Wissenschaftler mit einem gesunden Respekt vor der Kraft der wissenschaftlichen Methoden der Erforschung und Überprüfung der beobachteten Daten und den daraus abgeleiteten Hypothesen und Theorien. Manchmal ist es frustrierend zu realisieren, dass die Theorien über den Ursprung des Lebens nicht mit wissenschaftlichen Methoden überprüft werden können. Wir können die dazu nötigen Experimente schlicht nicht durchführen. Wir müssen ausserhalb der Wissenschaften nach einer Basis Ausschau halten, um unseren Glauben darauf aufzubauen.

Was wir über die Schöpfung annehmen, hängt meistens mit unserem Glauben an Gott zusammen. Glaubt eine Person nicht an Gott, so bildet die Entwicklung des Lebens über einen sehr grossen Zeitraum die einzige Alternative. Für jene, die an einen persönlichen Gott glauben, funktioniert eine 6-Tage-Schöpfung à la 1. Mose 1.

Es gibt viele Daten, die nicht gut in die bestehenden Modelle passen. Ich strauchle oft beim Versuch, Altersangaben mit meinem Verständnis der Schöpfung in Einklang zu bringen. Auf der anderen Seite bin ich überwältigt von der chemischen Komplexität des Lebendigen und der Zerbrechlichkeit des Lebensprozesses. Die Chance ist sehr klein, dass jemals die idealen Bedingungen zur richtigen Zeit bei ausgewählten Molekülen herrschten, damit sich daraus Leben formen und weiterentwickeln konnte. Das scheint auch in gewaltig langen Zeiträumen fast unmöglich zu sein. Je detaillierter unser Verständnis wird, desto weiter weg scheint die Möglichkeit, dass sich Leben wie wir es kennen, aus dem zufälligen Zusammentreffen verschiedener Moleküle bildete.

Mein Glauben an eine Schöpfung in sechs Tagen basiert auf vier grundlegenden Tatsachen:

– Ich habe einen festen Glauben an einen persönlichen Gott, der sich selbst in der Bibel offenbart. Diese Offenbarung enthält zwar viele symbolische Bilder, doch man versteht sie am besten, wenn man sie wörtlich nimmt, da für ein rein symbolisches Verständnis eindeutige Hinweise fehlen. Die Botschaft der Bibel beschreibt den Beginn des Lebens als eine Schöpfung in sechs Tagen.

– Dieser Glaube an einen persönlichen Gott deckt sich mit meinen eigenen Erfahrungen des Lebens und erklärt viele sichtbare Dinge auf vernünftige Art. Viele dieser Dinge können nicht mit wissenschaftlichen Methoden erklärt werden, weil sie ausserhalb des Erreichbarkeitsfeldes der Wissenschaften liegen.

– Mein Glaube in eine 6-Tage-Schöpfung steht meiner wissenschaftlichen Erfahrung und Überzeugung nicht im Wege.

– Der Glaube an eine Entstehung des Lebens aufgrund zufälliger Zusammenstösse der benötigten Moleküle unter speziellen Umweltbedingungen, bedingt die Akzeptanz eines enormen Grads an Unwahrscheinlichkeiten. Und gerade das ist schwierig, angesichts der erstaunlichen Komplexität und Verwundbarkeit im Prozess lebender Organismen.

▎ Don B. DeYoung, Physik

Dr. DeYoung ist Vorsteher der Physical Science am Grace College, Indiana, USA. Er studierte Physik an der Michigan Technological University. Den Doktortitel in Physik erhielt er von der Iowa State University. Er publizierte Fachartikel im Journal of Chemical Physics und im Creation Research Society Quarterly. Dr. DeYoung ist Autor von acht Büchern mit bibelwissenschaftlichem Inhalt.

————————

Während meiner ersten Jahre der Ausbildung in Physik glaubte ich noch nicht an eine Schöpfung in sechs Tagen. Das buchstäbliche Verständnis war mir schlicht nicht bekannt. Meine Lehrer und die Lehrbücher beschrieben den Ursprung des Universums mit dem Urknall und unsere tierische Abstammung bis ins letzte Detail. Eines Tages forderte mich ein wissenschaftlicher Kollege auf, eine junge, übernatürliche Schöpfung zumindest in Erwägung zu ziehen. Seitdem verfolge ich diese aufregende Idee mit grossem Interesse.

Mein wissenschaftlich geprägter Glaube in die Schöpfung basiert vor allem auf den zwei thermodynamischen Gesetzen. Tatsächlich handelt es sich dabei um die zwei grundlegendsten Gesetze im ganzen wissenschaftlichen Umfeld. Das erste Gesetz sagt aus, dass Energie erhalten bleibt, egal über welchen Zeitraum die Beobachtung erfolgt. Energie – egal in welcher ihrer vielfältigen Ausbildungen auch immer – kann weder erzeugt noch zerstört werden. Diese Regel versichert ein abhängiges und somit auch vorhersagbares Universum, sowohl für Himmelsobjekte als auch für menschliches Leben. Die Energieerhaltung wurde vermutlich am Ende der Schöpfungswoche eingerichtet. Damals beendete der Schöpfer die Einspeisung an Energie aus seinem unendlichen Reservoir in das physikalische Universum. Dieses fundamentale Gesetz kann nicht wie ein von Menschen erdachtes Gebot missachtet werden. Nur der Schöpfer selber hat die Macht, seine eigenen Gesetze vorübergehend zu brechen, beispielsweise durch Wunder.

Das zweite Gesetz der Natur bezieht sich ebenfalls auf die Energie. Es beschreibt den unvermeidbaren Verlust in jedem energetischen Prozess. Energie verschwindet nicht einfach, sie lässt sich aber oft nicht mehr nutzen, weil sie zum Beispiel als Hitze verlustig geht. Oder anders ausgedrückt: Es verschlechtert sich alles, zerfällt und geht in einen Zustand grösserer Unordnung über.

Schliesslich ist der Tod selber die Konsequenz des zweiten thermodynamischen Gesetzes. Dieses Gesetz ist direkt gekoppelt an den Fluch, den Gott nach dem Sündenfall im Garten Eden auf die Erde legte.

Energieerhaltung impliziert, dass sich das Universum nicht aus sich selber bilden konnte. Energiezerfall beinhaltet ebenfalls, dass sich das Universum nicht ewig aufrecht halten kann. Weltliche Wissenschaften können keine befriedigenden Erklärungen zu solchen Naturgesetzen geben. Diese Prinzipien übersteigen die Möglichkeiten der Naturwissenschaften. Ihr Ursprung ist übernatürlich. Und das verlangt definitionsgemäss keine langen Entwicklungszeiten. Das Hinzufügen von grossen Zeiträumen ist eine unnötige und verwirrende Komplikation. Stattdessen stimmen diese Gesetze vollständig mit der biblischen Schöpfung in sechs Tagen überein.

▌ George S. Hawke, Meteorologie

Dr. Hawke arbeitet als leitender Berater für Umweltbelange eines australischen Stromlieferanten in Sydney. Er schloss das Studium der Physik an der University of Sydney mit Auszeichnung ab. Er promovierte an der Macquarie University (Sydney) in Meteorologie der verschmutzten Luft. Während 22 Jahren arbeitete Dr. Hawke als Umweltwissenschaftler und Umweltberater für die staatlichen Behörden und die Elektrizitätsindustrie. Er ist ebenfalls zertifizierter Umweltgutachter der Quality Society of Australasia.

Einleitung

Es gibt zwei verschiedene Hauptsichtweisen über den Ursprung des Universums und des Lebens: Auf der einen Seite ist der Naturalismus, die andere kennt einen intelligenten Schöpfer. Weil diese Ereignisse vor langer Zeit auftraten und beide ohne direkte Beobachtungen oder ausführliche Versuche entstanden sind, handelt es sich bei beiden Perspektiven hauptsächlich um philosophischen Glauben, der auf gewissen Annahmen über die physikalische Welt beruht.

Diese Tatsache wird in den meisten modernen Abhandlungen zum Ursprung des Lebens ignoriert oder verdreht. Zum Beispiel enthält die März-Ausgabe der Zeitschrift «National Geographic» einen Artikel mit dem Titel «Der Aufstieg des Lebens auf der Erde». Der Herausgeber des Magazins schreibt zum Bericht über die Entstehung des Lebens: «Die Wissenschaft ist das Studium von prüfbaren und beobachtbaren Phänomenen». Diese «Zwischenbemerkung» lenkt die Diskussion weg vom Objekt der Wissenschaft und Logik hin zur Auseinandersetzung zwischen Wissenschaft und religiösem Glauben. Sie ignoriert auch die Tatsache, dass keine «prüf- und beobachtbaren Phänomene» zum Ursprung des Lebens existieren. Darüber hinaus zeigt die im Artikel benutzte Sprache, dass sich Naturalismus auf Glauben ins Unsichtbare stützt.

Die naturalistische Sicht des Ursprungs erklärt alles Existierende allein durch physikalische und chemische Prozesse. Da liegt ein grosser Unterschied zum Standpunkt der Bibel, dass Masse, Energie, physikalische und chemische Prozesse und das Leben von einem Schöpfer geschaffen wurden.

Die Suche nach der Wahrheit

Ein Umweltgutachter verlässt sich auf zwei grundlegende Faktoren: objektive Beweise und übereinstimmende Normen. Das Ergebnis jedes Teils eines Gutachtens ergibt sich aus dem Vergleich zwischen beobachteten Anzeichen und einschlägigen Normen. Klar, Umweltnormen verändern sich mit Zeit und Raum. Entsprechend sollten Ursprungserklärungen übereinstimmen mit der Gesamtheit an «beobachtbaren Belegen» und irgendwelchen diesbezüglichen «Normen». Das ist gar nicht so einfach, weil Belege die heutige Sicht zeigen, lange Zeit nach der Entstehung des Universums und des Lebens. Zusätzlich ist in einer sich verändernden Welt nicht sofort klar, welche Normen massgebend sind. Die Bibel ist die einzige zuverlässige und folgerichtige Quelle für Wahrheit. Sie steht wie ein festgelegter Normenrahmen um alles. Andere Autoritäten wie Logik oder Wissenschaft genügen nicht, weil sie in Zeit und Raum veränderlich sind. Sie bilden einen veränderlichen Normenrahmen.

Die physikalischen und chemischen Gesetze sind Beispiele für relative Normen der Wissenschaft. Sie ändern sich mit der Zeit durch Entwicklung unseres Wissens. Sie entstanden unter gegenwärtigen Bedingungen und gehen von einem existierenden Universum aus. Zu den fundamentalen Gesetzen gehören, dass sich Leben aus früherem Leben entwickelt und dass Masse, respektive Energie konstant bleiben. Werden diese Gesetze auf die Entstehung des Lebens angewendet, führt das unweigerlich zum Schluss, dass diese Bedingungen bereits am Anfang galten. Die Aussage, dass Naturalismus den Ursprung des Lebens erklärt, ist ein Zirkelschluss, denn das Ergebnis wird hauptsächlich durch die Annahmen beeinflusst. Obwohl diese Gesetze die heutige Welt beschreiben mögen, handelt es sich um eine grobe Näherung, wenn man sie auf die vergangenen Bedingungen zur Zeit der – unbeobachteten – Entstehung des Lebens extrapoliert. Gerade das wird oft von Wissenschaftlern mit einem naturalistischen Standpunkt gemacht, ohne Wissen um die eingeflochtenen Unsicherheiten und Beschränkungen der wissenschaftlichen Untersuchungsmethoden.

Die Annahmen sowohl des Naturalismus als auch der biblischen Schöpfung und die Prinzipien der wissenschaftlichen Methoden werden in Werner Gitts Buch «Schuf Gott durch Evolution?»[1] gut beschrieben.

Die Bibel ist die Quelle der «absoluten» Wahrheit. Sie bestand den Zeittest sehr viel länger als irgend ein anderes Buch oder eine andere Philosophie. Klar, wie bei jedem anderen literarischen Werk braucht es Interpretation, um herauszufinden, welche Teile Geschichtsschreibung sind und welche symbolischen oder metaphorischen Charakter haben. Die zuverlässigste Methode zur Deutung eines bestimmten Abschnittes (neben offensichtlich literarischen Techniken), besteht darin, die Kernaussage der Bibel auf den Text anzuwenden. Ansonsten kann die Deutung nicht mehr mit der Botschaft der ganzen Bibel in Einklang gebracht werden.

In der Bibel finden sich drei klare Tests zur Überprüfung eines Glaubens, einer Lehre oder einer Philosophie. Um als «wahr» deklariert zu werden, müssen alle drei Tests bestanden werden.

Der «Jesus-Test»: Dieser Test besagt, dass «jeder Geist, der Jesus Christus, im Fleisch gekommen, bekennt, ist aus Gott; und jeder Geist, der nicht Jesus bekennt, ist nicht aus Gott; und dies ist der Geist des Antichrists ... Hieraus erkennen wir den Geist der Wahrheit und den Geist des Irrtums» (1. Joh. 4, 2–6). Im Test muss die Frage «Was wird über Jesus Christus gesagt?» beantwortet werden. Die Bibel sagt, dass Christus einmalig ist: göttlich und menschlich, sündlos, ewig und der Schöpfer. Es ist falsch zu bestreiten, dass Jesus Christus der Sohn Gottes sei. Jeder Glaube, der diesen Test nicht besteht, bezeugt, dass Jesus im besten Fall ein grosser Lehrer oder Prophet war. Sie vermögen gerade noch die Sicht zu unterstützen, dass Christus und andere Ereignisse der Bibel mythisch zu verstehen sind.

Der «Evangeliums-Test»: Die Bibel warnt vor jenen falschen Lehrern, welche ein anderes Evangelium weitergeben. «Wenn jemand euch etwas als Evangelium verkündigt entgegen dem, was ihr empfangen habt: er sei verflucht!» (Gal. 1,9) Die Frage, die in diesem Test beantwortet werden muss, lautet folgendermassen: «Wie lautet sein Evangelium?» Oder mit anderen Worten: Was ist die Kernaussage – Glaube oder Hoffnung? Die Bibel lehrt, dass die Wurzel allen Übels darin liegt, dass jeder gesündigt hat und somit getrennt von Gott lebt – und das führt in den Tod. Die einzige, rettende Möglichkeit liegt in der Erlösung durch den Glauben an Jesus Christus. «Andere Evangelien» sind jene, die hiervon abweichen. In der Bibel wird davor gewarnt, etwas dem Wort Gottes hinzuzufügen oder davon wegzunehmen (Offb. 22.18–19). Im weiteren Sinne betrachtet gehören auch die Schöpfung und die letztendliche Wiederherstellung der ursprünglichen Zustände zum Evangelium (Offb. 4,11; 21,1–22,6). Wir müssen vorsichtig sein, wenn wir diesen Test durchführen, denn ein «anderes Evangelium» kann uns täuschen. Die gleichen Worte können widersprüchliche Dinge aussagen.

Der «Früchte-Test»: Jesus Christus warnte. « Hütet euch vor falschen Propheten, die in Schafskleidern kommen, inwendig aber sind sie reissende Wölfe. An ihren Früchten werdet ihr sie erkennen» (Matth. 7,15–20). Bei diesem Test lautet die Frage: «Welche Früchte sind erkennbar?» Oder anders gesagt: Welche Handlungen und Verhalten werden gefördert? Wird die himmlische oder die sündhafte Natur erkennbar? Erstere wird charakterisiert durch die Früchte des Geistes: Liebe, Freude, Friede, Langmut, Freundlichkeit, Güte, Treue, Sanftmut, Enthaltsamkeit. Die sündhafte Natur bringt Unzucht, Unreinheit, Ausschweifung, Götzendienst, Zauberei, Feindschaften und Zornausbrüche (Gal. 5,19–23).

Diese Prüfungen werden im folgenden angewendet um die naturalistische Sicht des Ursprungs einzuschätzen.

Den Naturalismus überprüfen

Der «Jesus-Test»: Der Naturalismus impliziert, dass die Natur überall anzutreffen ist, er ist verbunden mit dem Atheismus. Beispielsweise sagt die Amerikanische Vereinigung der Biologie-Lehrer:

«Die Vielfalt des irdischen Lebens ist das Produkt der Evolution: ein nicht überwachter, unpersönlicher, nicht prognostizierbarer und natürlicher Prozess des zeitlichen Abstiegs mit genetischen Modifikationen, gebunden an natürliche Selektion, Zufall, geschichtliche Eventualitäten und Umweltveränderungen.»

Diese Sicht des Anfangs benötigt keinen Schöpfer, keine Gottheit. Sie stimmt somit überein mit dem Glauben, dass Jesus Christus nur ein menschliches Wesen ohne göttlichen Ursprung war. Naturalismus fällt ganz klar durch den «Jesus-Test».

Der «Evangeliums-Test»: Weil der Naturalismus davon ausgeht, dass es keinen Gott gibt, wird auch keine absolute Wahrheit und Falschheit akzeptiert. Ebenso wird die Existenz von «Sünde» im Sinne von «getrennt sein von Gott» abgelehnt. Darüber hinaus lehrt der Naturalismus, dass kein Erlöser gebraucht wird. Seiner Botschaft zufolge schuf sich die Natur selber und der Genesis-Bericht ist nicht wahr. Konsequent weitergedacht folgt daraus, dass es kein biblisches Paradies gegeben hat und somit besteht auch keine Hoffnung auf ein zukünftiges Paradies (Apg. 3,21). Tatsächlich verwirft der Naturalismus alle biblischen Grundwahrheiten: die Schöpfung, die Geburt der Sünde, der Bedarf an Rettung und das letzte Schicksal des Menschen. Damit besteht der Naturalismus auch den «Evangeliums-Test» nicht.

Der «Früchte-Test»: Der Naturalismus unterstützt und ist verbunden mit anderen Ideologien: Materialismus, Humanismus (der Mensch genügt sich selber, er kann all seine Probleme selber lösen) und Pantheismus (die Natur ersetzt Gott). Der Glaube an Naturalismus führt unweigerlich zu einem Wertverlust des menschlichen Lebens (Praktiken wie Abtreibung und Sterbehilfe werden akzeptiert). Andere Beispiele sind Rassismus, Zerfall der Familienwerte (die Ehe wird weniger wichtig, Scheidung wird mehr und mehr akzeptiert), Moralverlust (die Wahrheit ist jetzt relativ und nicht mehr absolut) und eine «der-Mächtige-liegt-richtig»-Haltung, in welcher die Starken gestärkt und die Schwachen zusätzlich geschwächt werden (der Stärkste überlebt, eine Welt des Wettbewerbs). Weil diese Eigenschaften gegensätzlich zu den Werten der Bibel sind, fällt der Naturalismus auch durch den «Früchte-Test». Es zeigt sich also, dass Naturalismus keinen der drei Tests zur Bestimmung der Wahrheit besteht. Daraus folgt also, dass diese Lehre falsch und nicht mit der biblischen Botschaft zu vereinbaren ist.

Wegen des Einflusses der oben geschilderten Philosophien werden oft Behauptungen im Namen der Wissenschaft aufgestellt, die weit über wissenschaftliche Belege hinausführen. Viele Aspekte der modernen Wissenschaft werden immer dürftiger und sind zunehmend spekulativer Herkunft. Tatsache ist, dass der tägliche Gebrauch des Wortes «Wissenschaft» mehr und mehr wegkommt von der Bedeutung «Studium beobachtbarer und prüfbarer Phänomene» und zunehmend «Naturalismus» bedeutet, welcher Vermutungen und zweifelhafte Hypothesen beinhaltet.

Obwohl wir in einem «Ursache-Wirkung»-Universum leben, liegen die äussersten Ursachen – wie etwa der Ursprung der Welt – ausserhalb des Bereichs der verlässlichen Wissenschaft. Die Wissenschaft kann sich nur mit der gegenwärtigen Umgebung verlässlich auseinandersetzen. Sichere Aussagen über Vergangenheit (Herkunft) oder Zukunft (Schicksal) können nicht gemacht werden, da diese nicht direkt zu beobachten sind. Ich denke, dass alle Wissenschaftler ihre Annahmen verwerfen sollten, da sie die Ergebnisse stark beeinflussen. Ebenso sollten sie jene Extrapolationen aufgeben, welche in Zeiträume reichen, die sich der direkten Beobachtung entziehen. Je weiter eine Extrapolation reicht, desto unsicherer werden die Vorhersagen. Werden die Annahmen verändert, so ändern sich entsprechend auch die Aussagen. Dies muss insbesondere bei Randbedingungen beachtet werden, zum Beispiel dort, wo Anfangsbedingungen beschrieben werden sollen. Deshalb können Wissenschaftler über den Ursprung des Lebens nur spekulieren, ihn sich vorstellen und raten.

Referenzen

1   Werner Gitt, 1993: «Schuf Gott durch Evolution?», CLV Christliche Literaturverbreitung e.V.

▌Kurt P. Wise, Geologie

Dr. Wise ist Direktor der Abteilung für Ursprungsforschung am Bryan College in Dayton, Tennessee. Das Studium der Geophysik an der University of Chicago schloss er mit Auszeichnung ab. Den Doktortitel in Geologie erhielt er von der Harvard University, Cambridge (Massachusetts). Er studierte unter Professor Stephen Jay Gould. Dr. Wise schrieb eine grosse Zahl Fachartikel mit Themen über den Ursprung. Er ist Mitglied der Geological Society of America.

Der achte Grad interessierte mich überaus, egal in welchem Fachgebiet auch immer. Während mehr als einem Jahr, als andere Knaben sich für die Feuerwehr oder den Astronautenberuf entschieden, träumte ich davon, eine Doktorarbeit an der Universität von Harvard zu schreiben, um anschliessend an einer der ganz grossen Universitäten zu lehren. Ich wusste, dies war ein unerreichbarer Traum, ja ich wusste, ein Traum, aber ... okay, es war ein Traum. Zum Abschluss jenes Jahres, dem letzten meiner obligatorischen Schulzeit in der kleinen Landschule, wurde eine grosse Wissenschaftsmesse durchgeführt. Dieses Wort löste in allen Furcht aus, nicht nur, weil diese Ausstellung für die Notengebung zählte oder für den Austritt massgebend war, sondern weil sie den ersten Schritt des Übertritts in die Grossstadt-Highschool im nächsten Jahr bildete. Nur schon der Gedanke an die Menschenmassen an der Highschool liess uns schwindlig werden. Jedenfalls erwarteten wir die Wissenschaftsmesse schon Jahre im Voraus. Ich begann bereits ein Jahr vor dem Ausstellungsdatum mit der Arbeit an meinen Thema.

Ich entschied mich, meine Arbeit zum Thema Evolution zu machen. Ich warf mich geradezu in die Studien. Ich verinnerlichte die geologischen Zeittafeln. Zusammen mit meinem Vater entwarf ich eine hölzerne Treppe, bei der jede Stufenhöhe die relative Zeitdauer einer geologischen Periode entsprach. Ich kaufte Modelle und sammelte Fossilien. Aus Ton formte ich Fossilien, derer ich nicht habhaft werden konnte. Für jeden Zeitabschnitt rekonstruierte ich die Platzierung der Kontinente. Am Tag vor der Messe beendete ich mein monumentales Werk. Dadurch konnte ich den Tag der letzten Vorbereitungen richtig geniessen. Während ein regelrechter Rummel mit letzten Vorbereitungen und Korrekturen um mich herum einsetzte, hatte ich nichts mehr zu tun. Inmitten der Hetzerei gestand ich meinem Freund Carl – er unterstützte mich in meinem Projekt und liess dabei sein eigenes fallen – ich hätte ein Problem. Als er mich fragte, welcher Art mein Problem sei, erzählte ich ihm von meinem Unvermögen, das bei der Vorbereitung Gelernte mit den Aussagen der Bibel zur Übereinstimmung zu bringen. Carl wollte das genauer erklärt haben. Also zog ich meine Bibel hervor und las ihm das erste Kapitel der Bibel laut vor. Am Ende meiner Lektüre und nachdem ich Carl erklärt hatte, dass sich die Jahrmillionen der Evolution schlecht mit den sechs Tagen der Bibel vertragen, stimmte er mit mir überein, dass es da tatsächlich ein grosses Problem gebe. Im Kampf mit dieser Tatsache schlug ich eine mir genial erscheinende Lösung vor. Ich sagte zu Carl: «Was ist, wenn die Tage Millionen Jahre lang wären?» Nach einer Zeit harter Diskussion war Carl mit der Idee zufrieden. Ich war es nicht – mindestens nicht ganz. Auch wenn die Tage sehr lange dauerten – ich konnte mir immer noch keinen Reim über die Grössenordnung der Zeiträume machen. Zudem sagt die Wissenschaft, dass die Sonne vor der Erde entstand (oder mindestens gleichzeitig), die Bibel aber schreibt, dass die Erde drei Tage vor der Sonne geschaffen wurde. Und wo die Wissenschaft lehrt, dass die Wasserkreaturen vor den Landpflanzen und die Landtiere vor den Vögeln entstanden, bezeugt die Bibel, dass Landpflanzen vor den Geschöpfen der Meere und die Vögel vor den Landlebewesen erschaffen wurden. Auf der anderen Seite scheint es, als würden die meisten Konflikte weggenommen, wenn die Tage zu Jahrmillionen gemacht werden. Ich beschloss deshalb, diese Fragen in den hintersten Winkel meines Gedächtnisses zu versorgen.

Doch das haute nicht hin. Während der nächsten paar Jahre juckte mich dieser Konflikt der Zeitdauer immer wieder. Wie immer ich es auch versuchte, ich konnte die Sache nicht aus meinem Kopf verbannen. Endlich, in meinem zweiten Jahr an der Highschool, als ich die Diskrepanz nicht mehr länger aushielt, beschloss ich, das Thema zu klären. Nachdem die Lichter ausgemacht waren, zog ich meine neu gekaufte Bibel unter die Bettdecke, nahm eine Taschenlampe und eine Schere zur Hand und begann mein Werk. Auf der ersten Seite der Bibel begann ich, jeden Vers herauszuschneiden, der sich nicht mit der Evolutionstheorie vertrug. Sorgfältig darauf bedacht, nur die «falschen» Verse herauszupicken, musste ich immer beide Seiten eines Blattes überprüfen. Im Fall, dass genau an der gegenüberliegenden Stelle nichts Unpassendes zu finden sei, schnitt ich nur den ersten Teil bis zur Mitte heraus, um ihn anschliessend zu falten und über die zweite Hälfte des Verses zu kleben. So konnte ich die «richtigen» Passagen meiner Bibel erhalten. Auf diese Weise verbrachte ich Nacht für Nacht, während Wochen und Monaten mit Schneiden, Falten und Kleben. Sorgfältig überprüfte ich Seite für Seite, die gesamte Bibel. Obwohl das Ende der

Geschichte zweifellos ziemlich weit weg schien, hielt ich durch. Ich fuhr vor allem aus zwei Gründen mit meinem Schnipseln fort. Erstens handle ich oft zwanghaft und zweitens fürchtete ich das drohende Ende. Genauso wenig wie meine Entwicklung mit acht abgeschlossen ist und nach der achten Klasse in wissenschaftlicher Hinsicht keine Weiterbildung mehr möglich ist, so wenig wollte ich jetzt meine wissenschaftliche Laufbahn beenden. Alles, was ich tat, hatte irgend einen Zusammenhang mit Naturwissenschaft. Zur gleichen Zeit gehörte die Evolutionstheorie einfach zu den Naturwissenschaften, darüber musste man nicht diskutieren. Und genau so dachte auch ich – es kann gar keine Naturwissenschaft existieren ohne Evolution. Sollte ich die Evolution verwerfen müssen, käme dies einer Absage an alle Wissenschaften gleich und so müsste ich alles aufgeben, was mir lieb war und wovon ich träumte.

Es kam der Moment, als ich die Schere auf der allerletzten Seite ansetzen wollte – beim drittletzten Vers der Bibel. Ich stockte bei Vers 19 im 22. Kapitel der Offenbarung: «Wenn jemand von den Worten des Buches dieser Weissagung wegnimmt, so wird Gott sein Teil wegnehmen von dem Baum des Lebens und aus der heiligen Stadt, von denen in diesem Buch geschrieben ist.» Mit zitternden Händen schnitt ich diese Worte aus meiner Bibel. Endlich war meine Arbeit fertig. Nun musste ich die Entscheidung treffen, die ich so lange gefürchtet hatte.

Ich versuchte, die aufgeschlagene Bibel mit zwei Fingern von meinem Bett hochzuheben. Obwohl ich mich anstrengte, schaffte ich es nicht. Trotz der intakten Seitenränder schien die Heilige Schrift bei Berührung zu zerfallen. Es war unmöglich, das Buch aufzunehmen, ohne es in zwei Stücke zu zerreissen. Ich musste mich zwischen Evolution und Bibel entscheiden. Entweder ist die Schrift wahr und die Evolutionslehre falsch oder die Evolution hat stattgefunden und ich musste die Bibel fortwerfen. Genau in diesem Moment musste ich an die Zeit sieben Jahre früher denken, als mir eine Bibel vor die Augen gelegt und ich mit Jesus Christus konfrontiert wurde. Ich hatte ihn damals erst so richtig kennengelernt. Ich war mit seiner Liebe und mit seinem Interesse an mir vertraut worden; ja, er war zu meinem Freund geworden. Er war der Grund für meine Existenz, sowohl im physischen als auch im geistlichen Sinn. Ich konnte ihn nicht mehr ablehnen. In jener Nacht akzeptierte ich Gottes Wort und verwarf alles, was gegen sein Wort gerichtet war, darin eingeschlossen die Evolutionslehre. Zu meinem Kummer war damit auch ein Ablehnen all meiner Träume und Hoffnungen in die Naturwissenschaften verbunden.

Doch schon einige Wochen später begann Gott mir zu zeigen, dass eine ablehnende Haltung gegenüber der Evolution nicht zwingend zur Ablehnung aller Wissenschaften führt. Im Gegenteil, ich begann einzusehen, dass die Wissenschaft ihre Existenz und ihr Verständnis der Heiligen Schrift zu verdanken hat.

Auf der anderen Seite realisierte ich, dass Evolution nicht der einzige Anspruch der modernen Naturwissenschaft ist. Die Naturwissenschaften müssen auch nicht zwingendermassen aufgegeben werden, wenn man die Bibel als Wahrheit akzeptiert. Es ist mein Verständnis, dass zum Beispiel der Standpunkt einer alten Erde die Wahrhaftigkeit der ersten elf Kapitel der Genesis bestreitet. In diesen Kapiteln wird über die Ordnung der Schöpfung berichtet, die getrennt erschaffenen Arten, das Fehlen von Fleischverzehr und dem Tod höherer Tiere vor dem Sündenfall, die Schaffung Adams und Evas, den «Und-es-war-sehr-gut»-Status der Schöpfung am Ende der Schöpfungswoche, die langen Leben der Patriarchen, die globale Natur der Sintflut und schliesslich die Zerstreuung nach dem Turmbau zu Babel. Das fordert die Integrität von jedem auf diesen Kapiteln basierenden Konzept heraus. Ja, es ist mein Verständnis, dass jede Doktrin des Christentums auf den Fundamenten steht, die in den ersten elf Kapiteln der Bibel gelegt werden. Zum Beispiel: Gott ist Wahrheit; Gott ist ein Gott der Barmherzigkeit und Liebe; die Bibel ist wahr; alles natürlich und moralisch Schlechte lässt sich auf den Sündenfall zurückführen; Christi Wiederkunft ist ein weltweites Ereignis; der Himmel ist ein perfekter Ort ohne Sünde, Tod und Korruption in irgend einer Form. Folglich scheint eine Millionen Jahre alte Erde sämtliche Lehren herauszufordern, die mir lieb geworden waren.

Obwohl es wissenschaftliche Gründe gibt, die Erde als jungen Körper zu akzeptieren, glaube ich in erster Linie deshalb an eine junge Erde, weil es mich die Bibel so lehrt.

■ J.H. John Peet, Chemie

Dr. Peet ist Reisesekretär der Biblical Creation Society in Grossbritannien. Er studierte Chemie an der University of Nottingham und schloss mit Auszeichnung ab. Einen Doktortitel in Photochemie erhielt er vom Wolverhampton Polytechnic (Grossbritannien). Dr. Peet ist Mitglied der Royal Society of Chemistry, diente 22 Jahre an der Hochschule, davon zwei Jahre als internationaler Manager für wissenschaftliche Ausbildungsprojekte. Er ist Autor von zwei Lehrbüchern sowie einer Anzahl wissenschaftlicher Arbeiten im Bereich der Chemie sowie der wissenschaftlichen Ausbildung. Er schrieb zudem das Buch «In the Beginnung God Created... (Am Anfang schuf Gott...; Grace Publication Trust, London, 1994) und arbeitet als Redakteur für das Journal «Origins».

Ein Thema, nachdem Kreationisten häufig gefragt werden, betrifft die Natur des Ausdrucks «Tage» in Genesis 1. Ich bin sowohl aus biblischer wie auch wissenschaftlicher Sicht überzeugt, dass der Schöpfungsbericht in Genesis 1 historisch ist und als Faktum behandelt werden sollte. Oft wird argumentiert, wir «wüssten», dass die Schöpfungstage länger seien, als die gegenwärtigen 24-Stunden-Tage. Diese stur vorgetragenen Behauptungen erfordern eine Überprüfung. Es lässt sich aufzeigen, dass es sich dabei um Annahmen handelt, welche die Heilige Schrift entkräften und in der Wissenschaft unnötig sind.

Was sagt die Bibel?

Als Christ, der sich dem biblischen Text unterwerfen will, möchte ich der Bibel folgen und nicht irgendwelchen menschlichen Ideen, egal wie clever und interessant diese auch sein mögen. In 1. Mose 1 lesen wir von einer Reihe von Tagen, an denen Gott die Himmel und die Erde schuf. Dabei sind die Tage numeriert (der erste..., zweite, dritte usw.) und begrenzt durch den Ausdruck «und es wurde Abend und es wurde Morgen: ein Tag». Immer, wenn in der Bibel das hebräische Wort für Tag, *jom,* zusammen mit einem Zahlwort (erster, zweiter usw.) verwendet wird (insgesamt 359 Mal), meint es stets einen normalen Tag. Darüberhinaus gibt es zur Unterscheidung ein alternatives hebräisches Wort, *olam,* das an anderen Stellen in der Bibel verwendet wird, um eine lange Zeitperiode zu bezeichnen.

Ich bin überzeugt, dass ein unvoreingenommener Leser den Genesis-Abschnitt so lesen und interpretieren würde als handle er von wirklichen, natürlichen Tagen. Für uns dauert ein Tag 24 Stunden. Auch wenn es Veränderungen der Zeitperioden im Verlaufe der Geschichte gegeben haben sollte, würde das trotzdem nichts am Verständnis dieses Wortes ändern. Der als «Tag» bezeichnete Zeitabschnitt ist die Zeit, in der sich die Erde einmal um die eigene Achse dreht. Soviel ich weiss, haben die meisten Hebräischgelehrten, die sich mit dieser Frage befasst haben, bestätigt, dass es die eindeutige Absicht des Genesis-Verfassers gewesen sein muss, auszudrücken, dass die Schöpfung in sechs Abschnitten zu je 24 Stunden abgelaufen war.[1]

Um jedes Missverständnis auszuschliessen: Ich sage nicht, dass Gott 24 Stunden einsetzte, um sämtliche Stadien der Schöpfung zu vollenden. Der Akt der Schöpfung hätte auch gut und gerne in einem einzigen Augenblick vollbracht worden sein können. Aber jede der in Genesis 1 beschriebenen Schöpfungsaktivitäten wird beschränkt auf diese konkrete Zeitperiode. Daraus ergibt sich eine interessante Konsequenz: Die Begriffe Tag, Monat und Jahr haben klare astronomische Bedeutung – aber woher kommt dann die Struktur der Woche?[2] Sie ist ist einzig und allein hergeleitet vom Schöpfungsbericht und wird definiert durch «sechs Tage arbeiten und einen Tag ruhen». Dieses Konzept wird im vierten Gebot wiederholt (Exodus 20,11).

Unser Schriftverständnis wird auf den Prüfstand gestellt. Glauben wir an die Eindeutigkeit der Bibel, das heisst, glauben wir, dass sie klar ist, in dem was sie sagt und verständlich für den gewöhnlichen Leser? Was sind unsere Prinzipien für die Interpretation? Das muss zuerst festgelegt und dann beim Lesen angewandt werden, in diesem Fall beim Genesis-Bericht. Viele Menschen halten sich dabei an die traditionell schriftgetreuen, evangelikalen Auslegungsprinzipien, selbst wenn moderne Ideen von Akademikern Verwirrung stiften wollen. Mit einem solchen Bibelverständnis steht ein Christ weit weniger in der Gefahr, ausser Mode geratene Erklärungen preiszugeben oder Gottes Wort anzuzweifeln.

Was hat Gott gemeint?

Viele, die mit meiner Antwort auf die erste Frage einverstanden sind, würden in der weiteren Diskussion trotzdem sagen: «Hmmh, ja, aber Gott...» Der Kernpunkt ihrer Kommentare würde dann wahrscheinlich so lauten, dass der Schöpfungsbericht nicht im wörtlichen Sinn zu interpretieren sei. Vielmehr handle es sich bei dieser Beschreibung um einen damals üblichen Weg, eine Idee zu kommunizieren, sei es in Form einer Parabel, einer Vision oder etwas anderem. Ist dieser Erklärungsversuch haltbar? Viele behaupten, dass Genesis 1 (und weiter bis Kapitel 11) nicht als historische Erzählung geschrieben wurde, sondern in anderer Form. Dabei widersprechen sich die Meinungen. Einige sagen als Poesie, andere reden von Metapher, Mythos, Parabel, Geschichte, Analogie[3] oder Drama und anderem mehr. Der Schöpfungsbericht wird mit so vielen Vermutungen versehen, wie sonst kein anderer der bekannten hebräischen oder nahöstlichen literarischen Berichte. Professor Gerhard F. Hasel sagte: «Der augenfällige Konsens ist, dass es keinen Konsens gibt bezüglich der literarischen Gattung von Genesis 1.»

Es macht den Anschein, dass die literaturkritischen Ansätze nichts weiteres sind, als spezielle Fälle von Rechtfertigungsversuchen, um den objektiven Tatsachen nicht ins Antlitz sehen zu müssen. Nämlich dem Faktum, dass der Schöpfungsbericht als unverfälschte historische Erzählung geschrieben und gelesen wurde.

Aus welchen Gründen auch immer – der unhistorische Versuch suggeriert, Gott habe den Menschen die Fakten nicht verständlich erklären können. Das ist ganz sicher kein ernsthafter Vorschlag! Wenn ich einem Kind das Konzept der Schöpfung erklären dürfte und ich hätte dafür viel Zeit zur Verfügung, dann könnte ich das. Wieviel leichter muss das Gott, dem perfekten Kommunikator gefallen sein! Er hatte keinerlei Probleme damit, den Akt der Schöpfung zu beschreiben. Warum sollte Gott eine missverständliche bildhafte Darstellung im Schöpfungsbericht benutzt haben?

Doch die Frage reicht noch tiefer. Sie dringt bis zum Herzen unseres Glaubens in Gottes Integrität. Es geht um mehr, wenn man die Bedeutung von Genesis 1 falsch versteht. Warum hielt das Volk Israel den Sabbat (vgl. 2. Mose 20,8–11)? Weil Gott willkürlich einen von sieben Tagen auswählte? Nein, hier geht es um Ursache und Wirkung. Das Sabbat-Gesetz fusst direkt auf Gottes Handeln in der Schöpfung. Die Juden mussten sechs Tage arbeiten und am Sabbat ausruhen, weil Gott dieses Muster in seiner Schöpfungsarbeit vorgegeben hat. Aber es geht noch tiefer.

Gott hält fest, was er getan hat. Ist sein Zeugnis wahr oder nicht wahr? Wenn es nicht wahr ist, dann bricht er sein eigenes Gebot «Du sollst nicht lügen». Wo bliebe dann seine Integrität? Er hätte sein eigenes Moralgesetz gebrochen (vgl. Exodus 31,17). Die Frage nach dem Verständnis des Schöpfungsberichts betrifft unser Gottesverständnis, bzw. den Respekt in seine Integrität. Im weiteren betrifft es unsere Sicht seiner Allmacht. Am Ende der Diskussion stehen wir vor der Frage, ob Gott denn überhaupt fähig gewesen wäre, den Schöpfungsakt durch ein Wunder zu vollbringen. Genesis 1 und 2 handeln nicht von natürlichen, der Wissenschaft bekannten Prozessen (Biologie, Chemie, Physik, Kosmologie usw.), sondern sie handeln von Wundern. Die Bibel sagt uns (1. Mose 2,2 und 3), dass Gottes Schöpfungswerk fertig und vollkommen war. Wir können nicht mitverfolgen, wie Gott heute erschafft. Wir leben inmitten und unter seiner Vorsehung.

Warum möchten wir eine andere Erklärung?

Wohl kaum, weil wir denken, Gott sei nicht in der Lage gewesen, das Universum in sechs Tagen zu schaffen. Dann geht es auch nicht darum, dass der biblische Text anders lauten müsste. Die Antwort auf diese Frage ist in der Regel: «Weil die moderne Wissenschaft es verlangt.» Dabei verlangt die Wissenschaft als solche gar nichts. Sie befasst sich mit beobachtbaren Fakten und forscht. Es sind die Wissenschaftler, die aus den Ergebnissen Interpretationen und Theorien entwickeln, mit denen sie ihre Beobachtungen erklären. Ein Geigerzähler liefert einen Bericht, aber es ist der Wissenschaftler, der interpretiert und erklärt, was der Bericht besagt.

Das Hauptargument lautet, Wissenschaftler hätten aufgrund geologischer Gegebenheiten gezeigt, dass die Erde sehr alt sei[4]. Das hohe Alter stamme von den Gesteinsdatierungen, die sich demnach mit den Tagen der Genesis decken müssten. Die geologische Zeitskala sei die theoretische Beziehung der verschiedenen Felsformationen weltweit. Obschon sie nirgends in vollständiger Form auftauchen, vergleichen die Geologen unterschiedliche Schichten in unterschiedlichen Regionen miteinander, daraus formulieren sie die Erdgeschichte. In den Schichten finden sich viele fossile Überreste, das Gestein rundherum gilt als Dutzende, ja Hunderte von Millionen Jahren alt. Daraus wird gefolgert, dass dieselbe Zeitspanne auch in der Schöpfung zu finden sein muss.[5] Und genau das ist der fundamentale Irrtum in der Tag/Zeitalter-Theorie: Der geologische Befund hat mit der Schöpfung nicht direkt zu tun.

Eine alternative Deutung der geologischen Einordnungen kann überall sonst gemacht werden. Für das Studium der Schöpfung genügt es zu betonen, dass sich das Werk der Schöpfung und die geologischen Säulen nicht vergleichen lassen. Ist dies einmal erkannt worden und die Verbindung durchbrochen, gibt es keinen Grund mehr, die Heilige Schrift und die tatsächliche Bedeutung der Tage nach Genesis 1 abzulehnen.

Die Unstatthaftigkeit eines Vergleichs wird auch sichtbar beim Betrachten der beiden Systeme. Genesis 1 spricht in bezug auf die Schöpfung darüber, was gut ist, sogar sehr gut (Genesis 1,31). Der ganze Bericht handelt von Schönheit und Ordnung und davon, was unseren Gott erfreut (Offenbarung 4,11). Es geht um Harmonie. Die Felsen und die Fossilien hingegen reden von Tod, Zerstörung, Qualen und Konflikten.[6] Was immer die geologischen Schichten über die Zeit aussagen mögen – es hat keinen Bezug zum Schöpfungsbericht und zur Schöpfung. Auch wenn wirklich Millionen von Jahren darin gefunden würden, so gehörten sie trotzdem nicht in die Schöpfungswoche nach Genesis 1 und deshalb gibt es keinen Grund, die Schöpfungstage als etwas anderes auszugeben als normale Tage.

Wollen wir uns wissenschaftlichen Belegen zuwenden, die den Raster der normalen Tageszeit unterstützen, dann finden wir solche Indizien in biologischen Aspekten wie zum Beispiel der Symbiose, der wechselseitigen Abhängigkeit einer Spezies von der anderen. Die eine kann ohne die andere nicht über eine längere Zeitperiode überleben. Symbiosen lassen sich überall in der biologischen Welt finden. Man könnte jetzt einwenden, die Entwicklung der beiden Spezies sei eben parallel verlaufen. Doch die Bibel sagt etwas anderes. Wenn man das biblische Zeugnis der Schöpfung der Arten akzeptiert, dann erkennt man auch die Notwendigkeit kurzer Zeitspannen zwischen den Schöpfungsakten.

Das Konzept einer Schöpfung in sechs Tagen ist anti-evolutionistisch. Evolution erfordert viel Zeit. Ich würde darüber streiten, ob es überhaupt irgend eine bestimmte Zeitangabe geben kann, die diesem Entwicklungsszenario genügt. Die 6-Tage-Schöpfung erfordert Design. Da ist keine Zeit für Zuffallsprozesse. Fauna und Flora mussten in die Umgebung passen, in die sie gestellt wurden. In der Folge hatte in die lebenden Organismen auch das Potential für künftige Variationen eingeplant werden müssen. Das ist deckt sich mit den Beobachtungen in der Genetik.

Zusammenfassung

Wenn wir den biblischen Bericht ernst nehmen wollen, müssen wir anerkennen, dass die Schöpfungstage nach Genesis 1 normale Tage sind, das heisst es handelt sich um die Erdrotationszeit, während der sich der Planet einmal um seine Achse dreht. Im Schöpfungsbericht wird diese Zeit beschrieben mit «es wurde Abend und es wurde Morgen: ein Tag». Ich bin überzeugt, dass es keine sprachlichen Gründe gibt, etwas anderes zu glauben. Überhaupt gibt es keine relevante wissenschaftliche Notwendigkeit für eine andere Interpretation von Gottes Offenbarung. Den Christen möchte ich abschliessend bezeugen, dass die Bibel definitiv zuverlässiger ist als die Überlegungen von Wissenschaftlern (und bibelkritischen Theologen).

Referenzen

1 Das wird von Prof. James Barr bestätigt in einem Brief an David C.C. Watson (23. April 1984): «So viel ich weiss, gibt es keinen Hebräischprofessor oder Alttestamentler ... der nicht glaubt, dass der oder die Schreiber von Genesis 1 bis 11 beabsichtigten, die Leser von der Idee zu überzeugen, dass sich die Schöpfung in sechs Tagen ereignete, welche die selben Tage waren wie die 24 Stunden Tage, die wir heute kennen.» (zitiert von K. Ham, A. Snelling und C. Wieland in «The Answers Book», Master Books, 1991, S.90).

2 Der Tag ist die Zeit, welche die Erde zur Rotation um die eigene Achse benötigt; der Monat wird definiert durch die Zeit, in welcher der Mond um die Erde kreist. Das Jahr bezeichnet die Zeit, in der die Erde um die Sonne kreist.

3 Meredith G. Kline («Space & Time in the Genesis Cosmogony» im Internet) verbreitete die Analogie (replication relationship), dass die Tage Teil des himmlischen Bereichs gewesen seien («und Gott sprach...»), während das Ergebnis in der Tiefe, sich im irdischen Bereich in der Zeit ereignete («und es geschah...»). Die Zuteilung des Tages in eine höhere Ebene ist willkürlich und die These des Autors versagt aufgrund der Zeitangabe von «Morgen und Abend».

4 Es ist nicht meine Absicht, an dieser Stelle das Thema des Erdalters zu diskutieren. Es berührt das Thema der Länge der Schöpfungstage nicht. Trotzdem glaube ich, dass das Alter der Erde eher in Tausenden von Jahren als in Tausenden von Millionen Jahren zu messen ist.

5 Ich meine, dass die Gesteinsschichten innerhalb der biblischen Geschichte verstanden werden können. Siehe die entsprechende Literatur.

6 Zudem entspricht der Schöpfungsablauf nicht demjenigen der Evolutionstheorie. So wird zum Beispiel die Sonne am vierten Tag geschaffen (nicht am ersten), die Fische wurden am fünften Tag gemacht (es gab keine früheren Formen von irdischem Leben); die Vögel wurden ebenfalls am fünften Tag geschaffen, also vor den Reptilien.

Der Autor erhielt für diesen Bericht wertvolle Hinweise durch Mitglieder der Biblical Creation Society.

■ Werner Gitt, Informationstechnologie

Dr. Gitt ist Direktor und Professor bei der Physikalisch-Technischen Bundesanstalt in Braunschweig (Deutschland). Er ist dort Leiter des Fachbereichs Informationstechnologie. An der Technischen Hochschule Hannover schloss er sein Studium als Dipl.-Ing. ab, und an der Technischen Hochschule Aachen promovierte er zum Dr.-Ing. mit Auszeichnung und der Verleihung der Borchers-Plakette. Dr. Gitt hat in den Bereichen Informatik, numerische Mathematik und Regelungstechnik zahlreiche wissenschaftliche Veröffentlichen herausgebracht. Neben verschiedenen anderen Büchern hat er das Buch «Am Anfang war die Information» verfasst.

Vor einiger Zeit gab es in Bremen eine Podiumsdiskussion über die Frage Schöpfung/Evolution. Man hatte einen Geologen, einen Paläontologen, einen katholischen und einen evangelischen Pfarrer und mich als Informatiker eingeladen. Schon nach kurzer Zeit stellte der Moderator die Frage nach der Dauer der Schöpfung. Der Paläontologe und der Geologe waren sich sehr schnell über die Jahrmillionen einig. Als die Pfarrer auf ihren Standpunkt angesprochen wurden, bestätigten beide sehr engagiert, dass es heute von der Theologie her keine Probleme gebe. Die geforderten Millionen oder Milliarden Jahre könnten sie problemlos in die Schöpfungstage hineininterpretieren. Schliesslich fragte mich der Moderator nach meiner Sichtweise. Ich antwortete wie folgt: «Für mich als Informatiker stellt sich die Frage nach der Informationsquelle. Bezüglich der Länge der Schöpfungstage gibt es nur eine einzige Informationsquelle, und das ist die Bibel. Darin teilt uns Gott mit, dass er alles in sechs Tagen geschaffen hat.» Der Diskussionspunkt wurde sogleich beendet, denn niemand konnte für seine Meinung eine Quelle nennen.

Die Frage nach der Dauer der Schöpfungstage hat schon viele Gemüter erregt. Vertreter der theistischen Evolution versuchen den Schöpfungsbericht im Sinne langer Zeiträume zu deuten. Von all den Versuchen, zu «langen Schöpfungstagen» zu gelangen, seien hier vier Beispiele genannt:

1. Zeitaltertheorie: Der Ausdruck «Tag» wird als eine lange Zeitspanne gedeutet. Man spricht von «Zeitaltern», «Zeitperioden» oder «Zeitepochen». Zur

Begründung wird häufig Psalm 90,4 herangezogen: «Tausend Jahre sind vor dir wie ein Tag.»

2. Theorie der Offenbarungstage: Die Tage der Genesis werden danach nicht als Schöpfungstage, sondern als Offenbarungstage aufgefasst. Diese Annahme geht davon aus, dass dem Schreiber der Schöpfungsgeschichte an sechs aufeinanderfolgenden Tagen die verschiedenen Aussagen eingegeben wurden. Auch hier ist es das Anliegen, sich von dem zeitlichen Schöpfungsgeschehnis von jeweils 24 Stunden loszusagen.

3. Filmtheorie: Von Hans Rohrbach[1] stammt die Filmtheorie, wonach der Schöpfungsbericht lediglich eine filmische Zeitrafferdarstellung eines «in Wirklichkeit» sehr langen Prozesses des Werdens darstellen soll:
«Es ist, als ob der Prophet einen Film sieht, in dem der gewaltige Vorgang der Schöpfung, mittels Zeitraffer zusammengeballt, vor ihm abrollt. Er sieht Bewegung, ein Geschehen und Werden, hört Gott reden, erkennt, wie die Erde sich mit dem Grün der Pflanzen bedeckt, und schaut alles plastisch wie bei einem modernen dreidimensionalen Breitwandfilm in Ton und Farbe.»

4. Theorie des literarischen Tages: Nach dieser Theorie wird vermutet, dass die Schöpfungstage lediglich ein literarisches Hilfsmittel darstellen, um eine thematische Gliederung zu erzielen. Die einzelnen «Schöpfungstage» werden danach wie Kapitel eines Buches angesehen.

Die Länge der Schöpfungstage

Der weitverbreiteten Auffassung, dass der Schöpfungsbericht nur mitteilen will, dass «Gott überhaupt geschaffen hat», können wir angesichts der Fülle der präzisen Aussagen nicht folgen. Der erste Vers der Genesis hätte genügt, wollte Gott uns nur mitteilen, dass er hinter allem steht. Die vielfältigen Einzelheiten machen uns aber deutlich, dass Gott uns erheblich mehr Information geben will. Im Schöpfungsbericht werden uns sowohl Glaubensaussagen als auch ein Spektrum naturwissenschaftlich bedeutsamer Fakten übermittelt. Diese sind so grundlegend für das Verständnis dieser Welt, dass sie sich deutlich von allen heidnischen Glaubensvorstellungen, von den Kosmologien alter Völker und den heutigen naturphilosophischen Vorstellungen absetzen. C. Blacker gibt in der Einleitung seines Buches «Weltformeln der Frühzeit» einen Einblick in frühere Denkweisen[2]: «...Ägypter lebten auf einer flachen, in der Mitte durch einen Fluss geteilten Insel, und über dem Ganzen hing, von vier Pfosten getragen, der Himmelsbaldachin... Babylonier sahen sich selbst in einem Universum als zwei übereinanderliegenden Etagen, die durch ein kosmisches Seil oder Treppenhaus zusammengehalten wurden... Für Indien führt uns Dr. Gombrich mehrere Kosmologien vor, die vedische, die hinduistische, die jainistische und die buddhistische. In allen vieren nimmt ein riesiger axialer Berg die Mitte des Universums ein, um den herum auf verschiedenen Ebenen die vier Kontinente unserer eigenen Welt liegen.»

Der Astronom Prof. Otto Heckmann (1941–1962) äusserte sich zu der Fülle heutiger Weltmodelle und Kosmologien wie folgt[3]: «Die Erfindungskraft menschlichen Geistes ist nicht gering, die Produktion an Weltbildern also ziemlich gross, so gross, dass ein Kritiker kürzlich glaubte feststellen zu dürfen, dass die Zahl kosmologischer Theorien umgekehrt proportional sei zur Zahl bekannter Fakten.»

Nachdem er in seinem Buch «Sterne, Kosmos Weltmodelle» verschiedene Kosmologien bespricht, kommt er zu folgenden bemerkenswerten Schlussfolgerungen: «Ein dicker Nebel bedeckt die kosmischen Anfangs- oder Grenzbedingungen. In der Kosmologie werden die Grenzbedingungen beobachtet auf dem rückwärtigen Lichtkegel, der in die Vergangenheit weist; aber nur über einen endlichen Bereich hin. Die Beobachtungsdaten werden immer weniger genau, wegen der begrenzten Leistung unserer Instrumente, schliesslich bedeutungslos... Jede der Kosmologien hat zum tieferen Verständnis sekundärer Probleme beigetragen, auch wenn es ihr nicht gelang, ihrem eigentlichen Hauptanspruch zu genügen, nämlich das Universum verständlich zu machen.»

Der Schöpfungsbericht der Bibel steht einzig in seiner Aussage. Hier sind nicht die alten mythischen Vorstellungen über die Welt und ihre Entstehung eingeflossen, sondern der lebendige Gott teilt die Wirklichkeit mit. Ebenso ist der Schöpfungsbericht eine Absage an alle heutigen Kosmologien und Evolutionstheorien, wie dies schon anhand einiger Widersprüche erkennbar ist:

– Zuerst wurden das Universum und die Erde geschaffen und erst danach Sonne, Mond und die Gestirne (1. Mo. 1,1 +14). In allen modernen Kosmologien wird hingegen die Erde als ein aus der Sonne herausgelöster Materieteil gedeutet.

– Die ersten geschaffenen Lebensformen waren Pflanzen auf dem Land (1. Mo. 1,11–12). Nach der Evolution sollen erste Lebensformen aus dem Meer gekommen sein.

– Die Vögel wurden vor den Reptilien geschaffen (1. Mo. 1,20 + 24). Nach der Evolutionstheorie sollen sich die Vögel aus den Reptilien entwickelt haben.

Die Weichen richtiger oder falscher Bibelauslegung werden nach der Überzeugung des Verfassers bereits an der ersten Seite der Bibel gestellt. Die in der westlichen Welt weithin praktizierte Trennung zwischen Glauben und Wissenschaft trieb die Christen häufig in das Ghetto einer beschaulichen inneren Frömmigkeit ohne durchdringende Wirkung auf die Umgebung, und die Wissenschaft in die Wüste der gottverlorenen Ideologien und Philosophiesysteme. So gelangte man zu dem folgenschweren Vorurteil, die Bibel sei in ihren Aussagen über die Entstehungsweise des Universums, die Herkunft des Lebens und insbesondere des Menschen, die Entstehung der Völker und Sprachen wissenschaftlich nicht zuständig. Alexander Evertz hat diese grassierende Weltverfallenheit so beklagt[4]:

«Der Glaube an den Schöpfer ist weithin nur noch ein Ausstellungsstück im Glaskasten der Dogmatik. Er gleicht den ausgestopften Vögeln, die in einem Naturkundemuseum auf der Stange sitzen.»

Wir wollen für das dankbar sein, was Gott für geeignet hielt, uns an Einzelheiten im Blick auf die Entstehung dieser Welt und des Lebens zu offenbaren. So nehmen wir zur Kenntnis, dass Gott in sechs Tagen alles geschaffen hat. Dass es sich wirklich um 24-Stunden-Tage, d. h. Sonnentage oder Kalendertage, gehandelt hat, soll an Hand einiger Argumente belegt werden.

Der Tag als Zeiteinheit

Zur quantitativen Beschreibung physikalischer Abläufe benötigt man eine Messmethode und eine entsprechende Einheit. Auch die Bibel nennt immer wieder messtechnische Zusammenhänge, um eine Sache ihrer Grösse nach zu beschreiben. So gibt es zahlreiche Angaben über Längen-, Flächen- und Raummasse, um Entfernungen (Apg 1,12: 1 Sabbatweg = 2000 Ellen = 1 km), Flächeninhalte (Hes. 40,7), Rauminhalte (Arche: 1. Mo. 6,15; himmlische Stadt: Off. 21,16) oder Gewichte (1. Chr. 29,4) anzugeben. Die Einheiten werden in der Regel der Natur oder dem täglichen Leben entnommen (z. B. Elle, Spanne, Acker = die Fläche, die man mit einem Joch Ochsen an einem Tag pflügen konnte). Eine der wichtigsten Einheiten ist die Zeiteinheit. Es ist die erste Einheit, die in der Bibel definiert ist. In 1. Mose 1,14 geschieht dies unter Angabe auch der anderen Aufgaben der Gestirne. Sie dienen:

– als Lichtträger
– zur Trennung von Tag und Nacht
– zur Zeitdefinition der Einheiten «Tag» und «Jahr» und «Jahreszeiten»
– als Zeichen, um auf besondere Geschehnisse hinweisen (z. B. Mt. 24,29 Endzeit)

Mit den Definitionen von Tag und Jahr sind dem Menschen reproduzierbare

Einheiten gegeben, um Altersangaben, zeitliche Abstände von Ereignissen oder die Dauer eines Vorgangs zu quantifizieren. So wird die Dauer der Schöpfungswerke in der Einheit «Tag» angegeben: «Denn in sechs Tagen hat der Herr Himmel und Erde gemacht» (2. Mo. 20,11).

Wir wollen diesem Wort Vertrauen schenken, denn «Gott ist nicht ein Mensch, dass er lügt» (4. Mo. 23,19). Wenn Gott tatsächlich Milliarden von Jahren brauchte, um alles zu erschaffen, warum sagt er uns dann, es seien nur Tage gewesen?

Die Bedeutung des Wortes «Tag» in der Bibel

Das Wort «Tag» kommt in der Bibel 2182mal vor[5] und wird in buchstäblichem Sinne verwendet. Wie im Deutschen und vielen anderen Sprachen bedeutet das Wort «Tag» (hebr. *jom*)

- einen Zeitabschnitt von 24 Stunden, der auch die Nacht mit enthält. Es handelt sich also um den rechnerischen Kalendertag
oder
- jenen Zeitabschnitt, der vom Tageslicht beherrscht wird (z.B. 1. Mose 1,5; 1. Mose 8,22; Jos. 1,8).

Im Schöpfungsbericht treten die Wörter «Tag» und «Nacht» (Vers 5, Verse 14–18) neunmal in dem Sinne auf, dass sie nur die helle oder dunkle Periode des normalen 24-Stunden-Tages kennzeichnen. In Ausnahmefällen, die jedoch aus dem Kontext immer eindeutig erkennbar sind, bedeutet «Tag» nicht ein physikalisch oder astronomisch definierbares Zeitmass, sondern speziell bezeichnete Ereignisse wie «Tag des Herrn», «Tag des Gerichts», «Tag des Heils». Auch das Wort Tag in Johannes 9,4 «Ich muss wirken die Werke des, der mich gesandt hat, solange es Tag ist; es kommt die Nacht, da niemand wirken kann», ist aus dem Kontext sofort erkennbar als eine (nicht physikalische) Zeit des möglichen Wirkens. Die o.g. 24-Stunden-Bedeutung für Tag ist mit über 95 Prozent der Normalfall.

«Tag» mit Zahlwort

Das Wort «Tag» kommt im Alten Testament über 200mal in Verbindung mit einem Zahlwort vor. In jedem dieser Fälle ist stets ein 24-Stunden-Tag angezeigt. Am Ende des Berichts über jeden der sechs Schöpfungstage heisst es (Verse 5,

8, 13, 19, 23, 31): «Da ward aus Abend und Morgen der erste (...bis sechste) Tag.» Hier haben wir es also immer mit der grammatischen Konstruktion 'Zahlwort in Verbindung mit Tag' zu tun.

Begrenzung mit «Abend und Morgen»

Die Begrenzung der Schöpfungsintervalle mit «Abend und Morgen» ist ein weiterer Beleg für die 24-Stunden-Dauer der Schöpfungstage. Das Wort «Abend» kommt 49mal und das Wort «Morgen» 187mal vor und wird immer im buchstäblichen Sinne gebraucht. Sollte Tag eine lange Zeitepoche darstellen, so würde diese nicht mit so genau benannten Tageszeitangaben begrenzt werden. Die konsequente Einhaltung der Reihenfolge der Tageszeiten Abend und Morgen ist im Alten Testament (z. B. Ps. 55,18; Dan. 8,14) durchgängig festzustellen. Sie ist heute noch jüdische Zählweise. Danach beginnt der neue Tag mit dem Abend (Sonnenuntergang) und endet mit dem Beginn des Abends am folgenden Tag. Bei dieser Tagesdefinition werden die Tageszeiten in der Reihenfolge 'Abend – Morgen' durchlaufen. Wörtlich heisst es darum (Elberf. Übersetzung): «Und es ward Abend, und es ward Morgen: erster Tag.»

Schöpfungstag und Allmacht Gottes

Die Schöpfungswerke demonstrieren die Allmacht Gottes und seine grosse Kraft (Röm. 1,20), deren Auswirkung nicht an lange Zeiträume gebunden ist. Durchgängig wird bei allen Schöpfungszeugnissen, deren es zahlreiche in der Bibel gibt, ein Akt des Geschehens vermittelt, der ohne Zeitaufwand abläuft. Das Schöpfungswirken Jesu zu neutestamentlicher Zeit (Wein auf der Hochzeit zu Kana, Fische und Brote bei der Speisung der 5000) hatte augenblickliche Auswirkung. Auch Psalm 33,9 bezeugt das rasche zeitliche Geschehen des schöpferischen Handelns: «Denn so er spricht, so geschieht's; so er gebietet, so steht es da.» Genau diesen Eindruck vermittelt auch der Schöpfungsbericht selbst durch die Formulierungen:
«Und Gott sprach...und es geschah also.»
«Und Gott sprach...und Gott sah» (das soeben Erschaffene).
　　Würden wir hier willkürlich die oft zitierten Jahrmillionen einführen, so nähmen wir Gott die Ehre. Im Gesamtzeugnis der Bibel wird in immer neuen Formulierungen das augenblickliche Geschehen aufgrund der Befehle Gottes herausgestellt. Auch bei allen anderen Gelegenheiten gilt der Grundsatz: Ein Befehl des Herrn genügt, und spontan erfüllt sich das schöpferische Wort: Blinde

werden sofort sehend, Stumme reden augenblicklich, Kranke nehmen ihr Bett und gehen, Aussätzige werden rein, und Tote auferstehen unverzüglich.

Der Mensch: Geschaffen an einem bestimmten Tag

Das biblische Zeugnis hebt hervor, dass der Mensch nicht während eines langen Zeitraumes, sondern an einem ganz bestimmten Tag geschaffen wurde: «An dem Tage, da Gott Adam schuf, machte er ihn im Gleichnis Gottes, als Mann und Weib schuf er sie, und er segnete sie und gab ihnen den Namen Mensch, an dem Tage, da sie geschaffen wurden» (1. Mo. 5,1–2; Elberf. Übers.).

Zusammenfassung

Die Frage nach der Dauer der Schöpfungstage wird sehr häufig gestellt. Aus biblischer und naturwissenschaftlicher Sicht konnte gezeigt werden, dass der biblischen Aussage einer Schöpfung in sechs Tagen volles Vertrauen entgegengebracht werden kann.

Literatur

1 Rohrbach, H.: Ein neuer Zugang zum Schöpfungsbericht. Schritte, S. 5–10, 1982

2 Blacker, C., Loewe, M.: Kosmologien der alten Naturvölker. Düsseldorf, Köln, 1977

3 Heckmann, O.: Sterne, Kosmos, Weltmodelle. Erlebte Atronomie. München, 1980

4 Evertz, A: Martin Luther als Christ, als Mensch und als Deutscher. Assendorf, 1982

5 Dake's Annotated Reference Bible, Lawrenceville, Georgia, 1961

6 Gitt, W.: Schuf Gott durch Evolution? Bielefeld, 1997

7 Gitt, W.: Am Anfang war die Information. Bielefeld, 199450

∎ Don Batten, Agrarwissenschaft

Dr. Batten ist Forscher bei Answers in Genesis in Australien. Er studierte Agronomie an der University of Sydney. Der Doktortitel in Pflanzenphysiologie wurde ihm von der gleichen Universität verliehen. Dr. Batten arbeitete während 18 Jahren als Forscher im New South Wales Department of Agriculture. Er studierte die Biologie von Blumen, die Anpassung an die Umgebung und die Züchtung von subtropischen und tropischen Arten von Fruchtbäumen wie Litchi, Schuppenanemone und Mango.

Als Kind wurde ich zur Sonntagsschule geschickt. Ich fand, dass unsere Kirche schrecklich trocken und langweilig war, aber ein guter Mann unterrichtete mich und legt einige fundamentale biblische Wahrheiten in mein Leben. Als ich noch in der Primarschule war, besucht ein Strassenprediger das kleine Landstädtchen, in dem ich aufwuchs. Ich hörte ihm zu und begriff die Schwere meiner Sünden und ihre ewigen Konsequenzen. Damals erhielt ich Gottes freie Gabe der Errettung.

Ich ging zur «Hurlstone Agricultural High School», einer staatlichen Internatsschule. In dieser Schule gab es eine grosse aktive christliche Gemeinschaft, durch die ich ermutigt wurde, auf meinem christlichen Weg zu wachsen. Ich befand mich im zweiten Jahr des neuen Ausbildungsschemas, das als «The Wyndham Scheme» bekannt war. Es war ein total überholtes Ausbildungssystem, das zum ersten Mal den ganzen Unterrichtsplan beeinflusste, vor allem die wissenschaftlichen Fächer.

Dies beunruhigte mich, ich wurde daher vom Buch «Wissenschaft geht zu Gott zurück» angezogen. Der Autor hatte zehn akademische Titel, fünf davon in Theologie und fünf in Wissenschaft. Als aktiver 15–jähriger Teenager dachte ich, dass dieser Mann mehr wissen müsste als ich! Wenn ich zurückblicke, so war seine Botschaft im wesentlichen folgende: «Die Wissenschaft ist ein unfehlbarer Weg, um die Vergangenheit kennen zu lernen, daher müssen wir die Bibel an das anpassen, was uns die Wissenschaftler sagen.» Mit anderen Worten, Gott gebrauchte die Evolution über hunderte von Millionen Jahren, samt dem Tod, Kampf um das Überleben, «roher Natur in Zähnen und Klauen», als Mittel, um alles Lebende zu schaffen.

Tief in meinem Innern wusste ich, dass dies das Wort Gottes unterminierte. Aber wie konnte sich ein Mann mit so vielen Titeln irren? Ich versuchte, nicht mehr daran zu denken. Wenn mich ein Nichtchrist wegen der Bibel und der Wissenschaft herausforderte, redete ich mich mit der Antwort heraus, dass die Bibel ein Buch der Religion sei und nicht eines der Wissenschaft. Gott konnte Evolution gebraucht haben. Die Tage konnten lange Zeitperioden gewesen sein. Für Gott ist ein Tag wie tausend Jahre, usw. Jedenfalls versucht ich, nicht darüber nachzudenken.

Zwei Gefässe

Schliesslich fand ich mich mit «zwei Gefässen» zurecht. In einem hatte ich meinen christlichen Glauben. Auf diesem Gefäss stand: «Öffne mich in der Kirche und beim Bibelstudium, sonst immer geschlossen halten.» Im anderen waren meine Schul- und Universitäts-Lektionen. Diese Gefäss hatte die Aufschrift: «Öffne mich in Schule und Universität, aber nie in der Kirche oder beim Bibelstudium». Ich führte mein Leben in zwei Abteilungen, in einer heiligen und einer weltlichen, wobei die weltliche immer wichtiger wurde.

Zu dieser Zeit kannte ich keinen Christen, der das, was die Bibel über die Schöpfung (junge Schöpfung in sechs Tagen), den Sündenfall und die weltweite Flut sagt, auch glaubte. Für ältere Christen, mit denen ich sprach «löste» die Lückentheorie das Problem (sie kannten das Problem nicht, weil sie nicht über Evolution unterrichtet worden waren. Ich konnte nie sehen, dass die Schöpfungsgeschichte auch nur eine Andeutung für eine Lücke enthält, geschweige denn für «Luzifers Flut» und andere spezielle Ideen wie «vor-adamitische seelenlose Menschen»). Andere «glaubten ganz einfach der Bibel», ohne dass sie einen Grund dafür angeben konnten (im Gegensatz zu 1. Petr. 3,15). Die meisten der jungen Leute dachten so wie ich: Gott gebrauchte die Evolution.

Trotz allem musste es an der Universität einige Christen geben, welche die biblischen Berichte glaubten und willens waren, die Evolutionslehre, die uns präsentiert wurde, in Frage zu stellen. Eines Tages sagte der Zoologieprofessor in einer Vorlesung: «Einige von euch sind wegen dieser Evolutionslehre besorgt. Ihr solltet euch nicht zu viele Sorgen darüber machen, denn ich weiss selber nicht, ob ich sie glauben soll oder nicht.» Im Rückblick denke ich, dass er lediglich versuchte, die Geschichte für einige Fundamentalisten zu entschärfen, welche wirklich glaubten, was die Bibel sagt (im Gegensatz zu mir). Doch seine Worte blieben in meinem Kopf stecken (wie sonst kaum etwas anderes was er sagte). Brauchte er nicht das Wort «Glauben»? Ich dachte nach. Aber Glauben ist nicht Wissenschaft, denn diese ist keine Sache des Glaubens! Wissenschaft handelt von Tatsachen! Das war es, was ich in meiner Naivität damals dachte.

Adam und Eva: stehen auf Kilometer tiefen Knochenhaufen

Dieser Gedanke brachte mich zu einer offeneren Einstellung gegenüber dem Evolutions-Paradigma. Meine beiden Gefässe wurden hin und wieder gleichzeitig geöffnet. Ich wurde immer mehr durch den Widerspruch zwischen dem Evolutionszenarium und der Theologie der Bibel herausgefordert. Zum Beispiel kann die Lehre über den Charakter Gottes und die Erlösung nicht von der biblischen Schöpfungsgeschichte und dem Sündenfall getrennt werden. Wenn Evolution wahr ist, so ist sie ein Glaube, der mit der Weltgeschichte total unvereinbar ist. Ich meine das so: Wie konnte ein liebender, heiliger, gerechter, allwissender, allmächtiger Schöpfer-Gott eine solch brutale, zerstörerische Methode zur Bildung allen Lebens gebrauchen? In der Beschreibung der Schöpfung heisst es, nachdem alles geschaffen war, inbegriffen den Menschen, dass alles sehr gut war (1. Mode 1,31). Konnte die Schöpfung als sehr gut bezeichnet werden, wenn Adam und Eva auf Knochenhaufen standen, die Kilometer tief sind? Das ist aber die Konsequenz der Ansicht, dass Gott Evolution einsetzte oder die Lückentheorie.

Die Schöpfungsgeschichte und das Evangelium

Die Bedeutung und die Ursache für den Tod Jesu und seine Auferstehung war ein weiteres Thema. Wenn immer ich die Gelegenheit hatte, mit jemandem über den Glauben zu sprechen, vermied ich das Alte Testament (AT) und versuchte die Diskussion auf die Tatsache der Auferstehung Jesu zu lenken. Ich wünschte beinahe, dass das Alte Testament nicht ein Teil der Bibel sein sollte. Aber Jesus hat die Wahrheit der Schriften des Alten Testamentes bestätigt. Er zitierte auch Abraham mit einer Bejahung: «Abraham aber antwortete ihm: Wenn sie nicht auf Mose und die Propheten hören, so werden sie sich auch nicht überzeugen lassen, wenn einer von den Toten auferstehт» (Luk. 16,31; Joh. 5, 46–47).

Der Grund für den Tod Jesu und seine Auferstehung ist die Geschichte von dem, was im ersten Mosebuch berichtet wird – dass nämlich die Rebellion von Adam und Eva den Fluch des Todes und Leidens in die Welt hinein gebracht hat. Jeder von uns hat gesündigt, so verdienen wir alle den Zorn Gottes (Röm. 5,12). Jesus nahm am Kreuz den Fluch des Todes auf sich, so das wir, die wir Gott für die Rettung danken, für alle Ewigkeit vom Tod befreit sein werden (Röm. 5, 12–19; 1.Kor. 15, 21–22). Wenn Evolution wahr wäre, wären der Tod und das Leiden immer schon hier gewesen; sie wären nicht eine Folge der Sünde. Der Tod Jesu wäre dann sinnlos.

Als ich versuchte, an Evolution zu glauben, ohne viel darüber nachzudenken, versuchte ich den Fluch über Adam als geistlichen Tod zu deuten. Warum? Wenn Evolution wahr wäre, wäre der Tod schon da gewesen bevor Adam sündigte. Doch der Fluch bestand darin, dass der physische Tod eintreten würde (zum Staub wirst du zurückkehren: 1. Mose 3,19) – daher starb Jesus körperlich am Kreuz, wie wir uns beim Abendmahl daran erinnern (1. Kor. 11, 23–26). Das ist auch der Grund, warum er körperlich vom Tod auferstanden ist und so den Tod und die Sünde besiegte. Daher erwarten wir, die in Christus sind, eine körperliche Auferstehung (1. Kor. 15).

Das AT enthält ausserdem das Gesetz, welches vom Neuen Testament als «Erzieher» bezeichnet wird, der uns zu Christus bringt (Gal. 3,24). Wie können Leute auf den Retter, Jesus Christus, hören, wenn sie nicht wissen, dass sie Rettung nötig haben? Und wie können sie wissen, dass sie es nötig haben, gerettet zu werden, ohne dass sie wissen, dass sie gegen ihren Schöpfer rebelliert haben? Denn sie haben seine Regeln der Gerechtigkeit nicht eingehalten, sie sind verloren, sie verdienen die Verurteilung Gottes und werden den Zorn seines Gerichtes spüren. Das Gesetz hilft uns zu sehen, dass wir ohne Gottes Vorsehung der Erlösung durch Jesus Christus wirklich verloren sind.

Christentum besteht aus einem Paket

Ich begann, das Christentum als Paket zu verstehen. Evolution ist ein ganz anderer Weg des Denkens. Man kann damit Gott ausklammern (man bedenke, dass das fundamentale Axiom der Evolution zufällige Mutationen sind, ohne jeden Zweck). Theistische Evolution ist ein Widerspruch: Wenn Evolution besteht, dann hat Gott nichts damit zu tun. Wenn Gott schuf, war es nicht die Evolution!

Ich realisierte, dass ich nicht nur das herauspicken konnte, was mir gefiel. Wenn die Bibel das inspirierte Wort des Einen ist, der von Anfang an da war, der nie Fehler macht und nie lügt, dann ist er die absolute Autorität. Es sollte nicht uminterpretiert werden, damit es mit den Spekulationen von gefallenen Menschen, die sicher Fehler machen, übereinstimmt. Das würde den Menschen anstelle von Gott zur höchsten Autorität erheben. Die Bibel sagt uns, dass seitdem der Mensch sich von Gott abgewandt hat, ihr Denken verdorben ist (Röm. 1,21). Es ist daher nicht sehr klug, das Wort Gottes zu verändern, nur weil ihm die Gelehrten widersprechen.

Jesus ruft uns dazu auf: «Du sollst den Herrn, deinen Gott, lieben mit deinem ganzen Herzen, mit deiner ganzen Seele und mit deinem ganzen Denken» (Matth. 22, 37). Einen grossen Anteil meines Lebens hatte ich von Gottes Herrschaft ausgeschlossen – nämlich mein Lernen an der Universität.

Die Dinge prüfen

Ich war wie ein Schwamm, der ohne zu prüfen alles aufsog, was man mich lehrte. Nun begann ich, die Dinge zu prüfen. Verhält es sich wirklich so, wie man mir sagt?

Gab es Myriaden von Übergangsfossilien, welche die Transformation von einer Tierart (oder Pflanzenart oder Mikrobe) zur andern zeigen – so wie es Darwin voraussagte? Nein, es gab nur eine Handvoll von umstrittenen Beispielen. Zeigten die Fossilien eine graduelle Transformation von einer Art zur andern? Nein, die Fossilien zeigen Stillstand (d.h. keine gerichtete Veränderung; sie blieben grundsätzlich dieselben). Viele Lebewesen welche man als Fossilien kennt, die angeblich hunderte von Millionen Jahren alt sind – wie Seesterne, Quallen, Schnecken – sind heute immer noch hier. Wie ist das möglich, wenn die Evolution so leicht eine Art in eine andere umwandelt?

Spontane Entstehung?

Im Szenario der Evolution entstand das Leben spontan aus einfachen Chemikalien. Doch dies ist auf Grund dessen, was man heute weiss, unmöglich. Schon die einfachste selbst reproduzierende Zelle, die man sich vorstellen kann, ist unglaublich komplex. Es gibt so viele Probleme in dieser Sache, die sogar noch schwieriger geworden ist, seit ich als Student an der Universität war. Die Chiralität (Händigkeit) ist ein riesiges Problem – zum Beispiel die Händigkeit der Aminosäuren und Zucker. Physikalische Chemie kann unter den geeigneten Konditionen Aminosäuren herstellen, aber sie sind für das Leben unbrauchbar, weil es eine Mischung von linksdrehenden und rechtsdrehenden Molekülen ist, statt der reinen Form wie sie in den Lebewesen vorkommt. Nur Enzyme produzieren reine Aminosäuren und Zucker, wie sie das Leben benötigt, doch die Herstellung der Enzyme benötigt lebende Zellen. Das Leben beruht auf Leben.

Dann gibt es das unlösbare Problem der Entstehung auch nur eines einzigen funktionierenden Enzyms durch Zufallsprozesse, auch wenn man alle nötigen Bestandteil zusammenbringen könnte. Wir betrachten zunächst die Entstehung nur eines einzigen Enzyms, das aus durchschnittlich 300 Aminosäuren besteht. Auch wenn wir grosszügig sind und annehmen, dass nur 150 Aminosäuren spezifiziert werden müssen, damit das Enzym funktioniert, so ist die Wahrscheinlichkeit, dass eine richtige Sequenz zufällig entsteht, weniger als 1 zu 10^{195}. Eine solche Unwahrscheinlichkeit kann man sich nicht vorstellen. Im ganzen Universum gibt es wahrscheinlich nicht mehr als 10^{80} Atome. Wenn jedes Atom unseres Universums zu einem weiteren Universum gemacht würde und jedes dieser Atome ein Experiment wäre, das jede tausendstel Sekunde während des angenommenen Alters unseres Universums ablaufen würde, gäbe das 10^{181} Experimente – immer noch ein langer Weg bis zur entfernten Möglichkeit, zu einem funktionierenden Enzym zu kommen. Dann haben wir aber erst ein Enzym. In der einfachsten lebenden Zelle muss es mehrere hundert Enzyme/Proteine geben.

Ich erinnere mich lebhaft an Biochemie II, einer Serie von Vorlesungen über das Galactose Operon (eine Gruppe von Genen, die alle für ein Enzym codieren, das am Stoffwechsel von Lactose beteiligt ist) in der Colibakterie. Das war soeben entdeckt worden (die Einzelheiten darüber, wie die Enzyme ihre Arbeit tun, wird heute, nach über 20 Jahren, immer noch untersucht). Der komplizierte Steuerungsmechanismus, der die Enzyme nur dann einschaltet, wenn Lactose vorhanden ist und die Menge des produzierten Enzyms reguliert, ist einfach grossartig. Der Professor war offensichtlich erfreut, uns über diese soeben entdeckten Wunder zu informieren. Am Ende der Serie, während einer Frage- und Diskussionszeit fragte jemand: «Wie konnte ein solch integriertes Steuerungssystem durch zufällige Mutationen und natürliche Selektion entstehen?» Zu meiner Überraschung sagte der Professor: «Es konnte nicht.»

Seit der Zeit wurden viele andere hoch integrierte biochemische Maschinen und Mechanismen entdeckt. Es sind Maschinen, welche nicht funktionierten, wenn ein einziger Teil fehlte. Das bedeutet, dass sie nicht durch kleine Veränderungen aufgebaut werden können, die sich über lange Zeit summieren. Denn kleine Veränderungen können im Organismus nicht funktionieren, also kann die natürliche Selektion nicht auf sie wirken. Nur ein vollständiger Apparat arbeitet, also muss alles gleichzeitig vorhanden sein, um einen Vorteil für den Organismus zu erzeugen. Erst dann kann die natürlichen Selektion wirken. Solche biochemische Maschinen sind zum Beispiel die rotierende Geissel, mit der sich Bakterien fortbewegen oder das Blutgerinnungssystem in den Wirbeltieren. Diese geplanten Dinge sind Beispiele von «nicht reduzierbarer Komplexität».[1]

Etwa zu jener Zeit machte Dr. Duane Gish vom «Institute for Creation Research» in den USA einen fälligen Besuch in der Universität von Sydney. Die Zusammenkunft wurde von der Evangelischen Union organisiert. Sein Vortrag hat mir viele Dinge klar gemacht. Interessanterweise waren es die Philosophiestudenten, welche mit Dr. Gish debattieren wollten, nicht die Wissenschaftsstudenten. Das bestätigte mir, dass diese Sache grundsätzlich eine philosophisch/religiöse Frage ist. Karl Popper, ein bekannter Wissenschaftsphilosoph, kam zum Schluss, dass der «Darwinismus keine überprüfbare Theorie ist, sondern ein metaphysisches Forschungsprogramm – ein mögliches Gerüst für überprüfbare wissenschaftliche Theorien».[2]

Der Darwinismus ist von Anfang an im wesentlichen ein materialistischer, atheistischer Rahmen für das Denken gewesen. Er ist eine Weltanschauung, ein Paradigma. 1861 schrieb Adam Sedgwick, Professor der Geologie an der Universität von Cambridge über Darwin's «Die Entstehung der Arten»: «Vom ersten bis zum letzten ist es ein gescheit gekochtes Gericht von höherem Materialismus... Und warum hat man das gemacht? Aus keinem anderen Grund, da bin ich sicher, als nur um uns von einem Schöpfer unabhängig zu machen.»[3]

Sir Julian Huxley, Atheist und erster Generaldirektor der UNESCO, sagte: «Darwin's eigentliche Leistung war die Entfernung der Idee eines Gottes, der die Organismen geschaffen hat, aus der Sphäre der rationalen Diskussion[4].» Offensichtlich hat niemand an der Konferenz, an der man den hundertsten Jahrestag der Publikation von Darwin's «Origin of Species» feierte, gegen Huxleys Erklärung Stellung genommen. In neuerer Zeit hat William Provine, Professor für Biologie an der Cornell Universität, gesagt: «Lassen Sie mich meine Sicht über das zusammenfassen, was die moderne evolutionäre Biologie laut und klar sagt... Es gibt keine Götter, keinen Zweck, keine zielgerichtete Kraft irgend einer Art. Es gibt kein Leben nach dem Tod. Wenn ich sterbe, bin ich absolut sicher, dass ich tot sein werde. Das ist mein Ende. Es gibt kein letztes Fundament für die Ethik, keinen letzten Sinn für das Leben und keinen freien Willen für die Menschen.»[5]

Die Theologen, welche denken, sie könnten Kreise um die Wissenschaft und das Christentum ziehen und sagen, dass Religion nichts zu tun habe mit Wissenschaft und umgekehrt, sollten mit den Evolutionisten unbedingt ins Gespräch kommen.

Können durch Unfälle Bücher entstehen?

Eine typische Mikrobe enthält in ihrem Genom codierte Informationen, die dem Inhalt eines 500-seitigen Buches entsprechen. Der Mensch hat etwa 1000 solcher Bücher voller Informationen codiert in der DNS jeder Zelle. Nehmen wir an, die erste Zelle habe sich selber erzeugt. Wie hat sie sich dann in all die verschiedenen Lebewesen auf der Erde transformiert? Mutationen und natürliche Selektion werden als leistungsfähig genug betrachtet, um all das zu erreichen.

Mutationen entstehen, wenn Fehler beim Kopieren der DNS auftreten – Buchstaben in Form von Nukleinsäuren werden verändert, gehen verloren oder werden hinzugefügt. Man nimmt an, dass durch diese Fehler alle neuen genetischen Informationen entstehen, und dass die natürliche Selektion die Verbesserungen aus den zerstörenden Effekten heraussortiert.

Ist es möglich, dass zufällige Kopierfehler komplexe genetische Informationen hinzufügen können, welche Mikroben in Weichtiere, Milben, Mango, Elstern und Menschen transformieren können? Vergrössern zufällige Veränderungen die sinnvollen Informationen? Wenn man auf der Schreibmaschine eine falsche Taste erwischt, wird dadurch zur Information, die man schreibt, etwas Sinnvolles hinzugefügt? Erzeugen zufällige Veränderungen in einem Computerprogramm eine Verbesserung der Funktion dieses Programms?

Intuitiv erwarten wir keine zusätzlichen Informationen durch zufällige Veränderungen. Trotzdem hofft man, dass dadurch eine grosse Zunahme von Informationen entstehen könne.

Ist nun Intuition genügend? Man hat zu diesem Problem in den letzten Jahren detaillierte Studien gemacht und publiziert. Diese zeigen, dass eine zufällige Entstehung von neuer funktionaler Komplexität so unwahrscheinlich ist, dass es nie passieren kann, auch nicht in den Milliarden Jahren der Evolution.[6] Mutationen erzeugen einen Verlust von Informationen, einen Verlust von funktionaler Komplexität, nicht eine Zunahme, wie dies die Evolution verlangt.

Manchmal kann der Verlust von Komplexität oder Spezifität vorteilhaft sein – zum Beispiel der Verlust der Flügel von Käfern, welche auf eine Insel geblasen wurden. Auf der Insel sind die Flügel ein zusätzliches Risiko, denn die fliegenden Käfer werden leicht ins Meer geblasen und ertrinken. Also ist der Verlust der Flügel ein Vorteil. Eine Mutation in den Genen, welche die Flügelbildung beeinflusst, kann zum Verlust der Flügel führen. Diese Mutation wäre vorteilhaft, aber trotzdem ist es ein Verlust an Informationen, nicht eine Zunahme, wie das die Evolution verlangt.

Eine Resistenz gegen Antibiotika kann durch den Verlust von genetischer Information auftreten. Zum Beispiel entwickelte sich die Resistenz der Staphylokokken gegen Penicillin durch den Verlust der Kontrolle der Produktion eines Enzyms, welches das Penicillin zerstört. Das ergibt eine Überproduktion des Enzyms, was bei der Gegenwart von Antibiotika vorteilhaft ist, aber normalerweise eine hoffnungslose Verschwendung von Kräften bedeutet.

Ein weiterer Mechanismus zur Aneignung von Resistenz gegen Antibiotika ist der Erhalt von Genpaketen von andere Typen von Bakterien durch Verschmelzung von Zellen, einem Paarungsprozess bei Bakterien.

Doch durch keinen dieser Prozesse entsteht neue komplexe Funktionalität. Alle sind entweder mit dem Verlust an Informationen verbunden oder mit dem Erwerb von etwas anderem, wobei keines von beiden die Annahme stützt, dass eine Aufwärtsentwicklung durch Evolution stattfinden könnte.

Profit machen durch langsamen Bankrott

Es gibt auch grosse Probleme mit der notwendigen Mutationsrate und mit den

Kosten für die Entfernung von vorherrschenden schlechten Mutationen (welche den Tod der «untüchtigen» verursacht). Wenn eine gute Mutation in der Population fixiert werden soll, müssen alle Individuen, welche dieses neue Merkmal nicht haben, sterben. Wenn man diese Überlegungen kombiniert mit der tiefen Reproduktionsrate von vielen Tieren, wird klar, dass es nicht genügend Zeit gibt (auch nicht bei einer evolutionistischen Zeitskala), damit sich diese Tiere entwickeln können. J.B.S. Haldane, einer der mitgeholfen hat, die moderne Neo-Darwinsche Theorie zu formulieren, hat vor vielen Jahren über diese Probleme geschrieben. Motoo Kimura versuchte das Problem mit der neutralen Mutationstheorie zu lösen, aber dies hilft nicht, weil man die Kosten für die Substitution nicht wegbringt – zur Zeit, in der eine angenommene neutrale Mutation durch eine Veränderung der Umwelt vorteilhaft wird, müssen diejenigen, welche die Mutation nicht haben, trotzdem sterben, damit die Mutation in der Population fixiert wird.[7]

Die natürliche Selektion ist auch ein Problem. Sie war ursprünglich als ein konservativer Mechanismus vorgeschlagen worden, um die Untüchtigen, die Fehlerhaften, welche in der gefallenen Welt vorkommen, auszutilgen. Darwin versuchte sie in eine schöpferische Kraft umzuwandeln, die neue Dinge macht. Aber genau so, wie die Mutationen komplexe, codierte, genetische Information zerstören, eliminiert die natürliche Selektion ebenfalls genetische Informationen.

Wenn eine Population von Tieren Individuen mit verschieden langem Haar umfasst und die Umgebung verändert sich so, dass es extrem kalt wird, werden die kurzhaarigen Tiere sterben und nur die langhaarigen überleben. Die Population hat sich zwar an die kalte Umgebung angepasst, aber sie hat die genetische Information für kurze Haare verloren.

Der Verlust von Informationen kommt bei der natürlichen und der künstlichen Selektion oder Züchtung vor. Die Pflanzenzüchter versuchen, Wildtypen in ihren Züchtungen zu brauchen, weil die hoch selektierten Sorten genetische Informationen verloren haben, die noch in ihren Wildtypen vorhanden sind. Als jemand, der seit Jahren an der Züchtung von Litchi, Annona Reticulata und Guavas beteiligt ist, habe ich das eindrücklich erlebt.

Was bedeuten die Ähnlichkeiten (Homologie)?

Was bedeuten die Ähnlichkeiten? Zeigen sie nicht, dass wir mit den Tieren in der grossen Kette der Lebewesen verwandt sind? Oberflächlich gesehen scheint dies ein gutes Argument zu sein.

Aber es könnte auch sein, dass diese Ähnlichkeiten einen anderen Grund haben. Vielleicht existieren sie, weil es einen gemeinsamen Schöpfer gibt, der alles so gemacht hat. Ausserdem hat der Schöpfer vielleicht die Dinge mit einem bestimmten Muster gemacht, das uns etwas sagen soll – nämlich dass es nur einen Schöpfer-Gott gibt. Röm. 1,20 sagte uns, dass Gottes unsichtbares Wesen klar zu sehen ist an dem, was er gemacht hat, so dass sich niemand damit entschuldigen kann, er habe nichts von Gott gewusst. Wenn es keine Ähnlichkeiten gäbe und jeder Organismus etwas ganz anderes wäre, könnte man logisch folgern, dass es viele Schöpfer gebe, also viele Götter.

Es ist interessant, dass das Muster der Ähnlichkeiten gegen die evolutionistische Erklärung spricht. Zum Beispiel sehen der Beutelmaulwurf und der Säugermaulwurf, die Beutelmaus und die Säugermaus enorm ähnlich aus. Das kann aber nicht auf evolutionäre Verwandtschaft zurückgeführt werden, weil im Evolutionsschema der Bauplan für die Beuteltiere und der Bauplan für die Säuger sich geteilt haben, bevor sich der Maulwurf oder die Maus entwickelt hatte. Deshalb wird eine ad hoc-Erklärung für die Ähnlichkeiten offeriert: Sie sehen sich zufällig so ähnlich, weil sie sich in einem ähnlichen Umfeld entwickelten – konvergente Evolution.

Das Bein eines Pferdes ist etwas ganz anderes als das unsrige, aber wir beide werden zu den Säugern gezählt. Das Bein eines Frosches ist dem unsrigen viel ähnlicher, aber er ist ein Amphibium, weit entfernt von uns. Wie kommt das? Folgende Erklärung wird vorgebracht: Das Bein des Pferdes entwickelte sich und passte sich einer anderen Form an, die für das Rennen spezialisiert ist. Das Froschbein und das menschliche Bein hingegen haben sich nicht stark vom Prototyp des Wirbeltierbeines weg entwickelt, darum sehen sie sich so ähnlich. Solche Szenarien sind keine Wissenschaft; es sind nur Spekulationen. Die Notwendigkeit für solche Spekulationen entsteht durch die Interpretation des hierarchischen Klassifikationssystems als ein evolutionäres Muster. Der Molekularbiologe Dr. Michael Denton, ein Nicht-Kreationist, hat dies in einem klassischen Buch beschrieben, es heisst: «Evolution, eine Theorie in der Krise» (Evolution: Theory in Crisis).[8]

Das Leben ist nicht durch natürliche Prozesse entstanden. Auch die grosse Vielfalt des Lebens konnte nicht durch einen unintelligenten Prozess (Evolution) entstehen. Die lebenden Arten wurden durch Gott geschaffen, wie es die Bibel sagt. Die Pflanzen wurden geschaffen, um sich nach ihrer Art zu vermehren (1. Mose 1, 11–12), so auch die anderen Lebewesen. Wir beobachten Variationen, aber sie sind begrenzt. Hunde/Wölfe/Schakale/Kojoten – Mitglieder der Wolfsfamilie – werden sich nie durch irgend einen natürlichen Prozess zu etwas grundsätzlich anderem verändern, so wenig wie durch Züchten von Tomaten Bohnen entstehen. Gott hat die Dinge mit der Eigenschaft der Anpassungsfähigkeit geschaffen, sie können sich innerhalb bestimmter Grenzen verändern, sonst wären sie nicht imstande gewesen, die Erde zu füllen. Mutationen und natürliche Selektion passieren in unserer gefallenen Welt, aber sie können keine grundsätzlich neuen Arten von Organismen hervorbringen. Kürzlich haben einige Evolutionisten folgendes geschrieben:

«Wir können mit der Untersuchung der natürlichen Variationen auf allen Ebenen weiterfahren... ebenso können wir Hypothesen über Speziationsereignisse von Bettkäfern, Bären und Brachiopoden aufstellen, bis der Planet in Vergessenheit gerät, aber wir werden immer noch Bettkäfer, Bären und Brachiopoden finden. Keiner dieser Baupläne wird sich in Rädertierchen, Nematoden oder Schnurwürmer verwandeln.»[9]

In einem gewissen Sinn ist die Wissenschaft hier «zu Gott zurückgekehrt», denn das alles kann man aus der Schöpfungsgeschichte lernen.

Gott hat die Dinge so geschaffen, dass man sieht, dass sie geschaffen wurden, so dass wir ihn anbeten und nicht die Schöpfung.

Referenzen:

1 M.J. Behe, Darwin's Black Box: the Challenge to Biochemical Evolution, The Free Press, N.Y., 1996.

2 K. Popper, Unended Quest, Fontamna – Collins, Glasgow, 1976, p. 151.

3 A. Sedgwick, 1861. Quoted from R. Clark, The Survival of Charles Darwin, Random House, New York, 1984, p 139.

4 Keynote address, Darwin Centennial, 1959.

5 William B. Provine, Origins Research, 16(1/2), 1994, p 9.

6 L. Spetner, Not by Chance, Judaica Press, 1997. For information on concepts of information, see W. Gitt, In the Beginning Was Information, CLV, Bielefeld, Germany, 1997.

7 See W.J. ReMine, The Biotic Message, St. Paul, Minnesota, 1993, pp 208–53.

8 M. Denton, Evolution: Theory in Crisis, Burnett Books, London, 1985.

9 G.L.G. Miklos, Emergence of organisational complexities during metazoan evolution: perspectives from molecular biology, palaeontology and neo-Darwinism, Mem. Assoc. Australas. Palaeontols, 15, 1993, p 25.

Das Magazin zum besseren Verständnis unserer Zeit

- ▨ Neues aus Forschung und Technik
- ▨ Trends in Gesellschaft und Umwelt
- ▨ Kommentare aus biblischer Sicht

«factum» kämpft um Lauterkeit in der Evolutionsdebatte, wehrt sich für die Ungeborenen, beleuchtet neueste Forschungsergebnisse, zeigt Fantastisches aus der Schöpfung, kritisiert destruktive Entwicklungen und formuliert Motivierendes aus der Bibel. 9-mal im Jahr auf 52 bis 68 teils farbigen Seiten. Zu einem vorteilhaften Preis. Wir schenken Ihnen ein Ansichtsexemplar.

Redaktion factum
Hinterburgstrasse 8
CH-9442 Berneck
Tel. (0041) (0) 71 722 43 58
Fax (0041) (0) 71 722 56 65
E-Mail: info@factum-magazin.ch

auch online: www.factum-magazin.ch